国家社科基金
后期资助项目

# 近现代英国农业资本主义的兴衰

——农业与农民现代化的再探讨

The Rise and Fall of Agrarian Capitalism in Modern England:
A New Perspective on the Modernization of Agriculture and Peasantry

文礼朋◎著

中央编译出版社
Central Compilation & Translation Press

## 图书在版编目（CIP）数据

近现代英国农业资本主义的兴衰：农业与农民现代化的再探讨/文礼朋著.

— 北京：中央编译出版社，2013.8

ISBN 978-7-5117-1743-6

Ⅰ.①近…

Ⅱ.①文…

Ⅲ.①农业史—英国—近代

Ⅳ.①F356.19

中国版本图书馆CIP数据核字(2012)第186189号

## 近现代英国农业资本主义的兴衰：农业与农民现代化的再探讨

| | |
|---|---|
| 出 版 人： | 刘明清 |
| 出版统筹： | 贾宇琰 |
| 责任编辑： | 杜永明 |
| 责任印制： | 尹 珺 |
| 出版发行： | 中央编译出版社 |
| 社　　址： | 北京市西城区车公庄大街乙 5 号鸿儒大厦 B 座（100044） |
| 电　　话： | （010）52612345（总编室）　（010）52612341（编辑室） |
| | （010）66161011（团购部）　（010）52612332（网络销售） |
| | （010）66130345（发行部）　（010）66509618（读者服务部） |
| 网　　址： | www.cctphome.com |
| 经　　销： | 全国新华书店 |
| 印　　刷： | 北京瑞哲印刷厂 |
| 开　　本： | 787 毫米 ×960 毫米　1/16 |
| 字　　数： | 356 千字 |
| 印　　张： | 20 |
| 版　　次： | 2013 年 8 月第 1 版 |

定　　价：69.00 元

## 国家社科基金后期资助项目
## 出版说明

后期资助项目是国家社科基金设立的一类重要项目,旨在鼓励广大社科研究者潜心治学,支持基础研究多出优秀成果。它是经过严格评审,从接近完成的科研成果中遴选立项的。为扩大后期资助项目的影响,更好地推动学术发展,促进成果转化,全国哲学社会科学规划办公室按照"统一设计、统一标识、统一版式、形成系列"的总体要求,组织出版国家社科基金后期资助项目成果。

全国哲学社会科学规划办公室

# 目　　录

序言 ······················································· 马克垚 001
导论：基本概念的界定与本书的研究目的 ····································· 001
第一章　近代以来关于小农家庭农场与雇佣型农场孰优孰劣的争论 ······ 017
　　第一节　争论发展的大概线索 ············································ 017
　　第二节　雇佣农场与小农家庭农场的优势对比 ·························· 022
　　第三节　有关农民经济理性的争论 ······································ 031
第二章　中古晚期英国农业雇佣生产方式兴衰的历史插曲 ················ 046
　　第一节　中古盛期英国农业结构的再考察 ······························ 046
　　第二节　人口变动与中古英国农业雇佣生产方式的兴衰 ·············· 052
第三章　16、17世纪英国农民分化的再考察 ······························· 063
　　第一节　16、17世纪的英国农民分化 ··································· 063
　　第二节　16、17世纪英国农民的土地产权：自耕农阶层的兴起 ····· 067
　　第三节　18世纪中叶以前的英国农场结构 ····························· 075
第四章　18世纪中叶以前的英国自耕农农业革命 ························· 080
　　第一节　传统的英国农业革命观点 ······································ 081
　　第二节　敞田农业的革新与进步和圈地在农业进步中作用的再评估
　　　　　　······················································································ 084
　　第三节　劳动密集型技术与18世纪中叶以前的农业革命 ·········· 103
　　第四节　劳动密集型技术与自耕农的农业革命 ······················· 112
第五章　19世纪70年代以前英国雇佣型大农场对家庭农场的排挤 ······ 119
　　第一节　19世纪70年代以前英国及整个西方雇佣型大农场对
　　　　　　家庭农场的排挤 ············································· 119

第二节　圈地运动与英国小农衰落问题的再探讨 …………… 124
　　第三节　近代英国土地所有权高度集中的形成 ………………… 139
　　第四节　19世纪70年代以前雇佣型大农场兴起的原因 ………… 149
　　第五节　大农场制度的社会经济后果 …………………………… 163

第六章　19世纪晚期以来英国及整个西方雇佣型大农场制度的衰落 …… 166
　　第一节　1870年代以来英国以及整个西方雇佣型大农场制度的
　　　　　　衰落现象 ………………………………………………… 166
　　第二节　农产品和劳工市场的变化与雇佣农场的衰落 ………… 175
　　第三节　技术发展的新变化与家庭农场的比较优势 …………… 186
　　第四节　近代英国租佃经营的衰落 ……………………………… 190
　　第五节　制度创新与家庭农场制度生命力的焕发 ……………… 195
　　第六节　19世纪晚期20世纪初叶英国农业危机的再探讨 ……… 206
　　结束语 ………………………………………………………………… 212

**附录** ……………………………………………………………………… 234
　　附录1：中古晚期到19世纪70年代英国人口、物价与农业雇工工资
　　　　　变化部分统计资料汇编 ………………………………… 234
　　附录2：英国国会圈地运动时期英国农业产出结构、圈地效率等
　　　　　估算资料汇编 …………………………………………… 239
　　附录3：19世纪中叶以来英国、西欧、部分美洲国家农业结构变迁统计
　　　　　资料汇编（农场构成、农业劳动力构成、合作社市场份额） …… 245
　　附录4：近代英国家庭财产严格限定继承制度的缘起 …………… 250
　　附录5：19世纪末20世纪初的丹麦农业合作化运动 ……………… 254
　　附录6：发达国家新型租佃制的发展与新土地占有制经济学 …… 258
　　附录7：欧美发达国家家庭农场制度的最新变化 ………………… 271

**参考文献** ……………………………………………………………… 283
**后记** …………………………………………………………………… 303

# 图表目录

表2-1——13世纪英格兰中部地区土地占有分布

表2-2——1279年英格兰中部地区维兰领有地分布

表2-3——1279年英格兰中部地区自由领有地分布

表2-4——13世纪英格兰中部地区大、中、小庄园土地结构

表2-5——关于英国中世纪人口变动的各种估计

表3-1——1436—1873年英格兰与威尔士的土地所有权结构变迁(占全国土地面积总数的百分比)

表3-2——从地产调查中得出的17世纪早期到1800年左右南部米德兰地区大小不同农场的面积分布

表3-3——从地产调查中得出的17世纪早期到1800年左右南部米德兰地区大小不同农场的数目分布

图4-1——16世纪英格兰和威尔士地区敞田经营地带的大致范围

表4-1——英格兰圈地的进程,1500—1914

表4-2——米德兰地区南部的圈地进程

表4-3——英格兰国会圈地时间表

图4-2——英格兰与威尔士各地通过国会法令而被围圈的土地面积百分比分布图

表4-4——1550—1700年牛津郡的谷物单位面积产出估算(蒲式耳/英亩)

表4-5——圈地对单位面积总产出的影响

表4-6——不同土地上圈地对产量的影响

表4-7——1600—1800年间,英格兰敞田和围圈地上的不同劳动生产率

表4-8——1600—1800年间,英格兰敞田和围圈地上的不同劳动生产率

表4-9——四种国会圈地上农业生产的成本与收益(英镑/1000英亩)

表4-10——18世纪Wytham村的租佃制度变化

表 4-11——1350—1850 年英格兰信贷利率变化

表 4-12——坎贝尔、欧弗顿估算的 1250—1854 年诺福克地区农业产量(蒲式耳/英亩)节选

表 4-13——18 世纪英格兰和威尔士的谷物进出口和总产出估计(千夸脱)

表 4-14——特纳所收集的 1700—1914 年英国谷物单位面积产量(蒲式耳/英亩)

表 4-15——1550—1750 年间,米德兰地区不同大小农场的单位面积产出(蒲式耳/英亩)

表 4-16——1584—1739 年诺福克和萨福克地区不同面积大小农场的小麦和大麦的综合单位面积产出(蒲式耳/英亩)

表 4-17——1550—1749 年林肯郡地区不同大小农场的小麦和大麦的综合单位面积产出(蒲式耳/英亩)

表 4-18——1770 年左右米德兰地区不同面积农场的每英亩单位面积资本投入密度

表 4-19——阿瑟·杨对大小不同农场不同产量的记载

表 4-20——1770 年左右米德兰地区不同大小农场每 1000 英亩土地上的劳动力投入

表 4-21——1770 年左右不同面积牲畜饲养型农场的产出与成本(英镑/英亩)

表 5-1——1851 年英格兰与威尔士农业劳动力的构成

表 5-2——19 世纪中后期英格兰与威尔士的农场(包括耕地与牧场)结构分布

表 5-3——1882 年法国农业经营结构

表 5-4——1895 年英、德两国的农业经营结构比较

表 5-5——1780—1786、1802、1832 年间,英国德比郡、莱斯特郡、林德塞郡、北安普敦郡、诺丁汉郡和沃威克郡 1395 个教区自耕农(Occupying Owners)纳税人数目的变化

表 5-6——1780—1786、1802、1832 年间,英国德比郡、莱斯特郡、林德塞郡、北安普敦郡、诺丁汉郡和沃威克郡 1395 个教区不在地主(Non-Occupying Owners)土地税纳税人数目的变化

表 5-7——1780—1786、1802、1832 年间,英国德比郡、莱斯特郡、林德塞郡、北安普敦郡、诺丁汉郡和沃威克郡 1395 个教区大土地所有

者、小土地所有者以及自耕农纳税额总数的变化

表 5-8——南部米德兰地区 1550—1801 年间的圈地与人口密度

表 5-9——南部米德兰地区不同时期圈地地区在 1790 年时的土地所有权结构的差别

表 5-10——1887—1891 年英格兰和威尔士的租佃经营统计

表 5-11——1882、1892 年法国的租佃经营概况

表 5-12——考茨基收集的 19 世纪末法、德、美三国的租佃经营者数量统计

表 5-13——1500—1849 年英格兰农业实际工资指数变化

表 5-14——1895 年德国普鲁士六个东部省份和其他地区的农场结构(不同类型农场所占面积)

表 5-15——1790 年米德兰南部 690 个村庄庄园与非庄园上的各种农场数量结构比较

表 5-16——1790 年米德兰南部 690 个村庄庄园与非庄园上的各种类型农场所占面积的比较

表 6-1——1851—1951 年间,英格兰与威尔士农业劳动力的构成变迁(占总数的百分比)

表 6-2——英国农业部公布的 1885—1925 年间英格兰与威尔士的农牧场结构分布

表 6-3——格里格进一步整理出的 1885—1925 年间英格兰与威尔士的农牧场结构分布

表 6-4——1885—1924 年间,英格兰和威尔士 300 英亩以上农牧场占全国农业用地百分比的变化

表 6-5——19 世纪末法国农业从业人员结构变化

表 6-6——1862、1892、1908 年法国农业经营结构变化

表 6-7——1897—1921 年间荷兰大土地使用者占所有 1 公顷以上土地使用者比率的变化

表 6-8——1870—1920 年间,美国农业雇工占农业劳动力百分比的变化

表 6-9——1870—1900 年间,美国农业雇工开支占农业总产值的百分比变化

表 6-10——1882—1895 年间,德国每 1000 公顷中各种类型农场所占面积变化

表 6-11——1895—1925 年间,德国 100 公顷以上的农场在全国农业耕作

面积中比例的下降

图 6-1——国际资本主义的发展阶段及其每个阶段的农业资本主义发展特征

图 6-2——英格兰和威尔士小麦价格和农业工资变化曲线(以每五年的平均数画出,1850=100)

图 6-3——美国小麦价格和农业工资变动曲线(以每五年的平均数画出,1850=100)

图 6-4——德国小麦价格和农业工资变化曲线(以每五年的平均数画出,1850=100)

表 6-12——19 世纪晚期小麦运费和小麦价格的变化(美分/夸特)

表 6-13——19 世纪下半叶的世界小麦出口(百万蒲式耳)

表 6-14——1880 年英国畜牧业和谷物种植业大小不同农场占地百分比

表 6-15——1908—1940 年日本农场分布结构变化

表 6-16——英格兰与威尔士的自有土地农业经营者(Owner-occupiers)

表 6-17——19 世纪晚期以来英国大土地所有者权利逐步受限和佃户权利的扩张

表 6-18——1880—1930 年美国、英国、法国、德国、丹麦和日本的农业增长

表 6-19——1880—1930 年美国、英国、法国、德国、丹麦和日本的农业年增长率

表 6-20——1885—1914 年英国及其他一些国家单位面积小麦产量的年际波动(%)

表 6-21——1870—1879 年和 1900—1909 年,联合王国地租、地方税、什一税占农业净产出的百分比

表 6-22——20 世纪英国农产品的自给率变化

附表 1-1——1450—1650 年英格兰和西欧的小麦价格指数

附表 1-2——1450—1640 年英格兰南部雇工工资指数与工资购买力指数

附表 1-3——1541—1871 年英格兰人口变迁节选

附表 1-4——1520—1801 年英格兰农业人口(以农业为生的人口)变化

附表 1-5——1520—1851 年英格兰的非农人口比例变动(在全国人口中的百分比)

附表 1-6——1550—1750 年英国牲畜和谷物的价格比变化 1550—1750=100

附表 1-7——1500—1849 年英格兰小麦、大麦、燕麦、牛肉、羊肉和羊毛价格，以及农业工资指数变化
以 1700—49 年间每十年的指数平均数为 100

附表 2-1——阿瑟·杨对英国全国农业总产出的估算

附表 2-2——重土质农耕地带敞田村庄每 100 英亩土地的产出

附表 2-3——重土质农耕地带围圈地村庄每 100 英亩土地的产出

附表 2-4——轻土质农耕地带敞田（关在羊栏里养羊的）村庄每 100 英亩土地的产出

附表 2-5——轻土质农耕地带国会法令围圈地（不关在羊栏里养羊的）村庄每 100 英亩土地的产出

附表 2-6——牲畜饲养地带敞田村庄 1806 年每 100 英亩土地的产出（假设的）

附表 2-7——路特兰郡牲畜饲养地带非国会法令围圈地村庄 1806 年每 100 英亩土地的产出

附表 2-8——路特兰郡牲畜饲养地带国会法令围圈地 1806 年每 100 英亩土地的产出

附表 2-9——亨廷顿郡牲畜饲养地带非国会法令围圈地 1806 年每 100 英亩土地的产出

附表 2-10——亨廷顿郡牲畜饲养地带国会法令围圈地 1806 年每 100 英亩土地的产出

附表 2-11——1786 年前后林肯郡的康威克圈地运动前后的农业经营模式及产出变化

附表 3-1——1851—1983 年间，英格兰与威尔士的农场结构分布

附表 3-2——1983 年英格兰和威尔士农业劳动力的构成

附表 3-3——英国农业部公布的 1984—2003 年间英国农业劳动力构成的变化

附表 3-4——"二战"结束后不久，部分欧洲国家的农场结构

附表 3-5——"二战"结束后不久，部分美洲农业出口大国的农场结构

附表 5-1——19 世纪中叶到 20 世纪初叶丹麦农场大小结构

附表 5-2——20 世纪初丹麦乳品、生猪合作社与非合作社企业的比较

附表 6-1——近代西欧国家佃农选举权与农地改革（租佃改革和土地再分配的改革）的时间关系

附表 6-2——1937—1963 年荷兰的农场收入与净地租的变化（以 1937 年的指数为 100）

附表 6-3——部分土地租佃制农场在英格兰和威尔士的发展

附表 6-4——部分西欧国家 1880—1997 年租佃经营土地面积占所有农业经营面积百分比的变化

附表 6-5——20 世纪 30 年代以来欧盟国家佃耕地面积百分比的变化

附表 6-6——荷兰农场所有制及其变化，占全部农场总数的百分比

附表 6-7——1910—2009 年美国农业租佃制的发展变化（一）

附表 6-8——1910—2009 年美国农业租佃制的发展变化（二）

附表 7-1——1986 年美国技术评估办公室对美国 2000 年农场结构的预测

附表 7-2——老欧盟 15 国 1989—2007 年农业雇佣劳动力百分比变化

附表 7-3——1995—2001 年美国农业劳动力构成变化

附表 7-4——20 世纪晚期欧盟各国农场平均规模的变化，以及 1992 年年龄超过 55 岁的农场主百分比

附表 7-5——欧盟国家农业合作社的市场份额百分比

附表 7-6——美国农业合作社在销售和购买中的市场百分比

# 序　言

　　文礼朋的《近现代英国农业资本主义的兴衰——农业与农民现代化的再探讨》即将出版,应作者之邀,我很愿意写几句话,作为对本书的介绍和祝贺。

　　这是一部很有创新性的著作,从理论上和实证上论述了英国近现代农业发展的轨迹,指出雇佣型大农场并不比农民家庭农场在生产效率上更具优势,近代英国出现的大地产、雇佣型大农场排斥小农家庭农场的农业现代化道路,只是特殊情况下的产物,并不是普遍性的规律。本书探讨了农业与农民现代化等重大理论问题,涉及小农经济在历史上的地位和作用,以及发展中国家农业现代化道路等。而作者从理论与实际的结合上,都对之作出了回答,形成了自己的看法,有极大的理论创新勇气和实际考证能力。

　　文礼朋对各种经济理论的理解与分析,都能根据理论产生的时间、地点、条件作出解释,符合历史唯物主义原理。如指出过去公认的农业资本主义道路——圈地消灭小农,形成雇佣劳动大农场,是根据19世纪英、法两国的特殊情况作出的;韦伯的高工资导致农民劳动供给减少,以及恰亚诺夫的农民消费—劳动均衡理论,过去被认为是农民小富即安保守本性的体现,现在却成为了标准微观经济学理论的组成部分,符合经济人的理性;认为农民保守、反市场、怕风险的农民道义经济学,主要是从越南、菲律宾等前工业化国家的农民经济行为得出的;道义农民学派所述的传统社会的道义经济学,实际上与建立在经济人理性之上的现代经济学并没有本质的冲突;小农生产当中的"过密化"现象,以及无法用古典经济学的"利润"概念来衡量小农农场的经营方式,过去一直被认为是农民保守、反市场、怕风险的思维模式的结果,而现在却被认为是农民对其所处特定经济环境的合理反应;而舒尔茨的理性小农学说,则主要是以现代美国的自耕农为理论依据的,对于农民在资本主义市场化进程中的适应能力及未来命运的估计,不免过于乐观。

文礼朋分析了各种学说的长处与短处,并给出了自己的看法:雇佣型大农场并不必然比家庭农场更具优势,并不必然是农业现代化的必经之路;而小农经济,只要在从封建剥削解放的过程中得到公平的一份,得到一个合理的竞争社会秩序,并且建立起必要的社会保障,他们就完全可以适应现代资本主义市场经济。

本书对理论的解释和验证主要依据的是英国农业现代化的例子。他引用了大量统计材料和前人的权威研究著作中整理出的材料,考虑各种材料的可靠性,反复核对,力求正确,在此基础上,得出许多自己的看法和总结。如过去认为,16、17世纪英国小农不断衰落,资本主义农业得到很大发展,其实现实并不如此。这一时期虽然因为人口增加,农业的商业化经营加强,所以小农的分化加剧了。但是公簿持有农和受益性佃农的产权仍然是强固的,这一时期的农业还不是资本主义雇佣劳动性质的,17世纪晚期,有将近2/3的土地是在小农的生产方式之下。而这一时期英国农业生产力的发展,主要是在小农经济的基础上实现的,有人称之为自耕农的农业革命。关于英国的农业革命,文礼朋也作了详细考察。原来说农业革命发生在18世纪下半期至18世纪上半期;后来有人认为发生在16、17世纪时期;也有人认为有两次农业革命,第一次发生在18世纪中叶,第二次发生在19世纪中叶以后。本书对这些说法进行了详细的比较和验证。他说大农场虽然具有规模优势,但16、17世纪时优势并不明显,而雇佣劳动的监督成本过高,是它的劣势;家庭农场这时却具有劳动优势。近代前期农业革命主要依靠劳动密集型技术的开发和利用,因而农民农场占优势,到了18世纪,大农场的资金和技术优势就超过了小农的劳动优势。

本书对近代英国与其他欧美国家农业资本主义雇佣经营的兴起作出了新的解释,认为19世纪70年代以前英国和其他西欧、北美国家雇佣农场的兴盛,主要并非资本主义雇佣农场制度相对于家庭式农业经营的经济效率高,而是有其特殊的时代背景。在工业革命初期,由于人口的快速增长,社会上存在大批难以就业的过剩廉价劳动力,同时,由于粮食生产的增长赶不上人口的增长,粮食价格大为上升。农业雇工价格的低廉和粮食价格的高涨,使得规模效益不高的雇佣农业经营有利可图。一旦这种特定历史条件在19世纪晚期消失,西方资本主义国家的农业资本主义便陷入危机,走向衰落。近代英国高度集中的土地所有权结构,也促成了英国雇佣型大农场的高度发展。在农民的土地所有制下,资本主义雇佣型大农场排挤农民家庭经营农场非常困难,通过农民自由竞争导致两极分化的农业资本主义发展的美国式道路困难重重。

本书作者在国内首次注意到了19世纪末期以来英国及其他欧美国家农业资本主义衰落的问题,并且给出了自己的解释。本书借助于各国的统计数据指出,19世纪70年代以后英国和其他西欧、北美国家的雇佣型大农场制度衰落了。19世纪70年代以后西方工业国家农村过剩廉价劳动力的消亡,以及粮食价格的下降,是雇佣农场衰落的重要原因。但是作者认为,农业生产技术发展的新变化是这一时期雇佣农场制度衰落的根本原因。农业机械技术的小型化发展,以及精耕细作农业技术的发展,导致了家庭农场优势的发挥和雇佣农场技术优势的丧失。19世纪晚期以来欧美国家农业合作化运动的开展、社会公共部门资助的农业科研与推广体系的建立,也促成了家庭农场经营优势的发挥。

本书认为,国际经济史学界主要利用恰亚诺夫的理论模式来解释19世纪末以来西方国家雇佣农场的衰落不能令人信服。因为恰亚诺夫所说的家庭农场可以在没有利润的情况下继续生存下去,以及家庭农场通过劳动"自我剥削"以求得生存,诸如此类的现象在任何其他行业的"家庭企业"当中都是存在的。但是在其他行业中,家庭企业的劳动"自我剥削"并没有使他们免除被排挤或边缘化的命运。家庭式农业经营在农业中的主导地位应该主要从农业生产的技术特性来解释——由于农业生产的技术特性,分工合作在农业部门的规模经济效益很低,而对雇佣劳动的监督成本却很高,因而资本主义雇佣经营在农业部门缺乏优势。

文礼朋在书中指出,有关地主—农业资本家—农业雇佣工人的三层农业结构和大地产、大农场制度有利于农业进步和工业革命,有关农民的保守性,小农制是农业技术进步的障碍,小农制无法适应商品化的农业生产、无法为工业发展提供商品粮食,小农经济是专制主义的社会基础等诸如此类的说法,大多是从近代英国和法国的历史中抽象出来的,并且也是根据一种表面性的令人怀疑的因果关系抽象出来的。如果人们把考察的目光扩展到近代的北欧、新大陆、日本等地,扩展到包括英国和法国的当代世界,人们就会深刻地感受到这种叙述模式的缺陷。

总之,本书气势宏大,旁征博引,史料丰富,观点新颖,是我国农民经济史研究中的重要著作,相信它将会对我国的世界史特别是世界经济史的研究产生影响,有所助益。当然,本书涉及的问题众多而且复杂,国际、国内看法各有不同,希望能引起讨论,使研究进一步深入。作者也应该把一些问题梳理一番,做进一步的发挥,扩大自己的研究成果。

农业、农民、农村,是人类有史以来一直普遍存在的问题,和人类的过去、现在、将来有着无与伦比的密切关系。它不但是理论问题,更是实际问题,也是我国实现中国特色社会主义过程中需要解决的重要问题。我国历史上的农民,从政治、经济、文化诸多方面,都表现出自己的许多特点,形成了一幅丰富多彩的画卷。但是,我们这样一个农业大国、农民大国,对农民的研究,还没有形成自己可以和前面提到的诸如恰亚诺夫学说相比拟的理论体系。我们应该奋起直追,努力向前,得出我们自己的农民学的创新成果,到世界的农民学讲坛上与之一较短长。从世界史方面看,近年来新出的黄春高的《分化与突破:14—16世纪英国农民经济》和文礼朋的这一本书,是我读过的有理论创新的开创之作。真诚希望有更多的好作品问世,以不辜负我们这一伟大的时代。

谨序。

北京大学历史学系　马克垚<br>2013 年 1 月

# 导论：基本概念的界定与本书的研究目的

## 一、基本概念的界定

本书所用的"农业资本主义"一词的含义是"以雇佣劳动为基础的商品化经营"，包括雇佣劳动和商品化生产两方面的内容，这主要是根据我国学术界通常接受的马克思主义经典作家阐述的"资本主义"概念而作出的限定。在国外学者的一些著作中，"农业资本主义"一词并不一定就包括雇佣经营的内容，在他们眼里，农业资本主义的对立面是传统社会自给自足的小农生产方式，他们把不包含雇佣劳动的农业商业化经营、资本化经营都称作是农业资本主义的发展。许多中国的学者往往没有注意到"农业资本主义"一词在国内外语境中的不同含义，直接把西方学者著作中的"农业资本主义"一词照搬过来，写入自己的著作，从而造成很多误解，以为像美国这样的国家实行的是以大规模雇佣劳动为基础的农业经营。

其实，把商业化农业经营看成是农业资本主义，认为农业资本主义的对立面是传统社会自给自足的小农生产方式，带有很强的19世纪的烙印。在19世纪的人们看来，传统农业社会是一种自给自足的自然经济，传统社会的小农生产者从事自给自足的生产经营。但事实上，随着19世纪后期以来历史研究的推进，人们发现传统农业社会并非自给自足，商品经济很早就发展起来，传统社会的小农也是商品经济的参与者。列宁等经典作家在论述商品经济的时候，把它分为简单商品经济和资本主义两个阶段，而资本主义商品经济的最重要特征就是雇佣经营，农业资本主义的主要表现是自由雇佣劳动的使用。① 在我国，经典作家的论述影响巨大，深入人心，因而按照我国学术界的习惯，农业资本主义概念的经典含义就是指雇

---

① 参见［俄］列宁：《俄国资本主义的发展》，见《列宁全集》（第3卷），第2版，北京，人民出版社，1984年，第21、207页。

佣型大农场。本书的农业资本主义的兴衰的概念也就是在这个意义上使用的。

在西方学术界,把资本主义看成是市场经济的主要是西方自由派经济学家,而不是经济史学家。在经济史学界,马克思主义经典作家的论述深入人心,无论是马克思主义经济史学家,还是非马克思主义经济史学家,一般都把没有使用雇佣劳动的商品生产看成是简单商品生产,使用雇佣劳动的商品生产才被看成是资本主义的生产,也就是说商品化的家庭农场不被看成是农业资本主义的发展。

在 20 世纪 70 年代国际学术界进行的有关近代农业资本主义兴起的著名的"布伦那争论"中,各派学者们的农业资本主义概念一般也是指雇佣经营的大农场。加拿大学者哈里特·弗里德曼探讨 19 世纪晚期到"二战"之前世界范围内家庭农场制度排挤雇佣农场制度的著名论文《世界市场、国家和家庭农场:工资劳动时代农业家庭式经营的社会基础》,同样也是把农业资本主义界定为雇佣型大农场,而把商品化的家庭农场划归于简单商品生产。[1] 1994 年,荷兰学者尼克·科林出版的《农业资本主义的失败:1846~1919 年英国、德国、荷兰与美国的农业政治》一书,其使用的"农业资本主义"(Agrarian Capitalism)的概念显然是指雇佣经营的农业生产组织方式。19 世纪末以来欧美资本主义国家农业资本主义的失败,显然不可能是商业化农业生产方式的失败,而是雇佣经营农业生产组织形式的失败。

本书所用的小农或农民(其英文都是 peasant)的概念,主要是从经济学的意义上来使用的,主要是一个经济性的概念,是指以家庭劳动力为主的农业经营者,不涉及社会学上"农民"的依附性身份的内容,也不管其经营的土地到底是自己所有还是自由租佃甚至是带奴役性条件的租佃经营,包括欧洲历史上的隶农、农奴、自由佃农以及现代家庭农场经营者等。本书所使用的"小农经济"、"小农经营"与"家庭式农业经营"、"家庭农场"具有非常近似的含义,它们在古代中世纪的对立物主要是奴隶制大庄园、农奴制大庄园中的领主自营地,在近现代的对立物则主要是雇佣经营大农场。尽管我们知道,在当代西方发达国家,例如美国的家庭农场往往占地几百公顷,实在是很难被称作"小农经营",但是我们也不得不承认,在国内外的许多论述农业问题的论文与著作

---

[1] Harriet Friedmann, 1978: "World Market, State, and Family Farm: Social Bases of Household Production in the Era of Wage Labor", *Comparative Studies in Society and History*, Vol. 20, No. 4, pp: 545~586. 此处是第 548 页。

中,"小农经济"、"小农经营"往往与"家庭农场"、"家庭式农业经营"相混同。本书使用的"大农场"概念也是专指雇佣经营的资本主义农场,而"小农场"的概念也就是指非雇佣经营的农业经营单位。国外学者在讨论家庭农场和雇佣农场的优劣比较时,也往往这样互换通用。本书大量参考的"布伦那争论"的相关论文、罗伯特·阿伦的《圈地与自耕农》、尼克·科林的《农业资本主义的失败》等著作都是在这个意义上使用小农场、小农经营、大农场这些概念的。

## 二、问题的由来

自18世纪晚期以来,很多人认为小农经营是农业进步的障碍,要想获得农业进步,就应当改变小农经营占主导地位的农业结构,合并为资本主义雇佣经营的大农场。雇佣型大农场制度不仅是提高人均劳动力产出的条件,也是提高单位面积土地产出的条件。人们把18世纪英国农业生产的巨大进步归因于地主—租地农场主—农业雇佣工人的三层农业经营结构,认为近代英国农业资本主义的兴起、雇佣型大农场占主导地位的农业结构导致了近代英国农业的巨大进步。很多人也把近代法国农业的落后部分地归因于在法国占绝对优势的小农制。

经典作家接受了这种观点,当然当时绝大多数的西方古典经济学家也接受这种观点。在古典经济学家和经典作家看来,如同工业部门一样,资本主义雇佣型大农场拥有分工合作的优势,通过分工与合作可以提高每一个人的劳动效率;雇佣型大农场由于本身的资金优势以及在资本市场上的优势,可以获得更多的资本,从而有利于技术创新与运用,可以提高每个经营单位的技术水平;大农场可以在市场交易谈判中获得相对于家庭农业经营者的优势,以更低的价格购入生产资料,又能够以更加优越的价格出卖农产品。无论从哪一个方面来看,雇佣型大农场相对于家庭经营农场,都具有巨大的优势。因而他们认为,随着技术的进步以及资本主义市场竞争的进一步发展,家庭经营农场将会被雇佣型大农场所排挤与取代,这是由雇佣农场所具有的更高的效率所决定的。[1]按照上述逻辑,19世纪中叶先进的英国所显示的农业结构应该是后起的现代化国家农业发展的未来。这种观点直到现在仍然充斥于西方经济史学界的著作,在中国的西方经济史著作中就更是这样了。

---

[1] [德] 考茨基:《土地问题》(上卷),岑纪译,北京,商务印书馆,1936年,第131~151页。David, Mitrany, *Marx Against the Peasantry*, pp: 7~15.

不过，不少人似乎对在农民的土地所有制下雇佣型大农场排挤家庭经营式农场的信心不是很足，因为他们看到，法国大革命最终确立了农民对他们所耕作的土地的所有权，从而使得法国以家庭经营小农制为主体的农业经营结构在整个 19 世纪都没有大的改变，雇佣型农场并没有明显地显示出排挤与取代家庭经营农场的趋势。他们把法国农业资本主义雇佣经营发展的缓慢归罪于法国大革命。同时，他们也把 19 世纪法国农业的落后归罪于法国的小农制，并进而把法国 19 世纪工业化的迟缓归罪于小农制，认为它一方面不能带来发达的农业为工业发展提供国内市场，另一方面小农制使得大批农民被束缚于土地上，导致法国工业化发展缺少廉价劳动力。在经典作家和法国年鉴学派的大师们的笔下，小农成了落后与保守的代名词，他们缺少经济人的理性，害怕市场，害怕竞争，安全第一，抵制技术变革与社会进步，他们死守小块土地，极力抵制城市就业机会的吸引。

在这里，有一个非常引人注目的悖论，一方面人们对法国大革命使农民获得不少土地大为赞扬，另一方面，却又把法国 19 世纪农业的落后与工业化的缓慢在很大程度上归罪于大革命对小农制的巩固。这也使得当时各国马克思主义者和社会民主党人对农民抱有极为复杂的感情。不过他们仍然认为，只要资本主义大规模农业经营在技术、资金与市场等方面拥有无可置疑的规模经济优势，小农反抗资本主义大规模雇佣经营的一切努力，都将是徒劳的，是逆历史潮流而动，并且无助于改善其本身的经济状况。①

基于上述认识，19 世纪末的欧洲社会民主党人认为，从经济发展的角度，社会民主党人不应该支持农民在资产阶级改革与革命中分配土地的要求，因为这会加强小农制，阻碍雇佣型大农场制度的发展，阻碍生产力的进步；但是从道义的角度，以及从阶级同盟军的角度，从获得选票的角度，社会民主党人则应该支持农民获得土地的要求。以恩格斯②、考茨基和普列汉诺夫为代表的欧洲社会民主党人决定不支持农民获得土地的要求。而富于革命策略的列宁，在亲身经历了 1905 年革命，切身体会到俄国农民强烈要求收回 1861 年改革中被贵族地主割走的大片土地的愿望后，为了取得占当时俄国绝大多数人口的农民对社会民主党人的支持，改变了以往绝大多数马克思主义者对农民要求土地的态度，提出社会民主党人应

---

① David Mitrany, *Marx Against the Peasantry*, pp: 7~15.
② ［德］恩格斯：《法德农民问题》，见《马克思恩格斯选集》（第 4 卷），第 2 版，北京，人民出版社，1995 年，第 295~316 页。

当支持农民获取土地的要求。为了表明他的纲领不违背马克思主义，列宁提出了农业资本主义发展的两条道路：一条是所谓普鲁士式道路，地主在废除农奴制以及封建土地等级所有制建立现代资本主义土地私有产权的改革中，大量剥夺农民的土地，在容克庄园之上建立资本主义雇佣型大农场；另一条是所谓美国式道路，通过革命废除地主的土地所有制，把土地分给所有农民，确立农民的土地所有制，建立现代小农制，通过竞争分化走向雇佣型大生产，一部分人上升为农业资本家，一部分人破产成为农业工人。列宁认为美国式道路不仅更为公正，而且更加有利于农业资本主义的发展。①

从上面对法国19世纪农业发展的叙述来看，列宁认为通过小农制走向农业资本主义更为迅速的观点，显然是很难说服反对者的。只是由于社会正义感的要求，更由于革命同盟军策略的要求，人们才接受了列宁的观点。由于意识形态的教育，在中国，人们也就把列宁的观点当作无可置疑的真理，许多学者花费了很多工夫去论证所谓的美国式农业资本主义发展道路。②

历史的发展并没有印证经典作家的预言，在英国与德国东部地区以外，西方国家农业现代化发展的历史并没有追随英国的模式，19世纪中叶的英国农业结构并非其他欧美国家农业发展的未来，③ 以家庭经营农业为主体开始进入现代化的美国、加拿大、澳大利亚、法国等欧美资本主义国家并没有展现出雇佣型大农场排挤、取代家庭经营农场的明显趋势，至今仍然是家庭农场占绝对优势，并且一度出现过的不少雇佣型大农场，从19世纪末以来，也渐趋解体，为家庭农场所取代。在整个西欧国家当中，雇佣农场的比例下降，家庭农场比例上升，并占有绝对优势。根据欧共体最初六个国家在1966~1967年的统计，只有14%的农业劳动力投入来自于"非家庭劳动力"，也即雇佣劳动力。在1910年以后的70年左右里，美国农业劳动力构成中雇佣劳动力的构成，一直在25%左右徘徊，看不出有增长的趋势。在这些雇佣劳动力中，大部分是在农忙时期家庭农场劳动力不足的时期，由学生和家庭妇女等非

---

① ［俄］列宁：《列宁全集》（第16卷），第2版，北京，人民出版社，1984年，第204页。David Mitrany, *Marx Against the Peasantry*, pp: 26~27.

② 当然，有很多人为了论证列宁的说法，把农业资本主义理解为农业生产的资本化，与自给自足的前资本主义农业相对立，那么，笔者也认为确实存在一个为笔者本人深为赞同的农业现代化的美国式道路，也即农民道路（家庭农场主）的道路，与英国和普鲁士的地主——雇佣农场道路相区别。不过，这多少与正统马克思主义者的资本主义概念有很大的差别，有偷换概念的嫌疑。正统马克思主义的资本主义概念并不仅仅是指为商品交换而生产，它还是一种雇佣劳动的生产关系。

③ Clive Trebilcock, *The Industrialization of the Continental Powers*, pp: 328~334.

专职性的人员提供，而传统意义上的农业无产阶级人数是非常少的。①1987年，美国家庭农场数量占所有农场总数的87%，合伙制农场数量占10%，公司农场为3%，其他类型的农场数量少于1%。由于合伙农场和公司农场大多是由家庭农场组织而成的，因此，事实上99%的农场为家庭农场。公司农场占有12%的农业用地和26%的农产品销售量。总的来说，家庭农场无论是在土地占有还是在农产品销售量等方面，都占据了绝对优势。②

即便是被经典作家当作农业资本主义雇佣经营发展典型的英国，到20世纪80年代初期的时候，农场主（包括领薪水的经理，约占全职农业劳动者总数的2.3%）和他们的家庭亲属所提供的劳动力占全部全职农业劳动力的61%，即使包括所有的兼职性的农业劳动者，他们也占全部农业劳动力的58%。如果按照实际投入的劳动时间来计算，那么这些非雇佣的劳动者所占的比例就更大了。而在1851年的时候，在全职的农业劳动者中，80%是雇佣劳动者，农场主和他们的亲属只占1/5。③ 20世纪的历史现实似乎是家庭农场排挤雇佣农场。

另一方面，一些以小农制为主体的国家和地区，例如19世纪下半叶到20世纪上半叶的丹麦与日本，20世纪初叶斯托雷平改革后的俄国，"二战"以后的中国台湾地区与韩国，20世纪80年代以来实行家庭联产承包制的中国大陆，农业均获得极大增长，并且强有力地推动了这些国家工业化的进步。苏联在20世纪20年代末对新经济政策下的小农制强制实施农业集体化改造，导致一个"一战"之前的农产品出口大国在"二战"后演变成世界第一农产品进口国。20世纪90年代苏联解体后，独联体国家集体农庄被解散，确立了家庭农场占优势的农业结构，长期停滞的农业重新恢复了活力，俄罗斯、乌克兰等独联体国家重新成为农产品出口大国。④ 历史发展的悖论否定了小农制无法发展农业生产力的论断，也否定

---

① G. Djurfeldt, "Classical Discussions of Capital and Peasantry: A Critique", in John Harriss, ed., *Rural Development*, p. 139.
② Gail L. Cramer and Clarence W. Jensen, *Agricultural Economics and Agribusiness*, pp: 24~25.
③ David Grigg, *English Agriculture: A Historical Perspective*, pp: 144~145.
④ 苏联20世纪30年代的农业集体化政策，其直接原因并非在于当时的苏联领导人相信集体农庄更高的农业经营效率，而是为了降低剥夺农民的实施成本。当时的苏联领导人为了筹集资金实施重工业优先发展战略，必须实施剥夺农民的政策。在小农制一家一户的生产组织方式之下，农产品分散在汪洋大海的农户手中，国家要从千千万万分散的农户手中强制实施低价收购农产品的政策，成本十分高昂，面临粮食收购危机。通过实施农业集体化，农产品被集中起来，苏联政府只要控制了集体农庄的领导人，即便是在农村存在普遍饥荒的形势下也能够源源不断地把农民的粮食运送出农村，极大地降低了剥夺农民的实施成本。把小农制说成是农业进步的敌人、无法为工业发展提供商品粮等，在很大程度上是出于宣传的需要，降低全社会对农业集体化的抵制。具体情况可以参见沈志华《新经济政策与苏联农业社会化道路》一书。

了小农制不利于工业化进程的论断。相反，那些不愿进行土地改革，保留大地产、大农场制度的国家，不仅社会动荡不安，而且农业发展受挫，工业化发展也缺乏后劲。①

## 三、本书的研究任务

历史发展的悖论，促使人们从理论上去反思以往的农业现代化理论，纠正人们以往对家庭农场生命力的错误论断与错误论证。对于雇佣农场与家庭农场的优劣问题，它们各自的生命力问题，以及它们与工业化的关系问题，国内学者已经有不少论述，其中以清华大学的秦晖教授影响最大，北京大学董正华教授对考茨基《农业问题》一书的研究，以及对当代东亚小农制与经济发展的研究，亦有较大的影响。但是由于这些著作成文相对较早，以及受作者研究问题的角度的限制，对一些理论问题的探讨还有待深入。另外由于两位学者的主要研究对象并非"雇佣农场排挤家庭农场"观点的发祥地——英国，从而使得人们对近代工业文明核心区的农业发展史仍然停留于过去的观点，仍然确信"雇佣农场排挤家庭农场"的"必然趋势"。②

就中国国内的近代英国农业史叙述模式而言，基本上是按照马克思主义经典作家的理论模式展开的。尽管在很多具体的细节上吸收了英国经济史学界研究的新成果，修正了马克思在《资本论》中的不少具体论断，但是基本的理论路径并没有大的改变。主要是减少了英国农业现代化进程中有关地主卑鄙残暴与不公平的叙述，多了几分圈地运动中的"和平与公正"，从而实际上进一步强化了资本主义雇佣型大农场经营的先进性的观点，以及家庭式农业经营必然为雇佣式经营等大规模农业经营所取代是农业现代化发展的必然趋势的观点。

就这样，在国内近现代农业史的叙述中出现了巨大裂痕：当叙述近代欧美国家农业史的时候，人们对小农制大加批判，认为它是农业进步的敌人，并阻碍了农业劳动力向工业部门的转移，对促使农民获得土地所有权的法国大革命怀着极为复杂的感情，对近代英国地主排挤农民建立资本主义雇佣型大农场的行为实际上大唱赞歌；而当叙述20世纪历史的时候，人们的态度就完全改变了，认为耕者有其田的小农制更加适合于农业及整

---

① 董正华等：《透视东亚"奇迹"》，上海，学林出版社，1999年，第105~108页。
② 读者需要注意的是，本书95%的内容成书于2005年年初，因而作出上述论断，国内学术界往后发表的相关论文有不少其实受到了本书作者相关论述的影响，一定程度上改变了这种情况。

个社会经济的发展，对各国实施分配土地给农民的革命与改革大加赞赏，而对那些保留大地产制度的国家大加挞伐，并把那些实际上实施的是他们深为赞同的资本主义雇佣经营的大庄园贬低为前资本主义劳役制经营的大庄园，以进一步论证耕者有其田的土地革命与土地改革的合理性。①

英国是世界上第一个工业化国家，是现代工业文明的发祥地，是议会民主等现代制度的发祥地，同时也是后起现代化国家向往与学习的榜样。马克思在《资本论》第一卷第一版的序言中曾经断言："工业较发达国家向工业较不发达国家所显示的，只是后者未来的景象。"② 尽管这个论断在今天已经遭受不少质疑，但是人们还是无法否认马克思这个著名论断的巨大理论价值。西方经典的现代化理论，有许多就是以英国的历史与经验为范例而构建的，也可以说在很大程度上是从英国的历史与经验中抽象出来的。由于英国史在中国中小学以及大学社会科学教学中的特殊地位，加上长期以来的意识形态的教育，英国的经验，以及英国农业史的叙述模式，对于人们形成农业现代化的观念有着难以磨灭的影响。尽管在今天的中国，家庭联产承包责任制已经取得巨大成就，经典作家关于小农的落后与保守、害怕市场竞争、抵制变革、不适应现代社会化大生产的论述，以及家庭式农业经营必然为雇佣式等大规模农业经营所取代的论述，仍然支配着很多中国人的思维模式。

当然也有一些作者已经注意到了19世纪的英国小农并没有消失的现象，不过这并没有对近代英国农业史的叙述模式产生实质性的冲击，更不用说动摇以往人们对农业现代化"必然趋势"的根深蒂固的看法。也有个别作者试图全盘推翻国内学术界以往对近代英国农业史的叙述模式，由于其论述的意识形态色彩较浓，所引证的材料又很不充分，因而不大为人们所接受。③

因此，本书的目的就是通过重新探讨"雇佣农场排挤家庭农场"观点

---

① 人们往往认为地主把土地分割给许多小农租佃经营是落后的封建主义的生产方式，而把土地出租给农业资本家进行雇佣式大生产看作是先进的生产方式。不过如后文所述，由于农业生产的特殊性，家庭式小农租佃经营农业生产比资本主义雇佣式大生产更有优势，单位面积产量更高，能够付出更高的地租，从而排挤所谓的更加先进的资本主义雇佣式租佃农业经营。在实施精耕细作农业的亚洲国家和地区更是如此。实际上很难说到底哪一种租佃经营生产方式更有效率，更先进。第三世界很多所谓的先进的资本主义农业雇佣经营，往往是大地主对抗政府限制租佃经营的农业政策的产物，实施的是粗放经营。
② 《马克思恩格斯全集》（第23卷），第1版，北京，人民出版社，1972年，第8页。
③ 徐正林、郭豫庆：《近代英国"大农业体制"新论》，载《历史研究》1995年第3期；王章辉：《大农业不是英国农业和经济衰落的原因——与徐正林和郭豫庆同志商榷》，载《史学月刊》2000年第1期。

的发祥地——英国的近代农业发展史，围绕近代英国雇佣型大农场制度的兴衰，分析与回顾西方经济学家（包括马克思主义经济学家）对雇佣型大农场制度与家庭农场制度优劣的论战，通过分析当代西方经济史学家对近代英国农业发展史的最新研究成果，去探讨雇佣农场制度与家庭式农业经营各自的优劣与生命力，并提出自己的一些浅见，以纠正国内学术界对近代英国农业发展史乃至整个近现代西方农业发展史的一些似是而非的认识，并希望借此机会进一步纠正人们长期以来对"雇佣农场排挤家庭农场是必然趋势"的歧见。

在国外，由于英国历史所保存下来的资料特别丰富，以及英国作为第一个工业化强国的特殊历史地位，对于英国农业史的研究一直是一个长盛不衰的题目，许多经济史研究中的著名模式都是以英国经济史为参照抽象出来的，并以此去研究其他国家的历史，预测其他国家未来的发展。与此同时，人们也在研究世界其他国家的历史中发现了许多新的认识，促使人们回过头去重新认识英国的历史，重新评价以英国历史为参照体系建构出来的农业现代化模式，并对英国的历史作出新的认识。

本书研究农业资本主义兴衰的根本目的是为了从经济史的角度对农业与农民现代化理论作出新的探讨，阐述家庭式农业经营的生命力，阐述农业雇佣经营生产方式的兴衰规律。为了加强本书研究结论的可靠性，本书的研究范围还越出了近代英国农业史的范围，在时间上向前扩展到前资本主义时代的农业经营，向后扩展到当代，在空间上扩展到整个欧美乃至全球。

因此，本书的写作具有较强的比较史学的特点，尽可能地把每一个时期英国的状况与同时代的其他国家进行比较，同时也把不同时期的情况进行比较，以便重新认识近代英国农业史。这就使得本书叙述的历史会跨越本书着重论述的16世纪到"二战"之前这一主要历史时段，同时也会以较多的笔墨叙述每一时期其他国家的农业状况，尤其是"小农制是阻碍农业进步"观点发祥地法国的历史①，和"农业发展的农民式道路"代表的

---

① 笔者认为，关于小农的保守性、小农制不能促进农业生产力的发展、无法适应农业新技术和新方法、不适应资本主义市场经济、是专制主义的社会基础、小农制的社会是"一袋子马铃薯"、行政权支配社会等概念，几乎都是来自于近代法国农民史的抽象，这可以从马克思的《路易·波拿巴的雾月十八日》一文清楚地看出来，而法国年鉴学派的大师如布洛赫等人又对这种形象进行了更加深刻的刻画，由于马克思在社会主义运动中的崇高地位，以及法国年鉴学派的巨大国际声誉，使得小农的上述形象深入人心，并大规模地运用到对其他国家和地区、不同历史时期的农民研究中去，进一步加深了小农的上述形象。因此要想改变人们以往对小农形象的描绘，就不可能绕过近代法国的农村史。

美国和丹麦的农业史①，而不仅仅限于英国农业史的考察。其优点是，使人们能够站在更加广阔的历史视野中来看待英国的经验，可以得出许多新的认识。缺点是，它使作者不得不涉及自己并非专长的领域，大大增加了本书写作的难度，同时也会增加部分读者阅读本书的难度。

由于本书的写作主要是对以往人们对农业现代化、家庭农场生命力论述的再思考，并提供一种新的范式，以及对近代英国农业史进行新的解读，作者将面对许多复杂的理论与观点，如果在导论部分对这些观点一一作出评析，将会耗费较大的篇幅。而且由于本书具有较强的论战性写作特色，在后面的行文中每一个章节都将会以较大的篇幅对以往的各种观点进行评析，分析他们的得与失，为节省篇幅和避免重复，作者在本部分不拟对国外学者的研究状况进行详细评析。

本书的写作主要有两方面的任务：一方面是对西方学者关于农民理论与农业现代化理论进行解读与评析，把国外的最新研究成果介绍给国内同行，并对这些问题提出一些自己的看法；另一方面是，根据西方经济史学家关于英国农业史研究的新成果，对英国中古晚期以来农业结构的变革作出新的叙述，以纠正国内史学界对这些问题的似是而非的认识。同时，借助现代西方经济学家对农业现代化研究的新成果与新认识，对西方经济史学家关于英国近代农业结构变革所作的解释进行分析，并提出一些自己的看法。

在对近代英国农业史的重新解读中，本书主要是运用西方权威经济史学家对英国农业史实的新的考证成果，换句话来说，主要是二手资料。由于众所周知的困难，在国内研究外国史，除少数课题外，依靠第一手资料做论文具有相当大的难度。更何况在今天英国经济史的研究中，第一手资料的要求已经进入到庄园档案的程度，这对于一个外国研究者来说，显然是不现实的。另外，本书所使用的这些二手书中的材料，也都是经过了权威学者的认证，也是国外研究这些问题的学者所共同依靠的材料。笔者与这些研究者的不同，在于对这些所认定的史实的解释。笔者认为，尽管我们无法通过发现新的第一手资料或重新考订第一手资料而提出不同的看法，但是我们可以通过自己生在一个农业与农民大国的切身体验，借助现代西方学者研究英国以外国家和地区农业现代化所得出的新经验与新认

---

① 可以认为，大农业是农业生产进步的前提这种观念主要是从近代英国农业史抽象出来的，而如前所述，小农制是农业进步的障碍主要是从近代法国农业史抽象出来的，而宣称小农制完全可以适应现代资本主义市场经济的观点主要是从丹麦（恰亚诺夫）和美国（舒尔茨）的近现代农业史中抽象出来的。

识，对西方学者所考订的英国农业史提出一点自己的看法。

## 四、本书的基本观点

本书的基本观点是，从根本上来说，农业生产的组织形式是由农业生产技术发展的特征所决定的。

在工业革命以前，农业生产工具大多是单干性质的，只需要少数人就可以操作，分工合作的必要性不强。大规模生产组织形式所能带来的分工合作的规模效益不多，难以抵消大规模生产组织形式必然带来的劳动监督成本，因而大规模的生产组织形式没有多少必要性。在这种情形之下，古希腊与古罗马时代的农业经营方式就与同时代的东方世界的农业经营方式一样，是小农经济占主导地位，而非以往人们所认为的大规模奴隶制庄园生产占主导地位。尽管中古西欧部分地区存在很多农奴制大庄园生产，但由于当时农业生产技术的单干特征，如同全世界的绝大多数地方，中古西欧农业生产的组织形式仍然主要是家庭生产的小农户形式。庄园的生产表面上似乎是分工合作的大规模生产，实际上仍然类似于小农经营方式。①

中古西欧之所以能较大范围地实施劳役制经营，主要并非因为自营地经营的技术先进性，也并非所谓的规模效益，而是因为中古西欧的农业经营相对粗放，从而较为容易监督劳动者劳动的数量与质量。如果中古西欧的农业经营也像中国一样是精耕细作，劳役制经营就会变得效益十分低下。②

黑死病以前，英国庄园自营地上的经营，在很大程度上是依靠雇工经营的。③ 这种雇工经营之所以有利可图，其主要原因，一方面是由于庄园习俗的限制，出租经营的地租无法上涨到土地的市场价格，另一方面是由于当时社会上存在大量的无地少地的农村廉价劳动力，可以以极低的价格雇佣。与此同时，谷物价格高昂。黑死病之后，由于社会上廉价的劳动力大大减少，同时谷物价格大为下降，雇工经营无利可图。与此同时，英国的领主地主又无法像他们在东欧地区的同类那样恢复农奴制，因而只好把自营地出租经营，其中很大一部分落入普通农民之手，使得黑死病后的英国成为英国农民的黄金时期。根据一般的农奴制的政治经济学，农奴制是在劳动力稀缺而土地丰富的情况下，领主无法凭借纯粹经济的力量剥削农

---

① 马克垚：《从小农经济说到封建社会发展的规律》，载《中国史研究》1983年第1期。
② 马克垚：《英国封建社会研究》，北京，北京大学出版社，1993年，第219页。
③ 相关论述见本书第二章。

民，只好通过限制农民流动等超经济强制力来剥削农民。随着人口的增加，土地变得稀缺，超经济强制的必要性降低，农奴制有自动走向衰亡的趋势。这是包括英国在内的中古欧洲农奴制兴起的基本原理。这与国内学者所熟悉的波斯坦新人口论的一些论述恰恰相反。波斯坦认为，正是由于黑死病所导致的人口灾祸，导致劳动力短缺，使得农民在与领主谈判中的地位大大上升，从而导致英国农奴制的消亡。其实，按照一般的农奴制政治经济学规律，劳动力短缺的"正常"后果应当是东欧那样的农奴制再度加强，而不是英国 14～15 世纪那样的农奴制解体。

本书认为，根据最新的研究成果，16～17 世纪时期，英国的公簿持有农对土地的占有是有保障的，这一时期英国的农业结构仍然是以小农制为主体的。① 在这一时期，英国的农业获得了很大发展，而这种发展主要是在小农制的基础上取得的。由于 18 世纪中叶以前英国农业革命的特征是劳动密集型技术，在当时的农业技术条件下，小农生产方式不会成为农业进步的障碍，相反在很多方面还是农业改良的先锋。这就驳斥了一些作者关于小农制是近代农业改良的障碍的说法，也驳斥了英国这一时期农业的发展是农业资本主义发展的结果的观点。

本书认为，18 世纪后期，英国的雇佣型大农场的单位面积土地产出并没有阿瑟·杨所说的那种优势，在一些情况下甚至低于小农农场。大农场上较高的单位土地面积产出，在很多时候只是一种假象。近代英国的地主并没有像以往人们所想象的那样对地产的改良进行了大量的投资，他们对地产投资的积极性远不像人们以往所认为的那样高。尽管英国的地主确实利用从农业中得来的收入在工商业中进行了投资，但他们更多的是在进行奢侈性消费。英国土地所有与经营的集中造成了社会的两极分化，造成了农村大批的贫困人口，阻碍了农村工业品市场的开拓，实际上产生了阻碍英国工业革命的后果。② 地主—租地农场主—农业雇佣工人的农村社会结构阻碍而不是促进了近代英国工业革命。

18 世纪英国的国会圈地运动确实促进了英国农业生产力的发展，但是不应该过分夸大它的作用。圈地运动后地租的大规模上涨，除了一小部分是由于生产率的提高外，在很大程度上是由于物价的上涨、土地价值的升高、土地经营利润分配向地主方面的倾斜以及什一税

---

① Robert C. Allen, *Enclosure and the Yeoman*, pp. 56～77; R. W. Hoyle, "Tenure and the Land Market in Early Modern England: Or a Late Contribution to the Brenner Debate", *The Economic History Review*, New Series, Vol. 43, No. 1, pp. 1～20.

② Robert C. Allen, *Enclosure and the Yeoman*, pp. 235～282.

的扣除。

近代英国高度集中的土地所有权结构的形成，主要并非大地产更高的经济效率，而是因为大地产能够给土地所有者带来附加的社会的和政治的价值，从而使得土地的价格高于市场价格，而土地所有者为了得到佃户的选票，地租往往低于市场竞争地租，从而阻止了富裕的英国农场主获得土地所有权的努力。①

从法国和美国农业资本主义雇佣经营发展的情况来看，通过所有权自耕农基础上的自由竞争产生农业资本主义雇佣经营，进展缓慢。因而农业资本主义发展的美国式道路令人怀疑。由于作为农业主要生产资料的土地不具有再生性，农场面积的扩大只能依赖对小地产的购买与合并，一旦所有权家庭自耕农宁可受穷也不愿出卖土地，在资本主义私有财产制度下，农场规模的扩大就不可能，因而在农业当中，大生产排挤小生产的速度就慢得多，大生产扩大的速度就慢得多。大农场即便能够获得更高的利润，也难以迅速大规模地排挤耕作自有土地的小农。②

因此，近代英国雇佣型大农场制度的高度发达，是与英国从封建时代继承下来的高度集中的土地所有权结构紧密相关的。尽管雇佣农场的单位面积产出并不一定比小农农场为高，但是它们可以通过排挤劳动力来获得更高的利润，从而缴纳更高的地租。在短期租佃制下，地主在租约到期后可以收回土地，把它合并起来交给大佃农以获得更高的地租。就这样，高度集中的土地所有权，导致了近代英国高度发达的雇佣农业经营方式。这种情况在德国易北河以东地区也基本上是如此，尽管普鲁士的容克庄园大多是土地所有者自己经营的，但是从封建时代继承下来的高度集中的土地所有权结构，仍然是容克地主资本主义雇佣型大农场高度发展的决定性因素，并且其表现更为突出。

从根本上来说，19世纪晚期以前英国和其他西方资本主义国家雇佣农场经营的发展，是一种特定历史条件下的产物。在工业革命初期，社会上存在大量的过剩廉价劳动力，农业劳工价格低廉，而且当时世界农业生产的发展赶不上人口的增长，导致粮食价格高昂，从而使得规模效益并不明显的雇佣经营有利可图。③ 另外，当时各国尚未建立起有利于

---

① Avner Offer, "Farm Tenure and Land Values in England, c. 1750～1950", *The Economic History Review*, New Series, Vol. 44, No. 1, pp: 1～20.

② ［德］考茨基：《土地问题》（上卷），岑纪译，北京，商务印书馆，1936年，第203～207页。

③ ［日］中村哲：《近代东亚经济的发展和世界市场》，吕永和、陈成译，北京，商务印书馆，1994年，第206页。

小农经营的社会公共服务体系，使得小农经营在资金获得、技术提升与市场交易等方面受到很大限制，家庭经营方式的优势难以发挥，从而使它们在竞争中处于劣势。

随着雇佣型大农场兴盛的特定历史条件（粮食价格高涨和农业劳工价格低廉）在19世纪晚期的消失，西方资本主义国家的农业资本主义进入危机，走向衰落。而曾经被经典作家几乎判定死刑的家庭式农业经营，不仅没有被排挤，而且还比雇佣农场更有活力，无论是在农业经营者的数量比例还是在土地占有和市场份额上都处于上升的地位，逐步排挤了资本主义雇佣经营农场的优势地位，占据了农业经营的主导地位。在市场竞争加剧、工业进步和技术发展的新时代，家庭式农业经营实现了现代化，家庭农业经营方式并没有像以往人们所认为的那样成为农业技术进步的障碍。19世纪的英国是农业资本主义雇佣经营发展程度最高的国家，曾经被经典作家看作是其他国家农业发展的未来样板，但是到了19世纪晚期，英国农业的雇佣经营也逐渐走向衰落，并在"二战"后发展成以家庭经营为主导的农业结构。曾经一度被认为是促进了英国农业进步的大农场制度，在19世纪晚期却成了英国农业危机的重要促成因素。

由于农业生产的特殊性，农业部门的机械化并没有导致家庭经营农场的衰落，反而使得家庭式农业经营获得了以往只有雇佣农场才能够获得的规模经济优势。在工业部门，工业革命导致了流水线式的生产与装备，劳动具有强烈的分工合作特性，最终导致了大企业的绝对优势。但是在农业部门，由于农业生产的特殊性，迫使农业机器设备的设计走小型化之路，加上农业生产的季节性等因素，农业生产的诸多作业次序，在机械化之后仍然像机械化以前一样，在时间间隔上是广泛分离的，缺少流水线生产的特征，缺少分工合作的必要性，工厂式的大生产组织形式没有必要。农业生产的机械化尽管导致了农场经营单位规模的大为扩张，但是扩大了的农场仍然是家庭经营形式，扩大了的家庭经营农场成为了发达国家占主导地位的农业经营形式。①

"二战"以后，在农业中存在大量的雇佣型大农场的地方，基本上都是相对落后的国家和地区，其资本主义经营是以农村大量存在过剩劳动力为基础，使用低工资劳动者来经营。这些国家或地区一旦实现工业化，过

---

① ［日］速水佑次郎、［美］弗农·拉坦：《农业发展的国际分析》，郭熙保、张进铭等译，北京，中国社会科学出版社，2000年，第94~95页。

剩劳动力减少，或是农业技术提高、集约型农业发展，这种农业资本主义雇佣经营就会解体，[①] 形成技术水平较高的家庭农业[②]。这些资本主义雇佣经营的大庄园的存在既是以大量低工资劳动者的贫苦生活为代价的，同时也是以降低整个社会的财富产出为代价的。如果把这些大庄园的土地分配给小农，社会的全要素生产率还会更高。因此，第三世界的发展中国家，实行耕者有其田的土地改革，不仅有助于社会平等与社会稳定，有助于经济的长期健康发展，还有助于农业全要素生产力的提高。

本书认为，主要利用恰亚诺夫的理论模式来解释 19 世纪末以来西方国家雇佣农场的衰落，显然是不能令人信服的。因为恰亚诺夫所说的家庭式农业经营可以在没有利润（扣除劳动的机会成本和其他支出后）的情况下继续生存下去，以及家庭农场经营者愿意投入更多的劳动、接受较低的劳动报酬、接受更低的生活水平以求得家庭农场的继续生存诸如此类的现象，在任何其他行业的"家庭企业"当中都是存在的。不管是出于恰亚诺夫所说的家庭消费的压力，还是出于人们"为自己劳动"的自豪感，以及没有工作寻找成本的因素，家庭企业都可以以更低的成本投入劳动。但是在其他行业中，家庭企业的这些特性和优势并没有使它们免除被排挤或边缘化的命运。主要是因为在这些行业中，现代生产技术往往只能在工厂式的大生产组织形式下得到运用，因而分工合作所带来的规模效益很高，完全能够抵消家庭企业"劳动自我剥削"的效果，家庭企业所固有的劳动优势在这里微不足道，家庭企业的组织形式成为了现代生产技术运用的障碍。但是在农业生产部门，家庭农场的经营组织形式可以和大多数的现代农业生产技术相融合，使得工厂式大生产组织形式并没有多少优势。并且由于农业生产的特殊性，农业部门的监督成本相当高，使得农业部门的规模效益很低，无法对抗家庭经营农场的劳动优势，一旦那些促使雇佣农场能够赢利的特殊条件（粮食价格高昂、农业雇工价格低廉）消失，雇佣农场就衰落了。[③]

---

[①] ［日］中村哲：《近代东亚经济的发展和世界市场》，吕永和、陈成译，北京，商务印书馆，1994 年，第 206 页。

[②] ［日］中村哲：《近代东亚经济的发展和世界市场》，吕永和、陈成译，北京，商务印书馆，1994 年，第 202 页。

[③] John M. Brewster, "The Machine Process in Agriculture and Industry", Journal of *Farm Economics*, Vol. 32, No. 1, pp: 69~81. ［日］中村哲：《近代东亚经济的发展和世界市场》，吕永和、陈成译，北京，商务印书馆，1994 年，第 202~211 页。［日］速水佑次郎、［美］弗农·拉坦：《农业发展的国际分析》，郭熙保、张进铭等译，北京，中国社会科学出版社，2000 年，第 94、390~391 页。

19世纪晚期以来西欧、北美国家雇佣农场的衰落，主要并非由于很多人所认为的农业的低利润因素。雇佣经营方式的生存主要不在于该行业利润率的高低，而是在于该行业大规模雇佣经营相对于家庭式生产到底有多大优势。大多数的现代农业技术能够在家庭式生产的条件下得以运用，使得农产品的供应大增，超过需求的增长，才导致了农产品价格下跌和农业生产利润的相对较低，使得雇佣农场无法生存，并使得那些实行雇佣型大农场制度的国家陷入深刻的农业危机。工业部门的许多夕阳产业，尽管利润也相对较低，但由于这个产业的现代生产技术无法在家庭企业的生产组织形式下得到运用，家庭式生产的效率远不如工厂式的大生产，这个产业也就仍然是工厂式的大规模经营。一旦该产业的现代技术能够在家庭生产的组织之下得以有效实施，与工厂式的大生产组织形式效率接近，这个产业也就会成为家庭作坊的天下，就如同家庭农场在农业部门的主导地位一样。

本书还认为，经济史上雇佣农场的兴衰规律甚至与恰亚诺夫模型的预测相反。在恰亚诺夫的模型里，小农社会人口的相对过剩造成了雇佣经营的被排挤。然而通过本书的分析，我们看到的却是与恰亚诺夫模型相反的情况，人口过剩带来的劳动力价格低廉，造成了农村社会的两极分化，促进了雇佣经营的发展。相反，人口过剩的缓和带来的却是雇佣经营的衰落与社会的中农化趋势。欧洲的经济史学家甚至认为，这是一种带规律性的东西。

本书的一个基本观点是，大地产、资本主义雇佣型大农场、廉价劳动力与农业现代化和工业革命的相互促进作用这种为我们所熟悉的农业现代化叙述模式，以及家庭经营的小农制是农业现代化和工业化的障碍的观点，从根本上来说，是根据近代英法两国特定具体历史条件下的不同发展抽象出来的，并且是根据一种相当表面性的令人怀疑的因果关系抽象出来的。如果人们把考察的目光扩展到近代的北欧、新大陆和日本等地，扩展到包括英法两国在内的19世纪末以来的农业史，扩展到20世纪发展中国家和地区的历史，并因此而去重新审视英法两国的近代农业史，人们就会深刻地感受到这种叙述模式的缺陷。

# 第一章 近代以来关于小农家庭农场与雇佣型农场孰优孰劣的争论

## 第一节 争论发展的大概线索

当人们追溯近代以来关于小农农场制度与雇佣型大农场制度孰优孰劣的争论时，一般会上溯到18世纪的法国重农学派学者魁奈，以及18世纪后期英国议会圈地时期著名农学家阿瑟·杨（1741~1820）。不过笔者认为，使雇佣型大农场制度深入人心的还是英国的阿瑟·杨。阿瑟·杨是当时英国农业部的一名官员，他在英格兰、威尔士、爱尔兰和法国作了大量的旅行考察，以游记的形式在当时著名的农学杂志《农业年鉴》（*Annals of Agriculture*）上发表了很多文章，这些文章在当时就影响很大，后来更是成为人们研究当时英国和法国农业生产状况的极为重要的历史文献。阿瑟·杨宣称小农场是农业进步的敌人，认为只有大农场才能够促进农业生产的发展，原因是大农场能够获得更多的资金，从而可以进行资本密集型的农业耕作，可以购买更好的作物品种，可以进行农业基础设施改良。阿瑟·杨根据他在旅行中关于各个地方农业生产的记录，对各种农业土地上的产量进行了比较，得出了上述结论。① 他认为圈地运动后大农场的发展，大大促进了农业改良，并且否认圈地运动导致了农业劳动力需求的减少，尽管大农场制度的发展带来了小农的衰亡。相反，他认为，由于大农场进行耕作改良，农业劳动力需求反而增加，因此大农场制度的发展没有发生排挤劳动力、减少农业就业的情况。换句话说，圈地运动后大农场制度的兴起，既增加了劳动力需求，又增加了人均产出。

---

① 但是，当代英国经济史学家罗伯特·阿伦指出，阿瑟·杨的结论与他所观察到的事实不相符合，阿伦对阿瑟·杨的数据进行了重新考察，结果发现大农场的单位面积产出并不比小农场高多少，阿瑟·杨说了假话。Robert C. Allen, *Enclosure and the Yeoman*, pp: 201~203.

阿瑟·杨的观点为当时的大多数人所接受，在以后很长一段时间更是成为一种意识形态。人们一方面对于圈地运动促使了小农的衰亡感到惋惜，但另一方面，人们也相信，这是英国农业进步不得不付出的代价。换句话说，从经济进步的角度来讲，自耕农阶级的消亡是完全必要的，因为雇佣型大农场制度既促进了单位劳动力的产出，又是农业进步的源泉，是单位面积产量提高所必需的。这与我们今天的观点很不一样，今天我们已经不会再接受小农农场无法提高农业产量的论断了，只是说它难以提高人均产出。[①]

阿瑟·杨的观点与古典经济学家斯密关于分工促进技术的进步、促进生产率的提高是相符的。不过必须指出，斯密并不认为分工在农业部门也能带来在工业部门同样的效果，也就是说，农业部门中的分工与合作所带来的效率的提高没有在工业部门中那么明显。因为农业劳动具有季节性，农民不得不在不同的季节从事不同的劳动。

马克思在《资本论》一书中考察了英国的圈地运动，一方面，马克思强烈谴责了圈地运动，另一方面又认为它是农业进步的代价。马克思认为羊吃人的圈地运动把农民从小块土地上驱赶出来，被迫进入工厂，为英国工业革命提供了廉价劳动力。总的来说，马克思接受了阿瑟·杨关于雇佣型大农场优越性的观点，并且预言了家庭式农民在英国以外其他国家的必然消亡，认为当时英国的状况就是落后国家的未来。当然，马克思与阿瑟·杨的观点也有重大区别，马克思认为圈地运动排挤了劳动力，人均产出的提高主要是所需劳动力的减少，而阿瑟·杨则否认了圈地运动减少了农业劳动力需求的观点，认为圈地运动后大农场的农业改良增加了劳动力需求，增加了农业就业机会。应该说马克思的观点更为正确。但是马克思关于圈地运动的暴力色彩，以及对小农消亡的直接作用，以及圈地运动驱赶小农为工业革命提供劳动力的观点则受到很多质疑。

经典作家把法国19世纪农业的落后、工业化进展的缓慢部分地归罪

---

① 就18世纪英国圈地运动和农业改良是否造成了排挤劳动力的后果，经济史学界进行了长期的争论，一派以阿瑟·杨、厄恩尔勋爵（Lord Ernle）、明格（G. E. Mingay）为代表，认为圈地运动不仅没有排挤劳动力，反而还提供了更多的农业就业机会，因为圈后的农田改造需要大量的劳动力，并且当时英国的农业改良也是劳动密集型的技术，要求投入更多的劳动力。他们认为工业革命中劳动力的来源主要是人口的自然增长，这一派被阿伦称为托利派，认为是为大地主辩护。另一派属于马克思主义学派，认为圈地排挤了农村劳动力，为工业革命提供了廉价劳动力。参见 Robert C. Allen, *Enclosure and the Yeoman*, pp. 2~5; G. E. Mingay, "The Land Tax Assessments and the Small Landowner", *The Economic History Review*, New Series, Vol. 17, No. 2, pp: 381~388; J. D. Chambers, "Enclosure and Labour Supply in the Industrial Revolution", *The Economic History Review*, New Series, Vol. 5, No. 3, pp: 319~343.

于法国的小农制。这种观点几乎成了研究法国近代经济史的共识，为绝大多数的经济史学家所赞同，并且在我们的经济史叙述中，法国的经历成为小农制阻碍农业发展、导致农村贫困、限制劳动力流动、阻碍社会进步的典型教材，直到不久前才受到人们的质疑。

到了19世纪末，越来越多的事实表明，雇佣农场排挤家庭农场的预言并没有显示出来，在欧洲大陆更是如此，家庭小农顽强地生存了下来，而且似乎还在侵蚀雇佣农场的原有地位，雇佣农场所占农业用地比例甚至还有轻微的下降。从而在马克思主义者、社会民主党人内部对马克思的论断产生了激烈的争辩。在新的一轮争论中，认为小农经营无法提高农业技术与农业产量的观点，已经没有多少市场，即便是大农场制度的支持者都不得不承认，小农农场的单位面积土地产出往往还高于雇佣型大农场。争论的焦点在于两者的劳动生产率差别，在于小农顽强生存的原因。以考茨基为代表的正统马克思主义者一方面承认资本主义大农场排挤小农农场比原来预想的要复杂得多，道路更为曲折，但是资本主义大农场所固有的规模优势——在机器大生产时代更是如此——必将把小农农场排挤出去。和马克思一样，考茨基认为小农农场的生存之道是比雇佣农场的劳动投入更多，并且是以降低本身的生活水平为代价来换取生存，他们不受雇于人，但是他们的生活水平却不如农场劳工。马克思和考茨基关于小农比资本主义雇佣农场单位土地劳动投入更多，从而很可能单位面积产量更高的观点，无疑具有历史性的意义，这与以后恰亚诺夫关于小农农场劳动投入模式的"自我剥削"(self-exploitation，为了避免误解可以翻译为"自我开发"，其本意是开发利用几乎没有机会成本的家庭劳动力)概念是一致的。

在学术史上首次令人信服地否定小农农场必然为资本主义雇佣农场所取代的系统论证，是由俄国小农经济学大师恰亚诺夫提出来的。类似于马克思与考茨基所论述的，恰亚诺夫认为，小农农场往往由于人多地少，又缺少户外就业机会，家庭消费压力大，因而他们往往会在单位面积土地上相对于资本主义雇佣农场投入更多的劳动。在劳动的边际收益低于社会工资时，也即在增加一个工作小时所获得收入低于社会上每小时工资率的情况下，雇佣农场将会停止继续劳动投入，因为继续投入劳动虽然会带来农场产量的提高，但是支付工资后农业资本家的利润反而减少了。对于小农农场来说，由于缺少户外就业机会，劳动的机会成本为零，不用白不用，继续投入劳动仍然可以提高农场收入与家庭收入，以减轻家庭的消费压力，其限度是投入的劳动所带来的收入至少可以补偿农民的体力支出。在这种情况下，小农农场的单位面积产出就会高于雇佣农场，从而可以付出比资本主义雇佣农场更高的单位面积地租。并且由于小农农场并不追求利润，可以在没有利润的情况下继续经营。而雇佣农场在没有利润的情况下必将走向解体。因此，恰亚诺夫认为，最终的结果是小农农场排挤雇佣农场。但是，小农农场排挤雇佣农场是以更辛苦的劳动和更低的生活水平为代价的。①

由于在最基础的农业生产方面，小农家庭农场的效率高于雇佣农场，因而恰亚诺夫根据丹麦农民的经验，对未来农业的发展方向提出了新的预测。恰亚诺夫认为，未来农业的社会化大生产，并非走向经典作家所说的工厂式的大规模农场经营即水平式的一体化，而是商业资本主义"外卖制"的纵向一体化。在最基本的农业生产方面保留家庭农场经营的模式，然后卖给商业销售公司，通过商业销售公司向国内国际市场进行销售。这种模式也可以在生产资料购买、加工等方面实施，从而使小农家庭农场的生产与世界市场相联系，克服小农家庭农场在与市场联系方面的弱点。如果农民感到在这种商业资本主义模式中遭受中间商的剥削，那么他们可以通过组织生产、销售、采购等合作社组织，取代中间商的功能，实现合作化基础上的纵向一体化，免受中间商的剥削。②

从根本上来说，在解释小农家庭农场的顽强生命力方面，恰亚诺夫与经典作家并没有本质的区别。③ 区别主要在于对未来现代化农业组织模式的设想。经典作家认为，尽管家庭农场有上述这些优势，但是由于资本主义雇佣农场在各方面所具有的规模优势，小农家庭农场最终将会被雇佣农场所排挤。而恰亚诺夫则认为，由于小农家庭农场的上述优势，未来现代化农业的组织模式应当是家庭农场基础上的纵向一体化。

由于恰亚诺夫为农民指出了一条合乎自身利益又合乎社会化大生产的发展道路，因而被称为农民的马克思，如同马克思相对于工人阶级。④ 现代西方发达国家农业生产组织的发展，无疑证明了恰亚诺夫的预见性。因而许多马克思主义者也接受了恰亚诺夫的理论，成为恰亚诺夫式的马克思主义。一方面他们坚持认为，大农场制度比家庭农场具有更高的效率，同

---

① ［俄］恰亚诺夫：《农民经济组织》，萧正洪译，北京，中央编译出版社，1996 年，第六章"家庭农场组织特点产生的国民经济后果"。
② ［俄］恰亚诺夫：《农民经济组织》，萧正洪译，北京，中央编译出版社，1996 年，第 257～265 页。
③ 恰亚诺夫多次强调他的观点与马克思的相关观点很相似。参见［俄］恰亚诺夫：《农民经济组织》，萧正洪译，北京，中央编译出版社，1996 年，第 233、237 页。
④ 秦晖：《当代农民学研究中的"恰亚诺夫主义"》，见［俄］恰亚诺夫：《农民经济组织》（代中译序），萧正洪译，北京，中央编译出版社，1996 年，第 5 页。

时他们又认同恰亚诺夫对家庭农场生命力的预测。不少西方学者在解释19世纪末以来西方发达资本主义国家雇佣农场衰落的原因时，也是根据这种恰亚诺夫式的马克思主义，认为当代世界家庭农场占统治地位是建立在小农的"劳动自我剥削"之上的。①

不过我们不得不承认，就恰亚诺夫所提出的家庭农场劳动投入模式而言，它或许更适合于前近代社会，以及后起的发展中国家。在前近代社会与许多发展中国家，人多地少、劳动力过剩，存在大量的隐性失业人口，缺少户外就业机会，缺少一个比较完善的劳动力市场。因而恰亚诺夫模式在"二战"后研究前近代农业社会的经济史学家、研究广大亚非拉落后农业社会的社会学家与经学家那里，极受重视，并广为采纳。

恰亚诺夫的一些论断也往往被人们看作是农民保守性的象征，与博兰尼（Karl Polany）、斯科特（James Scott）、沃尔夫（Wolf）等人一起被认为是农民学研究中的实体主义学派，也被称作道义农民学派，以与以美国著名农业经济学家舒尔茨和社会学家波普金（Samuel Popkin）为代表的理性农民学派（也叫形式主义学派）相对立。实体主义学派与理性农民学派争论的焦点在于，能否用主要是研究现代资本主义经济的新古典经济学说中关于经济人的假设来研究传统农民的行为，以及农民对于市场化的态度和农民在市场化进程中能否得利。②

道义农民学派关于农民经济行为的论述与马克思主义者非常近似，道义经济学一词本身就是由马克思主义历史学家爱德华·汤普逊提出来的，这一派骨子里认为农民的经济行为不符合理性经济人的假设，因而实质上就是说农民是保守的，农民是反市场、反资本主义的。他们认为不能用研究现代资本主义的政治经济学来研究传统社会和农民的经济行为。而舒尔茨则根据美国自耕农阶级完全融入美国现代资本主义市场经济，实行高效率的资本化经营，又根据他从印度农民社会研究中所得出的小农"贫穷但是有效率"的观点，认为小农经营完全可以与现代资本主义市场经济相容，可以在家庭农场制度的基础上实现农业的现代化。波普金根据他自己在越南的实地考察，认为传统农民社会中的农民，尽管一些行为表面上并不符合理性经济人的假设，但其实质却仍然是从自身利益最大化为出发点的，农民社会中自私自利、互相竞争、敢于冒险、追求利润最大化等经济

---

① David Lehmann, "Two Paths of Agrarian Capitalism, or a Critique of Chayanovian Marxism", *Comparative Studies in Society and History*, Vol. 28, No. 4, pp: 601~627.
② 黄宗智：《中国农村的过密化与现代化——规范认识危机及出路》，上海，上海社会科学院出版社，1992年，第2~5页。

人行为大量存在，因而农民并不反对竞争。在面对资本主义市场经济的冲击时，农民也并不完全是受害者与反对者，他们在新的社会经济中能够找到新的生存与获利的机会，新生的资本主义市场经济为他们提供了更为广阔的生存空间，农民完全可以适应新的社会经济条件，参与竞争。[①] 从另一个角度来说，也就是说传统小农生产者完全可以适应现代社会化大生产。

## 第二节 雇佣农场与小农家庭农场的优势对比

### 一、雇佣农场的规模优势

大农场制度的支持者认为，相对于小农家庭农场，雇佣农场由于大规模经营，拥有规模经济的优势，就如同在工业部门一样。归纳起来主要包括以下几个方面：

首先，雇佣农场的劳动人数多，从而可以进行农场内部的劳动专业分工，使每一个人长期干自己擅长的工种，熟能生巧，可以提高每一个人在其所从事领域中的劳动熟练程度，提高劳动效率。它也可以让有技术和经验的人指导其他人进行生产劳动，发挥技术人员的优势，从而提高每一个人的劳动生产率。

第二，雇佣农场人数多，除了可以完成单个人或少数人可以完成的工作之外，还可以完成许多单个人或少数人无法完成的工作，这是家庭农场无法做到的。

第三，雇佣型大农场方便耕作，有利于农业机械的应用。在家庭农场的情况下，地块相对较小，边界又较多，耕作这样的土地费工费时，如果合并起来，就可以少干许多没必要的活。而且雇佣农场由于面积大，有利于大型农业机械的采用，也有利于大型机械设备发挥经济效益，因为这些机械的使用往往是随着耕作面积的增加而效益递增，也即农业机械设备往往是规模效益递增的。我们知道，在小农场制度下，同样的生产设备往往只能耕种面积相对较小的土地，造成了资源的浪费。

第四，雇佣型大农场有利于农业基础设施的修建与维修保养。在众

---

① Samuel Popkin, "The Rational Peasant: The Political Economy of Peasant Society", *Theory and Society*, Vol. 9, No. 3, pp: 411~471.

多的家庭农场耕作的环境之下,水利设施往往具有公共产品的性质,也就会有公共产品的悲剧这个问题,也即大家都只想分享公共产品所带来的好处,却不愿意支付公共产品的修建与维修保养费用和劳务。在雇佣型大农场制度下,这些基础设施基本上为一个或少数几个经营者所使用,从而变成私人物品,在修建与维修保养上不会出现公共物品的悲剧现象。

第五,雇佣型大农场有利于技术创新,以及新技术和新方法的采用。就如同工业中的大企业一样,大农场可以拿出更多的资金、集中更多的人员用于科学研究与技术开发,这是家庭农场所无法承受的,因而必然使雇佣型大农场处于技术领先的地位。

第六,大农场在与外部世界进行市场交易时,相对于小农场有优势。它们在购买生产资料和出卖产品时,在与商人的谈判中处于更为优越的地位,能够以更为有利的条件进行市场交换。它们也往往能够在信贷市场上以更为优越的条件获得资金,以便采用先进的生产技术和作物品种。[①]

由于有这样一些规模上的优势,在大多数人看来,资本主义雇佣农场排挤与取代家庭经营农场是历史的必然趋势。大农场制度的支持者认为,尽管在一定时期,由于家庭农场可以通过投入更多的劳动取得更高的单位面积产量,付出更高的地租,具有恰亚诺夫所述的"劳动自我剥削的优势",但这只是在技术不发达、市场不发达、存在劳动力过剩与就业不足等情况下的暂时现象,它只可以暂时延缓、阻止甚至暂时逆转雇佣型大农场排挤家庭经营农场的"必然趋势",但是它不能够改变历史发展的最终的必然趋势,用一句我们所常用的话来说就是,"道路是曲折的,前途是光明的"。

## 二、家庭经营农场的劳动优势

根据前面介绍的恰亚诺夫的小农农场的劳动投入模式,我们已经知道,家庭农场能够在外部就业机会不足、家庭消费压力大、人多地少的情况下,在劳动的边际收益低于社会工资的情况下,继续投入劳动,从而获得比雇佣农场更高的单位面积产出,从而可以支付更高的地租,因而将会排挤雇佣农场。我们也已经知道,马克思与考茨基[②]事实上也注意到了恰

---

[①] [德]考茨基:《土地问题》(上卷),岑纪译,北京,商务印书馆,1936年,第131~151页。

[②] 马克思:《资本论》(第3卷),北京,人民出版社,1966年,第908~909页;[德]考茨基:《土地问题》(上卷),岑纪译,北京,商务印书馆,1936年,第151~166页。

亚诺夫所说的家庭农场劳动中的"自我剥削"现象，但是马克思和考茨基并不认为它最终能够改变农民家庭农场被排挤与取代的命运，因为农民家庭农场的单位劳动时间产出仍然不如雇佣农场，劳动生产效率仍然不如雇佣农场。对此，我们应该如何理解呢？

我们应当指出，在广大的发展中国家，所面临的主要问题是存在大量的就业不足的劳动力，也即隐蔽性失业与季节性失业。在这里，提高单位劳动产出的紧迫性不如充分开发这些闲置的劳动力创造出更多的社会财富更为重要。而在充分开发过剩劳动力创造出更多的社会财富问题上，实行耕者有其田的小农家庭农场制度显然优于雇佣农场制度。在那些实行大农场制度的国家，表面上造成了一批规模巨大、使用大规模现代农业生产机械的大农场，劳动效率很高，似乎很现代化，但事实上它使得大批未能就业的劳动力闲置了，降低了社会财富总量，整个社会经济的生产率反而下降了。因而与那些批评法国小农制阻碍了法国工业化的观点恰恰相反，小农制因为在劳动力过剩阶段，充分开发了劳动力，创造出了更多的社会财富，从而能够为工业化提供更多的资金。并且，由于实行小农制，社会比较平等，在政治上有利于社会稳定，在经济上有利于国内市场的开发——两极分化的社会是不利于国内市场的开发的，从而小农制更能够促进工业化的健康发展。

一些拉美观察家注意到，那些资本主义雇佣经营的大农场与大种植园的周围往往聚集有大量的小块田地，这是因为农场工人无法通过工资劳动维持生活，必须通过耕种小块土地来补贴生活。如果不分给这些农场工人小块土地，要维持农场工人的生活，大农场与种植园就必须付出更高的工资，而在这种情况下大农场与种植园将无法赢利。这些"现代化"的大农场，往往是以廉价劳动力的供应为前提的。这些大农场的高效率是以它周围的大量小块土地上的落后的低效率耕作为代价的，整个社会的生产效率反而降低了。① 他们还提出，其实这些拉美种植园的生存是以存在大量就业不足的劳动力为条件的，他们不得不接受只有通过耕种自有或租种的小块土地才能维持生存的低工资。一旦随着社会经济的进一步发展，这种过剩劳动力逐步消失，这些雇佣型大农场，就将无法生存，而被家庭农场所取代，就如同近代西方一样。他们认为，近代英国之所以出现雇佣农场占优势的局面，是因为当时英国存在大量的就业不足的过剩劳动力，他们不

---

① ［美］西奥多·舒尔茨：《改造传统农业》，梁小明译，北京，商务印书馆，1987 年，第 93~94 页。

得不接受低工资。而在这种低工资条件下，只有通过英国的济贫法，这些农场工人才能够维持生活。也正是由于这种低工资，这些大农场才能够赢利，排挤家庭农场。而随着 19 世纪下半叶工业革命的进一步发展，人口增长的速度下降，社会中过剩的劳动力趋于消失，工人的工资上涨，这些雇佣农场就不再能够赢利，逐渐趋于解体，为家庭农场所排挤与取代。①

其次，现代西方经济学家指出，即使是在存在外部就业市场的情况下，家庭农场仍然能够在低于社会工资的时候继续投入劳动，从而使家庭农场的单位面积产量高于雇佣农场，进而排挤雇佣农场，并且这种情况并非如前面所说的是家庭农场以劳动效率低于雇佣农场为代价的。为什么呢？我们都知道，工人在寻找工作中，必须付出时间与精力等方面的成本，并且存在一个风险问题。假定一个人在自己拥有的土地上劳动一天的工资为 1 美元，假定寻找户外工作的机遇为 50%，那么雇佣农场就必须付出每一天 2 美元的工资才会有吸引力。假定寻找一份 30 个工作日的工作，必须付出 6 天的寻找成本（这种状况对于季节性劳动特征的农业来说非常正常），那么雇主付出的 30 天的工资必须达到家庭农场上 36 天的劳动所得才有吸引力。这种差别是与劳动效率完全无关的，因为我们在计算劳动效率时，应当计入各方面所付出的成本与时间。②

上述情况是在任何时候都无法避免的。在这种情况下，雇佣农场要想排挤家庭农场，它所带来的规模效益就必须能够大于由雇佣劳动而来的工作寻找所必须付出的市场交易成本，否则即便它每个单位工作时间所创造的劳动成果高于家庭农场，也不能说它具有规模效益，也不能说具有更高的劳动生产率。这一点在任何行业都是一样的。因而关键是看农业的这种规模效益到底有多大，能否高于雇佣劳动所必须付出的市场交易成本，以及笔者将在下文论述的劳动监督成本。实际情况是，农业雇佣劳动的规模效益不高，而监督成本却又相当高，达不到排挤家庭农场所必需的条件。

前述有关小农的劳动自我剥削理论以及雇佣农场所必须支付的工作寻找成本的讨论，是从家庭制企业与雇佣经营企业的不同特征来说明的，这是恰亚诺夫的局限性，因为家庭企业的上述特征在任何一个行业中都几乎存在，而不仅仅是在农业中。恰亚诺夫的解释显然是难以令人信服的。因为在其他行业中家庭企业的这些特性并没有使它们避免被大规模的雇佣生

---

① ［日］中村哲：《近代东亚经济的发展和世界市场》，吕永和、陈成译，北京，商务印书馆，1994 年，第 202～206 页。
② ［英］弗兰克·艾利思：《农民经济学（第二版）》，胡景北译，上海，上海人民出版社，2006 年，第 240 页。

产方式所排挤，最终只能处于边缘地位。如果这个产业部门的规模递增效益很高，家庭企业的这种特性，也即劳动的自我剥削和节省劳动寻找成本的作用就会变得微不足道，而工厂式大规模生产就有利可图。因此，农业中家庭农场占主导地位，还应该从农业生产的特殊性方面来寻找，是农业生产的特殊性使得它的规模效益很低，无法抵消家庭劳动所具有的劳动优势。

众所周知，农业生产受到自然地理环境的极大影响。超大规模农场的出现对地理环境有着特殊的要求。例如种植业与畜牧业，超大规模农场要求有大片连接在一起的平整土地，否则便难以协调管理与耕作，难以发挥大规模生产的优势。但这种农业生产的地理条件在绝大多数的地方往往并不具备，人们往往只能在现有的并不平整的、不够大块的土地上进行农业生产。地理上的阻隔限制了农场规模的空间扩张，这就决定了世界上大多数国家和地区，尤其是像亚洲的水稻生产区，由于大型农场对成片平整土地的要求特别苛刻，人们不得不屈从于中小型农场的生产组织形式，这种中小型农场在现代科学技术条件下完全可以主要依靠家庭劳动力来经营。

就其本质而言，农业的主要生产资料——土地，不具有再生性，农场面积的扩大只能依赖对小地产的购买与合并，一旦家庭自耕农宁可受穷也不愿出卖土地，在资本主义私有财产制度下，农场规模的扩大就不可能，因而在农业当中，大生产排挤小生产的速度就慢得多，大生产扩大的速度就慢得多。而在工业界，工厂扩大生产不必以合并小生产为条件，生产设备可以通过生产而造出，大生产与小生产并存，在竞争的过程中大生产借助规模效益的优势，最终把小生产排挤出去，这是农业生产所不具有的。这也在很大程度上限制了农场规模的扩大。①

不过，我们也知道，在美国、加拿大与澳大利亚等大平原小麦生产地区，应该说并不缺乏大规模雇佣农场占优势的地理环境条件——有广阔的大平原，人少地多，土地资源极为丰富，并且小麦生产极适合于机械化大生产，因而这些国家家庭农场一直占据压倒性优势，就更能说明家庭农场制度优于雇佣农场制度。

与工业生产相对集中在一个较为紧凑的空间相比，农业生产是在相对广阔的空间中进行的，譬如说一个小麦种植农场，劳动的空间分布相当分散，这就增加了劳动监督的成本。众所周知，在工资劳动中，不可避免地

---

① ［德］考茨基：《土地问题》（上卷），岑纪译，北京，商务印书馆，1936年，第203～207页。

存在着工人偷懒（shirk）的问题，损害雇主的利益。在工业生产中，劳动相对集中于一个较为紧凑的空间，可以用一个或少数人监督许多人，因而较为容易监督，监督的平均成本较低。但是在农业生产中，劳动极为分散，大大提高了监督成本，因而大规模雇佣劳动往往并不经济。我们知道，即便在工业生产部门，企业规模也并非越大越好。随着企业规模扩大到一定程度，内部的管理、协调、监督的边际成本将会高于规模边际效益，从而规模不经济。

在农业生产中，一方面雇佣劳动的监督成本相当高，另一方面劳动协作所带来的规模效益却并不明显。大多数的农业生产工具，甚至是现代机器，往往可以由单个人驾驶与操作，因而农业生产具有浓厚的单干性质，协作生产的必要性不强，协作生产所带来的生产力递增并不明显。这两方面的因素制约着农场规模的扩大。以往人们在论述大农场制度的优势时，往往是以机器与设备的不可分性出发的。在工业生产部门中，一台机器、一个生产流程的运作，往往必须多人同时参与，具有集体劳动的特性，在一定范围内协作生产所带来的边际生产力递增非常明显。尽管在这里同样具有监督成本问题，但是工厂式大生产仍然具有无可比拟的优势。不少人注意到，在工业生产中往往是机器设备不动，而被加工的原料在运动，这就便于大型机器设备的运用。但是在农业生产中，往往是机器设备要不停地运动，例如收割机、拖拉机等，这就限制了大型机器的应用，从而使得农业机器具有小型化的色彩，也就使农业劳动具有单干性色彩。①

另外，农业生产具有很强的季节性，这就使得农业劳动者在不同的季节从事不同的工作，从而使农业劳动缺少专业化色彩，缺少流水线作业的特征，也就使得农业生产中分工合作的色彩不浓。②

除了这些物理上的因素外，农业生产的另外一些特征也使得雇佣劳动的监督成本相当高。农业生产的生物过程受制于无数的变量，而这些变量都与具体的生态条件变化有关。当温度与土壤湿度发生微小的变化时，对一种作物或牲畜的处理往往必须作出很大的变化，特别是像养蚕业、乳畜业等，要求劳动者在完成工作过程中非常富有责任心。但正如前文所说，雇佣工人往往具有偷懒的倾向，因此这类劳动的工作质量极难监控。农业生产的生物过程与工业部门的机械过程很不一样。工业部门的机械过程使

---

① ［日］速水佑次郎、［美］弗农·拉坦：《农业发展的国际分析》，郭熙保、张进铭等译，北京，中国社会科学出版社，2000年，第94页。
② John M. Brewster, "The Machine Process in Agriculture and Industry", Journal of Farm Economics, Vol. 32, No. 1, pp: 69~81.

得工作变得高度标准化，因而容易对工人的生产劳动过程进行监控。而在农业生产部门，只有少数作物，如甘蔗和棉花，可以由非熟练的劳动力在雇来的监工的指导下进行大规模雇佣式生产。①

由于全世界土地资源的有限性，随着人口的增加而来的消费需求的增加，不得不要求人们更为集约地使用土地，提高单位土地产出。高产的技术、高产的作物与牲畜等土地集约型技术，往往要求更为复杂的耕作与管理，使农业生产体系变得越来越复杂。当农业生产体系变得更为复杂，尤其是实行多种经营时，需要更为复杂与密集的作物与牲畜管理，对雇佣劳动者工作质量的监控困难就会成倍增加。而家庭农场由于其为自己劳动，工作质量很高，不存在上述责任心与监督的问题，没有这方面的成本。因此，在更适合多种经营的农场方面，家庭经营者有更大的优势。经营项目的增加使得每英亩土地上的现场监督—管理决策成本成倍增加，以至于一个管理单位能够监管的全部土地面积，迅速接近于普通家庭能够经营的面积。②

另一方面，在马克思、恩格斯、考茨基、列宁等人写作的年代，农业生产的技术进步主要是在机械技术——耕种机器、灌溉运输机器等，而机械技术的进步通常伴随着规模经济。如同马克思和列宁所设想的，机械技术的发展会大大提高大农场的相对经济效率。但是19世纪末以来，由于内燃机技术的发展，农业机器趋于小型化，适合于家庭农场的使用，使得家庭经营农场也能够得到以往只有雇佣型大农场才能够获得的规模经济优势，从而提升了家庭农民的竞争能力。与此同时，化肥技术、生物技术方面获得了巨大进步，它们多为规模中性技术，对于大农场和小农场都会有相同的效果。但是如果考虑到前述监督成本问题，生物技术进步中新的牲畜饲养品种与方法、改良种子和新栽培技术等，要求集中的现场管理决策，从而提高了小家庭农场的相对效率，造成了家庭农场占优势的农场规模分布状况。

因此，当代西方学者认为，马克思和列宁之所以未能预测到农业变革的过程，主要是因为他们未能理解生物生产过程的复杂性和生物生产过程对生产力提高的潜在贡献，也未能充分预见内燃机技术的发展以及所带来的后果。③

---

① ［日］速水佑次郎、［美］弗农·拉坦：《农业发展的国际分析》，郭熙保、张进铭等译，北京，中国社会科学出版社，2000年，第390~391页。
② ［日］速水佑次郎、［美］弗农·拉坦：《农业发展的国际分析》，郭熙保、张进铭等译，北京，中国社会科学出版社，2000年，第390~391页。
③ ［日］速水佑次郎、［美］弗农·拉坦：《农业发展的国际分析》，郭熙保、张进铭等译，北京，中国社会科学出版社，2000年，第92页。

现代经济学的研究表明，人类进行合作生产的途径并不像以前所说的只能是组成一个工厂式的集体组织，组成一个连续的生产线。这只是一种而已。市场本身就是一种人们进行合作生产的组织形式。一个复杂的生产过程，既可以采用把每一个生产阶段连接起来，组成一个工厂式的流水生产线，也可以通过把这些不同的生产过程分属于不同专业化的企业，然后通过市场买卖的关系，互相合作，完成整个生产。这也是当今世界跨国公司现代化大生产的组织形式。只不过由于每个环节都是工厂式生产，从而让不少人产生了误解，认为合作生产只能采用企业组织形式。一个复杂的生产过程到底采用哪种方式，主要是一个交易成本的问题。如果企业内部的行政管理成本低于通过市场交易的成本，规模效益为正，那么企业规模就趋于扩大，或者说组成工厂式生产就是合理的。假如内部的行政管理成本高于市场交易成本，意味着规模不经济，生产的合作就不如采取商业资本主义的形式，也即纵向一体化。这就表明，农业现代化的社会化大生产，不一定就要采用工厂式大生产的组织形式，而是可以采用恰亚诺夫所倡导的、保存家庭农场经营基础上的纵向一体化。

## 三、考茨基论农业资本主义雇佣生产关系再生产能力的限制

尽管考茨基的《土地问题》一书是为了捍卫马克思有关资本主义雇佣农场制度排挤小农家庭式生产的论断，但是考茨基对农业部门与工业部门不同生产特点的论述，对农业部门中大生产对小生产排挤的缓慢性、有限性及其原因的论述，成为了后来学者研究的新的起点。考茨基对农业资本主义雇佣生产关系再生能力限制的论述，成为后来学者解释农业资本主义大生产对农民的小生产的依赖性关系的理论基础。

众所周知，在近代工业部门，自由竞争导致的大生产排挤小生产，创造出了一个现代无产阶级，现代无产阶级的诞生与壮大，又为资本主义大生产的进一步扩大创造了条件。在前工业行会时代的欧洲，绝大多数雇工往往只是一些未婚的青年男女，雇工相当于是老板家庭的一员，而非现代意义上的雇佣工人。尽管雇佣劳动者很早就有，但他们往往没有能力建立自己的家庭经济和私有的家庭，不能生儿育女。他们在未开始独立生产、未开始成为老板之前，不能安家立业，不能结婚，不能生儿育女。当然，一旦他开始独立生产成为老板，可以建立家庭，他也就不再是无产阶级了。在这种情况下，雇佣生产关系本身不具有再生能力，劳动力的再生产主要不是在雇佣生产部门内部，雇佣工人的来源是手工业小生产老板和小农的儿女。而到了现代工业时代，工人阶级不需成为独立的生产者就可以成家立业、生儿育女，使得

工人阶级不断发展壮大，劳动力的再生产可以主要是在雇佣生产部门内部进行。在这里，资本主义生产关系本身可以不断地被再生出来。①

然而在19世纪的农业部门，农业雇工与雇主的关系却没有实现工业部门类似的转变。根据考茨基收集的大量相关数据，19世纪西欧国家的绝大多数农业长期雇工仍然只是一些未婚男女，他们收入低下，仍然没有能力建立自己的家庭。完完全全的农业雇佣劳动者拥有自己的家庭经济的，一般来说只是例外。绝大多数的农业雇工并非纯粹农业雇佣阶级的儿女，而是小农的儿女。他们要是有私有的家庭，那他们一般是独立的农业经营者，在自己的或租来的土地上经营，他们只是用自己的一部分时间去从事雇佣劳动，其余的时间是在自己经营的土地上劳动。换句话说，在农业部门，由于农业生产的季节性，以及规模经济较低造成的工资水平低下，农业雇工单单依靠雇佣工资难以建立自己的家庭经济，难以生儿育女，纯粹的农业无产阶级不具有再生能力，劳动力的再生产难以在农业雇佣生产部门内部进行，从而农业资本主义雇佣生产关系本身并没有再生能力。在这里，资本主义雇佣式大生产和农民的小生产是互相依赖的。资本主义雇佣式大生产的生存发展，是以周围大量的小生产的存在为条件的。当大生产排挤了小生产的时候，大生产所需要的雇佣劳动力也就失去了来源，大生产难以继续生存。在这里，农业部门表现出与工业部门很不相同的场景。②

在工业革命扫荡农村工业之前，很多农业雇佣工人通过农闲时节在农村工业部门就业的收入补充家用，从而能够在农村生存下去，在农忙季节为雇佣农场提供廉价劳动力。随着19世纪后半叶工业革命的推进，农村工业被摧毁，农业雇佣工人难以在农闲季节找到就业机会，难以在农村生存，更不用说成家立业。与此同时，随着19世纪后期工业革命继续推进带来城市就业机会的增加，大量的农业雇工离开了农村，资本主义雇佣农场面临严重危机。那些以往不断贪婪地攫取农民土地扩大大地产的大地主们幡然醒悟，纷纷划分一小块土地或出卖或出租地给农业雇工，帮助雇工建立自己的家庭经济，在农村成家立业，让他们继续留在农村，生儿育女，为大农场提供廉价的劳动力。③ 就这样，农业无产阶级就"再农民化"了。一些学者也把大地主的这种行为称为"再封建化"，就如同中古时期的领主，分配农奴以份

---

① [德] 考茨基：《土地问题》（上卷），岑纪译，北京，商务印书馆，1936年，第224页。
② [德] 考茨基：《土地问题》（上卷），岑纪译，北京，商务印书馆，1936年，第224~227页。
③ [德] 考茨基：《土地问题》（上卷），岑纪译，北京，商务印书馆，1936年，第227~229页。

地，使他们固着于土地，为领主的自营地提供劳动力来源。就这样，大地主、大农场主在不断地消灭自耕农的时候，自耕农的一部分又会以小租佃者的身份死灰复燃。在欧洲社会民主党理论家考茨基看来，由于这些因素，即便是在农业资本主义雇佣经营高度发达的英国，小生产的数目仍然大大超过大生产的数目，资本主义雇佣式大生产的繁荣与数目众多的小生产的存在紧密相关。在这种情况下，工业部门那种资产阶级与无产阶级的两极分化受到了极大限制，农业资本主义雇佣经营的发展也受到严重限制。①

正是在这种情况下，本来敌视小生产的很多大土地所有者纷纷支持各国政府推出政策，从财政等方面帮助农业雇工、小农甚至城市工人购买小块土地，一方面是试图通过发挥小生产的优势来缓解农业危机，另一方面是试图通过这些政策，留住农村的农业雇工和小农，为资本主义雇佣经营大农场提供廉价劳动力。在19世纪末20世纪初，这样的立法在资本主义雇佣经营发达的英国和德国十分常见。②

大生产与小生产共同存在，小生产为大生产提供廉价劳动力，使得雇佣式大生产有利可图，这样的农业结构也是"二战"以后农业资本主义雇佣经营发达地区的普遍特征。少数高度现代化的资本主义雇佣经营的大农场的存在，是以周围大量不足以维持生计的落后的小生产的存在为代价的。由于经典作家对农业资本主义雇佣生产关系的推崇，在他们的笔下，农业生产中的这种二元结构是农业生产力进步的表现，是先进的农业资本主义雇佣生产关系发展所必须付出的代价。但是在认为家庭式农业生产组织形式更为优越的人们的眼里，这种状况只能表明农业资本主义雇佣生产关系缺少自生能力，并且降低了农业生产的效率，是引发土地革命危机的重要原因。如果把这些所谓的现代化大庄园进行分解，实行耕者有其田的土地改革，把大庄园土地分配给周围的小生产，建立一个均等化的家庭经营自耕农为主体的农业结构，该国的农业产出会更高，社会的全要素生产率也会更高。

## 第三节 有关农民经济理性的争论

关于农民是否是理性的，农民的经济行为是否符合经济人的理性，是否符合自身利益最大化的原则，是否符合追求利润最大化的资本主义经济

---

① ［德］考茨基：《土地问题》（上卷），岑纪译，北京，商务印书馆，1936年，第230页。
② ［德］考茨基：《土地问题》（上卷），岑纪译，北京，商务印书馆，1936年，第232～234页。

理性，这一重大问题关系到小农制能否适应现代市场经济，能否融入现代资本主义经济系统，也就关系到小农制在资本主义市场经济中的未来命运。

在古典经济学家、经典作家以及当代的道义农民学派经济学家眼里，小农缺少经济人的理性，他们是保守的，不能对市场的变动与技术的进步迅速作出反应；他们害怕竞争、害怕新事物，对新技术的运用往往持怀疑态度；小农往往宁可忍受贫困，宁可接受在自家的土地上效率低下的劳动，也不愿意离开他们的小块土地成为城市工人阶级；他们的经济伦理是安全第一，而不是追求利润最大化；他们小富即安，缺少不停地追求利润的冲动。在我们国家，人们几乎把国人的所有缺点均归结为小农意识，小农意识成了落后思想的代名词。

## 一、"韦伯命题"的真伪

人们常说农民小富即安，只要收入达到能够维持生活的程度，他们就不再继续劳动，而选择闲暇。韦伯在《新教伦理与资本主义精神》一书中所举的例子非常有名。农业资本家本来为了提高农业工人的劳动效率，自愿增加劳动时间，采取提高单位时间劳动报酬的做法。但是令人惊讶的是，农业工人们在提高工资后反而缩减了劳动时间，当他们在获得了原来的工资总量后就停止劳动了。社会学家波耶克（J. H. Boeke）在"二战"后对印度尼西亚的研究也得出相似结论，为韦伯命题提供了有力的经验材料。波耶克在研究中发现，在印尼爪哇岛的"市民社会"中，存在正常的供给曲线，价格上升导致供应增加，工资上升导致劳动供给增加；而在"农民社会"则相反，农民缺乏赢利欲望，只以"够用"为满足，因而在农民生活达到某一水平后，就会出现反常的供给曲线，农产品价格上涨反而导致生产萎缩，工资上升反而导致劳动供给下降。在恰亚诺夫的分析中，同样带有这种色彩。恰亚诺夫认为，农民家庭农场的劳动投入模式是生产与消费的均衡，实质上也就是劳动与闲暇的均衡，农民的收入一旦达到维持生活的水平，它就会选择闲暇。因而西方经济学界把这种模式称为"劳苦规避型农民"（the drudgery – averse peasant）。①

对于上述问题，确实很难辩驳。不过，人们不得不承认现代人其实也差不多是这样。随着劳动生产率的提高，现代人比以前的劳动时间更少

---

① 参见［英］弗兰克·艾利思：《农民经济学（第二版）》，胡景北译，上海，上海人民出版社，2006年，第6章"劳苦规避型农民"。

了,用于闲暇和家庭生活的时间增多了。家庭农场与资本主义农场不一样,家庭农场集生产与消费为一体,对于任何参与生产的个人来说,都不可避免地有一个生产与消费的均衡,尽管它往往是主观的,均衡点随个人的生活价值观而变动不一。而资本主义农场仅仅只是一个生产单位,工人的生活、消费与闲暇,是资本主义农场之外工人个人的事,它当然就不会面临家庭农场这样的问题。只要仍然有利润它就会继续投入劳动,因为这些劳动可以通过市场而购买到。在一个竞争性市场上,单个农场劳动投入没有供给的瓶颈,不像家庭农场只能从家庭内部提供,面临劳动力的供给瓶颈。

根据标准的新古典经济学,作为一个消费者,每一个人都面临着劳动与闲暇的均衡。工资的上升一方面提高了闲暇的机会成本,使得人们有减少闲暇、增加劳动供给的趋向,也就是所谓工资上升的替代效应。另一方面,工资上升增加了消费者的收入,而收入的增加会导致人们消费更多的闲暇,从而减少劳动供给,这就是所谓工资上升的收入效应。工资水平的提升到底是导致劳动供给的上升还是劳动供给的下降,取决于替代效应与收入效应孰大孰小。一般认为,在工资上升的初期会导致劳动供给上升,随着工资水平进一步上升,最终会导致劳动供给的下降。

每个人所面临的生产(创造收入)与闲暇、消费的均衡点的决定有多种因素,很难归因于是否保守。人们是否愿意投入更多的劳动,获得更多收入,往往是与所从事的职业的社会地位紧密相关的。张培刚先生认为,上述这种增加单位时间工资报酬反而引起劳动供给减少的情况主要是发生在低收入劳动者身上(18~19世纪时人们在西方也同样经常观察到这种现象),而对于高收入者则并非这样。[①] 这是为什么呢?笔者认为,高收入者的劳动往往技术含量高,辛苦程度低,受到社会的尊敬,劳动本身就是一种自豪与满足感,因而提高工资就能更加激发他们的劳动积极性。而对于那些低收入者来说,他们从事的往往是一些技术含量低,辛苦程度高,往往又苦又累又脏的工作,这类劳动还往往给人一种降低身份、带来屈辱的感觉,因而他们时刻渴望能够结束或摆脱这种劳动。一旦单位劳动时间工资增加,他们谋生所必要的劳动时间缩短,他们就会减少劳动时间,减少劳动供给。像农业生产等重体力劳动,往往被看作降低人们身份而又不得不进行的谋生活动,因而人们一旦达到了维持基本生活的目的,恨不得马上就停止劳动。在此种情况下,低薪确实可以迫使人们更多地劳

---

① 张培刚:《农业与工业化》,武汉,华中科技大学出版社,2002年,第47~48页。

动，从而增加生产，而高薪则很可能会减少劳动力的供给，降低生产。根据美国的劳动统计数据，"二战"以后1950~1988年间，美国工资水平大幅度上升，结果，美国高中及高中以下学历者，无论白人还是黑人，无论男人还是女人，每周工作时间都下降了，而大学毕业者，除了白人妇女，男人及黑人妇女，每周的工作时间都有所上升，大约就是上述因素。①

低薪带来勤奋工作，增加国民财富；高薪带来懒惰，减少工作时间，从而减少国民财富等说法，在17~18世纪和19世纪初叶的英国上流社会和知识界相当普遍。② 英国学者哈切尔认为，近代的工作-消费伦理在18世纪的英国正在逐步形成，人们追求更多的消费，愿意为此付出更多的劳动。同时代的亚当·斯密对当时的主流观点就不赞同，因为他观察到，在很多情况下更高的工资激发出了更高的工作效率，工人劳动更多。③ 人们也观察到，18世纪的这种新的工作-消费伦理，是与当时社会上消费物品的多样化相伴而行的。更多样化的消费物品提升了人们的消费欲望，刺激着人们更多地劳动，即便是工资增加了。④ 从中我们可以得出这样的结论，在传统农业社会中，由于消费物品较为单一，根据边际效益递减的规律，一旦基本的生活需要得到满足，人们进一步消费同质物品所带来的满足就会迅速降低，从而导致人们追求更多的财富的欲望降低，也就造成了小富即安的心理。正如当代英国农民经济理论研究专家弗兰克·艾利思所提出的，要使农民摆脱恰亚诺夫所述的辛苦避免型行为模式或者说摆脱小富即安的行为模式，应该扩大工业消费品在农村地区的销售范围与渠道，以提高农民收入的边际效用。⑤ 因此，笔者认为，韦伯等人主要从心理和精神状态的角度去解释传统农业社会人们的行为方式，显然是很难令人信服的，而应该更多地从人们所处的社会经济环境来解释。对于小富即安的"小农意识"，也是同样的道理。

我们知道，传统农业社会是一种短缺经济，生产力落后，对于绝大多数人们来说，很难通过改善和扩大生产来实质性地改善生活，这就要求人

---

① [美]罗纳德·伊兰伯格、罗伯特·史密斯：《现代劳动经济学：理论与公共政策（第六版）》，潘功胜、刘昕译，北京，中国人民大学出版社，2000年，第161页。

② John Hatcher, "Labour, Leisure and Economic Thought Before the Nineteenth Century", *Past and Present*, No. 160, pp: 67~71.

③ John Hatcher, "Labour, Leisure and Economic Thought Before the Nineteenth Century", *Past and Present*, No. 160, p. 81.

④ John Hatcher, "Labour, Leisure and Economic Thought Before the Nineteenth Century", *Past and Present*, No. 160, pp: 92~104.

⑤ [英]弗兰克·艾利思：《农民经济学（第二版）》，胡景北译，上海，上海人民出版社，2006年，第129页。

们要"知足",也即"小富即安"。①

## 二、小农劳动投入"过密化"与"贵买贱卖"问题

有关小农劳动投入中"过密化"或"内卷化"(involution)问题,向来被认为是小农缺乏经济理性、效率低下的表现。小农劳动投入中"过密化"或"内卷化"问题,本质上是恰亚诺夫的小农的"劳动自我剥削"或"劳动自我开发"概念的另一种表达。由于小农土地缺乏,又缺少户外就业机会,小农被迫在劳动的边际收入低于社会工资时,继续投入劳动,带来更高的单位面积产出和总产出,但是伴随而来的是小时劳动生产率的下降。如果考虑了工资,小农农场其实处于亏损的境地。

在经典作家那里,这显然是农民安土重迁、安全第一、死守小块土地的保守价值观的结果,造成了法国工业革命中劳动力供应不足,阻碍了近代法国的工业化。为了使这些顽固保守的农民离开土地,成为工厂工人,就必须采取羊吃人式的圈地运动,把他们从小块土地上强行赶走。

但是正如前文所说,农民这种行为方式是在缺少外部就业机会,以及存在寻找就业机会成本的情况下被迫作出的合理反映。尽管它似乎与资本主义的利润(扣除工资后)最大化相冲突,但是确实达到了收入最大化的目的。人们从事劳动与经营的经济目的是为了获得收入。对于家庭劳动农民来说,收入由两部分构成,一部分是"工资",另一部分是扣除经营成本(包括工资)后的利润,农民追求的是收入最大化。因而这完全是符合经济人假设的理性行为,不能够因为它与追求利润最大化相冲突而否认。

一些论者指出,当恰亚诺夫谈论不能用古典经济学的"利润"概念来核算劳动农场的经营方式的时候,它讨论的只是一个事实,一个受到剥削与压迫的结果,而不是农民的一种思维预设。② 农民的悲惨处境,迫使他们无法按照古典经济学中利润最大化的原则来组织小农农场的经营,并不能从中得出农民从"心理"上并不追求利润的结论。另一方面,现代经济史研究表明,历史上的农民经济并不纯粹是一种自然经济,同样存在交换

---

① 马克垚:《论地主经济》,载《世界历史》2002 年第 1 期,第 9 页。波兰经济史学家库拉对这种短缺经济条件下的不同于现代资本主义社会的特殊市场运行特征的描述与分析,非常值得中国经济史学界借鉴。库拉指出,由于前资本主义时代市场条件的不完善,以及短缺经济的特征,前资本主义时代的人们对于同样的市场变化,会作出与现代人很不一样的反应,从而被现代人认为他们没有经济理性。事实上并非如此,由于制度和生产力水平的限制,前资本主义社会的人们在寻求自身利益最大化的时候,往往会被迫作出在现代人看来是不符合理性经济人的行为。参见 Witold Kula, *An Economic Theory of The Feudal System*, 第三章和第六章。

② Alain de Janvry, *The Agrarian Question and Reformism in Latin America*, p. 104.

与市场，实际上是一种自然经济与商品经济相结合的"二元经济"。① 尽管自然经济的特征更为根本，这种市场由于各方面的限制也非常不完善，但是农民在市场上进行交换的时候，仍然具有"商人"谋取利润的特征。从根本上来说，恰亚诺夫所述的这种农民经济计算模式仅仅是对利润最大化模式的修正，而不是替代。②

当然，也有些论者指出，在前资本主义社会和发展中社会，农民参与市场交易的时候，并不遵循资本主义利润最大化的原则。人们经常能够观察到，农民在市场上的交易往往是价格上涨时卖出反而减少，导致物价上涨反而市场供应减少，价格下跌时反而增加出售，市场供应增加，从而与现代市场经济运行机制形成鲜明对照。人们也经常发现，小农往往在价格上涨时买进，价格下降时反而卖出，与商人的经济行为方式和资本主义农场主经济行为方式形成鲜明的对照。因此他们认为，农民缺少资本主义的经济理性。

研究前资本主义社会的著名经济史学家波斯坦和库拉对这种现象作出了解释。波斯坦认为，农民参与市场出卖他们的农产品，往往不是出卖剩余产品，而是被迫挤出的生活口粮，为了交纳货币地租和税负。在这种情况下，价格上涨时，交纳同样数量的货币地租就只需要出卖较少的口粮，农民当然就会少卖一些，以改善自己的生活，而价格便宜的时候则被迫出卖更多，这是以降低生活水平为代价的。在丰年的时候，农民往往有所剩余可以出卖，尽管此时价格低廉，农民仍然收入增加。而到了灾荒之年，自己的粮食都不够吃，只能通过非农就业机会获得收入或借贷高价买入粮食。③ 农民的这种经济行为模式，现在已经成为了微观经济学市场供给理论的重要组成部分，成为了标准的西方现代经济学的一部分，完全符合经济人的理性行为模式。④ 正如一些经济史学家所指出的，在前资本主义社会，丰收的年份，农产品物价下跌，小农低价出卖但是生活改善，主要为市场出卖而生产的大农，虽然增产但由于价格下跌反而总收入下降。歉收之年则相反。⑤ 因此，在前资本主义社会，谷贱伤农主要是针对大农而言的。库拉指出，在现代社会，物价上涨时，市场上的供应会增加，从而整个社会的财富增加，这是因为现代社会往往有闲置的生产力，在平时得不到利

---

① 马克垚：《论地主经济》，载《世界历史》2002 年第 1 期，第 9 页。
② [英] 弗兰克·艾利思：《农民经济学（第二版）》，胡景北译，上海，上海人民出版社，2006 年，第 309 页。
③ Witold Kula, *An Economic Theory of the Feudal System*, pp: 41~44.
④ [美] 范里安：《微观经济学：现代观点》，费方域译，上海，上海人民出版社，1994 年，第 196~219 页。
⑤ Mark Overton, *Agricultural Revolution in England*, pp: 18~22.

用，只有在物价上涨、社会需求增加时，这些闲置的生产力才能得到利用，得到开发，从而增加市场供应，社会财富增长。而在前资本主义社会，那是一个短缺经济，基本上不存在闲置的生产力，因而即便物价上涨，市场供应也无法增加，在这种社会，物价上涨往往意味着社会财富的减少。①

不少研究前资本主义市场和发展中社会的学者发现，在这些社会中，由于市场的极不完善，许多闲置的、机会成本极低的劳动力无法进入市场，使得劳动力市场价格往往并不能反映真实的劳动力供给状况，存在严重的劳动力价格虚高的现象，以这种虚高的劳动力市场价格去核算封建企业的赢利状况，往往会给人巨额亏损的假象。同理，以这种虚高的劳动力市场价格去核算农户的投入产出的利润，也会给人以巨额亏损的印象，得出恰亚诺夫所说的在家庭式农业经营中无法引入利润概念的结论。② 作者认为，这一点是以往学者们在评价恰亚诺夫的"劳动自我剥削"理论和黄宗智先生的"过密化"增长理论时所经常忽视的。考虑到这个因素，我们在讨论小农经营的效率问题上就会更加乐观一些。

另外，那些批评农民安土重迁、安全第一、死守小块土地的保守价值观的人，其实头脑中有一个错误的假设，那就是认为社会上存在大量的非农就业机会。既然有这样的就业机会，农民仍然进行过密化劳动，死守小块土地，宁可过安全却是贫困的生活，当然就被认为是保守的了。但是这种假设与发展中社会是不相符合的。正如英国经济史家所指出的，托马斯·莫尔时代的羊吃人的圈地运动，所起到的作用是造成了大批流民。当时的手工业发展根本就无法为这些人提供就业机会，从而成了当时严重的社会问题，都铎政府为此一方面下令禁止非自愿的强制性圈地，一方面建立济贫制度。③ 就以后英国工业革命中劳动力的来源而言，英国经济史学家普遍认为主要并非圈地运动的结果。尽管小农在圈地中受到损害，但是必须承认绝大多数的圈地并没有直接导致小农失去土地。这种圈地主要是废除中世纪盛行的土地插花分割与敞田经营制度，把每一家的土地合并到一大块，用篱笆围圈起来。大批小农离开小块土地，主要还是因为经济的力量。当时英国人口迅速增长，在农业中无法就业，而工业部门的工资更高，吸引了农民进入城市。这与刘易斯的二元经济理论是一致的。④

---

① Witold Kula, *An Economic Theory of the Feudal System*, pp. 54~56.
② Witold Kula, *The Problems and Methods of Economic History*, pp. 92~94.
③ Robert C. Allen, *Enclosure and the Yeoman*, p. 6.
④ J. D. Chambers, "Enclosure and Labour Supply in the Industrial Revolution", *The Economic History Review*, New Series, Vol. 5, No. 3, pp. 319~343.

英国工业革命时期和以后的其他发展中社会一样，其实同样是二元经济。在农村存在大量的就业不足的隐性失业者，他们脱离土地的主要原因是刘易斯所说的经济因素。马克思把英国农民离开土地进入工厂归因于圈地运动对农民的排挤，主要是受17世纪的一位英国人（Fortrei）观点的影响，与当时英国人的普遍看法大相径庭。① 根据这种二元经济的观点，人们就不会再认为，由于法国的小农制，导致农民死守小块土地，导致19世纪法国工业发展缺少足够的劳动力。恰恰相反，倒是由于法国19世纪工业化进程缓慢，使得农民缺少户外就业机会，只能让这些过剩的人口继续留在农村，进行过密化的劳动投入，使得农民把小块土地当作命根，付出饥饿地租，不惜一切代价获得土地。如果他们能够在城市获得相对稳定的高于农村的收入，他们就会离开土地。即便是像恰亚诺夫这样的美化农村生活的民粹派经济学家也注意到，"只要别的形式的劳动可以提供更有利的机会，它（指农民家庭）就通常会视手中的土地和生产资料如敝屣而弃之不用"。②

### 三、道义农民学派与理性农民学派的争论

有关农民害怕风险的问题，往往被看成是农民保守性的重要方面。对此问题，斯科特在其名著《农民的道义经济学》中有很多论述。例如，农民宁愿在同一块土地上进行多种农作物混合种植，也不愿把土地分为两块，分别进行种植，尽管后者在正常年份下，可以获得更高的总收入。但是农民由于害怕气候不佳，使某一种作物绝收，极大地影响当年的收入，因而他们不愿意采取分种，而是采取混种行为。虽然平均每一年的总产量减少了，但是可以因此减少最坏年份的损失。③ 农民这种安全第一的行为，显然违背了产出最大化的要求，使总体社会财富趋于减少。因而小农制降低了长时期的经济绩效，使得国民经济受到损害。

这一点确实值得人们深思。但是我们必须承认，斯科特的论述完全可以直接移植到认为农民其实是理性的论述上去，因为斯科特一再指出，在农民所处的艰难境地中，从本身的最大利益出发只能作出在一些现代人看来属于保守的力求安全而非追求利润最大化的行为。斯科特指出，假如农

---

① Robert C. Allen, *Enclosure and the Yeoman*, p. 6.
② [俄] 恰亚诺夫：《农民经济组织》，萧正洪译，北京，中央编译出版社，1996年，第86页。
③ [美] 詹姆斯·斯科特：《农民的道义经济学——东南亚的反抗与生存》，程立显、刘建等译，上海，译林出版社，2001年，第12、19~32页。

民作出力求利润最大化的冒险行为,结果很可能在一次失败中陷入万劫不复之地,陷入高利贷的陷阱,甚至是整个家庭的毁灭,因而农民所选择的相对保险与保守的决策,完全是符合自身利益的最大化,因而是理性的。现代经济学指出,人是既有追求利润最大化的冒险的冲动,又有追求安全的冲动,这都是符合经济人的理性行为的。并且一般来说,那些能够在失败后仍然可以较为正常地生活的人,较为倾向于冒险,追求利润最大化,因为失败并不意味着万劫不复。而在一个失败即意味着挨饿等悲惨下场的境地中,人们普遍会选择避免风险、力求安全的战略。一个人偏向于冒险的系数,往往是与能够承担风险的能力成正比的。正如斯科特自己所指出的,"二战"以后西方资本主义国家社会保障体系的建立,使得个人追求利润最大化(往往也就意味着面临更大的风险)的行为更为合理了。①

根据标准的现代微观经济学,收入对于绝大多数人来说都是边际效用递减的,即便长期最终收入是一样的,稳定的收入给人们带来的效用仍然要大于不稳定收入的效用,因而绝大多数人偏爱稳定的收入,而不愿意接受不稳定的收入,即便不稳定收入的长期最终收入(或者说期望收入)更高。②

农业经济学家也指出,为了避免农民这种追求安全而导致长时期的经济产出违背最大化原则的情况,可以通过政府建立农业保险的方法来解决。农民选择安全第一,而不是产出最大化的行动原则,是制度的缺陷,而不应归罪于农民的保守。③

笔者既不同意农民缺少经济理性的观点,也不同意理性农民学派所说的农民富有冒险精神、以收益最大化为出发点的观点。其实正如诺贝尔经济学奖获得者西蒙所认为的,资本主义企业家同样并不是追求利润最大化的冒险家,而是追求一种比较有保障的可以让人满意的利润,不要大起大落。尽管在长时期里,它所获得的总利润会偏低,低于充分冒险下几次大的成功所得减去几次大失败损失后的总收入。既然资本主义的现代企业家也选择这种行为模式,人们又怎能去要求经济地位更为脆弱的农民勇于冒险,以长时期的最大收入总量为标准来作为自己的经济伦理呢?④

---

① [美]詹姆斯·斯科特:《农民的道义经济学——东南亚的反抗与生存》,程立显、刘建等译,上海,译林出版社,2001年,第19~32页。
② [美]范里安:《微观经济学:现代观点》,费方域译,上海,上海人民出版社,1994年,第264~284页。
③ Frank Ellis, *Peasant Economics*, pp: 96~99.
④ Michael Lipton, "Game against Nature: Theories of Peasant Decision - making", in John Harriss, ed., *Rural Development*, pp: 258~268.

道义农民学派，或者说农民学研究中的实体主义学派，反对用古典经济学或新古典经济学去研究传统社会，反对用经济人的概念去分析农民社会的行为者。由于小农经济中"自我剥削"和"饥饿地租"的存在，难以用资本主义企业中"工资"和"利润"去衡量农民劳动农场的经营。在50年前的恰亚诺夫看来，农民经济的特色使得古典经济学关于合理行为的假说归于无效。不过，道义农民学派另一位大师斯科特则对此有所保留，他认为："然而，今天，此类农民经济可以较好地理解为标准的微观经济学理论会作出预言的特例。""'自我剥削'和'饥饿地租'之类假设的反常情况，是微观经济学所阐明的特例。"① 卡尔·博兰尼是最极端地反对用古典和新古典经济学去研究传统农民社会的著名学者，他认为，传统社会人们的行为特征是"互惠性"与"再分配"（reciprocity and redistribution），而不是古典经济学家所说的互相"交易"和"讨价还价"（propensity to barter, truck and exchange one thing for another）。② 道义农民学派认为，在传统农民社区里，农民乃至地主的经济行为，并非以自身利益最大化为出发点，带有浓厚的共同体内部利他主义的色彩，尤其是当以自身利益最大化为出发点的竞争行为威胁到弱者的生存权利时，人们往往会表现出利他主义色彩，强者对弱者有保护与帮助的义务，具有一种温情脉脉的宗法关系，有利于弱者的生存。因而农民社会的经济行为具有很强的道义色彩，他们反对资本主义的利己主义的经济人理性，也就反对资本主义的市场经济运行规则。因为在资本主义的经济伦理之下，强者将不再负有保护弱者的道义义务，弱者将会在资本主义的无情竞争中处于灭顶之灾③。因此，如同经典作家一样，道义农民学派认为，农民害怕竞争，反对资本主义，反对市场经济。

　　不过我们也注意到，当道义农民学派的另一位大师斯科特在描述传统农村社会的这种"互惠性"时，并没有给予博兰尼所赋予的利他主义色

---

① ［美］詹姆斯·斯科特：《农民的道义经济学——东南亚的反抗与生存》，程立显、刘建等译，上海，译林出版社，2001年，第18页。恰亚诺夫在《农民经济组织》及其他很多场合都表示，不能用研究资本主义社会的现代经济学研究农民经济，这种观点在其《非资本主义经济制度的理论》一文中得到了最为系统的表述（Chayanov, A. V., "On the Theory of No - Capitalist Economic Systems", in *Chayanov on The Theory of Peasant Economy*, pp: 1 ~ 28）。可是，恰亚诺夫在《农民经济组织》一书中所描述的农民的各种在当时的西欧人看来是不可理喻的行为，几乎都是从自身利益最大化出发进行合理计算的结果，完全符合经济人的理性行为模式，与恰亚诺夫本人的相关论断存在严重冲突。笔者认为，衡量一种行为模式是否可以适用现代经济学的标准，是其是否符合经济人的理性行为，也即其行为是否是从自身利益最大化出发进行合理计算后的选择。

② Karl Polanyi. *The Great Transformation*, pp: 43 ~ 55.

③ Karl Polanyi, *The Great Transformation*, pp: 163 ~ 164.

彩，尽管博兰尼的论述极大地影响了斯科特。① 传统社会中强者与弱者的所谓"互惠性"实质上是一种庇护制。在这种庇护制关系中（patron - client），强者对弱者的"关怀与照顾"，从本质上是出于一种利己主义，为了获得本社区成员的忠诚，为了获得他们可以从中得益的声望。他们这种小恩小惠能够为自身换来更大的利益，因此从本质上来说，仍然符合现代理性经济人的行为方式。②

就传统农业社区中普通农民之间的"互惠"行为来说，斯科特的解释其实与芝加哥经济学派的代表人物加里·贝克尔的观点很一致。贝克尔在其名著《人类行为的经济分析》和《家庭论》中，成功地运用现代经济学中的理性经济人假设解释了家庭以及紧密交往社区中人们的利他主义行为。贝克尔指出，利他主义在现代社会非人格的市场交易中确实很罕见，这是因为利他主义在这种非人格的市场交易中不会带来什么收益。但是，在家庭和封闭的小社区中，人们经常面对面地交往，一个聪明的利己主义者为了自身利益的最大化往往会采取利他主义的行为，因为他可以合理地期待着在未来自己面临困境时得到别人的帮助，那些平时自私自利的人也别指望自己处于困境时会得到别人的帮助。③ 如同斯科特所说的，一个人这一次帮助了别人，就好比是在银行里存下一笔钱，他可以期待在未来某个时候得到偿付。事实上，传统社会中人们的这种经常性的"互助"行为，可以看作是一种长期的互相交易，一种长期的投资。

理性农民学派的代表人物波普金，根据他自己在越南的实地考察，认为传统社会中的农民，尽管一些行为表面上并不符合理性经济人的假设，但其实质仍然是从自身利益最大化为出发点的。并且，农民社会中自私自利、互相竞争的现象大量存在，因而农民并不反对竞争。在面对资本主义市场经济的冲击中，农民也并不完全是其受害者与反对者，他们在新的社会经济中能够找到新的生存与获利的机会。新生的资本主义市场经济为他们提供了更为广阔的生存空间，农民完全可以适应新的社会经济条件，参与竞争。④

黄宗智先生关于农民学研究的三种传统的划分与辨析在国内学术界产

---

① 斯科特对博兰尼的著作评价相当高（见［美］詹姆斯·斯科特：《农民的道义经济学——东南亚的反抗与生存》，程立显、刘建等译，上海，译林出版社，2001年，第7页），但笔者并不认为斯科特完全接受了博兰尼对前资本主义社会的看法。

② ［美］詹姆斯·斯科特：《农民的道义经济学——东南亚的反抗与生存》，程立显、刘建等译，上海，译林出版社，2001年，第226~247页。

③ Yujiro Hayami, *Asian Village Economy at the Crossroads*, pp: 16~20.

④ Samuel Popkin, "The Rational Peasant: The Political Economy of Peasant Society", *Theory and Society*, Vol. 9, No. 3, pp: 462~464.

生了较大的影响，为许多研究者沿用。时过 20 多年，人们对此问题应该有更进一步的了解。因此，笔者顺便在此阐述一下自己对这个问题的看法，希望有助于人们加深对此问题的理解。笔者认为，"道义农民"学派的社会学家与历史学家对传统社会行为方式与价值观念的描述，无疑比"理性农民"学派更为正确，传统社会的阶级结构确实具有温情脉脉的宗法关系人情味，这是马克思在《共产党宣言》中也承认的，不像现代资本主义社会利己主义的冰水融化了一切，人与人之间是赤裸裸的利益关系与金钱关系。① 当然，人们也不应把这种宗法关系过分地浪漫化与温情化，正如马克思主义者与理性农民学派所说的，在这种表面的宗法庇护关系之下，是剥削、压榨与反抗的激烈斗争关系。

不过我们也要注意到，一方面，道义农民学派比较强调传统社会温情脉脉的宗法关系，强调农民对这一社会形式的怀念，以及对市场资本主义经济关系的憎恨，强调农民在市场资本主义扩张中的被剥削，对农民在资本主义扩张中所受苦难持相当同情的态度，对这个阶段的血淋淋的资本主义持强烈谴责态度。另一方面，他们在描述传统社会温情脉脉的宗法关系与人们行为的互惠性的时候，也并不否认传统社会的剥削与压迫关系，也并不否认资本主义剥削关系的总体进步性，只是强调的重点不同。道义农民学派强调弱者在市场资本主义扩张时期的被剥削，博兰尼就是这方面的典型。博兰尼确实花了不少笔墨去描述传统社会人们行为的"互惠性"色彩，但是他并不是说要回到过去。他主要是说在 19 世纪的自由放任资本主义制度下，弱者遭到了残酷的剥削，尽管他们总的物质收入提高了，但是更加没有安全感了，而人类是需要安全感和需要保护的动物。传统社会尽管落后封闭，不自由（因为保护与束缚往往是相伴而行的），存在严重的剥削，但是它毕竟通过小范围内的一些制度安排为弱者提供了一些基本保障，使人们有一定的安全感。工业革命以来自由资本主义的扩张，消解了传统小社区对人们自由流动的束缚，但同时也消解了这些小社区为人们所提供的保障，然而在自由放任资本主义的意识形态下，国家并没有建立起新的社会保障，弱者在这个过程中受到了剥削，人们变得没有任何安全感了。因此，博兰尼呼吁资本主义国家应当建立社会保障体系，使资本主义变得更人道。②

从根本上说，当代资本主义也已经接受了穷人的生存权，以及每一

---

① 当然，我们也不应过分强调前资本主义社会的集体主义与利他主义和资本主义社会的个人主义与利己主义的对立，现代资本主义社会中还是有许多利他主义的行为。
② 参见迈克尔菲（Robert M. MacIver）为博兰尼的著作《大转变》英译本所作的序言。

个人都应当获得社会保障的权利。罗尔斯的《正义论》所表达的就是这种思想。尽管在一些人看来，罗尔斯对人性的估计有些保守——对高风险的排斥，但它仍然是现代西方社会人权理论的基础。在罗尔斯看来，当人们在追求最大社会利益和基本人权相冲突的时候，最大社会利益的追求应该让位给基本人权。评价一种制度的合理性，应当要从最少受惠者的最大利益获得为标准，而不能只顾总体利益的最大化。因而"生存作为道义承诺"的传统社会的道义经济学，与现代资本主义社会伦理并没有真正的冲突。①

马克思主义学派也承认，传统社会具有一定程度的温情脉脉的宗法关系和互惠性的一面，这与道义农民学派的观点相类似。传统社会的道义经济学这个词本身就是由英国著名马克思主义历史学家爱德华·汤普逊提出来的。但是与道义农民学派相比，马克思主义农民学派更加强调传统社会中的剥削与压迫关系。② 马克思主义学派也强调原始资本积累时期小生产者的被剥夺，但主要还是强调这种新生社会关系的历史进步性。在农民适应资本主义市场化这个问题上，他们与道义农民学派一样持怀疑、悲观态度，强调农民在市场资本主义扩张中的被剥夺。他们对农民在资本主义化过程中所受苦难也深表同情，但是他们没有像道义农民学派那样给予农民非常多的同情。并且，他们对农民反对资本主义、逃避资本主义的态度，持相当的不同情态度与遗憾，甚至把它当作保守落后而加以强烈批判，呼

---

① ［美］詹姆斯·斯科特：《农民的道义经济学——东南亚的反抗与生存》，程立显、刘建等译，上海，译林出版社，2001 年，第 42 页，注49。

② 黄宗智在对农民学研究的三种传统进行区分的时候，认为马克思主义的农民学研究传统就是强调农民的受压迫与受剥削。这也是西方学术界对马克思主义历史学派的一般看法。许多研究西欧中世纪的马克思主义历史学家，例如苏联的科斯敏斯基，美国的布伦纳，非常强调前资本主义社会的超经济剥削。在他们看来，农奴制等前资本主义的剥削形式，使得剥削阶级可以无限制地剥削农民，大大超过资本主义形式的剥削程度，从而造成农民的贫困与生产力的长期落后，从而与道义农民学派关于前资本主义剥削中带有温情脉脉的宗法关系的看法大相径庭。当然，科斯敏斯基和布伦纳的这种观点，受到了欧洲中世纪史研究大师波斯坦和哈切尔等人的反驳。哈切尔认为，在市场条件对农民有利时，前资本主义的剥削形式确实如科斯敏斯基和布伦纳所说的，比资本主义的剥削形式更为残酷，但是当市场条件的变化对于农民不利的时候（如同道义农民学派所描述的资本主义市场扩张的时候），前资本主义的剥削形式会显得比资本主义的剥削形式更为人道，而不那么残酷，对农民有保护的作用。参见黄宗智：《中国农村的过密化与现代化——规范认识危机及出路》，上海，上海社会科学院出版社，1992 年，第 2～5 页；Robert Brenner, "Agrarian Class Structure and Economic Development in Pre – industrial Europe", in T. H. Aston and C. H. E. Philpin, eds., The Brenner Debate, pp: 10～63; M. M. Postan and John Hatcher, "Population and Class Relations in Feudal Society", in T. H. Aston and C. H. E. Philpin, eds., The Brenner Debate, pp: 64～78; John Hatcher, "English Serfdom and Villeinage: Towards a Reassessment", Past and Present, No. 90, pp: 3～39; E. A. Kosminsky, "The Evolution of Feudal Rent in England from the XIth to the XVth Centuries", Past and Present, No. 7, pp: 12～36.

呼对这种保守态度进行改造。在马克思主义经典作家笔下，充满了对农民保守、落后等负面的描述。因而在许多西方学者看来，马克思主义从根本上来说是反农民的。①

理性农民学派强烈批评道义农民学派对传统社会宗法关系的美化，以及农民在传统社会受到保护的美化，强调传统社会中赤裸裸的剥削与压迫关系，以及农民对这种关系的强烈反抗。他们强调农民在传统社会的受害者角色，因此农民对传统社会并不那么怀念，他们强烈要求挣脱传统社会的束缚。由于传统社会本身就是赤裸裸的剥削关系与利己主义，因而农民对新生的资本主义完全能够适应，并且能够在这个新的社会中得到更多的生存发展机会，是新社会的受益者，因而他们欢迎资本主义的到来。理性农民学派的批评无疑是很有道理的，极大地改变了以往流行的保守农民的形象，对农民适应现代资本主义市场经济持相当乐观的态度，不过他们对于农民在新生的资本主义社会中的生活前景过于乐观，会导致人们忽视资本主义市场关系扩展过程中强者对弱者在解放的幌子下实行剥夺，也会导致国家与政府在市场化进程中放手推行自由放任主义，不对弱者的利益实行有效的保护，使弱者遭受灭顶之灾。

但是，理性农民学派强调农民拥有资本主义理性，可以适应现代资本主义的观点，还是应当充分肯定，它破除了以往盛行的保守农民的形象。正如前文所说，只要让农民在解放的过程中，得到公平的一份，得到一个合理的竞争社会秩序，并且建立起必要的社会保障，他们完全可以适应现代资本主义市场经济，欢迎市场社会的到来。许多研究近代英国济贫法的学者指出，正是由于英国建立了一个比当时欧洲其他国家更为完善的济贫制度——范围广、各地统一、相对慷慨——方便了当时英国圈地运动的进行，减少了社会反抗，使得劳工阶级的生活有了安全感，比较顺利地离开了他们以往世代居住和耕种的土地，促进了劳动力的地区间自由流动。而在其他那些没有建立起相应的社会安全与社会保障的国家，人口的增加导致了土地的细分，因为农民不得不拼命抓住小块土地，以寻求生活保障，尽管只是一种极端贫困生活的保障而已。近代法国、爱尔兰等国家农户耕地的细碎化，以及农民死守小块土地，主要原因就在于社会保障制度的缺失。② 遗憾的是，人们往往把它看作是农民的"保守本性"。

在世界各国的历史进程中，在市场化的过程中，在现代私有产权的建立

---

① 参见戴维·米特拉尼《反农民的马克思：对社会教条主义的研究》（David Mitrany, *Marx Against the Peasantry: A Study in Social Dogmatism.*）一书。

② Mark Overton, *Agricultural Revolution in England*, pp: 187~188.

过程中，主要由于制度的缺失，以及一些不可避免的因素，弱者的利益几乎无一例外地遭受不同程度的侵害。在那些弱者遭受侵害特别严重而又没有建立起相应的社会补偿机制（社会保障体系）的国家和地区，穷人（主要是农民，在 20 世纪晚期的市场化和私有化改革中还有工人）进行了剧烈的抵抗。不幸的是，人们不去追问弱者抗拒资本主义市场渗透的真正缘由，而是归之于弱者本身的"保守"乃至"反动"，这样的叙述充斥在经典作家以及中国不少学者的笔下，而农民正是这种叙述模式的最大牺牲品。

总体而言，道义农民学派（或实体主义学派）在刻画传统农民社会人们的行为模式与社会制度方面显得更为贴切，这也是恰亚诺夫模式在研究欠发达社会和历史研究中大行其道的原因。理性农民学派则在有关农业与农民现代化问题上更胜一筹，更适合于指导农村改革实践，这也是 20 世纪 70 年代发展经济学中古典主义复兴的重要原因。①

---

① 理性农民学派本质就是古典与新古典经济学研究方法在农民学研究中的运用，从理性经济人的行为模式出发来分析农民社会。

# 第二章　中古晚期英国农业雇佣生产方式兴衰的历史插曲

一般而言，农业雇佣生产方式的大发展主要是在近代资本主义兴起之后。因此，当讨论历史上农业雇佣生产方式的兴衰时，人们关注的重点是近代农业史。但事实上，在前资本主义时代，农业雇佣经营就已经大量存在，古今中外均是如此。随着 20 世纪以来英国农业史研究的深入，人们发现中古时代的英国农业部门曾经出现过较大规模的类似于近代农业雇佣经营的生产方式，近代英国农业资本主义雇佣经营的发展在很大程度上是以往历史的继续与发展，而非突然产生的。为了能够更加深入地理解近代英国乃至全世界农业雇佣生产方式的兴衰规律，我们有必要对中古后期英国农业雇佣生产方式的兴衰进行比较深入的探讨。①

## 第一节　中古盛期英国农业结构的再考察

受到经典作家相关论述以及苏联史学界的影响，很多人认为，古代西方与东方社会的农业生产方式有很大不同，古代东方主要是以小农的生产方式为主的，而古希腊和古罗马则是以奴隶制劳动为基础的，奴隶制的大庄园是当时农业生产的主要形式。但是根据最新的研究，尽管古希腊和古罗马存在比古代东方更大比例的奴隶制生产方式，但是总的来说，奴隶制的生产方式远不如以往人们所想象的那么大，古希腊和古罗马占主导地位的农业生产仍然是类似于古代东方那样的小农生产。② 在当时东西方农业生产力水平相差不大的情况下，古代西方与古代东方的农业生产方式并没

---

① 本章的主要内容可以参见拙文《人口变动与农奴制兴衰关系的再考察——中古西欧农奴制兴衰的政治经济学》，载《史学理论研究》2006 年第 3 期，人大复印资料《世界史》2006 年第 10 期全文转载。

② 郭小凌：《古代世界的奴隶制和近现代人的诠释》，载《世界历史》1999 年第 6 期。

有很大的区别。

国内学术界对于中古时代的欧洲农业生产方式的认识，也大体经历了类似的变化过程。受19世纪后期到20世纪初叶西方中世纪史大师的影响，我国学者曾根据西欧典型庄园的存在，建立过一种庄园化的概念，以为9世纪封建化完成之日，西欧达到庄园化，到处都是庄园，以为当时西欧的农业劳动者绝大部分是农奴。现在，由于马克垚先生对20世纪以来西方史学界研究新成果的介绍，人们认识到，在西欧大陆，比较典型的庄园主要存在于卢瓦尔河以北的法国北部地区，其他地方的农业生产组织方式则类似于中国中古时期的租佃制。在英格兰，由于经历了诺曼征服这样的历史事件，庄园化程度较高。不过，即便如此，英格兰庄园化也主要集中于中部和西部，东部和北部的庄园化程度则较低，自由农民较多。[①]

为了能够更深刻地理解近代以来英国农业土地经营制度的变化，有必要对中古英国的农业土地经营制度有一个大致的了解。尽管13世纪的英国存在较为明显的社会分化，有大片的领主自营地，农村中存在大量的挣工资者，但如果我们从主要依靠家庭劳动力经营这个标准出发，而不考虑耕作者是否拥有土地所有权，当时的英国仍然是一个以小农生产方式为主的社会。

根据科斯敏斯基对英国百户区卷档所作的令人惊叹的详尽统计，13世纪英国中部地区土地经营结构如下表所示。

表2-1　13世纪英格兰中部地区土地占有分布

| 土地占有类型 | 领主自营地 | 农奴份地 | 自由持有地 |
| --- | --- | --- | --- |
| 占所有土地百分比（%） | 32 | 40 | 28 |

资料来源：E. A. Kosminsky, *Studies in the Agrarian History of England in the Thirteenth Century*, p.89. 也可以参见马克垚：《西欧封建经济形态研究》，北京，人民出版社，2002年，第155页。

表2-2　1279年英格兰中部地区维兰领有地分布

|  | 平均面积（英亩） | 数目 | 总面积（英亩） |
| --- | --- | --- | --- |
| 1维吉特以上 | 49 | 173 | 8 477 |
| 1维吉特 | 28 | 3 940 | 110 320 |
| 1/2维吉特 | 14 | 5 724 | 80 136 |
| 1/4维吉特 | 7 | 1 378 | 9 646 |

---

① 马克垚：《西欧封建经济形态研究》，北京，人民出版社，2002年，第166~167页。

续表

| | 平均面积（英亩） | 数目 | 总面积（英亩） |
| --- | --- | --- | --- |
| 小块土地 | 1.5 | 4 687 | 7 031 |
| 所有类型的领有地 | | 15 902 | 215 610 |

资料来源：Robert C. Allen, *Enclosure and the Yeoman*, p. 62. 这是阿伦根据科斯敏斯基的研究计算出来的。参见 E. A. Kosminsky, *Studies in the Agrarian History of England in the Thirteenth Century*, pp: 214~217.

表2-3　1279年英格兰中部地区自由领有地分布

| | 平均面积（英亩） | 数目 | 总面积（英亩） |
| --- | --- | --- | --- |
| 1维吉特以上 | 76 | 521 | 39 596 |
| 1维吉特 | 28 | 904 | 25 312 |
| 1/2维吉特 | 14 | 1 083 | 15 162 |
| 1/4维吉特 | 7 | 775 | 5 425 |
| 3~5英亩 | 4 | 620 | 2 480 |
| 小块土地 | 1.5 | 2 251 | 3 377 |
| 所有类型的领有地 | | 6 154 | 91 352 |

资料来源：Robert C. Allen, *Enclosure and the Yeoman*, p. 63.

当时英国几乎所有维兰经营地（约占英国农业经营地的40%），以及1个维吉特或少于1个维吉特的自由持有地（所有自由持有地占所有农业用地的28%，但这些自由持有地中只有57%属于1个维吉特或少于1个维吉特的持有地），都属于小农农场，这些土地占英国农业用地的56%。[①]学者们普遍认为，根据中古时期的技术水平，1维吉特（30英亩）可以看作是主要依靠家庭内劳动力耕作土地的上限。需要注意的是，科斯敏斯基统计的主要是英国庄园制发达的地区，领主自营地比例大，土地使用相对集中，小农耕作方式比例较低。而就整个英国来说，属于小农耕作方式之下的农业用地比例显然会更高。

由于诺曼征服，英国的庄园化程度比欧洲大陆更为发展，因而就整个中古西欧而言，处于小农耕作方式之下的农业用地的比例就更高了。因此，就整体而言，中古西欧仍然与同一时期的东方世界一样主要是小农的耕作方式。在当时东西方相差不远的农业生产技术水平之下，中古西欧与中古东方的农业生产模式并没有根本性的差别。当然，无可否认，中古西欧的庄园化生产相对于中古东方还是要占更高的比例。

绝大部分人都相信，农奴的劳役劳动由于缺少劳动积极性，因而劳动

---

[①] Robert C. Allen, *Enclosure and the Yeoman*, p. 63.

效率较低。那么为什么中古西欧的贵族还是有很多利用劳役制进行生产呢？以往人们多从自然经济的角度去解释，认为蛮族入侵所带来的商业凋敝，使得西欧的经济变成自然经济，在这种情况下，劳役制是一种方便的生产组织形式，尽管效率不高。按照这种模式，随着商品经济的发展，劳役地租逐渐转向实物地租，最后转向货币地租。① 随着新人口论的兴起，这种观点逐渐受到怀疑。因为按照前述模式，商业化总是给社会带来进步，社会是一种直线上升的模式。可是人们发现，13 世纪英国商品经济发达的伦敦周围地区劳役制反而沉重，偏远的北部落后地区劳役地租反而较少。15 世纪的英国商品货币经济关系的发展程度，相对于 13 世纪还倒退了，可是英国的劳役制却走向了消亡。② 对于上述问题，国际学术界进行了激烈的讨论。

有的学者提出，由于庄园土地上的牲畜和生产工具较为齐全，又可以进行合理的劳动分工，因此庄园自营地上的耕作更为先进，生产效率较高。他们还认为，由于庄园生产的资金更为雄厚，可以进行先进生产技术和方法的探索，庄园生产往往较农民土地上的生产更为先进。因此通过自营地经营方式能够生产出比租佃制更多的产品。这种观点实际上有自营地生产具有规模经济优势的性质，这与人们常常相信的农奴制效率较低的观点恰恰相反。③ 不过这种观点不大为人们所相信。

人们知道，中古英国庄园化程度高的地方，也正是敞田经营制度盛行的地方，这些地方的耕地都是分成狭长的条状地块，插花分布，每一户的土地都分成好几块，进行小块耕作。领主的自营地也是一样，它们并不是合并在一起的大块土地，而是分成小块与农奴的份地交叉分布，因此仍然是小块耕作，仍然是小生产的方式，谈不上规模经营的优势。④ 尽管自营地上的牲畜较多，生产工具较为完备，自营地上的耕作技术也不会比农奴份地好多少，很难说有明显的技术优势。

我们都知道，在工业生产部门中，现代工厂制度的建立，也即大规模生产的盛行，从根本上来说是现代机器发明的产物，这些现代机器要充分发挥它们的作用，进行正常的运行与生产，必须要多人同时参加劳动。在

---

① S. H. Rigby, *English Society in the Later Middle Ages*, pp: 60~64.
② M. M. Postan, *The Medieval Economy and Society*, pp: 168~170. M. M. Postan, *Essays on Medieval Agriculture and General Problems of the Medieval Economy*, pp: 90, 101, 106~106.
③ Stefano Fenoaltea, "Authority, Efficiency, and Agricultural Organization in Medieval England and Beyond: A Hypothesis", The Journal of *Economic History*, Vol. 35, No. 4, pp: 699~701.
④ 参见马克垚：《从小农经济说到封建社会发展的规律》，载《中国史研究》1983 年第 1 期，第 54 页。

工业革命之前的落后技术条件下，工业部门同样也只是手工作坊的小生产。从根本上来说，社会的生产组织形式是由技术发展的特征所决定的。工业革命以前的那些生产工具，大多只需要少数人就可以操作，大规模生产组织形式所能带来的规模效益不多，难以抵消大规模生产组织形式必然带来的劳动监督成本问题，因而大规模的生产组织形式没有多少必要性。

就当时的农业生产技术而言，更是如此。很多学者指出，前近代东亚地区，尤其是中国南部、朝鲜南部以及日本盛行一夫一妻制的小农家庭租佃经营，与当时这些地区水田耕作盛行、一头牲畜拉犁耕种技术紧密相关。而中国北方地区、朝鲜北部地区曾经出现较大规模的经营地主、分成制租佃，与这些地区旱地耕作需要多头牲畜拉犁，需要一定程度分工合作进行耕作有较大关系。而西欧地区有较大规模的自营地经营、租地雇佣农场经营，也与中古西欧的需要较多牲畜拉犁，需要一定程度分工合作进行耕作有很大关系。当然，尽管中古西欧的轮犁需要几个家庭合作才能有效实施，但是它毕竟可以通过农村公社的合作化组织加以解决，并且这种耕作在农业生产的整个过程中只占一小部分时间，在平时的农田管理中，农业生产劳动就又是单干性的了。由于中古农业生产技术的这种单干性，在全世界的绝大多数地方，农业生产的组织形式主要是家庭生产的小农户形式。①

随着新人口论的兴起，绝大多数的学者倾向于从中古时期的劳动力稀缺的角度来解释中古西欧的农奴制起源。② 哈切尔认为，在英国，以至于在整个中古西欧出现的农奴制，一个重要的原因是当时劳动力普遍短缺，而土地却比较丰富。如果实行市场竞争的租佃制，让市场的稀缺度来决定地租的数量，领主就只能收取到很少的地租。如果要征收很高的地租，那么农民就会逃走到其他地方，因为当时土地资源很丰富。为了避免出现上述情况，领主们决定联合起来限制劳动力的自由流动，于是逐步引入农奴制。③

不过，马克垚先生指出，仅仅从劳动力稀缺的角度，并不能解释清楚中古西欧的劳役制的起因。④ 因为把劳动力固着于土地，收取相对于市场

---

① ［日］中村哲：《近代东亚经济的发展和世界市场》，吕永和、陈成译，北京，商务印书馆，1994年，第187～196页。

② Evsey D. Domar, "The Causes of Slavery or Serfdom: A Hypothesis", *The Journal of Economic History*, Vol. 30, No. 1, 1970, pp: 18～32; Arcadius Kahan, "Notes on Serfdom in Western and Eastern Europe", *The Journal of Economic History*, Vol. 33, No. 1, pp: 86～99.

③ John Hatcher, "English Serfdom and Villeinage: Towards a Reassessment", *Past and Present*, No. 90, pp: 3～39.

④ 马克垚：《英国封建社会研究》，北京，北京大学出版社，1993年，第219页。

地租更多的财富，进行超经济的剥削，并不一定就必须采取自营地的劳役地租形式。领主也可以采取其他手段提高其他形式的剥削程度，而不必费心来经营自营地。在这里，领主要权衡的是，利用农奴劳役来经营自营地，与分配自营地、提高其他形式的剥削方式相比，哪一种方式获得的剥削物稳定性更有保障、数量更多、遭受的反抗最小。在这里必然有一些因素，使得领主经营自营地的方式较为容易达到上述目标。

有论者指出，在中古时期，由于生产力落后，农民只能勉强糊口。如果实行租佃经营，农民会在土地上生产农民日常生活消费中的低品质食物，那样的话，领主也就只能食用这些低品质的实物。为了避免这种状况，领主于是要求经营自营地，在自营地上种植高品质的粮食作物，让农民在自己的小块土地上种植他们自己食用的低级食品作物。人们往往可以看到领主自营地上产量较低品质较高的小麦种植比例高，而农民的土地上则品质较低产量更高的大麦与燕麦种植比例高。[1] 这不能不说确实有一定的道理。

马克垚先生指出，中古西欧实行劳役制的一个重要原因是当时生产力低下。由于生产力的低下，封建主有必要划出单独供给自己的自营地，用农民的剩余劳动耕作，以保障生活。[2] 前述获得更高品质的食物也是由于这个原因，当然也并非仅仅如此。在生产力低下的条件下，农民的生产物本身就很少，在农民眼里，农产品的价值相对高昂，劳动的价值相对低廉，劳动生产率低，因而从他们身上收取实物会面临更多的困难，还不如征用他们的劳动相对容易。对于农民来说，领主经营自营地，即使领主通过这种方式获得的剥削物更多，但是它意味着领主承担生产的风险，因而相对容易接受。随着生产力的提高，劳动的效率提高，劳动的价值提高，把服劳役的时间用于自己土地上的耕作能够生产出更多的产品，使得农民愿意交出更多的产品来换取在自己家里的土地上进行劳动。因而在剥削实物数量受到习俗等限制的情况下，随着生产力的提高，劳役制有着衰落的趋势。当然，随着生产力的提高，耕作向精耕细作发展，为自己劳动和为领主的劳役劳动之间的效率差距会扩大，劳役制的相对效率会变得越来越低。

因此，马克垚先生认为，中古英国的自营地劳役经营与当时英国的粗

---

[1] Stefano Fenoaltea, "Authority, Efficiency, and Agricultural Organization in Medieval England and Beyond: A Hypothesis", The Journal of *Economic History*, Vol. 35, No. 4, p. 703; Georges Duby, *Rural Economy and Country Life in the Medieval West*, pp. 90~91.

[2] 马克垚:《英国封建社会研究》，北京，北京大学出版社，1993年，第219页。

放耕作体系紧密相关。中古西欧、英国农业一直实行粗放耕作，广种薄收，田间劳动简单，易于管理和监督，这就为使用农奴的强迫劳动创造了前提，使得自营地上的生产劳动效率与农民自耕土地上的劳动效率相差不大。如果英国实行的是像中国这样的精耕细作农业，管理复杂，监督不易，农奴劳动所固有的积极性低，消极怠工，必然会使自营地上的产量相对于农民自耕地的产量大为降低，使封建主感到劳役地租无利可图，还不如出租经营。① 近代东欧地区的再版农奴制能够延续到 19 世纪中叶，也是与近代东欧地区农业的粗放经营、广种薄收紧密相连的。

总而言之，由于古代世界农业生产工具的相对简单，使得农业生产具有很强的单干性质，分工合作的必要性不强，而非自我雇佣劳动的监督成本却很高，因此小农的生产方式在全世界的范围占据统治地位。这种现象在中国这样的亚洲国家是如此，即便在古希腊和古罗马，奴隶制发达，根据最近的研究，当时占统治地位的仍然是小农的生产方式。② 在中古西欧，人们一度认为当时庄园遍地，劳役地租非常普遍，大规模的自营地经营到处都是。根据现在的研究成果，也并非如此。劳役制地租主要盛行于法国北部和英格兰的中部地区，其他地方则主要是出租经营的小农生产方式。小农生产方式的地位与重要性较以前人们所认为的大为增加。③ 即便是那些盛行庄园自营地劳役生产的地方，由于普遍实行敞田经营，领主的自营地在许多情况下也并非连成一片，而是由分布在各地段的小块组成（当然也有呈整块的），与农奴的份地交叉在一起。领主的自营地往往也是由农奴分别耕作的，因而庄园经济也是一种小生产，而并非大生产。④ 并且在中古西欧、英国这些地方的劳役制之所以能够较大范围地实施，与当时社会生产力落后、农业实行粗放经营、监督劳役劳动较为容易等因素紧密相关。

## 第二节　人口变动与中古英国农业雇佣生产方式的兴衰

我们不得不承认，在某些领域，强迫劳动也会有较高的生产率，特别是在那些依靠提高劳动强度或提高人的努力程度来提高生产率的领域（ef-

---

① 马克垚：《英国封建社会研究》，北京，北京大学出版社，1993 年，第 219 页。
② 秦晖、苏文：《田园诗与狂想曲——关中模式与前近代社会的再认识》，北京，中央编译出版社，1996 年，第 8 页。
③ 马克垚：《西欧封建经济形态研究》，北京，人民出版社，2002 年，第 166~167 页。
④ 马克垚：《从小农经济说到封建社会发展的规律》，载《中国史研究》1983 年第 1 期，第 54 页。

fort-intensive），强迫劳动依靠皮鞭等威胁的作用，可以大大提高人们的努力程度，从而可以提高劳动生产率。尤其是在一些劳动强度大、劳动辛苦程度高的行业，自由人往往难以忍受这种辛苦，经常会产生懈怠，强迫劳役制甚至有着高于自由人的劳动效率。例如美国南部的棉花种植园经济的效率就很高。①

福格尔等美国经济史学家认为，内战以前美国南部的种植园的效率很高，高于北方的小农农场，而且这种效率并非因为奴隶劳动的时间更长，而是来源于它的多人劳动分工合作的规模经营效率。② 但是，一些经济史学家认为，种植园的高效率并非来自于我们平常所理解的规模经济效率，而是来源于奴隶制。棉花生产是一种相当辛苦的劳动，劳动效率的提高主要来源于劳动强度的增加，而奴隶制中皮鞭的威胁可以起到提高工人的劳动强度的作用。③ 后来，福格尔也不得不承认，奴隶工作队（gang system）这种组织方式，能够起到防止奴隶偷懒的作用，从而大大提高劳动的强度，因此，一方面奴隶的每天工作时间乃至每年的工作时间均减少了，但是每个小时劳动中的强度却大大增加了，从而带来了很高的劳动效率。而这种工作队（gang system）的组织方式，只能在奴隶制度下才能采用，在雇佣劳动制下则不可能实现。④

事实上，美国南北战争以后，随着黑人奴隶制的废除，南部白人庄园主本来是计划雇佣被解放的黑人奴隶为雇佣劳动者，继续原来的大规模生产模式。但情况并不顺利，从19世纪70年代开始，普遍实行的是把农场细分为以家庭为单位的租佃经营农场，实行分成制经营。⑤

不过，农奴的地位毕竟高于奴隶，粮食种植与棉花种植也存在很大差别，因而中古西欧农奴劳役制劳动的效率低于自由劳动。因此，西欧的劳役制地租随着社会劳动力的日益丰富，劳动力雇佣市场的价格下降，会逐渐为出租经营或自由雇佣所排挤。

---

① Stefano Fenoaltea, "Slavery and Supervision in Comparative Perspective: A Model", The Journal of Economic History, Vol. 44, No. 3, pp. 635~668.
② Robert W. Fogel and Stanley L. Engerman, "Explaining the Relative Efficiency of Slave Agriculture in the Antebellum South", The American Economic Review, Vol. 67, No. 3, pp: 275~296.
③ Stefano Fenoaltea, "Slavery and Supervision in Comparative Perspective: A Model", The Journal of Economic History, Vol. 44, No. 3, pp: 635~668.
④ Robert W. Fogel and Stanley L. Engerman, "Explaining the Relative Efficiency of Slave Agriculture in the Antebellum South: Reply", The American Economic Review, Vol. 70, No. 4, pp: 672~690.
⑤ ［日］中村哲：《近代东亚经济的发展和世界市场》，吕永和、陈成译，北京，商务印书馆，1994年，第182页。

前文谈到，近些年来，在国际学术界，人们越来越多地从劳动力的稀缺角度来解释中古西欧的劳役制。由于这种解释在解释东欧的再版农奴制中也获得了相当的成功，因而越来越为人们所接受。哈切尔是英国经济史学家中持这种观点的典型代表。值得注意的是，尽管哈切尔在很多方面是波斯坦观点的继承人，但是他在解释中古英国农奴制的兴衰中还是与波斯坦的新人口论有较大的区别。

在这里，我们可以来考察一下波斯坦对英国中古晚期农奴制解体的新人口论解释。波斯坦以13世纪和14～15世纪英国人口的变动来解释英国这一时期劳役制的盛衰。波斯坦认为，13世纪的时候，由于人口继续增加，乃至过剩，物价上涨，可是地租却赶不上物价的上涨，并且由于当时人口过剩带来的劳动力价格低廉，领主通过雇佣更多的劳工补充农奴劳役来经营自营地变得有利可图，因此领主纷纷收回出租的自营地。在自营地扩大的同时，农奴的劳役制也加强了，领主纷纷恢复曾经折算的劳役制，甚至想出各种名目来扩大劳役制的范围。因此，13世纪时期随着英国人口的增多和商品经济的发展，却出现了农奴制加强的趋势，也即所谓庄园的回潮。黑死病以后，由于人口的大幅度降低，劳动力变得稀缺，土地变得丰富，社会上的劳动力价格上涨，同时农产品价格却相对下降，通过雇工补充农奴劳役经营自营地变得无利可图。因此，领主被迫把自营地出租经营。与此同时，由于人口的减少，社会劳动力的稀缺，农民在与领主谈判中讨价还价的地位上升，为了留住农民，或者为了吸引外来的农民租种土地，被迫降低地租，取消劳役制。加上农奴大量逃亡的作用，英国的农奴制渐趋灭亡。在这里，13世纪英国人口的增长，导致了庄园的回潮，劳役制得到恢复与加强，14～15世纪英国人口的减少，导致农民谈判地位的上升，最终导致农奴制的灭亡。换句话说，黑死病所带来的人口大规模减少，在英国农奴制的消亡中起到了关键性的作用。①

不可否认，波斯坦的人口学解释在英国农奴制的消亡中确实很有说服力。但是，英国13～15世纪的经验到底是具有普遍性的意义，还是一种特殊性呢？黑死病后，同样的人口变化趋势在东欧引起的却是再版农奴制，和西欧农奴制的解体形成鲜明的对照，这在西方学术界引起了一场国际性的大争论。②

笔者认为，中古西欧出现的农奴制，以及近代早期东欧的再版农奴制

---

① M. M. Postan, *The Medieval Economy and Society*, pp: 168～170; M. M. Postan, *Essays on Medieval Agriculture and General Problems of the Medieval Economy*, pp: 90, 101, 105～106.

② T. H. Aston and C. H. E. Philpin, eds., *The Brenner Debate*, pp: 23～24.

的兴起，一个重要的原因是因为当时劳动力短缺，而土地却比较丰富。如果实行市场竞争的租佃制，让市场的稀缺度来决定地租的数量，领主就只能收取到很少的地租。如果要征收很高的地租，那么农民就会逃走到其他地方，因为当时土地资源很丰富。为了避免出现上述情况，领主们决定联合起来限制劳动力的自由流动，于是逐步引入农奴制。① 从这个角度来说，英国在黑死病后农奴制的消亡，更多的是一种特殊性，正如马克思主义学者们所说的，是由于当时西欧的农民阶级的力量相对强大，领主的力量相对削弱，正在兴起的专制王权又在一定程度上站在农民这一边，因而领主无法加强农奴制。从领主的内心来说，人口的减少，劳动力的稀缺，领主的反应应当是企图恢复农奴制，抵制市场因素带来的地租下降，以保证以往的剥削水平。② 从这个角度来说，东欧地区领主的反应更加符合农奴制兴衰的一般规律。

过去人们在探讨东欧的再版农奴制的时候，喜欢从世界体系论的角度来解释，认为东欧的再版农奴制是因为西欧工商业的发展，对东欧的粮食需求增加，东欧的领主不知道资本主义的生产方式为何物，因此就利用了自己熟悉的农奴制方式来增加生产，为西欧的市场供应商品粮。但是人们不得不承认，当农奴制在俄国兴起的时候，俄国并没有向西欧出口粮食。因此世界体系论者的解释，显然无法让人信服。研究俄国史的学者认为，俄国农奴制的兴起从根本上说是劳动力短缺的结果。当莫斯科公国兴起的时候，要求一支日益强大的军事力量，这支强大的军事力量需要庞大的财力来供养。由于当时俄国地广人稀，随着租税的提高，农民逃亡日益严重，为了改变这种状况，沙皇和贵族们联合起来，实施农奴制，限制农民的流动，从而可以从农民身上榨取更多的剩余。德国东部和波兰地区的再版农奴制，也可以从这方面来解释。由于黑死病的人口灾祸，劳动力变得短缺，领主难以从较为自由的租佃制中获取原来水平的剥削物，于是重新恢复以往的农奴制，限制农民的流动。因此，西欧对东欧农产品的需求，主要是加速了这种趋势。③

当波兰和德意志东部地区面对西欧市场粮食需求的时候，领主有了经营自营地的要求，可是黑死病以及以后的战乱所导致的人口锐减，导致社

---

① Evsey D. Domar, "The Causes of Slavery or Serfdom: A Hypothesis", The Journal of Economic History, Vol. 30, No. 1, pp: 18~32.

② Robert Brenner, "Agrarian Class Structure and Economic Development in Pre-Industrial Europe", in T. H. Aston and C. H. E. Philpin, eds., The Brenner Debate, pp: 10~63.

③ Evsey D. Domar, "The Causes of Slavery or Serfdom: A Hypothesis", The Journal of Economic History, Vol. 30, No. 1, pp: 18~32.

会上劳动力价格上涨，领主无法通过雇佣自由劳动力来获取利润，于是决定恢复农奴制，无偿地剥削农奴的劳动。① 而且农奴制一旦恢复，又会进一步加剧雇佣劳动市场上劳动力的稀缺性，即便随着人口的增长，社会劳动力的稀缺度已经大大缓解，劳动雇佣市场也无法反映社会真实劳动力的稀缺度。正如波兰经济史学家库拉所观察到的，由于农奴制所带来的劳动力无法自由流动，造成雇佣劳动市场上的劳动力价格偏高，另一方面，在领主庄园上，劳动力的机会成本却相当低，使得庄园的赢利丰厚。于是人们观察到这样令人不解的现象，如果按照社会劳动力市场的价格来核算庄园的经济效益，结果是存在巨大的亏损。可是这种计算显然是不合理的，因为社会劳动力市场价格并没有反映出真实的社会劳动力价格，以这种虚假的劳动力价格来核算庄园的盈亏显然是不恰当的。如果不计算庄园投入的劳动力，庄园则赢利巨大，超过正常资本主义企业的利润。当然，这种计算方法也是不恰当的。② 但是无论如何，由于农奴制所带来的劳动力市场供求关系的扭曲，反过来又起到了巩固农奴制的作用，使得领主们不愿意进行资本主义的雇佣剥削，而是仍然保留农奴制。

另一个值得注意的问题是，尽管再版农奴制的东欧向西欧出口了很多粮食，但这并不表明东欧地区的农业生产比西欧更先进，相反是东欧的农业生产相对于西欧大为落后，单位面积产量相当低。也就是说仍然是广种薄收的粗放经营，劳动生产过程并不复杂，劳动的监督成本相对降低，便于采用劳役经营。

其实，如果全国同时废除农奴制，允许劳动力自由流动，劳动力市场的价格将会下降。人们观察到，19世纪废除农奴制后，俄国和波兰的工资下降了，这不仅仅是人口增长的结果。部分地还因为在19世纪废除农奴制的改革中，社会上有大量的廉价劳动力，贵族地主可以通过资本主义的雇佣经营而获利甚丰，因此贵族地主的反对也没有那么激烈。③ 当然，改革过程中的割地和赎买也补偿了贵族地主的利益，使他们不反对改革。但是如果没有廉价劳动力，割走昔日农奴的份地也难以通过雇佣经营获利。

哈切尔主张农奴制最重要的证据是是否有迁徙自由，即农奴就是意味

---

① Evsey D. Domar, "The Causes of Slavery or Serfdom: A Hypothesis", The Journal of Economic History, Vol. 30, No. 1, pp: 18~32.
② Witold Kula, The Problems and Methods of Economic History, pp: 92~95.
③ 这种情况在18世纪末期丹麦国家的废除农奴制的改革中也十分明显。参见 Kund J. V. Jespersen, A History of Denmark, p. 134.

着他被固着于土地及其主人,丧失自由意志。在上述基础上,哈切尔在关于农奴制问题上与其他人的另一个不同在于,比较突出超经济强制的分量,把农奴所受剥削中的经济因素或市场因素与超经济剥削因素分割开来,认为评价农奴制的盛衰应该从农民所受剥削中超经济强制的因素的强弱来分析,而不应笼统地从农民所受的剥削总量来衡量农奴制的强弱。① 因此,哈切尔对英国农奴制的变迁描述与很多学者大不相同。

　　以往人们根据普通法关于农奴制概念的演进,认为英国的农奴制在诺曼征服后的两三个世纪里在不断地加强,农奴的地位在不断地恶化。这也是希尔顿等马克思主义历史学家笔下中古英国农奴制变迁的基本模式,认为随着封建地主消费的提高等因素,农奴所受的剥削在不断加强,农奴的状况在日益恶化。② 波斯坦对这种观点进行了反驳,他认为,尽管从法律上来说,到 12 世纪的时候,维兰③的法律地位变得明确、划一和严酷,他们的地位变坏了。可是实际上,12 世纪维兰的经济地位应该比 11 世纪有所改善。因为这一时期许多庄园的自营地面积缩小了,劳役也相应当然减少,不少维兰的劳役折算为货币地租,或者减轻了许多。波斯坦的解释是,由于 12 世纪英国多战乱,许多庄园无法组织劳役经营,只好出租。可是到了 13 世纪,英国农奴的地位又恶化了。主要由于英国政局又趋于稳定,同时由于人口的增长,导致物价上涨,可是地租却相对固定,地主纷纷收回出租地自己经营,英国的劳役制又加强了。④

　　哈切尔的看法不同,他认为从 11 世纪到 13 世纪,英国的农奴制应该是一个不断地削弱的过程。因为这一时期英国的人口在不断增长,劳动的稀缺度在不断降低,领主把农民固着于土地上的动机日益削弱,农民的流动日益自由。哈切尔在 12 世纪维兰地位改善的问题上,更多的是从人口变迁的角度来说明,这个观点也为博尔顿等人所赞同。⑤ 至于波斯坦所说的 13 世纪英国农奴制的重新加强,哈切尔有不同的看法。科斯敏斯基早就指出,不应当夸大当时英国劳役制重新加强的程度,并且到 1250 年的时候这种趋势就基本上停止了。⑥ 他认为,在 13 世纪劳役地租增长的同时,货币地租也在增长,并且货币地

---

① John Hatcher, "English Serfdom and Villeinage: Towards a Reassessment", *Past and Present*, No. 90, p. 5.
② R. H. Hilton, "Freedom and Villeinage in England", *Past and Present*, No. 31, pp: 3~19.
③ 维兰,即农奴,与自由人相对而言。——编者注
④ M. M. Postan, *The Medieval Economy and Society*, pp: 168~170.
⑤ J. L. Bolton, *The Medieval English Economy*, 1150~1500, p. 43.
⑥ J. L. Bolton, *The Medieval English Economy*, 1150~1500, p. 98.

租的增长幅度绝不会低于劳役地租的增长，而且有理由相信，13 世纪英国的货币地租比例相对于 12 世纪变得更高了。① 科斯敏斯基更多的是从实证角度来说的。哈切尔则主要是从逻辑推理的角度论证的。

哈切尔认为，虽然 13 世纪英国维兰所受的剥削加重了，甚至劳役也加重了，但是这当中有很多因素不能归因于维兰的农奴地位，也即不能归因于超经济强制的因素。因为在当时人口过剩、土地稀缺的情况下，维兰的农奴地位反倒还阻止了他们经济地位的进一步恶化。就这一时期来说，领主可能更加希望结束维兰的习惯租佃制，改为市场价格的短期租佃制，地主所得更多。这一时期维护维兰习惯租佃的反倒是维兰自己，因为维兰的习惯租地受庄园习惯约束，不能任意上涨。正如科斯敏斯基所指出的，当时占有土地面积小的维兰愿意服劳役。在当时劳动力过剩、价格低廉的情况下，小土地持有人自己耕作土地上的产出本身就不够家用，另外社会上的就业机会又少，且报酬低，提供劳役租反倒对小农自己有好处。②

哈切尔从人口学的角度出发，认为 11 到 13 世纪之间英国农奴制总的趋势是逐渐弱化的观点，应该说还是有很大说服力的。希尔顿也承认，在 11～13 世纪时期，自由农民的数目在不断增加，认为这是肯定无疑的。③ 这与我们原来接受的封建化发展趋势的概念大不相同。按照这种概念，11～13 世纪是英国封建制度的发展期，13 世纪是英国封建制度的极盛时期。按照这种概念，这一时期的英国自由民应该是一个不断丧失自由、自由人的人数不断下降的时期。然而我们所看到的却是自由农民的数目不断在上升，劳役地租日益转化为货币地租。科斯敏斯基根据他对英国 1279 年百户区卷档的分析指出，13 世纪的英国已是货币地租占优势。劳役地租比例最高的是东部诸郡，但也只有 39%，中部和南部则下降为 23%～24%，西部更少，而肯特、约克、诺森布里亚诸郡则几乎没有劳役了。如果从全英格兰看，则劳役地租只占 1/3，而货币地租则占到 2/3 多。④

一方面，随着商品经济的发展，货币流通逐渐盛行，封建主希望用货

---

① E. A. Kosminsky, "The Evolution of Feudal Rent in England from the XIth to the XVth Centuries", *Past and Present*, No. 7, pp: 19～20.

② E. A. Kosminsky, *Studies in the Agrarian History of England in the Thirteenth Century*, pp: 354～355; John Hatcher, "English Serfdom and Villeinage: Towards a Reassessment", *Past and Present*, No. 90, pp: 6～14.

③ 马克垚：《英国封建社会研究》，北京，北京大学出版社，1993 年，第 224 页。

④ E. A. Kosminsky, *Studies in the Agrarian History of England in the Thirteenth Century*, pp: 191～194. 也可以参见马克垚：《西欧封建经济形态研究》，北京，人民出版社，2002 年，第 156 页。

币换取城市生产的比较精美的生活用品。另一方面,则应当来自于劳动力市场价格的变化。随着人口的日益增加,社会上出现了大量的缺少土地的农民。根据科斯敏斯基对英国东部亨廷顿郡、剑桥郡、贝德福德郡、白金汉郡的情况研究,13世纪时庄园中少地农奴(只有5英亩以及5英亩以下者)占到50%,而少地的自由佃农则分别占到50%~80%。这还不包括没有记录下来的无地农民。① 这些人由于土地不敷谋生,必须出来受雇,挣得工资补充家用,从而劳动力市场价格大为下降。正如科斯敏斯基所言,大量近乎于无地的农民的存在,使得自营地的经营可以不依靠农奴的劳役,或者把劳役限制到一个有限的水平上,从而促使英国出现了相当多的自由农民。②

在这种情况下,由于农奴劳动本身所具有的低效率,领主宁可折算劳役租为货币,代之以雇佣廉价劳动力来耕作自营地。根据惠特尔在诺福克地区的庄园个案研究,在农奴制解体之前,许多庄园领主就已经意识到,将劳役折算成货币地租,代之以雇工劳动经营,其综合得利,相对于传统的征发劳役经营庄园要好得多。③

根据前文所介绍的科斯敏斯基的估计,从全英格兰看,劳役地租只占1/3,而货币地租占到2/3多,可见当时英国的自营地在很大程度上是依靠雇工来进行经营的,尤其是中小型庄园,要更多地依靠雇工来经营。根据科斯敏斯基对英格兰中部诸郡的统计,把拥有1000英亩以上耕地的庄园定为大型庄园,500~1000英亩的定为中型庄园,500英亩以下的定为小型庄园,那么这三种庄园上领主自营地、农奴份地、自由领有地的分布比例的情况如表2-4。由此可见,中小型庄园中自营地面积比重大,农奴份地比重小,因而劳役劳动不足,当然就只好更多地依靠雇工经营。④

表2-4 13世纪英格兰中部地区大、中、小庄园土地结构

| | 自营地百分比(%) | 农奴份地百分比(%) | 自由领有地百分比(%) |
|---|---|---|---|
| 1000英亩以上的大庄园 | 26 | 51 | 23 |
| 500~1000英亩的中等庄园 | 35 | 39 | 26 |
| 500英亩以下的小庄园 | 41 | 32 | 27 |

资料来源:E. A. Kosminsky, *Studies in the Agrarian History of England in the Thirteenth Century*, p. 100.

---

① E. A. Kosminsky, *Studies in the Agrarian History of England in the Thirteenth Century*, p. 294.
② E. A. Kosminsky, *Studies in the Agrarian History of England in the Thirteenth Century*, pp. 313~315.
③ Jane Whittle, *The Development of Agrarian Capitalism*, p. 310.
④ E. A. Kosminsky, *Studies in the Agrarian History of England in the Thirteenth Century*, p. 296.

根据哈切尔的估计，到 13 世纪末，仍然在定期地每周服劳役的维兰户数不超过总数的 1/3，也即不超过英国总户数的 1/6，即便他们去服役，也很可能是心不在焉的。① 根据布里特勒尔的估计，庄园上的生产劳动中，劳役制所占的比重也许已经降低到了 8%。② 从此可以看出，到 13 世纪的时候，与其说领主是一个劳役压迫者，还不如说是一个雇主了。保留下来的劳役劳动中，最为重要的是收割时期的劳役，这主要是领主为了保证农忙时期的劳动力供应。③ 庄园劳动中的一些经常性劳动，很大一部分是依靠仆役进行的，这些仆役往往有自己的家室，也有小块土地，但是在自营地上的劳动时间，主人也供给他们实物或货币，因此有些书上也称他们为长期雇工。从生产关系上来说，在某种程度上，庄园上的自营地经营已经类似于资本主义的农场雇佣经营。许多大庄园的产品除了满足自身的需要外，还大量出卖。④ 不过我们要注意的是，尽管小型庄园上雇工的比例可能会更高些，但是它也许在满足了领主本人的消费以后，可能已经没有多少剩余用于市场出卖了。⑤

表 2-5　关于英国中世纪人口变动的各种估计

| 估算者及提出年代 | 每个时期的人口估计（万） | | | | |
| --- | --- | --- | --- | --- | --- |
| | 1086 | c. 1300 | 1377 | 1520s | 1540s |
| J. C. Russel（1948） | 110 | 370 | 223 | 322 | |
| M. M. Postan（1966） | 260～300 | 600～700 | 300～340 | | |
| J. Cornwall（1970） | 220 | 230 | 280 | | |
| H. C. Darby（1977） | 122～148 | | | | |
| J. Hatcher（1977） | 175～225 | 450～≥600 | 250～300 | 225～275 | |
| B. M. S. Campbell（1981） | | | | 105～292 | |
| R. M. Smith（1988） | 110～250 | ≥600 | 250～300 | | 280～310 |
| H. E. Hallam（1989） | ≥200 | 652 | | | |
| S. Harvey（1989） | ≥200 | | | | |

---

① John Hatcher., "English Serfdom and Villeinage: Towards a Reassessment", *Past and Present*, No. 90, p. 12.

② M. S. Campbell, *English Seigniorial Agriculture* 1250～1450, p. 3.

③ M. S. Campbell. "Agricultural Progress in Medieval England: Some Evidence from Eastern Norfolk", *The Economic History Review*, Vol. 36, No. 1, pp: 38～39.

④ 马克垚：《西欧封建经济形态研究》，北京，人民出版社，2002 年，第 178 页；马克垚：《英国封建社会研究》，北京，北京大学出版社，1993 年，第 185 页。

⑤ R. H. Britnell, "Minor Landlords in England and Medieval Agrarian Capitalism", *Past and Present*, No. 89, pp: 3～22.

续表

| 估算者及提出年代 | 每个时期的人口估计（万） | | | | |
|---|---|---|---|---|---|
| | 1086 | c. 1300 | 1377 | 1520s | 1540s |
| E. A. Wrigley and R. S. Schofield（1989） | | | | | 277 |
| I. S. W. Blanchard（1996） | 110～153 | 340～450 | 224 | | |
| B. M. S. Campbell（2000） | 150～250 | 400～425 | 225～250 | | |

资料来源：M. S. Campbell, *English Seigniorial Agriculture* 1250～1450, p. 403. 其中部分估计包括威尔士的人口，但是威尔士人口比例很少。

由于领主自营地上的劳动大部分是依靠雇工的劳动，因而庄园自营地的经营对劳动力市场的供求状况会非常敏感。黑死病之后，据估计英国的人口损失一半左右。由于人口的大批死亡，土地变得丰富，农民更容易得到土地，许多无地少地的农民填补了空缺出来的土地，因而社会上的无地少地农民数量减少。当然，无地少地农民绝对数目乃至相对数目的减少，还要归因于那些无地少地的农民营养状况更差，更容易在瘟疫中丧生，死亡率会更高。因此社会上可雇佣的劳动力变得很稀缺，价格大大上涨。与此同时，由于人口的减少，粮食价格下跌。因此，主要通过雇工进行耕作的英国庄园自营地经营变得无利可图。又由于农奴的反抗，以及领主势力相对东欧地区为弱，领主无法恢复农奴劳役制，因而自营地的经营无法继续，只好出租，其中有很多是出租给中小农户，加强了15世纪英国农业生产的小农制色彩。随着自营地的消亡，劳役制也就变得不必要了，于是它逐渐消亡了。英国的维兰转化为公簿持有农。从这个意义上来说，黑死病所带来的人口灾祸，确实在英国农奴制的消亡中起了很重要的作用。①

不过，根据前面的叙述，在黑死病以前，英国的劳役制已经不占重要地位，农奴制对劳动力流动的限制也已经由于人口的过剩实际上变得比较松弛。因而黑死病主要是加速了英国农奴制的衰落，连同农奴各种形式的反抗，给了它最后一击。另外，我们应该注意到，如果不是由于当时英国特殊的阶级力量对比，黑死病所带来的人口大量损失、劳动力稀缺，很可能会像东欧那样带来农奴制的加强。②

由于中古时期农业生产工具的落后，农业生产中规模经营的效率很低，而监督成本却很高，即便雇佣劳动比农奴的劳役制效率为高，它仍然

---

① M. M. Postan, *The Medieval Economy and Society*, pp: 168～170.
② S. H. Rigby, *English Society in the Later Middle Ages*, pp: 139～141.

很难比小农的家庭生产效率更高。因此，雇佣农业经营的较大规模发展，必须有它的特殊条件，即社会上人口相对过剩，存在一批无地少地而又无法在非农行业就业的廉价劳动力，以及社会上由于人口压力而来的粮食的高价。一旦这种特殊条件消失，雇佣型农业经营就无利可图，只好转化为出租的小农经营方式。中古晚期英国庄园自营地的衰亡就是一个典型的例子。15世纪的英国在更大程度上成为一个农民社会，整个社会呈现出一种中农化的趋势。

这是与恰亚诺夫模型相矛盾的。恰亚诺夫认为，由于家庭劳动农场往往缺少土地，面临很大的消费压力，往往又缺少外部就业机会，因而只好在自己的土地上进行过密化经营，投入更多的劳动，以降低单位劳动生产率为代价，获得比雇佣经营农场更高的单位面积产量，从而可以付出更高的地租，最终排挤雇佣经营农场。在恰亚诺夫的模型里，人口的相对过剩造成了雇佣经营的被排挤。然而在这里，我们看到的却是与恰亚诺夫模型相反的情况，人口过剩带来的劳动力价格低廉，造成了农村社会的两极分化，促进了雇佣经营的发展。相反，人口过剩的缓和带来的却是雇佣经营的衰落与社会的中农化趋势。欧洲的经济史学家甚至认为这是一种带规律性的东西。

笔者认为，并非由于大规模经营的技术优势和规模效益，而是由于人口过剩产生大量廉价劳动力，在此基础上导致的农业雇佣经营发展只能是很有限的，因为它是以降低劳动者的生活水平为代价的。这种雇佣劳动越发展就越是意味着劳动者生活水平的下降，而这种下降总是有一个限度的，必须要能够满足劳动者本身再生产的需要。超过了这个度，就很有可能出现黑死病那样的人口灾祸，导致雇佣经营的衰落和小农经营的复兴，社会重又呈现出中农化的趋势。从这个意义上来说，在前资本主义社会，农民的分化只能是有限度的。

# 第三章 16~17世纪英国农民分化的再考察

## 第一节 16~17世纪的英国农民分化

绝大多数的经济史家相信，15世纪是英国农民的黄金时期。这个时期英国人口长期处于低水平的状态，直到1520年左右，英国才真正出现了人口上涨的趋势。由于人口的长期低水平，社会上劳动力稀缺，而土地丰富，又由于这一时期是英国农奴制消亡的时期，以前的维兰转化为公簿持有农，领主无法利用超经济的力量来遏制市场力量的发挥，因而地租下降，许多无地少地农民获得土地，更多的土地处于小农的家庭耕作生产方式之下，整个社会呈现中农化的趋势。① 同时劳动力市场价格上涨，工资上升，挣工资者的生活水平上升。很多经济史学家认为，很大程度上由于15世纪劳动力的稀缺，使得普通英国群众的生活得到改善。

当然，正如哈切尔等人所指出的，人口的减少，土地等资源的丰富，并非就一定能够带来普通群众生活水平的改善。如果领主势力强大，人口稀缺很可能会导致超经济的强制与剥削，就如同11世纪以前的英国，还有黑死病之后的东欧。在不同的社会政治条件下，同样的人口变化很可能导致完全不同的后果。在一个领主势力强大的社会里，人口增加的时候，领主可以利用市场条件的变化，提高地租，降低劳动工资，人口减少的时候，领主可以通过超经济的手段，维持高水平的剥削，普通群众的生活不但得不到改善，甚至完全有可能会恶化。②

---

① 黄春高：《英国农民经济的分化》，见马克垚主编：《中西封建社会比较研究》，上海，学林出版社，1997年，第168页。
② 马克垚：《英国封建社会研究》，北京，北京大学出版社，1993年，第318~319页。John Hatcher., "English Serfdom and Villeinage: Towards a Reassessment", *Past and Present*, No. 90, pp: 26~27, 37.

在 13 世纪人口增加的时期，农奴制剥削体系中所具有的庇护制关系以及庄园的习惯，部分地缓和了市场条件给农民带来的不利影响，它阻止了习惯佃农地租的上涨。尽管我们也观察到领主利用人口上涨、土地稀缺的市场变化提高了地租和进入税，但是这种提高往往并没有达到市场竞争的水平。如果领主把习惯佃农的土地收回，改为纯粹的市场租佃经营（leasehold），领主获得的地租会更高，这一时期领主有较强的破坏庄园习惯的动力。① 黑死病以后，市场条件的改变有利于农民，到这一时候，庄园相对固定地租的习惯，反倒变得对农民不利了，不利于农民利用市场的变化提出降低地租的要求，是农民要求按市场的规律来决定土地出租契约的条件。② 这是我们在以前对庄园习惯的研究中所忽略的。

总的来说，随着农奴制的衰落，市场在决定农民与领主的关系中有着越来越重要的作用。当然，市场作用的增强也并不总是有利于普通的劳动者。如果说市场力量的增强，在 15 世纪的时候改善了农民的地位，那么到 16 世纪的时候，随着人口的重新上涨，土地变得稀缺，市场的变化又变得对普通群众不利了，领主试图利用市场的力量来加强对农民的剥削。托尼的名著《16 世纪英国的农业问题》，着重阐述了在市场资本主义日益深入到领主与农民的租佃关系的时候，它给英国农村带来的深刻的社会后果。

在托尼等人看来，农奴制的灭亡，会从许多方面加速农民之间的分化。从领主的角度来说，在农奴制下，他们有抑制农民分化以便保证农奴能够提供劳役的动力，因此人们经常可以看到那种比较标准的 1 维吉特或半维吉特那样的持有地。农奴制废除以后，领主就没有阻止农民分化的动力了，这就会加剧农民的分化。从农民阶级内部来说，劳役制的废除，意味着他们可以把更多的时间用于自己经营的土地耕作上去，使得他们的能力差距在经营中真正地显露出来，发挥优胜劣汰的作用，加剧他们的分化。另外，在农奴制下，拥有维兰土地就意味着必须承担维兰的奴役性义务，在一定程度上挫伤了有经营能力的农民获得更多土地的积极性，从而也就抑制了份地的集中。农奴制的消失为有能力的农民积聚更多的土地消除了这种障碍，因而也有利于农民的分化和土地的集

---

① M. M. Postan and John Hatcher, "Population and Class Relations in Feudal Society", in T. H. Aston and C. H. E. Philpin, eds., *The Brenner Debate*, pp: 74~78.

② John Hatcher, "English Serfdom and Villeinage: Towards a Reassessment", *Past and Present*, No. 90, pp: 26~27, 38.

中。农奴制的废除,也为劳动力的自由流动奠定了基础,这就为那些有能力的农民通过雇佣劳动扩大生产创造了条件,从而为进一步的两极分化创造了条件。而自营地的消失,使得市场上可供竞争租佃的土地也增加了,这也使得有能力的农民可以扩张他们经营的土地面积,也会加剧农民内部的不平等。① 因而在经典作家看来,农奴制的废除就为农业资本主义生产关系的发展奠定了基础。在列宁看来,扫除了农奴制残余之后,在市场竞争的优胜劣汰规律下,农业资本主义生产关系就会迅速得到发展。他的名著《俄国资本主义的发展》,以及他的农业资本主义发展的两条道路——普鲁士式道路和美国式道路——中的美国式道路,阐述的就是这种观点。

不可否认,农奴制的废除确实会加剧农民的分化,尤其是在16世纪人口恢复增长以后,无论是托尼所收集的材料,还是最近惠特尔在诺福克地区的庄园研究,均表明了这一点。但是学者们也认为托尼对16世纪英国农民分化的描述有些夸张。列宁的对手所讨论的也是农奴制废除后俄国农民的分化状况。而列宁在19世纪末对1861年农奴解放后俄国农民的分化和农业资本主义生产关系发展的描述,也为几年之后的列宁本人所修正,认为过分地估计了俄国农业资本主义的发展。恰亚诺夫更是以他的人口分化说来对抗列宁的阶级分化说,认为农民的贫富分化是由家庭劳动和消费人口的比例来决定的,家庭经营土地面积的大小是与家庭的人口规模变化相一致的,并且根据家庭的周期循环往复,并没有两极分化的趋势。② 沙宁(Feodor Shanin)通过对20世纪初俄国农民的分化样本研究认为,农民内部确实在不停地进行剧烈的分化,但是也并非就一直沿着贫者愈贫、富者愈富的方向走向两极分化。虽然不停地有中等农民上升为富裕农民,但与此同时,也不断地有富裕的农民由于分家析产或其他因素降为中小农,下层农民也有机会往上爬升。结果,总的农村社会结构并没有大的变化。③ 恰亚诺夫和沙宁所研究的俄国的状况有其特殊性——存在其他地区少见的定期土地充分的农村公社,因而不能简单地套用到其他地区。但是学者们也不得不承认,在前工业社会,恰亚诺夫和沙宁所描述的这种现象具有相当的普遍性,即便是在存

---

① R. H. Tawney, *The Agrarian Problem in the Sixteenth Century*, pp: 55~66; Jane Whittle, *The Development of Agrarian Capitalism*, pp: 305~307.

② 参见[俄]恰亚诺夫:《农民经济组织》,萧正洪译,北京,中央编译出版社,1996年,第一章"农民家庭及其发展对经济活动的影响"。

③ Teodor Shanin, "Polarization and Cyclical Mobility: the Russian Debate Over the Differentiation of the Peasantry", in John Harriss ed., *Rural Development*, pp: 223~245.

在活跃土地市场的14~16世纪的英国也同样存在这种现象,尽管不如俄国那么明显。①

从布伦纳等人的观点来看,列宁的观点即便在马克思主义历史学派当中也受到了怀疑。在布伦纳看来,由于在农奴解放的过程中,法国农民获得了将近全国一半农业用地的所有权（当然还受到许多封建残余的束缚,没有完全的所有权）,法国的农业资本主义发展缓慢。换句话来说,在布伦纳看来,通过自由农民阶级内部的分化来走向农业资本主义道路,是很艰难的。这其实也是绝大多数研究近代法国农业史的学者的基本观点。在他们看来,由于法国大革命牢固地确立了小农的土地所有权,导致了19世纪法国农业资本主义生产关系发展的缓慢。在笔者看来,"布伦纳争论"这场国际性的大辩论,在某些方面,其实也是关于列宁农业资本主义发展两条道路问题的辩论。可以认为,布伦纳对列宁提出的"美国式道路"——废除封建残余,通过自由农民自由竞争优胜劣汰走向农业资本主义——信心不足,认为"普鲁士式道路"——贵族地主在废除农奴制的过程中剥夺农民土地,把封建庄园直接改造成资本主义雇佣农场——比较容易实现。

当然,布伦纳的观点也遭到了很多人的批评,批评者的观点从根本上说与列宁的看法相一致,认为通过农民之间的竞争完全可以产生出农业资本主义的生产关系。他们认为16和17世纪法国雇佣农场发展的缓慢,主要应该归因于商业化冲击的经济力量不够强大。他们的证据是法国北部经济发达、商业力量强大的地区,同样出现了大农场排挤小农场的现象,不少小农失去了土地。② 不过必须指出的是,法国北部地区也是法国中世纪庄园化程度相对较高的地区,土地经营的集中在很大程度上可以说是封建遗留（由自营地转化而来的大土地经营）的产物。

根据拉迪里在郎该多克地区的研究,16~17世纪该地区的农民分化在很大程度上是人口增长带来的人口压力的结果。由于人口的增长,许多中等持有地分解了,土地的碎化造成大批小农无法自给,只好进入雇工市场以补贴家用,这就导致了廉价雇佣劳动力的增加、工资下降,与此同时农产品价格却上涨了,在社会产品的分配中劳工所得部分降低,地主和雇佣经营者所得份额增加,他们的财富增加,聚集土地带来的收益增加。土地的碎化也使得小农抵抗天灾人祸的能力大为降低,被迫举

---

① 参见黄春高:《英国农民的分化》,见马克垚主编:《中西封建社会比较研究》,上海,学林出版社,1997年,第152~175页。

② T. H. Aston and C. E. Philpin, eds., *The Brenner Debate*, pp: 84~85, 143, 152, 159, 187.

债。但如前所述，由于雇工收入的降低，他们偿债的能力大为降低，最后只好被迫出卖土地，促成了地主和大土地经营者土地占有份额的增加，社会变得更加不平等。大块土地的雇佣经营是以附近存在大量的少地农民为代价的，这些少地农民农闲季节在自己的小块土地上劳动，获得微薄的收入，以渡过难关，起到了为农忙季节雇佣经营者提高廉价劳动力的蓄水池的作用。因为仅靠农忙时节才有机会的工资劳动，无地的农村劳动者是很难生存的。换句话说，这种农业资本主义雇佣生产关系的发展，仍然是以广大劳动群众生活水平的下降为代价的，并且仍然是有限的，必将遭到自然的惩罚。到了17世纪晚期和18世纪初叶，法国再度陷入马尔萨斯危机，人口减少，农民的贫困人口减少，社会的不平等再次得到缓和。①

16~17世纪英国农民分化的加剧无疑也与这一时期人口的增长紧密相关。一般而言，越是贫苦农民越是倾向于分割继承，因为他们没有剩余的财物去支持非继承人儿女的生活，只好实行分割继承。分割继承的结果是造成所有家庭成员的贫困，更加依赖于雇工的收入，结果是社会上的工资下降，粮食价格上涨，雇佣经营有利可图。而碎分的持有地经营者同样是降低了抵抗天灾人祸的能力，最后成为那些土地聚集者的牺牲品。② 同样是农奴制解体的14~15世纪，由于当时人口的减少，土地资源相对丰富，劳工价格相对较高，粮食价格低廉，社会财富分配向下层倾斜，导致社会的不平等相对缓和，社会趋向于中农化。因此，16~17世纪英国农民分化的加剧，不能够像托尼那样仅仅用商业发展带来的加剧分化作用来解释。

## 第二节　16~17世纪英国农民的土地产权：自耕农阶层的兴起

在20世纪70年代末，西方经济史学界展开了一场国际性的学术大辩论，被称之为"布伦纳争论"。美国的马克思主义历史学家布伦纳认为，由于在中古晚期农奴解放的过程中，英国农民（维兰）在获得人身自由的时候，没有能够把他们的习惯租地转化为自由持有地，结果是在16~17

---

① Le Roy Ladurie, *The Peasants of Languedoc*, pp: 19~29, 84~97, 246~250.
② Margret Spufford, "Peasant Inheritance Customs and Distribution in Cambridgeshire from the Sixteenth to Eighteenth Centuries", in Jack Goody, Joan Thirsk and E. p. Thompson, eds., *Family and Inheritance: Rural Society in Western Europe*, 1200~1800, pp: 162, 168, 176.

世纪的英国农村大变革中，地主通过各种手段剥夺了习惯佃农的租佃土地，把它交给大规模经营的租地农场主，使得英国形成了以资本主义雇佣经营为基础的农业经营结构，导致了英国农业的大发展，使得英国同荷兰一道摆脱了同一时期降临在其他欧洲国家的马尔萨斯危机。与此相对，法国农民在农奴解放的过程中，获得了大量土地的控制权，由于法国专制君主对农民的保护，16~17 世纪的法国贵族无法实施英国贵族那样的排挤农民的圈地，从而使得法国成为一个以小农经营为主体的国家。法国农民的这种幸运，带来的却是法国农业的落后。因为在布伦纳看来，小农的经营模式难以促进农业发展，最终又导致农民的贫困。① 这种观点无论是在西方史学界，还是在中国的经济史学界都颇为流行，成为近代早期英法两国不同农业绩效的通行解释模式。

学者们普遍认为，布伦纳关于 16~17 世纪英国农业资本主义发展的看法主要是受到了托尼的影响。② 在托尼的名著《16 世纪的农业问题》一书中，托尼收集了许多庄园调查材料，从中发现了许多中古以来习惯佃户大规模减少的情况，根据这种状况，托尼认为当时的英国出现了大规模排挤小农的现象，农业资本主义生产关系得到了很大发展。③ 托尼把这种现象归因于商业化的冲击，以及领主与佃户关系性质的改变。

在中古时期，领主与佃户的关系，并不仅仅是一种经济上的剥削与被剥削关系，它还有领主与扈从关系的性质，是一个宗法共同体。一个领主的力量主要并非看他所占土地的数量，而是要看他所占有的人的数量。在中古时期，由于中央集权不发达，领主自身的利益往往难以通过政府的力量来得到保障，这就迫使领主依靠所拥有的佃户的帮助来与外界作斗争，保护自身的权益。因此佃户对于领主来说，不仅仅具有经济的价值，还具有政治的、社会的价值，因而领主有较强的保护佃户的需要。他们组成一个互相帮助的宗法共同体，在土地稀缺的时候，不能够驱赶佃户，也不能够把地租提高到市场充分竞争条件下的数量。④ 另外，由于中央权威的虚弱，领主也难以通过引入王室政府的力量来对抗农民的抵制，因而不能随意改变地租的数额。当然，中古时期的庄园习惯也起到了保护农民的作

---

① T. H. Aston and C. H. E. Philpin, eds., *The Brenner Debate*, pp. 47~63.
② Patricia Croot and David Parker, "Agrarian Class Structure and the Development of Capitalism: France and England Compared", in T. H. Aston and C. H. E. Philpin, eds., *The Brenner Debate*, p. 82.
③ R. H. Tawney, *The Agrarian Problem in the Sixteenth Century*, pp. 1, 57~72.
④ R. H. Tawney, *The Agrarian Problem in the Sixteenth Century*, pp. 188~189.

用。不过，这些保护农民的习惯，在很大程度上也是当时这种社会关系和阶级力量对比关系的反映和要求。一旦这种社会关系和阶级力量对比关系消失，这些习惯也就会渐趋消亡。

但是到了15世纪末，由于都铎王朝的建立，禁止封建私战，司法权集中于国家，领主对农民的政治权力逐渐被剥夺，佃户作为领主扈从身份所具有的政治意义大大降低。与此同时，领主的利益可以获得国家的保护（当然如下文所述，国家也保护农民），不再需要本地农民所提供的帮助来保护自己，因而农民在两者关系中的谈判地位大为下降，领主可以不再愿意承担以前的宗法义务了。在以前，由于国家机器不发达，农民可以强迫领主承担宗法义务，但现在领主可以借助外部力量——国家的力量——来对抗农民要求地主承担宗法义务的要求。如同马克思在《共产党宣言》中所说的，资本主义的发展，使得利己主义的冰水扫除了以往温情脉脉的宗法关系，领主与佃户之间越来越变为纯粹的经济剥削关系，宗法关系逐渐淡化。随着16世纪以后英国工商业的发展，以及英国人口的恢复增长，土地变得稀缺，这种新型的领主与佃农的关系将会对英国的租佃制产生深远的影响。① 英国的圈地运动就是在这样一种博兰尼所说的"大转变"的历史背景下进行的。

托尼的著作影响巨大，但是后来的历史学家对托尼的论述产生了很多质疑。他们认为，托尼对16世纪都铎王朝保护公簿持有农、限制领主提高地租和进入税、限制领主排挤农民的努力效果过于悲观，从而对16世纪英国农业资本主义的发展作了过于乐观的估计，对小农的衰落作了过于悲观的估计。它给人的印象是，16世纪的英国，更不用说是17世纪的英国，农业资本主义雇佣关系已经得到了大发展，小农的生产方式似乎变得不那么重要了。对土地有较强权利的公簿持有农，为短期租地农所大量取代。这种观点在我国经济史学界，以及在国外的一些马克思主义历史学家那里非常普遍。

英国的王权真的像托尼和布伦纳所说的那样不能对英国的公簿持有农进行有效的保护吗？英国的领主真的像他们所宣称的那样可以按照市场的变化任意改变租佃契约吗？英国真的在16~17世纪就已经确立了以雇佣劳动为基础的农业结构吗？要弄清楚16~17世纪英国的农业土地结构，就必须对当时英国农民的土地保有方式有一个大致的了解。

---

① R. H. Tawney, *The Agrarian Problem in the Sixteenth Century*, pp: 188~189.

在 16 世纪下半叶到整个 17 世纪，英国农民对土地的占有形式主要包括自由持有地（freeholds）和各种形式的租佃持有地。租佃持有地主要包括世袭的公簿持有地（copyholds of inheritance）、多代继承的公簿持有地（copyholds of lives）和受益性租佃持有地（beneficial leaseholds）。

自由持有地是一种相当古老的土地占有方式，从中古晚期到近代早期，自由持有地的形式并没有什么变化。英国的自由持有农对土地的占有是相当有保障的，接近于拥有现代所有权。他们领有的土地受国家法庭的保护，如受侵犯，可以向王廷上诉。负担有轻微的劳役、货币和实物形式地租。① 随着时间的演进，他们对土地的拥有越发强固。对于这一部分农民来说，他们不会面临被从土地上赶走的危险。

其他三种租佃形式的占有，主要是由维兰习惯佃户发展而来。在中古时期，维兰份地不受法律保护，被认为是由领主的意志任意支配的，领主可以任意改变其领有的条件，提高地租或驱逐佃户。但是这主要是从法律上来说的，实际上维兰一般世袭使用份地，有较牢固的权利。维兰土地虽然不受普通法的保护，但却受庄园习惯的保护。根据庄园习惯，维兰份地所负义务都有一个确定的数量，服多少劳役，交纳多少实物，在什么情况下交纳，这些都一般不得随意改变。当然也并不是说领主不会违反它。② 随着农奴制的消亡，到 16 世纪的时候，英国的维兰土地已经转化为公簿持有地，即世袭的公簿持有地和多代继承的公簿持有地。另外，有很多地方的习惯佃户也发展为受益性契约出租地。在整个米德兰地区，领主自营地通常也是以受益性契约出租地的方式租出去的。这三种佃农土地和自由持有地就构成了 16～17 世纪英国自耕农（约曼"yeoman"）的土地持有方式。③

公簿持有地是这一时期新土地保有方式中最有名的。从法律史的角度上来说，公簿持有农是维兰的继承者，无论是世袭的公簿持有地，还是多代继承的公簿持有地，都是从领主那儿根据习惯而持有的。公簿持有地可以追溯到 14 世纪的时候，它的名称来自于它持有的实施程序，其全称是"按庄园习惯以法庭档案的副本领有的土地"，农民的义务都记录在这个副本上。④

在世袭的公簿持有地（copyholds of inheritance）的方式之下，农民在

---

① Mildred Campbell, *The English Yeoman under Elizabeth and the Early Stuarts*, p. 11.
② 马克垚：《英国封建社会研究》，北京，北京大学出版社，1993 年，第 206～207 页。
③ Robert C. Allen, *Enclosure and the Yeoman*, pp.: 66～67.
④ p. D. A. Harvey, ed., *The Peasant Land Market in Medieval England*, p. 337.

继承租佃土地和买卖租佃土地的时候,要交一大笔费用,也就是农民在成为佃户时的进入税(fine),然后再每年向领主交纳数量很小的地租(rent)。进入税有时候是根据习惯固定的,有时候则是任意的,领主可以根据自己的意志任意改变。这种区分在16世纪初的时候很重要,当时领主可以通过提高进入税来阻止佃户对土地的继承,但是到16世纪末的时候,法庭对进入税进行了限制,按习惯固定的进入税与任意的进入税就没有明显区别了。①

多代继承的公簿持有地(copyholds of lives)不能无限制地继承下去,这种租佃权的继承,通常只授予三代,即农民本人、他的妻子和他的儿子。通常来说,当儿子建立家庭的时候,他(儿子)会把他的公簿持有地交回给领主,然后领主再授予他一份新的法庭副本,在上面记入他本人(儿子)、妻子、儿子(儿子的儿子)的姓名。此时他要根据领主的意志交纳进入税。由于它的继承需要与领主协商同意,而不是无限的,因此佃户对土地的权益要小于世袭的公簿持有地。这种形式的公簿持有地起源于15世纪初。②

我们知道,维兰对土地的权益不受王室法庭的保护,那么王室法庭对公簿持有农的土地权益的保护是怎样发展起来的呢?英国王室对公簿持有农的保护,主要不是通过立法的形式,因为英国的议会是由领主控制的,他们肯定会阻止保护公簿持有农的法令的通过,即便通过了也会破坏它的执行。英国王权对公簿持有农的保护,主要是通过王室法庭。这种发展主要是在16世纪。在15世纪的时候,由于人口长期处于低水平上,劳动力稀缺,佃户变得稀缺,领主无法提高地租和进入税。就当时的情况而言,吸引和留住佃户而非提高地租和进入税、更不用说是驱赶习惯佃户,是当时领主所面临的主要问题。15世纪末以后,由于圈地运动的发展,以及16世纪以后英国人口的迅速增长,土地变得稀缺,领主侵犯公簿持有农的案件日益增多,这时候英国的公簿持有农越来越多地通过普通法法庭来救济。起初法庭是通过维护庄园的习惯来保护公簿持有农的,因为这些习惯记载的是15世纪对农民有利的习惯。到了第二个阶段,法庭还会废除那些不合理的习惯。因此,公簿持有农对土地的权益受到了很大的保障,不能随意被驱逐。③

---

① Robert C. Allen, *Enclosure and the Yeoman*, p. 67.
② Christopher Dyer, *Lords and Peasants in a Changing Society*, pp. 293~295; Robert C. Allen, *Enclosure and the Yeoman*, p. 67.
③ Robert C. Allen, *Enclosure and the Yeoman*, pp. 68~69.

受益性契约出租地（beneficial leaseholds）佃户对土地所拥有的权益，与多代继承的公簿持有地佃农差不多。他们每年向领主交纳的地租不多，但是要在签订出租协议的时候交一大笔进入税。在16世纪和17世纪初的时候，受益性契约出租地一般是授予三代，到17世纪中叶的时候，就转变为长期租佃制。受益性契约出租地佃农不能够把他们的土地转租出去，从而他们对土地的权益不如公簿持有农。在16世纪以前，受益性契约出租地佃户在遭到驱逐时无法得到救济，不能指望恢复对土地的占有，但是1499年的一项决议，使得他们在租佃期内被驱逐的时候，可以恢复对土地的占有。受益性契约租地农受法庭保护的开始时间和公簿持有农差不多。①

总的来说，当托尼得出结论说英国王室政府没有有效地阻止领主驱逐佃农的时候，它主要是考察了英国议会立法在阻止圈地运动上的无效率。这个确实如此。但是，都铎政府在利用法庭诉讼的方式阻止地主驱赶农民方面，却收到了很大的效果。②

从某种程度上来说，中古以来英国农民权益的提高也是英国王权扩张——王室法庭管辖范围扩张的结果。

11世纪英国普通法的发展，使得王室法庭介入到自由佃农土地占有的诉讼当中，从而保护了当时英国自由佃农的利益。著名的普通法法制史专家密尔松（S. F. C. Millsom）认为，由于普通法的兴起，王室司法权扩及所有的自由人，王室法庭的管辖权介入领主与自由佃农的租佃诉讼当中去，自由持有保有地（freehold tenure）的诉讼只能由王室法庭所管辖，其结果并不仅仅是说关于自由持有保有地的古老的封建习惯法（以前是由领主法庭管辖并确定）交由王室法庭来管理，它还带来了领主与佃农关系方面的封建习惯法精神的改变。以前的封建习惯法只是关于双方相互义务的人身关系，现在逐渐被视为领主与佃户之间的财产权拥有的关系。由于占有在所有权确认中的重要地位，普通法的兴起导致了土地的名分（entitlement）从领主向佃户转移。就这样，以前的领主采邑在事实上就成了佃户的土地，领主在这块土地的上面只保留了一些日显陈旧的剩余权利，例如佃户向领主表示效忠，每年缴纳一点名义上的地租，如一支玫瑰花。③

不过在王室司法权兴起的时候，封建贵族的权势还相当强大，王室法

---

① Robert C. Allen, *Enclosure and the Yeoman*, pp: 70~71.
② Robert C. Allen, *Enclosure and the Yeoman*, p. 76.
③ A. W. B. Simpson, *A History of the Land Law*, pp: 13, 36~37.

庭只能介入自由持有地的租佃诉讼，而不能介入维兰租佃关系的诉讼。维兰租佃关系诉讼只能由庄园法庭管辖，这就导致了维兰土地不受普通法的保护。在中世纪所有权不发达的情况下，在普通法的原则中，占有就具有相当大的权益，在以后的发展中有成为近似于所有权权利的趋势。但是由于维兰租佃的诉讼不受王室法庭的管辖，也就是说不受普通法的保护，因而维兰对土地的占有不适用普通法原则对占有的推崇，从而维兰份地的所有权是属于领主的。不管维兰在事实上享有怎样的权利，从法理上来说，维兰佃户被认为是服从于领主任意意志的佃户（tenant at will），领主可以任意地驱逐他们。

但是，从15世纪末期以来，英国王室法庭的管辖范围进一步扩张，逐渐介入到公簿持有地租佃关系的诉讼，从而保护了习惯佃农，使得他们对土地拥有的权益比他们的祖先更多。①

我们已经知道，公簿持有地是"按庄园习惯以法庭档案的副本领有的土地"，农民的义务都记录在这个副本上。从字面意义上来说，或者说从法理学上来说，公簿持有农除了因免除了劳役而优于维兰之外，他们对领主的义务由于记录在法庭档案的副本上，也就成为固定的了，从而优于维兰。尽管维兰的义务也往往由习惯而固定，但至少从法理学上说，他们"今天不知道明天要干什么"。当然，王室法庭在15世纪末期逐步介入到习惯佃农的租佃关系后，也不得不承认习惯租地的所有权属于领主。但是如上文所述，公簿持有农对土地的权益是如此之广泛而又强固，意味着他们事实上享有在很大程度上类似于所有者的权利。

在18世纪的英国土地税名册中，公簿持有农和受益性契约租地农而不是庄园领主被列入"proprietors"，在圈地的程序中，公簿持有农和受益性契约租地农也被当作所有人"owners"来看待。在农业委员会的报告中，在谈到所有权形式的土地保有中，包括自由持有地、公簿持有地和受益性契约出租地。总的来说，到17世纪初的时候，英国的约曼农（yeoman，自耕农）对土地的权益达到最高峰。② 在这种情况下，领主要驱赶习惯佃户进行大块出租，是非常不容易的。

综上所述，由于英国王室法庭的干预，英国公簿持有农和受益性契约租地农对土地的持有相当稳固，领主不能单方面通过提高进入税和地租来驱逐佃农。要想把公簿持有租佃制改变为短期租佃制，就必须采取向佃户

---

① A. W. B. Simpson, *A History of the Land Law*, pp. 155~165.
② Robert C. Allen, *Enclosure and the Yeoman*, pp. 72, 76~77.

购买的方式,付出一大笔钱来弥补佃户所受到的损失,这在 17 世纪中叶以前是很不容易的。与此同时,在当时农产品价格上涨的年代,农业经营者获利甚丰,因而当时出现的情况更多的是,这些农业经营者利用农业经营中所获得的利润,以及一些领主在财政上的困境,出钱购买公簿持有地,转变为自由持有地。①

阿伦认为,公簿持有地和受益性契约出租地租佃方式,在某种程度上类似于抵押借贷,在农民承租土地的开始,农民必须向领主交纳数目很大的一笔钱——进入税(fine),这事实上相当于农民借给了领主一大笔钱。以后农民每年只向领主缴纳比较低的地租(rent)。这种租佃模式,一定程度上相当于领主把土地抵押给了佃户,佃户缴纳的进入税类似于抵押借款额。正因为上述租佃方式类似于抵押信贷,在信贷市场上利率高昂、抵押物容易被拍卖的情况下,领主实施上述租佃方式就是一种比抵押信贷更好的借钱方式。而 17 世纪中叶以前的英国正是如此,一方面当时抵押信贷市场上的利率很高,另一方面,在当时的抵押信贷制度下,抵押物品也容易被拍卖掉。因而对于领主而言,他只好忍受公簿持有地和受益性契约出租地租佃方式较低的地租总额(rent + fine)。② 这就阻止了领主在正常的租约到期的时候结束公簿持有方式和受益性契约出租方式,把它交给大租佃农以获得更高的地租,从而也就延续了这一类对小佃农非常有利、佃户对土地拥有很大产权利益的租佃方式,也就阻止了大农场的扩张。

在托尼的著作中,确实有许多佃户被排挤的庄园调查记录,但是这些案例具有很强的地域性特征,不能代表全国的情况。托尼所关注的排挤佃户的例子主要局限于英国中部米德兰地区的黏土地带,在这些地方出现了农牧混合耕作制向牧场经营的转变,从而排挤了劳动力。这种情况也主要限于 16 世纪的前半叶,这一时期羊毛等牲畜产品相对于谷物具有较大的价格优势。到了 16 世纪后期,随着人口的进一步增长,谷物需求迅速上升,价格迅猛上涨,这种把耕地转化为牧场的现象就不多见了。③

总而言之,16~17 世纪是英国自耕农阶层的全盛时期,而非如同托尼、布伦纳等人所述的资本主义雇佣农场大规模排挤小农经营模式的时

---

① R. W. Hoyle, "Tenure and the Land Market in Early Modern England: Or a Late Contribution to the Brenner Debate", *The Economic History Review*, New Series, Vol. 43, No. 1, pp: 12~18.

② Robert C. Allen, *Enclosure and the Yeoman*, p. 102.

③ J. Thirsk. ed., *The Agrarian History of England and Wales*. Vol. 4, 1500~1640, pp: 240~255. 关于这一时期英国牲畜产品与粮食产品相对价格的变化参阅本书附表 1.6《牲畜和谷物的价格比,1550~1750》。

期。在16世纪,英国自耕农耕种的土地面积大为上升,17世纪则是英国自耕农的黄金时代。①

## 第三节 18世纪中叶以前的英国农场结构

以上主要是定性的分析,我们还是对17世纪晚期以前英国的农业经营结构作一个大概的定量分析。F·汤普逊根据格雷戈里·金的数据推算,在1688年的时候,英国只有将近1/3(25%~33%)的土地为自由持有自耕农(owner-occupying freeholders)所拥有②。其他的土地由乡绅、贵族和教会所有,在布伦纳眼里,这些土地应该是由采用雇佣经营的大佃农所占有,因而到17世纪末期的时候,英国的农业资本主义生产关系发展程度已经相当高了。③可是根据许多庄园调查,一般来说,由乡绅和贵族占有的土地有1/3左右是出租给资本主义雇佣经营的大农场主,另外有2/3是分割后以公簿持有地和受益性契约出租地的形式出租,在这部分分割出租的土地中,部分是资本主义的雇佣农场,但绝大部分不是。因此,在1688年的时候,英国有将近2/3的土地处于小农经营方式之下。④

表3-1 1436~1873年英格兰与威尔士的土地所有权结构变迁
(占全国土地面积总数的百分比)(%)

|  | 1436（England） | c. 1690 | c. 1790 | 1873（England） |
|---|---|---|---|---|
| 大土地所有者 | 15~20 | 15~20 | 20~25 | 24 |
| 乡绅 | 25 | 45~50 | 50 | 55 |
| 约曼自由持有农 | 20 | 25~33 | 15 | 10 |
| 教会 | 20~30 | 5~10 | 10 | 10 |
| 王室 | 5 |  |  |  |

资料来源:Mark Overton, *Agricultural Revolution in England*, p. 168.

---

① Robert C. Allen, *Enclosure and the Yeoman*, p. 72.
② F. M. L. Thompson, "The Social Distribution of Landed Property in England Since the Sixteenth Century", *The Economic History Review*, New Series, Vol. 19, No. 3, p. 513.
③ Robert Brenner, "*Agrarian Class Structure and Economic Development in Pre-industrial Europe*", in T. H. Aston and C. H. E. Philpin, eds., *The Brenner Debate*, p. 48.
④ Robert C. Allen, *Enclosure and the Yeoman*, p. 85.

### 表 3-2　从地产调查中得出的 17 世纪早期到 1800 年左右南部米德兰地区大小不同农场的面积分布

| 田制类型 | 农场面积大小类型（英亩） | 每一种类型农场的面积总数（英亩） | | | 占总面积的百分比（%） | | |
|---|---|---|---|---|---|---|---|
| | | 17 世纪早期 | 18 世纪早期 | 1800 年左右 | 17 世纪早期 | 18 世纪早期 | 1800 年左右 |
| 敞田上的农场 | 5~10 | 174 | 189 | 6 | 0.9 | 0.7 | 0 |
| | 10~15 | 180 | 393 | 40 | 0.9 | 1.5 | 0.2 |
| | 15~30 | 1 123 | 1 769 | 256 | 5.9 | 6.8 | 1.2 |
| | 30~60 | 5 018 | 4 063 | 1 304 | 25.9 | 15.7 | 6.2 |
| | 60~100 | 6 623 | 5 634 | 1 596 | 34.2 | 21.7 | 7.6 |
| | 100~200 | 4 233 | 10 712 | 5 959 | 21.9 | 41.3 | 28.3 |
| | 200~300 | 704 | 1 984 | 6 476 | 3.6 | .7 | 30.8 |
| | 300~400 | 301 | 300 | 3 704 | 1.6 | 1.2 | 17.6 |
| | 400~500 | 492 | 886 | 0 | 2.5 | 3.4 | 0 |
| | 500~1000 | 513 | 0 | 1 691 | 2.7 | 0 | 8.0 |
| | 1000 以上 | 0 | 0 | 0 | 0 | 0 | 0 |
| | 总计 | 19 361 | 25 930 | 21 032 | | | |
| | 平均农场面积 | 59 | 65 | 145 | | | |
| 圈地上的农场 | 5~10 | 18 | 8 | 11 | 0.4 | 0.1 | 0 |
| | 10~15 | 10 | 72 | 47 | 0.2 | 0.9 | 0.1 |
| | 15~30 | 23 | 207 | 845 | 0.5 | 2.5 | 1.8 |
| | 30~60 | 254 | 764 | 2 976 | 5.3 | 9.1 | 6.2 |
| | 60~100 | 135 | 1 270 | 3 086 | 2.8 | 15.1 | 6.4 |
| | 100~200 | 465 | 3 687 | 12 248 | 9.6 | 43.9 | 25.5 |
| | 200~300 | 651 | 964 | 12 689 | 13.5 | 11.5 | 26.5 |
| | 300~400 | 350 | 337 | 9 590 | 7.2 | 4.0 | 20.0 |
| | 400~500 | 0 | 427 | 4 017 | 0 | 5.1 | 8.4 |
| | 500~1000 | 1 214 | 645 | 2 438 | 25.1 | 7.7 | 5.5 |
| | 1000 以上 | 1 761 | 0 | 0 | 35.5 | 0 | 0 |
| | 总计 | 4 838 | 8 401 | 47 947 | | | |
| | 平均农场面积 | 210 | 100 | 147 | | | |

资料来源：Robert C. Allen, *Enclosure and the Yeoman*, p. 73. 需要注意的是，阿伦在统计的时候忽略了 5 英亩以下的持有地，这种持有地数量肯定会相当大，这就会影响到平均农场面积的大小。当然，这些持有地所占土地面积的比例很小，它们的持有者在很大程度上要靠雇工为生，把他们排除在统计之外，对于人们了解农场经营规模的变化更加合适。表中有一个令人费解的问题，那就是围圈地上的单个农场面积随着时间的流逝，在一个时期反而变小了，有些特大农场甚至消失了。需要说明的是，在米德兰地区，那些较早围圈起来的土地往往是地广人稀地区的牧场，因而单个农场面积往往很大，占有相当大的农业经营面积，但是在整个农业经营中的实际地位并不重要。并且这些大农场（牧场）在 17~18 世纪英国人口增长、谷物需求迅速增加的时候，会被开垦出来种植谷物，因而往往导致农场分割的结果，部分大农场消失。另外，围圈地中有很多是由荒地围圈而来的，因而导致后来整个地区的农业经营总面积——围圈地与敞田经营土地经

营总面积——大为增加。

表3-3 从地产调查中得出的17早期到1800年左右南部米德兰地区大小不同农场的数目分布

| 田制类型 | 农场面积大小类型（英亩） | 每一种类型的农场总数量 | | | 所占农场数量百分比（%） | | |
|---|---|---|---|---|---|---|---|
| | | 17世纪早期 | 18世纪早期 | 1800年左右 | 17世纪早期 | 18世纪早期 | 1800年左右 |
| 敞田上的农场 | 5~10 | 24 | 26 | 1 | 7.3 | 6.5 | 0.7 |
| | 10~15 | 15 | 34 | 3 | 4.6 | 8.5 | 2.0 |
| | 15~30 | 53 | 80 | 10 | 16.2 | 20.1 | 6.9 |
| | 30~60 | 114 | 96 | 29 | 34.8 | 24.1 | 20.0 |
| | 60~100 | 84 | 73 | 22 | 25.6 | 18.3 | 15.2 |
| | 100~200 | 32 | 77 | 38 | 9.8 | 19.3 | 26.2 |
| | 200~300 | 3 | 9 | 28 | 0.9 | 2.3 | 19.3 |
| | 300~400 | 1 | 1 | 11 | 0.3 | 0.3 | 7.6 |
| | 400~500 | 1 | 2 | 0 | 0.3 | 0.5 | 0 |
| | 500~1000 | 1 | 0 | 3 | 0.3 | 0 | 2.0 |
| | 1000以上 | 0 | 0 | 0 | 0 | 0 | 0 |
| | 总计 | 328 | 398 | 145 | | | |
| 圈地上的农场 | 5~10 | 2 | 1 | 2 | 8.7 | 1.2 | 0.6 |
| | 10~15 | 1 | 6 | 4 | 4.3 | 7.1 | 1.2 |
| | 15~30 | 1 | 11 | 39 | 4.3 | 13.1 | 11.9 |
| | 30~60 | 6 | 18 | 69 | 26.1 | 21.4 | 21.1 |
| | 60~100 | 2 | 16 | 39 | 8.7 | 19.0 | 11.9 |
| | 100~200 | 4 | 25 | 81 | 17.4 | 29.8 | 24.8 |
| | 200~300 | 3 | 4 | 52 | 13.0 | 4.8 | 15.9 |
| | 300~400 | 1 | 1 | 28 | 4.3 | 1.2 | 8.6 |
| | 400~500 | 0 | 1 | 9 | 0 | 1.2 | 2.8 |
| | 500~1000 | 2 | 1 | 4 | 8.7 | 1.2 | 1.2 |
| | 1000以上 | 1 | 0 | 0 | 4.3 | 0 | 0 |
| | 总计 | 23 | 84 | 327 | | | |

资料来源：Robert C. Allen, *Enclosure and the Yeoman*, p. 74. 这里同样忽略了5英亩以下的持有地。圈地上农场数目的增加，部分是由于圈地总面积的增大，部分是由于很多圈地具有开荒的性质，同样造成了农场数目的增加。

从中古到近代早期，米德兰地区是英国人口最为密集、农业最为发达的地区，因而我们可以以米德兰地区为例来考察18世纪中叶以前的英国农业结构。由于米德兰地区在国会圈地运动之前盛行敞田经营，尽管也有不少地方已经被围圈起来，但那主要是人口分散的畜牧地区，绝大部分耕地仍然处于敞田经营之下，因此我们主要考察敞田上的农场结构变化。从上面的地产调查中我们可以看出，在敞田上，农场经营规模的变化在17世纪变化不大，从17世纪早期到18世纪早期，平均农场面积只是从59英亩上升到65英亩，主要变化发生在18世纪，从65英亩上升到145英亩；就农场数量而言，随着垦荒增加了农业经营面积，从17世纪早期到18世纪早期，农场数量还有所增加（其中当然也有因为分割继承造成的农场增生因素），农场数量的大幅度减少是在18世纪，即便考虑到由于圈地造成的敞田经营面积总数减少的因素，也仍然如此。

如前文所述，在中古英国，限于当时的技术水平，一般认为1维格特也即30英亩是一个普通农户主要依靠家庭劳动力耕作面积的上限。不过这个数据并不包括草场和牧场的面积，在中世纪，草场和牧场通常是共有的。到了17~18世纪，由于耕作技术的进步，畜牧业在农业比例中的上升，以及由畜牧业比例上升导致的畜力的增加，一个普通家庭农业者可以耕作的土地面积增加了。根据阿瑟·杨等人的一些记载，当时的一个成年男性劳动力最多可以耕种36英亩的种植业面积（arable）。如果考虑到草地和牧场的私有化，其面积逐渐被计入农场的面积，这个数据就上升到大约50英亩。如果考虑到家庭中的妇女劳动力和未成年人的劳动力，当时一个家庭农业者的农地经营面积的上限就是约60英亩。100英亩以上的农场则主要依靠雇佣劳动力经营，60~100英亩的农场则是家庭经营农场到雇佣农场的过渡形态。①

根据前面表格提供的数据，我们可以看出，在17世纪早期（阿伦的调查样本介于1595~1650年之间），5/8的农场数量是小于60英亩的家庭经营农场，而只有1/8的农场数量是超过100英亩的资本主义雇佣农场，而那些大农场可能是由自营地转化而来的。就各种农场类型所占的农业经营面积而言，大约1/3的土地是由家庭农场经营的，1/3是由处于家庭农场与雇佣农场过渡类型的农场经营的，另外1/3是资本主义雇佣农场。②

需要注意的是，上述这种地产调查集中于大地产上的农场分布，会漏掉不少大地产之外的农场数据，其结果是造成小农农场的比例偏低。在阿伦根据土地税名册推算出来的包括大地产之外农场的1790年农场结构表

---

① Robert C. Allen, *Enclosure and the Yeoman*, pp: 56~58.
② Robert C. Allen, *Enclosure and the Yeoman*, p. 74.

中，小农农场的比例就要高不少，例如敞田上100英亩以下的农场占地面积比例为24.2%，占10英亩以上农场数量的63.2%，高于地产调查中相对应的15.2%（占地面积比例）和44.8%（数量比例），10英亩以上农场平均面积为114英亩，低于地产调查中的145英亩。因此可以认为，在地产调查中的各个时期的农场结构中，大农场比例和平均农场面积都要高于当地的整个地区的实际情况。① 另外，米德兰地区在英国中古时期庄园化程度高，受此影响，这一地区会有占地面积广阔的大农场，因为中古时期传承下来的庄园自营地要占很大比重，这些自营地通常会采取较大面积的方式出租。综合上述因素，在17世纪，英国的小农农场比例会比上述表格中所显示的要更高一些。

另外需要提醒的是，米德兰地区在中古时期是英国庄园化最为突出的地方，也是长子继承制特别严格的地方，② 因而土地的占有和经营在中古时期相对于其他地区是特别集中的地方，导致了这一地区在16~17世纪平均农场面积要比其他地区高不少，资本主义雇佣经营的比例更高。而在英国其他地区，由于土地的分割继承，会造成大农场的分解，小农经营生产方式的比例会更高。③ 就全国而言，根据前面的讨论，在17世纪晚期，英国有将近2/3的土地是在小农经营的生产方式之下。④

因此，总的来说，直到18世纪早期，英国的农业结构仍然还不是以资本主义雇佣农场为基础的。因而下一章将要探讨的这一时期英国农业的发展是小农制基础上的发展，而不是像布伦纳等人所说的是因为英国在16~17世纪建立了以资本主义雇佣农场为主的农业结构，从而导致了英国这一时期相对于法国农业更为出色的农业绩效。

---

① Robert C. Allen, *Enclosure and the Yeoman*, p. 79~82. 可以参见本书第五章表5-17、5-18。

② 一般来说，就农民本身而言，他是希望自己所有的孩子都能够建立他们自己的家庭，因而他们倾向于土地的分割继承，把土地分给所有的儿子，这一点从西欧农奴制不发达的地方多实行分割继承制可以看出来。农奴主为了保证农奴能够提供劳役，并不希望农奴由于分割继承而陷入贫困，无法提供劳役，因而逼迫农奴实行长子继承制。参见 Jack Goody, Joan Thirsk and E. p. Thompson, eds., *Family and Inheritance: Rural Society in Western Europe*, 1200~1800, p. 95.

③ 这种状况对以后这个地区的农业结构发展产生了深远的影响，在19世纪中叶英国有了全国性农业经营结构调查的时候，这一地区的大农场比例特别高，雇佣劳工占农业劳动力总数的比例特别高。对此笔者将在下文予以详细阐述，在此就不赘言了。

④ Robert C. Allen, *Enclosure and the Yeoman*, p. 85.

# 第四章  18 世纪中叶以前的
# 英国自耕农农业革命

关于近代英国农业革命的时间、起因与内容等问题，从 19 世纪 70 年代英国农业危机以来，就一直是英国经济史学界争论不休的问题。在 19 世纪末 20 世纪初，人们谈论近代英国农业革命的时候，总是把它与圈地运动、大农场的兴起等制度性的变革内容相混同。① 这多半是因为当时的人们普遍认为圈地运动和大农场的兴起可以成倍地增加农业产出，而敞田经营和小农经营无法带来农业的进步。然而随着 20 世纪中叶以来英国农业史研究的深入，人们越来越把圈地运动、大农场的兴起等制度性的变革内容与农业革命相区别，越来越多地从技术的发展、单位面积产量的提高、劳动生产率的提高等角度来界定农业革命，也就是说越来越从生产力而不是从农地制度和生产关系变革的角度来界定近代英国的农业革命。② 尽管学者们对许多问题争论不休，但大家一致认为农业革命至少要达到三个标准。首先，它必须包含多方面的农业技术进步，包括新的农作物品种、新的轮作方法、新的牲畜品种和饲养方法、新的农业器械等。第二，农业生产的增长必须能够应对同一时期人口的增长，而不陷入马尔萨斯危机。第三，农业生产的增长必须是依靠土地生产率和劳动生产率的增长而带来的，也就是说必须是伴随着单位面积产量和劳动生产率的同时增长。③

---

① Michael Edward Turner, *Farm Production in England*, 1700 ~ 1914, p. 9.
② 这主要是因为现在的研究表明，圈地运动、大农场制度的兴起等与农业生产力的发展并没有必然的联系。不过值得注意的是，最近英国学者欧弗顿的著作《英国农业革命：1500 ~ 1850 年农村经济的变革》(*Agricultural Revolution in England*: *The Transformation of the Agrarian Economy*, 1500 ~ 1850) 重新回到了 19 世纪末 20 世纪初的观点，除了强调生产力方面的内容和标准外，重新强调农业革命中圈地运动、大农场制度的兴起与农业雇工阶级的形成等农地制度与生产关系变革方面的内容，尽管欧弗顿明确否认它们与农业生产的增长之间的必然联系。因此，欧弗顿与 20 世纪中叶以来的大多数研究近代英国农业革命的学者形成鲜明对照。
③ Mark Overton, *Agricultural Revolution in England*, p. 7.

## 第一节 传统的英国农业革命观点

在 20 世纪 60 年代以前，厄恩尔勋爵（Lord Ernle）在 20 世纪初关于英国农业革命的叙述被人们广为接受。法国经济史家保尔·芒图的《18 世纪的产业革命》由于很早就被翻译过来，在国内为人们所熟悉，其中关于英国农业发展变化的叙述也多受厄恩尔叙述的影响。厄恩尔认为，英国的农业革命发生于 18 世纪后期到 19 世纪早期，开始于乔治三世即位，大约结束于 1832 年国会改革，与英国的国会圈地运动和工业革命几乎同时进行，并认为国会圈地运动是英国农业革命的起因和条件。"到 1760 年为止，在英国的任何一个地方——甚至是在诺福克地区——农业革新的规模都谈不上农业革命。"在厄恩尔勋爵的笔下，英国的农业革命是与 18 世纪的阿瑟·杨、塔尔（Tull）、汤森（Townsend）、诺福克的科克（Coke of Norfolk）、贝克维尔（Bakewell）等英雄般的名字联系起来。阿瑟·杨是圈地运动的鼓吹者，也是塔尔等人的观点和实践的宣传者。人们谈起英国的农业革命，自然也就会把它与芜菁和诺福克轮作制相联系起来，认为没有它们就不会有农业的大增长。[①]

芒图认为，对英国农业进行改良的系统努力可以追溯到 1731 年塔尔著作的发表，厄恩尔认为塔尔是英国农业改良最杰出的先驱者之一。厄恩尔认为，汤森勋爵在 1733 年从政坛引退后归乡经营农业，利用他对荷兰先进农业耕作技术的了解，通过试验，成为诺福克四圃轮作制的开创者。根据芒图的介绍，起初人们对于汤森引进芜菁的做法很不理解，加以嘲笑，可是汤森不顾别人的嘲笑继续自己的实验，经过几年的努力，他把一块贫瘠的土地改造成全国最兴旺的农场，以后人们纷纷进行效仿。诺福克的托马斯·科克被认为是 18 世纪后期的模范地主。据说当他于 1778 年亲自接管他的土地的时候，那是一块贫瘠的沙地，只能够种一点低产量的黑麦，而不能够种植小麦，但是经过科克的改良，那里种上了小麦和芜菁，以及其他一些饲料作物和固氮植物，那里成为了一个模范农场，牲畜饲养翻了三倍。据说科克使得他的农场租金神奇地从 1776 年的 2 200 英镑上升到 1816 年的 20 000 英镑，是以前的 9 倍。在芒图和厄恩尔的笔下，18 世纪中叶以前的英国农业耕作水平原始，使用"哥特人和汪达尔人"的技

---

① Lord Ernle, *English Farming: Past and Present*, pp: 148~206.

术,是汤森和科克这样的大地主,以及塔尔和阿瑟·杨这样的著作家,教会了英国人怎样合理地耕作土地。①

然而早在1929年,厄恩尔对塔尔在英国农业革命中地位的叙述就已经受到怀疑,有学者认为,塔尔是在向人们推销并不正确的耕作方法。汤森和科克也只不过是在推广以前早就有的农业技术。汤森确实没有引进芜箐,或者说并没有开创诺福克四圃轮作制。他与沃尔波尔以及和他的农场管事之间的信件内容表明,四圃轮作制在汤森自己接管农场之前30年(1701年)就已经在实施了。从威廉·马歇尔(被认为是当时最没有偏见的作者)留下来的作品中,人们发现,包括芜箐种植在内的诺福克四圃作制可以追溯到17世纪80年代。正如当时的旅行家笛福所说的,到18世纪20年代,芜箐的种植(诺福克耕作制度的关键)遍及整个英格兰的东南部。科克所经营的庄园中同一块土地的租金也仅仅是从12 332英镑上升到25 789英镑,大约为原来的两倍,考虑到那些年中英国农产品价格的大幅增长,这算不上令人骄傲的成绩。②

因此,从20世纪60年代以来,以哈温顿(Havinden)、琼斯(Jones)和克里基(Krridge)为首的一些经济史学家对传统观点提出了挑战。他们认为,英国的农业产出和劳动生产率在16~17世纪有着显著的增长。他们的这种观点近些年来又得到了阿伦和克拉克等人研究成果的支持。阿伦和克拉克还认为,18世纪后半期英国国会圈地的高峰期反而是英国农业生产进步的停滞时期,尽管当时英国的谷物总产量肯定增加了不少,但它主要来自于耕地面积的大为扩张,而单位面积的产出却没有增加,甚至由于许多劣等地的被开垦,单位面积产量反而下降了。当然,1815年以后英国农业生产又有一个快速增长时期,被F. 汤普森称作第二次农业革命。在他们看来,农业技术的进步和农业产量的增长,与圈地运动并没有必然的紧密联系,认为应当主要从技术和生产力的角度来衡量农业革命。③

不过,最近几年,欧弗顿主要是根据他在诺福克地区的庄园调查,重新肯定了传统的观点。他认为,农业革命直到18世纪才进行,尤其是从

---

① [法]保尔·芒图:《十八世纪产业革命:英国近代大工业初期的概况》,杨人楩等译,北京,商务印书馆,1983年,第123~127页。Lord Ernle, *English Farming: Past and Present*, pp: 169~222.

② Peter Timmer, "The Turnip, The New Husbandry, and The English Agricultural Revolution", The Quarterly Journal of *Economics*, Vol. 83, No. 3, pp: 380~384.

③ Robert C. Allen, "Tracking the Agricultural Revolution in England", *Economic History Review*, New Series, Vol. 52, No. 2, pp: 209~210.

1750年到1850年间，人们看到了英国农业产量和劳动生产率的史无前例的增长，这才称得上是"革命"。① 不过，与芒图和厄恩尔不同，欧弗顿并不认为圈地运动是农业改良的绝对前提，尽管它大大地促进了农业进步。欧弗顿也不像芒图、厄恩尔和布伦纳那样，把英国农业革命的主要功劳归因于大地主的努力。他认为，地主对于资本主义农业经营没什么兴趣，尤其是在16世纪，总的来说，地主并不那么热衷于农业革新。在17~18世纪，至少在诺福克地区，农业改良的先锋并非大地主，而是作为佃农和自耕农的小农经营者。大农场也并非农业高产的先决条件。不少研究表明，17世纪以来的谷物单位面积产出与农场的大小无关。②

在19世纪，许多欧洲国家都在向英国学习，进行圈地运动，结束中世纪遗留下来的敞田经营制度，确立农民的自由耕作权，扫除前近代社会公共产权的残余。在很多人眼里，没有完善的私有产权也就不会有现代意义上的经济增长。③ 也正是在19世纪，西方学术界创立了公社说，因而在许多人眼里，近代以前的英国到处都是敞田经营，到处都是插花条田，村社对农户实行严格的三圃（或二圃）轮作制，和收割后的公牧制度，农户没有经营自由。正是在这种气氛下，在人们眼里，农业的改良必然要与圈地运动联系在一起。这也是芒图和厄恩尔写作的时代背景。

近一个世纪以来的研究表明，以往人们夸大了国会圈地运动之前英国敞田经营制度的普遍性，甚至是中古英国敞田经营制度的普遍性，忽略了国会圈地运动之前全国3/4的土地面积已被围圈，耕地也已经有一半被围圈，这也就间接导致了以往人们低估国会圈地运动之前英国的农业进步。更为重要的是，以往人们过分夸大了敞田经营制度的严厉性和不可变通性，忽略了村社敞田经营制度的可变通性，这也就导致了对敞田经营农业进步事实的忽略。另外，以往的人们过分强调敞田和围圈地之间的非此即彼的差异，忽略了处于两种土地经营制度之间的土地经营形式——既非敞田也非围圈地的独立地段（severalty land），从而也就低估了非围圈地上农业增长的潜力。同时，阿瑟·杨、厄恩尔和芒图等人也夸大了芜菁和诺福克轮作制在农业革命中的地位，忽略了许多地方根本不适合于种植芜菁的事实，也忽略了其他能够提高农业产量的作物品种和耕作技术。

---

① Mark Overton, *Agricultural Revolution in England*, pp: 7~8, 197~199.
② Mark Overton, *Agricultural Revolution in England*, p. 205.
③ 诺斯和托马斯的《西方世界的兴起》，就是这种观点的系统表述，由于中国处于打破公有制崇拜的时期，因而理所当然地受到了极大推崇，不过现代经济学研究并不完全支持这种观点。现代经济增长并不一定要以私有产权的完善为前提，尽管在完善的私有产权下，经济增长会更为顺利。

## 第二节 敞田农业的革新与进步和圈地
## 在农业进步中作用的再评估

### 一、敞田经营制度的特征

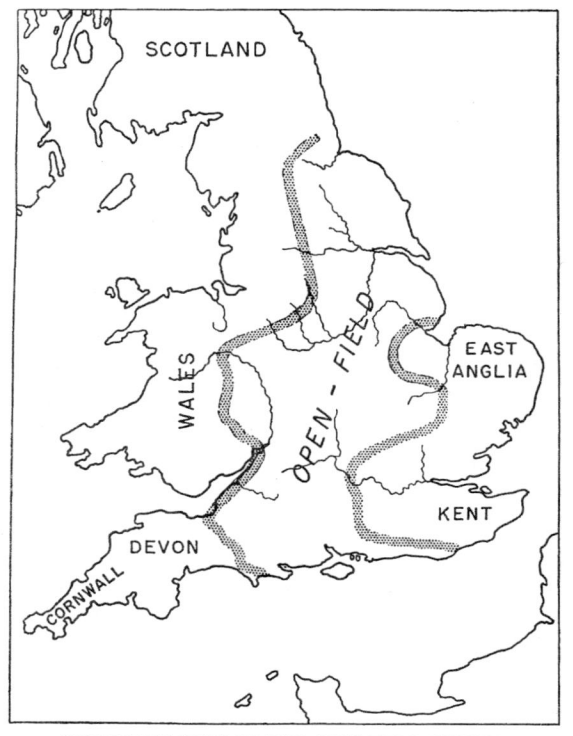

图 4-1 16 世纪英格兰和威尔士地区敞田经营地带的大致范围

图形来源：George Caspar Homans, *English Villagers of the Thirteenth Century*, p. 22.

《英格兰田制》一书中给出的大致地图显示，在 16 世纪的时候，敞田制度集中于英格兰中部从北海一直延伸到英吉利海峡的平原开阔地带（champion country），在东部和西部则并不盛行。在东部和西部这些地方，也许以前曾经实行过类似于敞田之类的土地占有状况，但是至少到 13 世纪的时候，这里就不是按照大村庄的方式聚集而居的，而是分散居住的，耕种的土地就像圈地运动以后那样，各家土地并不混杂，而是聚拢在一起，并用树篱隔开，因而被称为林地（woodland），当然并非人们通常所理解的森林地带。① 后来的研究表明，在这些以围圈地为主的地区也发现了敞田经营制度。不过，总的来说，在这些地方敞田经营制度并不重要。正如在中部地区敞田经营盛行的地方，也有不少地方很早以前就已经结束了敞田经营，或者从来就没有存在过敞田经营，但并不影响人们说这些地方是敞田经营地区。

在英格兰的中部平原开阔地地带，这里的农村居民大多以较大的村庄聚集而居，以便于防卫。村庄的土地分为三部分：（1）耕地；（2）公共优质草场；（3）公地或荒地。就耕地来说，各家土地混杂在一起，插花分布，实行敞田经营。耕地都以自然景观划分为不同的大块。各户的耕地，甚至是领主自营地，都并非完整的一块，而是作为一些狭长的条田，分散分布在各大块之中。由于各家土地的插花分布，为了方便耕种，不得不实行比较严格的轮作制度，各户不得独行其是，只能依大块进行，哪一块应春播，哪一块应秋播，哪一块应休耕，都有一定规矩，约定俗成，大家共同遵守，这叫强迫轮种制。土地上的农作物收割以后，所有的人都可以在上面放牧，转化为公共牧场。② 在这个这时候，土地的私有产权处于休眠的状态，土地处于公共产权之下。

一般认为，中古西欧的敞田制度与当时的条田制度紧密相关。而条田制度又与当时的耕作技术紧密相关。西北欧一带湿润多雨，这里的土壤系黏结不透水土壤，土质坚硬，耕地费力，必须使用重犁。这种重犁的前面装有两个轮子，这就是欧洲中世纪历史上著名的轮犁。由于土质坚硬，轮犁较重，一般要四头牛才能拖引，需要八头牛才能组成一个全天耕作的犁队。这样的重犁转弯不易，所以在耕种的时候总是尽量使牛队走长一点再转弯，导致了中世纪盛行的长型田，也即条田。③

笔者认为，中古时期的轮犁技术可以解释条田的起源，但是条田的经营并非一定就要土地插花分布、强迫轮种和收割后的村社公牧制度。从根本上说，敞田经营制度与大村庄的定居模式紧密相关。没有这种大村庄定居模式，就很难产生敞田经营制度。在圈地运动后的英国农村，以往的村庄消失了，各家分散居住在自己家里的独立农庄（homestead）上。分散居住也就用不着土地的混杂占有，以及由此而

---

① 本节的主要内容可以参见拙作《中世纪和近代早期英格兰敞田经营制度的再探讨》，载《史学月刊》2006 年第 9 期，人大复印资料《世界史》2006 年第 12 期全文转载。
George Caspar Homans, *English Villagers of the Thirteenth Century*, pp: 12～28.
② 马克垚：《西欧封建经济形态研究》，北京，人民出版社，2002 年，第 267 页。
③ 马克垚：《西欧封建经济形态研究》，北京，人民出版社，2002 年，第 263～266 页。

来的一系列制度安排了（上述村社公牧制和强迫轮种制）。而这种大村庄的定居模式，又与各地不同的地理环境紧密相关。布洛赫认为，在中古时代，圈地制多建立在崎岖不平、土地贫瘠的地区。再进一步讲，这种制度通常建立在人口稀疏的地区。其居住中心谈不上一般意义上的村庄，只能说是小村落。这些地方荒地较多，也就能够很容易地不采用耕地上集体放牧的方式。① 这种状况应该说对于英国也大部分适用。平原开阔地地带多形成大村庄，大村庄的优势是便于防卫，这在社会治安混乱、土匪横行的中世纪显得尤为重要。另外，不少地方饮用水水源的分布有限，也造成了大村庄的定居模式。② 与这种大村庄人口密集聚居模式相适应的土地占有，往往会是交叉分割交错，很难让每户土地并拢为一块。在大村庄的居住模式下，土地分散经营很可能比土地集中经营更为有利。

　　当然，我们也不得不承认，大村庄的定居模式也与轮犁技术紧密相关。由于轮犁型制复杂，价格较贵，并且需要牲畜较多，即便是富裕的农民，单个的家庭很难拥有轮犁，很难组成一个单独的犁队，从而需要几户合起来才能凑成一个犁队犁田。在这种强烈要求邻里互助的情况下，那种独门独户居住在自家田地上的居住模式就不太合适，而大村庄的居住模式则比较有利。而大村庄的居住模式，往往就会导致敞田经营制度。当然，条田制度、土地插花分布、公地制度、强迫轮种制等敞田经营制度特征也与较早时代农村公社的遗风紧密相关。③

　　敞田经营制度之所以能够长期沿存下来，以往人们认为它与人们追求公平紧密相关。每一户在不同的地段上都分一块土地，肥瘦搭配，显得公平。这种观点一度非常盛行，可是学者们也指出，追求公平也不一定要用这种肥瘦好坏土地的搭配方式来实现，人们可以通过不同土地的好坏肥瘦进行折算，大块分配，同样可以达到公平的效果。

　　学者们认为，敞田经营制度之所以能够长期沿存下来，更重要的是与它所具有的保险功能紧密相关。我们知道，如果一户农民的土地集中在一个地方，由于每一个地方的自然条件的差异，它很可能在某一个年份遭受重大灾害，导致破产。土地的插花分配，就好像是人们常说的不要把所有的鸡蛋放在同一个篮子里，得以分散风险。尽管这种做法会带来耕作上的

---

① ［法］马克·布洛赫：《法国农村史》，余中先等译，北京，商务印书馆，1991年，第75页。
② George Caspar Homans, *English Villagers of the Thirteenth Century*, p. 24.
③ 马克垚：《西欧封建经济形态研究》，北京，人民出版社，2002年，第266~270页。

不方便，费工费时，但是它可以避免农户面临巨大的风险。① 因而付出一定的效率上的代价也是值得的，是合乎经济人理性的，尤其是在生产力水平低下、人们抵抗自然灾害风险能力很弱的时代，土地分散占有的敞田经营所具有的降低风险的作用尤其重要。

敞田制度的批评者认为，一方面，敞田经营费工费时，效率十分低下，另一方面，村社实行强迫轮种制，使得那些有进取心的农民无法采用新的耕作方法，从而无法改善农业生产。村社公牧制也使得牲畜混杂，无法改良牲畜品种。②

针对分散土地经营低效率的说法，也有学者认为，在中世纪，敞田制度很可能非但没有降低效率，反而还提高了效率。他们认为，土地的分散使得每个农户拥有适合于种植不同作物的土地，使人们可以拥有适合于不同时间耕作的土地，有利于劳动时间在全年的合理分配。假使农民只有一块土地，只能种植适合于某一段时间的作物，就会出现季节性空闲，只好去替他人做工，或者进行季节性的换工，这当中付出的市场交易成本，比在分散的田地上进行不方便的耕作所付出的代价还要高。因而敞田制度事实上是提高了效率。土地的分散便于种植不同的作物，使得各家尽可能做到自给自足，这在中古时期市场交换不发达的时代其实是有利的。③

## 二、英国圈地运动的历史进程

就圈地（enclosure）一词的本来含义而言，包括把荒地用石头或树篱围圈起来，以防牲畜的进入，使其脱离公共产权的状态（荒地是共有的），开垦成私人耕作的土地。也包括把农民插花分布的小块土地合并起来，结束土地交叉混杂的状态，各家土地变成聚拢在一起的大块土地，用树篱或

---

① Donald N. McCloskey, "The Enclosure of Open Fields: Preface to a Study of Its Impact on the Efficiency of English Agriculture in the Eighteenth Century", The Journal of Economic History, Vol. 32, No. 1, p. 19; Donald N. McCloskey, "The Prudent Peasant: New Findings on Open Fields", The Journal of Economic History, Vol. 51, No. 2, pp: 343~355.

② G.. E. Mingay, Parliamentary Enclosure in England, pp: 33~41.

③ Stefano Fenoaltea, "Risk, Transaction Costs, and the Organization of Medieval Agriculture", Explorations in Economic History, Vo. 13, No. 2, pp: 129~15. 不过笔者认为，这种经营方式合理性的前提是社会劳动生产率较低，使得由不方便耕种所增加的劳动的机会成本很低，同时市场交换的成本却相对较高，这在自然经济为主的时代，确实是如此——缺少一个真正反映稀缺性的价格体系，人们不经常进入市场，市场信息缺乏。随着社会生产力的发展，市场交换的发达，劳动的机会成本增加，而市场交换的成本却相对降低。这时候，这种制度安排就会变得无效率，这一点下文还将继续谈到。

石头隔离开来，防止牲畜的进入，结束收割后的公牧权。结束土地上的公共产权残余，使土地的所有者或承租者成为这块土地的唯一的排他的使用人，形成完整的现代私有产权，是圈地运动的本质。①

从上述意义上来说，圈地在中古时期就在无声无息地进行着。到 1500 年的时候，英格兰已经有 45% 的国土面积（而非耕地面积）不再是敞田经营制度了。当然，在这 45% 的非敞田经营土地中，至少有一半从来没有处于敞田经营之下。

在都铎王朝时期，尽管社会上出现了大量反对圈地的呼声，整个社会闹得沸沸扬扬，似乎英国社会发生了天翻地覆的变化，到处都在圈地和驱赶农民。事实上，由于都铎政府的反对，16 世纪的圈地进程相当缓慢，全英格兰只有大约 2% 的国土面积被圈占。② 至于这个时期对圈地运动发出强烈指责的原因，主要还是因为我们在第三章所谈到的 16 世纪是一个"大转变"时期。在此之前，上层社会奉行的伦理还不是经济利益最大化，他还有保护穷人的义务。但是到了 16 世纪，许多地主不再奉行这一准则，他们以商业的眼光来看待自己的土地，为了追求地租的最大化，把小农从他们世代耕种居住的土地上赶走，也即所谓"羊吃人"。这种行为模式与当时社会的许多精英分子和一般群众所奉行的社会价值观念激烈冲突，因而遭受了强烈谴责。③ 这种所谓"羊吃人"的行为，在一个习惯于追求经济利益最大化的资本主义伦理的社会中，人们也许就不会大惊小怪了，或许还认为是理所当然的。到了 17 世纪，社会舆论已经改变，赞成圈地的声音成为主流，政府也就不再加以不合理的限制。17 世纪的圈地主要是私人农民之间的自愿协议，或者通过村民会议围圈荒地，或者相互之间交换小片条田，合并成分割耕种的大块土地（putting the land in severalty），以方便自由耕种和耕作技术的革新。由于自愿进行的特征，17 世纪的圈地进程没有引起大的社会冲突，因而也就没有引起社会大的关注，可是其成果却相当惊人，围圈的土地将近占整个英格兰国土面积的 1/4，达到 24%，大大超过了 18 世纪的圈地进程（占全英国土地面积的 13%），甚至超过 18 世纪中叶以后国会圈地运动的总面积。④ 除了在米德兰地区，到

---

① G. E. Mingay, *Parliamentary Enclosure in England*, p. 7.

② 不过如果从全国耕地的面积来说，则可能会有更高的比例，从而会对当时社会造成比较大的影响。

③ 向荣博士对此问题作了精彩的论述。向荣：《"茶杯里的风暴"？——再论十六世纪英国的土地问题》，载《江汉论坛》1999 年第 6 期。

④ J. R. Wordie, "The Chronogy of English Enclosure, 1500~1914", *The Economic History Review*, New Series, Vol. 36, No. 4, pp: 483~505.

18世纪开始的时候，英国大部分地方已经基本上围圈起来，因而国会圈地在全国大部分地区并没有太大的影响。国会圈地也就对全国大多数地方的农业改良没有太大的影响。

以往人们夸大国会圈地的作用，部分是因为计算者根据国会通过的圈地法令所涉及的土地面积来计算的。事实上，有许多的圈地法令仅仅是给那些已经实施的自愿协议圈地予以法律上的确认；有些法令尽管涉及了大片土地，但实际上该地区的大部分土地早就已经通过自愿协议围圈起来，只有少部分土地是真正通过国会圈地的法令围圈起来的；有的圈地法令则是为了纠正已经在进行的协议圈地中的程序性错误或疏忽。① 因此，在评价国会圈地的意义时，我们应当考察的是实际由法令所圈占的土地，而不是法令所涉及的土地面积。

由于上述因素，由国会圈地法令所真正圈占土地面积的数字就很难准确计算出来，只能是一个大致的估算。而且由于历史资料的欠缺，人们也不可能把每一个通过的法令所实际圈占的土地面积进行还原，而只能根据能够还原的案例来推算那些不能还原的法令所实际圈占的土地面积。当然，也没有任何一个单独的学者能够详细考订所有能够进行还原的圈地法令，因而不同的学者根据他所研究的不同地区和抽样就会得出不同的比例（实际围圈地和法案涉及土地的比例），最终得出不同的数据。根据研究国会圈地运动著名学者迈克尔·特纳的计算，全英格兰有6 794 429英亩的土地实际由议会圈地所围圈，占全英格兰土地面积的20.9%。当然，特纳也认为这并不绝对准确。② 另一位学者查普曼在研究了国会圈地总面积10%的抽样后认为，在英格兰地区，国会圈地的面积为725万英亩，威尔士地区为117万英亩，总数为842万英亩，占英格兰和威尔士总面积的24%，比特纳的数字要高得多。③ 另一位学者沃迪稍后全面研究了英国圈地运动的历史进程，他认为1760年以后的国会圈地所圈占的土地不到英国总面积的20%，因此，特纳的数字应该由20.9%降低为少于20.1%④（考虑到1760年以前也有少量的国会圈地单行法令）。不过总的估计是占全英国土地面积的20%~25%之间，并没有太大的差异。

在米德兰地区，这里是中古英国农业最发达、人口最密集的地方，这

---

① G. E. Mingay, *Parliamentary Enclosure in England*, p. 14.
② G. E. Mingay, *Parliamentary Enclosure in England*, pp. 14~15.
③ G. E. Mingay, *Parliamentary Enclosure in England*, p. 15.
④ J. R. Wordie, "The Chronogy of English Enclosure 1500~1914", *The Economic History Review*, New Series, Vol. 36, No. 4, pp. 486、487、501.

里也是敞田经营制度最盛行的地方，村民协议自愿圈地的难度相当大，国会圈地占有相当的重要性，因而对于这些地区的农业制度变革和农业耕作改良起了相当重要的作用。根据特纳的统计，在剑桥郡、亨廷顿郡、北安普顿郡和牛津郡，国会圈地影响了50%以上的土地。在贝特福德郡、莱斯特郡、路特兰和约克郡的东莱丁这四个县（英国以前的郡就是现在的县）有40%～50%的土地受国会圈地的影响。另外六个县有30%～40%的土地受到了国会圈地的影响，它们是伯克郡、白金汉郡、林肯郡、诺福克郡、诺丁汉郡和沃威克郡。这14个县绝大多数位于米德兰地区，它们被国会法令所圈占的土地占全部英格兰国会圈地面积的52%。①

表4-1　英格兰圈地的进程，1500~1914

| 圈地时间 | 所占英国国土面积百分比（%） |
| --- | --- |
| 1500年以前 | 45.0 |
| 1500~1599 | 2.0 |
| 1600~1699 | 24.0 |
| 1700~1799 | 13.0 |
| 1800~1914 | 11.4 |
| 1914年时仍然没有围圈 | 4.6 |

资料来源：J. R. Wordie, "The Chronogy of English Enclosure 1500~1914", *The Economic History Review*, New Series, Vol. 36, No. 4, 1983, p. 502. 需要注意的是，沃迪所谓的圈地指的是国土面积，而不是耕地面积，就耕地面积而言，国会圈地大约占英国耕地的一半左右，大大高于国会圈地面积占英国国土面积的20%～25%之间。

表4-2　米德兰地区南部的圈地进程

| 圈地时间 | 圈地面积（英亩） | 所占土地百分比（%） |
| --- | --- | --- |
| 1450年以前 | 103439 | 4 |
| 1450~1524 | 182824 | 6 |
| 1525~1574 | 62044 | 2 |
| 1575~1674 | 477500 | 17 |
| 1675~1749 | 143294 | 5 |
| 1750~1849 | 1562073 | 55 |
| 1850年以后 | 85293 | 3 |
| 日期不明 | 234399 | 8 |
| 总面积（英亩） | 2850866 | |

资料来源：Robert C. Allen, *Enclosure and the Yeoman*, p. 31; Mark Overton, *Agricultural Revolution in England*, p. 150.

---

① G..E. Mingay, *Parliamentary enclosure in England*, p. 16.

表 4-3　英格兰国会圈地时间表

| | 敞田耕地 | | 公地和荒地 | |
|---|---|---|---|---|
| | 法令数目 | 百分比（%） | 法令数目 | 百分比（%） |
| 1730~1739 | 27 | 1 | 12 | 1 |
| 1740~1749 | 28 | 1 | 11 | 1 |
| 1750~1759 | 87 | 3 | 30 | 2 |
| 1760~1769 | 318 | 12 | 77 | 6 |
| 1770~1779 | 481 | 18 | 159 | 12 |
| 1780~1789 | 152 | 6 | 85 | 6 |
| 1790~1799 | 413 | 15 | 163 | 12 |
| 1800~1809 | 591 | 22 | 289 | 22 |
| 1810~1819 | 430 | 16 | 349 | 26 |
| 1820~1829 | 107 | 4 | 109 | 8 |
| 1830~1839 | 79 | 3 | 46 | 3 |
| 总计 | 2771 | | 1330 | |

资料来源：Mark Overton, *Agricultural Revolution in England*, p. 131.

不过我们也要注意到，尽管到 1700 年的时候，英国 3/4 以上的国土面积已经被围圈起来，但是由国会法令所圈占的耕地面积还是约有 450 万英亩，而在 1700 年的时候，英国的可耕地约为 900 万英亩，也就是说，通过国会圈地运动所圈占的耕地面积约为全英格兰耕地面积的一半。① 因此，我们也不能根据沃迪所给出的英国圈地运动进程表，过分贬低国会圈地运动的影响力。并且就圈地的大体进程而言，其实早在 20 世纪初西方学者们就已经有了一个比较正确的认识，只是我们自己过去一直没有注意到这一点，以为外国学者以往关于圈地运动的论述也是如我们一样建立在错误的进程表之上的，从而对沃迪关于圈地进程的阐述深感惊讶，并试图去"修正"外国学者以往关于圈地运动的论述，误认为以往的英国学者大大低估了 1500 年以前的圈地。

就国会圈地的进度而言，主要有两个高峰期。一个是 18 世纪 60 年代和 70 年代，另一个是 18 世纪 90 年代到 19 世纪的最初 20 年，基本上与法国大革命和拿破仑战争时期相重合；② 第二个高峰期可以说在很大程度上主要是受战争影响，英国难以从欧洲大陆进口粮食，同时英国的人口又快速增长，导致粮食价格迅猛上涨，圈地的利润高昂，圈地具有垦荒的性

---

① Mark Overton, *Agricultural Revolution in England*, p. 192.
② Robert C. Allen, *Enclosure and the Yeoman*, p. 34.

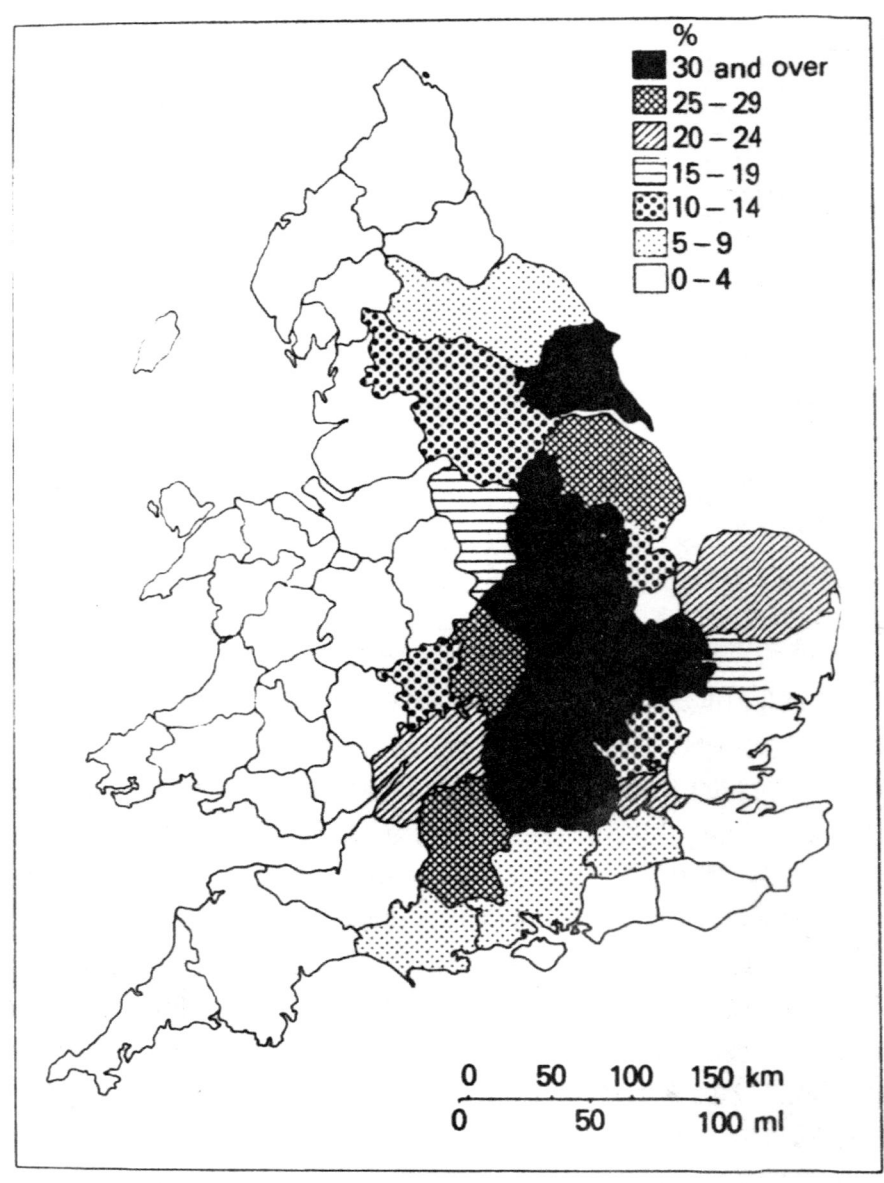

**图 4-2　英格兰与威尔士各地通过国会法令而被围圈的土地面积百分比分布图**
资料来源：David Grigg, *English Agriculture: A Historical Perspective*, p. 126.

质,使得圈地获得足够的动力。正是由于第二个圈地高峰时期圈地规模巨大（占所有国会圈地耕地中的53%,公地和荒地的62%),并且留下了土地税的名册,因而为后人研究圈地运动与小农衰落的关系提供了最好的素材。

## 三、敞田制度的革新与敞田农业的进步

圈地的本质是为了建立排他的土地使用和收益权，扫除以前农村公社的公共产权残余，从而更加有效地利用现存的资源。其暗含的前提似乎是，只有建立排他的私有产权，才能实现资源的有效利用，跟上技术发展的步伐。但是，如果建立和维持某种排他的私有产权成本太高，那就还不如设计出非市场的制度，通过加强管理以便实现对资源的更有效的利用。按照英国著名农业史学家瑟斯克的看法，敞田经营制度中的关键——收割后的公牧制度，就是在人口增多的情况下，为了更加有效地利用现有资源而引进的。① 在圈地成本高昂的时代，通过实施强迫性的轮作制度，规定放牧时间，规定每一家可以放牧的牲畜数目，相对于圈地很可能是更加有效地利用现有资源的一种制度安排。

其实，敞田经营并不像以往人们所认为的那样僵硬，村民之间可以通过协议而改变耕作安排。克里基认为，人们不应当把敞田和围圈地截然对立起来，把所有的农业用地要么归类于公地，② 要么归类于围圈地，这只是一种想象，真实的情况要比这个复杂得多。事实上，在许多公地上，尽管它仍然没有排除公牧权，但是有许多大块的土地已经用树篱围圈起来，人们通过向村社交纳一笔钱，来换取这块被围圈土地上的完全独立使用权——禁止他人在这块土地上行使收割后的公牧权。有许多土地，尽管没有被围圈起来，但是通过自愿交换，土地的插花分割已经大大减少，形成相对紧凑的大块的土地。在很多地方，村民们通过协议禁止了公牧权，使得村民可以完全独立地使用他们的土地。人们把这些做法称为"土地分割"（putting the land in severalty）。这些独立地段（severalty land）既非敞田，也非围圈地。通过这些措施，敞田上的农民也可以根据市场的变化，调整自己的种植结构，引进新的作物品种和牲畜品种，从而促进敞田上的农业进步。因而在17世纪，无论是围圈地，还是敞田经营地区，农业都

---

① 根据最近德国历史学家的研究，日耳曼人在大陆上定居的时候，并没有敞田制度，各家土地并非插花交错，而是分开的。这与以前认为的人类社会普遍规律很不一样。因此，瑟斯克认为，主要是由于后来的分割继承，造成了土地的交叉分布，带来了经营的不便；同时，随着人口的增加，大量的草被开垦，草地不足，被迫引入收割后在耕地上放牧的办法。为了方便收割后的放牧，村民们决定实施统一的轮作制，于是形成了比较具有约束力的一整套敞田经营制度。Joan Thirsk, *The Rural Economy of England: Collected Essays*, pp. 35~58.

② 在英国学者著作中，"common-field"和"open-field"往往通用，没有严格区分。参见 J. Z. Titow, "Medieval England and the Open-Field System", *Past and Present*, No. 32, p. 86.

在进步。①

早在 20 世纪初叶,《英格兰田制》一书的作者格雷就认为, 较早时期敞田经营土地上的技术进步, 导致了米德兰地区圈地运动的长期滞后。② 如果敞田上的经营相对于围圈土地经营明显落后, 那么, 米德兰地区的农民也就会在巨大的现实利益驱使下通过协议进行大规模圈地, 尽管在这里由于中古时期的敞田制度特别发达、土地特别分散, 协议圈地面临的困难比其他地区要大得多。

米德兰地区的牛津郡是学者们研究较多的地方。在 17 世纪, 除了最南部的小块地区之外, 几乎在整个牛津郡都盛行敞田经营制度。按照以往的看法, 敞田农业是与自然经济的糊口农业相适应的, 不能适应商业农业的需要。但是, 人们却不能够说牛津地区是一个落后偏远的糊口农业地区。相反, 这个地区的低平地带, 长期以来就通过船舶运输向伦敦地区供应小麦和麦芽; 整个北部高地地带, 则养满了牲畜, 向伦敦地区供应牛、羊毛和奶酪。因此, 牛津地区农业商业化程度很高, 这种商业化促使该地区的农民根据市场的需要来调整农业经营结构, 促进了农业经营的多样化和产量的提高。城市对肉类产品和动物油脂以及羊毛的需要, 打破了这个地区种植业占统治地位的农业经营结构, 扩大了草地和牧场, 使得农业经营结构更加平衡。牲畜饲养的扩大要求种植更多的饲料作物, 这就促使了休耕地的减少。牲畜饲养的扩大增加了肥料的来源, 使得农民可以扩大小麦的种植面积 (小麦种植相对于其他粮食作物需要更多的肥料)。③

这就与 18 世纪农学家阿瑟·杨对敞田经营的描述很不一样了。在阿瑟·杨看来, 在敞田经营制度下, 根本就不可能根据市场调整农业经营结构。但事实上, 在米德兰的很多地区, 敞田上的村民们根据共同协议, 或者共同改变经营, 或者结束公牧权, 使得每一个农户可以根据自己的需要调整农业经营。因而许多敞田上的小农种植了人工牧草、固氮植物和饲料作物, 缩减或废除了休耕地, 发展了适合于本地区的轮作制度。尽管在这里并没有诺福克轮作制度中的关键作物品种——芜菁, 但是人们不能据此就像阿瑟·杨那样, 认为这里的农业经营落后。正如很多学者所指出的, 芜菁在英国农业革命中的地位被夸大了。一方面, 在很多地方并不适合于

---

① Eric Kerridge, *The Agricultural Revolution*, pp: 16~19.
② Howard Levi Gray, *English Field Systems*, pp: 122~137.
③ M. A. Havinden, "Agricultural Progress in Open - field Oxfordshire," in E. L. Jones, ed., *Agriculture and Eeconomic Growth in England*, 1650~1815, p. 67.

芜菁的种植；另一方面，就其营养价值而言，相同重量的芜菁比不上大麦秆，就作为牲畜饲料的来源而言，芜菁的重要性从来比不上车轴草、三叶草或黑麦草这样的改良牧草。①

通过这些变革，牛津郡地区的农业产量在 17 世纪得到了很大的提高，根据一项大规模的抽样调查，在牛津郡的高地地带，1580～1640 年间，每一绵羊群的平均数量是 14 只；而在 1660～1730 年间，每一绵羊群的平均数量是 60 只，或者说超过以前的 4 倍。当然其中应当考虑到拥有绵羊的农户所占农户总数的比例从 66% 下降为 56%。根据泰晤士河河谷地带的两个大型抽样调查显示，在同样的时期，每一个畜群的牲畜数量增加了一倍以上，从 24 只增长到 50 只。牛的饲养也有一定的增长。在拥有牛的农户比例不变的情况下，超过 5 头牛的畜群也有一定的增长，不过远不如养羊业的增长。就种植业而言，具有很高的市场价值但是耗费肥料的小麦播种面积占耕地面积的比例大为增长，而黑麦、大麦和燕麦这些市场价值较低的作物，播种面积比例则大为降低。与此同时，各种作物的单位面积产量也大为增加。②

### 四、圈地与农业进步的再评估

由于上述原因，近几十年来，研究英国农业革命的学者越来越以生产力为标准，圈地运动，尤其是国会圈地运动，在英国农业革命中的地位则大不如从前。当然，笔者并不赞同克里基等人所主张的农业革命与圈地运动完全无关的观点。③ 不管怎么样，就现在人们所掌握的资料来看，圈地上的农业产量毕竟要高于敞田上的农业产量，这是近些年来对圈地运动批评最厉害的阿伦也不得不承认的。只是我们要注意的是，人们再不应该继续追随阿瑟·杨、厄恩尔、芒图等人的观点，认为敞田上的农业无法进步、技术原始，与中世纪的水平没什么区别。尽管敞田上的农业生产水平确实不如围圈地，但是它们之间的差距，也并不像阿瑟·杨他们所宣称的圈地可以使单位面积产出成倍增长。④

---

① M. A. Havinden, "Agricultural Progress in Open – field Oxfordshire," in E. L. Jones, ed., *Agriculture and Eeconomic Growth in England*, 1650～1815, p. 67～72.

② M. A. Havinden, "Agricultural Progress in Open – field Oxfordshire," in E. L. Jones, ed., Agriculture and Eeconomic Growth in England, 1650～1815, p. 75～76.

③ 克里基的观点在《农业革命》一书的导言中讲得很清楚。

④ Robert C. Allen, "The Two English Agricultural Revolution, 1450～1850", in M. S. Campbell and Mark Overton, eds., *Land, Labour and Livestock: Historical Studies in European Agricultural Produtivity*, p. 241.

表4-4  1550~1700年牛津郡的谷物单位面积产出估算（蒲式耳/英亩）

| 时间 | 小麦 | 大麦 |
|---|---|---|
| 1550 | 9.0 | 12.2 |
| 1600 | 12.7 | 14.9 |
| 1650 | 16.5 | 17.7 |
| 1700 | 20.4 | 20.7 |

资料来源：Robert C. Allen, *Enclosure and the Yeoman*, p. 208.

表4-5  圈地对单位面积总产出的影响

| | 敞田（蒲式耳/英亩） | 围圈地（蒲式耳/英亩） | 围圈地相对于敞田产出的优势（%） | 圈地在中古到19世纪初产量增加中的作用（%） |
|---|---|---|---|---|
| A：阿瑟·杨1770年的样品 | | | | |
| 小麦 | 22.6 | 24.5 | 8.4 | 13.8 |
| 大麦 | 31.0 | 33.2 | 7.1 | 13.4 |
| 燕麦 | 34.5 | 38.7 | 12.2 | 15.6 |
| 蚕豆 | 27.6 | 29.5 | 6.9 | 9.7 |
| 豌豆 | 21.1 | 22.7 | 7.6 | 12.6 |
| 平均 | 28.3 | 30.9 | 9.2 | 14.2 |
| B：1801年的样品估计 | | | | |
| 小麦 | 18.2 | 23.0 | 26.4 | 39.0 |
| 大麦 | 25.2 | 30.6 | 21.4 | 39.1 |
| 燕麦 | 27.8 | 34.9 | 25.5 | 30.6 |
| 平均 | 22.9 | 28.5 | 24.5 | 35.7 |

资料来源：Robert C. Allen, *Enclosure and the Yeoman*, p. 134. 中古时期产出（蒲式耳/英亩）采用的是，小麦10.7、大麦16.8、燕麦11.7、蚕豆和豌豆为10.0。

表4-6  不同土地上圈地对产量的影响

| 地带 | 作物品种 | 敞田（蒲式耳/英亩） | 围圈地（蒲式耳/英亩） | 围圈地相对于敞田产出的优势（%） | 圈地在中古到19世纪初产量增加中的作用（%） |
|---|---|---|---|---|---|
| 重土质地带 | 小麦 | 19.7 | 20.2 | 2.5 | 5.3 |
| | 大麦 | 26.5 | 31.8 | 20.0 | 35.3 |
| | 燕麦 | 23.5 | 33.0 | 40.4 | 44.6 |
| | 蚕豆 | 18.8 | 22.2 | 18.1 | 27.9 |
| | 平均 | 21.2 | 24.1 | 14.7 | 23.8 |
| 轻土质地带 | 小麦 | 20.0 | 19.7 | -1.5 | **** |
| | 大麦 | 27.0 | 29.3 | 8.5 | 18.4 |
| | 燕麦 | 26.5 | 32.5 | 22.6 | 28.8 |
| | 蚕豆 | 19.9 | 18.1 | -9.0 | **** |
| | 平均 | 23.4 | 24.7 | 5.6 | 10.9 |

续表

| 地带 | 作物品种 | 敞田（蒲式耳/英亩） | 围圈地（蒲式耳/英亩） | 围圈地相对于敞田产出的优势（%） | 圈地在中古到19世纪初产量增加中的作用（%） |
|---|---|---|---|---|---|
| 畜牧地区 | 小麦 | 20.9 | 21.9 | 4.8 | 8.9 |
| | 大麦 | 28.0 | 32.2 | 15.0 | 27.3 |
| | 燕麦 | 36.9 | 38.1 | 3.3 | 4.5 |
| | 蚕豆 | 22.4 | 23.4 | 4.5 | 7.5 |
| | 平均 | 24.7 | 26.7 | 8.1 | 14.2 |

资料来源：Robert C. Allen, *Enclosure and the Yeoman*, p. 136. 这是阿伦根据1801年农业委员会调查报告以及1795年在北安普敦地区的调查整理得到的。

表4-7 1600~1800年间，英格兰敞田和围圈地上的不同劳动生产率

| | 1600年（敞田） | 1700年（敞田） | 1800年（敞田） | 1800年（围圈地） |
|---|---|---|---|---|
| 每英亩的产出 | 2.55英镑 | 3.49英镑 | 3.49英镑 | 3.92英镑 |
| 每英亩的劳动力投入 | 1.24 | 1.17 | 0.91 | 0.91 |
| 每个工人的产出 | 2.05英镑 | 2.97英镑 | 3.83英镑 | 4.30英镑 |
| 每个工人的产出系数 | 1.00 | 1.45 | 1.87 | 2.10 |

资料来源：Robert C. Allen, "The Two English Agricultural Revolution, 1450~1850", in M. S. Campbell and Mark Overton, eds., *Land, Labour and Livestock: Historical Studies in European Agricultural Produtivity*, p. 251. 阿伦这里采用的是特纳的不同土地上的不同产量而计算出来的。

表4-8 1600~1800年间，英格兰敞田和围圈地上的不同劳动生产率

| | 1600年（敞田） | 1700年（敞田） | 1800年（敞田） | 1800年（围圈地） |
|---|---|---|---|---|
| 每英亩的产出 | 2.55英镑 | 3.90英镑 | 3.90英镑 | 4.11英镑 |
| 每英亩的劳动投入 | 1.24 | 1.17 | 0.91 | 0.91 |
| 每个工人的产出 | 2.05英镑 | 3.33英镑 | 4.29英镑 | 4.52英镑 |
| 每个工人的产出系数 | 1.00 | 1.62 | 2.09 | 2.20 |

资料来源：Robert C. Allen, "The Two English Agricultural Revolution, 1450~1850", in Campbell, M. S. and Mark Overton, eds., *Land, Labour and Livestock: Historical Studies in European Agricultural Produtivity*, p. 251. 阿伦这里采用的是阿瑟·杨的不同土地上的不同产量而计算出来的。

表4-9 四种国会圈地上农业生产的成本与收益（英镑/1000英亩）

| 田制类型 | 产出 | | | 投入成本 | | | 地租 | 农场主利润 |
|---|---|---|---|---|---|---|---|---|
| | 羊毛产出 | 其他产出 | 总产出 | 劳动力成本 | 马匹成本 | 其他成本 | | |
| A. 优等耕地 | | | | | | | | |
| 敞田 | 50 | 2350 | 2400 | 400 | 367 | 966 | 300 | 364 |
| 围圈地 | 250 | 1250 | 1500 | 100 | 25 | 125 | 750 | 500 |
| 增长幅度 | | | -37.5% | | | | +150% | +37.4% |

续表

| 田制类型 | 产出 | | | 投入成本 | | | 地租 | 农场主利润 |
|---|---|---|---|---|---|---|---|---|
| | 羊毛产出 | 其他产出 | 总产出 | 劳动力成本 | 马匹成本 | 其他成本 | | |
| B. 次等耕地 | | | | | | | | |
| 敞田 | 50 | 1950 | 2000 | 400 | 367 | 733 | 200 | 300 |
| 围圈地 | 100 | 1700 | 1800 | 325 | 250 | 455 | 400 | 370 |
| 增长幅度 | | | −10% | | | | +100% | +23.3% |
| C. 优等牧场 | | | | | | | | |
| 敞田 | 100 | 370 | 470 | 10 | 0 | 120 | 100 | 240 |
| 围圈地 | 250 | 1250 | 1500 | 100 | 25 | 125 | 750 | 500 |
| 增长幅度 | | | +219.1% | | | | +650% | +108.3% |
| D. 公地、荒地、沼泽地 | | | | | | | | |
| 敞田 | 90 | 100 | 190 | 10 | 0 | 70 | 50 | 260 |
| 围圈地 | 100 | 1700 | 1800 | 325 | 250 | 155 | 400 | 370 |
| 增长幅度 | | | +847.4% | | | | +700% | +42.3% |

资料来源：Mark Overton, *Agricultural Revolution in England*, pp. 160~161.

总产出、地租、农场主利润是作者根据欧弗顿的数据计算得出，其他数据是欧弗顿根据18世纪末一位绅士写的《围圈荒地的优点与缺点》一文中所收集的材料推算出来的。这一时期的圈地，由于谷物价格大幅上涨，应该说相对于以前更具有一种垦荒的性质，向牧场转化的比例相对较低。但是圈地在耕地上仍然显现了排挤劳动力的特征，对于钱伯斯和明格等修正派史学家关于圈地没有造成劳动力排挤的说法，是一个有力的反驳。并且由于欧弗顿对于圈地运动还是抱有相当的好感，不像阿伦那么偏激，因而他所使用的材料就更加具有说服力。

另外，我们也可以从中看出，这一时期地租的上涨远大于农场主利润的上涨，也就是说农业收益的分配大幅度地向地主倾斜，从而导致了地租的大幅度上涨，但是农业产出却并没有相应幅度的增长，甚至还下降了的现象。

尽管阿瑟·杨宣称敞田上的农业经营相当于中世纪的水平，可是阿伦把他的著作中所收集到的数据进行对比后，发现敞田上的农业经营远不像阿瑟·杨所宣称的那么落后，与围圈地上的农业产出相差不大。圈地在从中古时代的农业产出增加到19世纪初叶的农业产出中的作用并不大（见表4-5和表4-6）。根本不能够得出敞田经营农业无法改进的结论。

当然，也许人们会说，尽管圈地并没有导致单位面积产量的大增长，但是通过圈地，人们耕种土地更加方便了，大大节省了劳动力的投入，从而会大大提高农业的劳动生产率。但是人们不应忘记，18 世纪中叶以前的英国农业并不是机械化的耕作，敞田经营所造成的不方便并不会非常明显，因而也就不会过分地导致费工费时。根据阿伦的研究，围圈地上的劳动生产率只比敞田的劳动生产率高约 10% （见表 4-7 和 4-8），它们之间的差距远不如以往人们所想象的那么大。

在当代的计量经济史学者看来，认为圈地能够极大地提高产量和地租、大大提高农业生产的效率、带来丰厚的资本回报的看法，只是国会圈地运动时期人们的一种幻觉。当阿瑟·杨宣称圈地极大地提高产量的时候，他是以国会圈地运动前后地租额的变动来衡量的。在他看来，地租额的大幅增长必然是由于农业产出的大增长。但是他忽略了 18 世纪下半叶英国农产品价格大幅度上升的因素，在这种情况下，即便没有生产的增长，地租额也会大幅度增长。与此同时，在圈地运动的过程中，对于教会以往征收的什一税进行了折算，划出了一部分土地作为折算，因而出租地上不再征收什一税，这当然会导致地租的提高。圈地后的土地上也排除了中世纪盛行的贫苦农民收割后的拾穗权，这也或多或少有利于地租的提高。[1]

另外，圈地运动使得地主有机会结束以往对他们不利的租地契约，因为圈地往往导致以往的租地契约自动失效。到 19 世纪初的时候，以往英国盛行的对佃农非常有利的公簿持有农租佃制已经失去了重要性，大都被短期租佃制所取代。按照土地的市场稀缺度来确定地租（见表 4-10：Wytham 村的租佃制度变化），这也部分地导致了地租的上升。但这并非由于生产的进步，而是由于圈地运动之后土地收益发生了有利于地主的再分配（见表 4-9）。终止以往较低地租的租地契约，追求土地收益的再分配，也是地主进行圈地的重要动因。[2]

根据阿伦在南部米德兰地区调查换算出来的各地圈地前后的每 100 英亩土地综合产出调查表，在九个样本中，圈地带来土地产出增加的只有两例（见附表 2.2—2.10）。一例是在重土质地带，由于圈地后排水设施的大为改善，单位面积产出大为增加（见表 4-6），导致了农场土地产出的较大增加。另一例是牲畜饲养地区的路特兰郡非国会圈地带，圈地带来

---

[1] Robert C. Allen, "The Efficiency and Distributional Consequences of Eighteenth Century Enclosure", *Economic Journal*, Vol. 92, No. 4, pp: 937~953; Mark Overton, *Agricultural Revolution in England*, pp: 160-163.

[2] Robert C. Allen, "The Efficiency and Distributional Consequences of Eighteenth Century Enclosure", *Economic Journal*, Vol. 92, No. 4, pp: 937~953; Mark Overton, *Agricultural Revolution in England*, pp: 160-163.

了土地产出的大幅增长。另外几个地方的调查样本都显示出，圈地后的每 100 英亩农场土地综合产出反而下降了。

表 4-10　18 世纪 Wytham 村的租佃制度变化

| 面积大小类型（英亩） | 1728 年 | | | | | | 1814 年 | |
|---|---|---|---|---|---|---|---|---|
| | 公簿持有地 | | 短期租佃制（at will） | | 两项合计 | | 短期租佃制（at will） | |
| | 茅舍和农场的数量 | 面积（英亩） | 茅舍和农场的数量 | 面积（英亩） | 茅舍和农场的数量 | 面积（英亩） | 茅舍和农场的数量 | 面积（英亩） |
| 0~5 | 3 | 3 | 7 | 11 | 10 | 12 | 26 | 7 |
| 5~10 | 3 | 26 | 2 | 15 | 5 | 41 | 3 | 24 |
| 10~15 | 1 | 11 | 1 | 14 | 2 | 25 | 1 | 12 |
| 15~30 | 10 | 198 | 1 | 16 | 11 | 214 | 0 | 0 |
| 30~60 | 2 | 88 | 0 | 0 | 2 | 88 | 1 | 46 |
| 60~100 | 2 | 135 | 0 | 0 | 2 | 135 | 1 | 96 |
| 100~200 | 0 | 0 | 0 | 0 | 0 | 0 | 1 | 128 |
| 200~300 | 0 | 0 | 0 | 0 | 0 | 0 | 1 | 291 |
| 各类茅舍小计 | 3 | 3 | 7 | 11 | 10 | 12 | 26 | 7 |
| 各类农场小计 | 18 | 458 | 4 | 45 | 22 | 503 | 8 | 597 |
| 总计 | 21 | 461 | 11 | 58 | 32 | 515 | 34 | 604 |

资料来源：Robert C. Allen, *Enclosure and the Yeoman*, p. 100.

其实，圈地上的谷物单产的提高，除了重土质地带主要是由于圈地后排水设施改良带来的之外，主要是由于谷物播种面积缩减、牲畜饲养扩大，导致谷物播种地上的单位面积施肥大为增加，但是整个农场的产出却很可能由于谷物播种面积的大为减少而缩减了。毕竟在当时的情况下，相同单位的土地种植谷物比饲养牲畜的产出要高（不过到 19 世纪末期，利用进口饲料饲养牲畜的农场土地产出却是比谷物种植农场更高）。圈地后农业收益的增加，主要是因为经营成本，尤其是劳动力投入成本大为降低，因而尽管农场的总产出降低了，但是农场主的收益却增加了。也许由于阿伦对圈地的批评过于激烈，人们对他提出的样本持保留态度，但是另一位对圈地运动持相当好感的学者欧弗顿也持同样的观点，就不能说是偏见了。对此，欧弗顿也认为，钱伯斯和明格等"修正派"关于圈地运动没有排挤劳动力的观点，现在也要"被修正"了。[①] 至于公共草场和荒地被

---

① Mark Overton, *Agricultural Revolution in England*, p. 177.

围圈后,土地产出大为增加,也创造了新的就业机会,这主要是因为这种圈地具有开荒的性质①。对此问题,笔者将在下文进一步论述。

圈地是需要成本的,例如修路、筑篱和建设排水设施,必须考虑到成本和收益的对比。考虑到这些因素的话,我们就不会过分地夸大圈地所带来的收益。敞田上的地租较低,但是它不需要支付这种成本,圈地上的地租更高,但它需要投入更多的资本,因而不见得敞田的经济效益相对就低不少。阿伦和克拉克指出,圈地的效益并不那么高,使得圈地运动的进程与货币利率的变化紧密相关。17 世纪下半叶以后,英国的货币利率大幅下降(见表 4–11),使得圈地的资本投入收益率相对于货币利率而言变得有利可图,因而英国的圈地运动大大加快。但是在欧洲大陆其他国家,由于资本的稀缺度较高,货币利率相对较高,资本收益率并不很高的圈地相对来说就缺少动力了。另外,18 世纪后期到拿破仑战争结束期间是国会圈地运动高潮时期,也是当时英国土地收益率特别高的时期。因为这一时期粮食生产赶不上人口增长,导致工资下降,物价上升,农业收益分配大幅度向地主倾斜,也即地租额大大提升,圈地的收益率大为提高。总而言之,在阿伦和克拉克等人看来,圈地并不像阿瑟·杨那样的圈地鼓吹者所说的那样能带来很高的收益,圈地在很大程度上是市场利率、资本成本下降的结果,使得收益并不很高的圈地变得有利可图。②

表 4–11 1300～1850 年英格兰资本成本变化

| 时间 | 名义年利息率 | 实际资本成本指数(1300 = 100) | 时间 | 名义年利息率 | 实际资本成本指数(1300 = 100) |
| --- | --- | --- | --- | --- | --- |
| 1300～1349 | 10.6 | 100 | 1600～1649 | 6.0 | 51 |
| 1350～1399 | 7.0 | 93 | 1650～1699 | 5.4 | 52 |
| 1400～1449 | 5.6 | 91 | 1700～1749 | 4.3 | 56 |
| 1450～1499 | 5.5 | 88 | 1750～1799 | 3.7 | 42 |
| 1500～1549 | 5.9 | 80 | 1800～1849 | 3.8 | 50 |
| 1550～1599 | 6.0 | 63 | | | |

资料来源:Gregory Clark, "The Cost of Capital and Medieval Agricultural Technique", *Explorations in Economic History*, Vol. 25, No. 2, p. 273.

---

① Mark Overton, *Agricultural Revolution in England*, pp: 160～161, 177.
② Gregory Clark, "Commons Sense: Common Property Rights, Efficiency, and Institutional Change", The Journal of *Economic History*, Vol. 58, No. 1, p. 100.

当然，圈地在不同的地方所取得的成果不一样，在重土质地带，圈地便利了排水系统的建设，对于产量的提高起了明显的作用。另外，特纳从1801年农业委员会收集的抽样中得出的数据，也显示了圈地对于农业生产的明显促进作用。就连对圈地运动的进步性持强烈怀态度的阿伦，也不得不承认，敞田上的农民在采用新的耕作方法方面很少达到围圈地上农民的水平。①

因此，对于敞田经营的效率问题，应该说还是有一个基本的共识，即便是像工党史学家哈蒙德夫妇那样对英国圈地运动提出强烈批评的人，也不得不承认圈地是一种进步，敞田是一种效率低下的农地制度。尽管他们对圈地与小农衰落关系的解释后来成为了大多数人们接受的正统认识，但他们仍然表示，他们写作的目的不在于去争论圈地本身是否有利于农业进步，是否使英国的农业生产力变得更高了，他们只是要探讨圈地给穷人造成的伤害。②

尽管在我们所讨论的英国第一次农业革命中，农业技术的革命性突破与圈地运动并没有直接的联系，18世纪的国会圈地在当时也并没有带来产量的大增长，但是人们不能据此来否认圈地更有利于农业新技术的采用。我们必须承认，圈地确实促进了农业生产力的提高，有利于农业技术的改良，特别是在农业生产技术变化非常迅速的时代，以及劳动力价格日益昂贵的时代。尽管当我们考虑到圈地的成本和收益关系时，发觉在中短期内圈地的效益并不高，但是圈地的投资作为长期的固定资本投资会长期地起作用，因而具有很高的长期效益。正如特纳所指出的，1815年以前圈地的巨大投资在以后的30年中得到了回报，换来了产量的大增长。③

在传统社会中，技术的进步相对缓慢，也相对单一，人们之间容易达成共识，因而通过集体决议改变现存的耕种模式以便跟上技术进步，并不显得非常笨拙。在圈地成本高昂（例如说资本利率高昂）的时代，不能不说村社强迫轮作制度和公牧制度等是一种有效率的制度。例如说，在中古时代，英国农业慢慢地从二圃制转变为三圃制，以及近代早期牛津地区商业化农业的发展，应该说是通过村社集体同意而进行的。但是在一个技术变化加快并且日益多样化的时代，许多人之间要达成共识就越来越困难，集体行动显得越来越笨拙，往往会跟不上技术进步的步伐，因而人们越来

---

① Robert C. Allen, *Enclosure and the Yeoman*, p. 129.
② J. L. Hammond and Barbara Hammond, *The Village Labourer*, 1760~1832, pp: 26~27.
③ Michael Turner, *Farm Production in England*, 1700~1914, p. 214.

越有摆脱"村社集体耕作制度"的束缚单独行动的倾向,敞田经营所带来的不便越来越明显。圈地运动使得土地的经营者可以排除其他人的干扰,选用自己认为合适的耕作方式,使得农业经营更为灵活多样,更加能够根据市场的变化灵活地改变经营方式。当然,圈地也要付出巨大的成本。不过,随着社会资本的日益丰富,圈地所付出的成本日益降低(利率降低),圈地经营制度的优势就更加明显。

大村庄的定居模式,在中世纪社会治安混乱、土匪横行的时代,便于防卫,是一种很好的制度安排。但是随着英国王权的扩大与巩固,社会日益安定,大村庄定居模式的价值降低,而所带来的不便却日益显露,变成了一种不经济的制度安排——它往往导致土地的分散占有和经营。因而圈地运动后,中世纪的村庄就消失了,代之以分散居住在各自独立农庄上的分散居住模式,以方便农地的耕作。

我们知道,敞田经营具有分散风险的作用,在生产力低下的时代,人们抵抗自然灾害和风险的能力低下,敞田经营所固有的规避风险的价值特别为人们所看重。尽管敞田上的农业经营由于大村庄的定居结构和插花条田的分布,往往会很费工费时,但是在非农就业机会稀少、劳动力价格低廉、劳动力的机会成本很低的时代,问题并不突出,人们可以通过增加劳动时间来弥补敞田经营的不方便。随着社会生产力的提高,人们抵抗风险的能力增强,分散土地这些曾经有助于抵御风险但是会降低效率的措施就逐渐变得让人难以忍受,因而要求改变。同时,随着非农就业机会的增多,劳动力的机会成本提高,以增加劳动时间来弥补敞田经营不方便的成本提高,促使人们改变这种土地占有制度,以节省劳动。由于敞田劳动不利于劳动生产率的提高,导致敞田经营劳动报酬与社会工资之间的差距拉大,这就会导致敞田农业的粗放经营,从而导致敞田经营农业的土地产出越来越低于圈地农业经营。因而劳动力的价格越是上升,节省劳动的圈地需要就会越强烈。

因此,笔者并不认同阿伦过分贬低国会圈地运动在提高英国农业生产方面的作用。

## 第三节 劳动密集型技术与18世纪中叶以前的农业革命

前文已经谈到,英国学者欧弗顿最近根据他在诺福克地区的庄园研究,结合最新的英国人口史研究成果,重申了老一辈历史学家的观点,认为英国的农业革命应该是直到 18 世纪才开始的，尤其是从 1750 年到 1850 年间，英国的农业产量和农业劳动生产率以前所未有的速度进步，才可以真正称得上是农业革命。欧弗顿认为，在诺福克地区，粮食产量稳定的大幅度增长是在 18 世纪中叶及其以后。就英国人口的增长来说，在 18 世纪以前，英国人口从未能够突破 500 万至 600 万之间这个经济史学家所公认的前近代英国马尔萨斯陷阱的人口高限。当人口在 14 世纪初叶和 17 世纪中叶达到这个高限时，就会停止增长。在 18 世纪之前，一旦人口增长，就会出现粮食价格上涨，表明粮食增长的速度跟不上人口增长的速度。然而，从 18 世纪中叶以后，英国的人口突破了以往人口的最高限度，并在以后的年代继续迅速增长，并且直到 1850 年，英国的农产品进口仍然只占全国粮食消费量的很少一部分，因而英国彻底打破了马尔萨斯陷阱。①

欧弗顿的观点遭到了阿伦等人的质疑，一方面，他们认为欧弗顿的估算方法有误，导致对于 17 世纪和 18 世纪上半叶诺福克地区的农业产出估算偏低。② 特纳提出的疑问是，根据欧弗顿的估算，从 18 世纪上半叶到他所采用的 18 世纪 60 年代阿瑟·杨的估算之间似乎有一个生产的飞速发展，这显然是令人难以置信的。③ 另外，欧弗顿所依据的英国谷物消费量和生产量是根据人口数量估算出来的，没有考虑到物价变化对人们食物消费量的影响。从 17 世纪下半叶到 18 世纪中叶，英国的谷物价格低廉，实际工资上升，人均粮食消费量会有不少增加，因此欧弗顿所依据的这一时期的英国粮食产量估算是偏低的。但是从 18 世纪中叶以后，英国的谷物

---

① Mark Overton, *Agricultural Revolution in England*, pp: 7~8, 197~199.

② Robert C. Allen, "Inferring Yields from Probate Inventories", *The Journal of Economic History*, Vol. 48, No. 1, pp: 117~125. 不过另一位实证研究的学者格兰尼也指出，阿伦的计算方法同样存在问题，导致他计算出来的有关 16 和 17 世纪的英国粮食单位面积产量偏高，并进而提出英国农业革命发生于 1700 年以前的观点。格兰尼认为，英国农业生产在 17 和 18 两个世纪中都出现了产量的大幅度增长，这是一个长期的过程，既非像以前的芒图和厄恩尔所说的增长发生于 18 世纪中叶以后，与国会圈地运动和英国工业革命同时发生，也不像阿伦等人所说的 18 世纪是一个停滞的时期，英国农业单位面积产量的增长发生于 1700 年之前。参见 Paul Glennie, "Measuring crop yieldsin Early Modern England", in M. S. Campbell and Mark Overton eds., *Land, Labour and Livestock: Historical Studies in European Agricultural Produtivity*, pp: 282~283. 在经历了一段时间的争论后，阿伦似乎也不是特别坚持英国农业单位产量增长发生于 1700 年之前，只是坚决反对欧弗顿关于英国农业革命发生于国会圈地运动和英国工业革命时期的观点。Robert C. Allen, "Tracking the Agricultural Revolution in England," *Economic History Review*, New Series, Vol. 52, No. 2, pp: 209~235.

③ Michael Turner, "Agricultural Productivity in England in the Eighteenth Century: Further Strains of Speculation", *The Economic History Review*, New Series, Vol. 37, No. 2, p. 257.

价格大幅上涨，人们的实际工资下降，这时候必然会导致人均粮食消费量的下降，因此，欧弗顿所依据的18世纪中叶以后到19世纪初叶的英国粮食总产量估算（迪恩等人所作的）是偏高的。① 综上所述，欧弗顿低估了17世纪到18世纪中叶以前英国农业生产的发展，同时高估了18世纪中叶以后到19世纪初叶的英国农业增长的成就。

表4-12 坎贝尔、欧弗顿估算的1250~1854年诺福克地区农业产量（蒲式耳/英亩）节选

|  | 小麦 | 黑麦 | 大麦 | 燕麦 |
| --- | --- | --- | --- | --- |
| 1425~1449 | 10.7 | 12.0 | 15.4 | 14.5 |
| 1584~1599 | 11.7 | 11.9 | 11.7 | 15.4 |
| 1628~1640 | 17.3 | 11.6 | 11.9 | 18.4 |
| 1660~1679 | 12.8 | 14.1 | 13.9 | 13.1 |
| 1680~1709 | 14.7 | 9.0 | 15.3 | 20.0 |
| 1710~1739 | 16.9 | 14.4 | 22.0 | 26.4 |
| 18世纪60年代 | 25.5 | 25.0 | 30.9 | 38.3 |
| 18世纪90年代 | 24.0 | — | — | — |
| 1800年 | 24.0 | — | 36.0 | 40.0 |
| 1836年 | 23.3 | — | 32.0 | 36.3 |
| 1854年 | 30.0 | — | 38.0 | 40.6 |

资料来源：M. S. Campbell and Mark Overton., "A New Perspective on Medieval and Early Modern Agriculture: Six Centuries of Norfolk Farming c. 1250~c. 1850", *Past and Present*, No. 141, p. 70.

表4-13 18世纪英格兰和威尔士的谷物进出口和总产出估计（千夸脱）

| 年份 | 国内消费 | +净出口<br>-净进口 | 净产出 | 总产出<br>（包括种子） |
| --- | --- | --- | --- | --- |
| 1700 | 13,109 | +184 | 13 293 | 14 770 |
| 1710 | 13,457 | +362 | 13 820 | 15 355 |
| 1720 | 13,502 | +491 | 13 993 | 15 547 |
| 1730 | 13,381 | +343 | 13 723 | 15 248 |

---

① Robert C. Allen, "Tracking the Agricultural Revolution in England," *Economic History Review*, New Series, Vol. 52, No. 2, pp: 212~217.

续表

| 年份 | 国内消费 | +净出口<br>-净进口 | 净产出 | 总产出<br>（包括种子） |
| --- | --- | --- | --- | --- |
| 1740 | 13,334 | +522 | 13 855 | 15 395 |
| 1750 | 13,815 | +1 006 | 14 821 | 16 468 |
| 1760 | 14,780 | 485 | 15 265 | 16 961 |
| 1770 | 15,867 | -250 | 15 617 | 17 353 |
| 1780 | 16,945 | -238 | 16 706 | 18 563 |
| 1790 | 18,556 | -672 | 17 884 | 19 871 |
| 1800 | 20,305 | -1 313 | 18 991 | 21 102 |
| 1810 | 23,196 | -1 202 | 21 988 | 24 431 |
| 1820 | 27,198 | -2 112 | 25 086 | 27 873 |

资料来源：Mark Overton, *Agricultural Revolution in England*, p. 89; Phyllis Deane and W. A. Cole, *British Economic Growth*, 1688-1959, p. 65. 净进口和净出口项目是根据统计数据，这一项最可靠。除此之外，其他的项目是根据人口数量按照不随价格变动的人均固定消费量换算出来的。另外，此表所根据的人口估计与现在人们通常采用的里格利（Wrigley）和斯科费尔德（Schofield）作出的估算有较大差距。因而，此表的国内消费量、粮食净产出、总产出的数据应该慎重使用。

表4-14 特纳所收集的1700~1914年英国谷物单位面积产量（蒲式耳/英亩）

| 时间段 | 小麦 | | 大麦 | | 燕麦 | | 黑麦 | |
| --- | --- | --- | --- | --- | --- | --- | --- | --- |
| | 平均产量 | 样品数量 | 平均产量 | 样品数量 | 平均产量 | 样品数量 | 平均产量 | 样品数量 |
| 1700~1724 | 19.9 | 18 | 31.2 | 16 | 22.1 | 13 | | |
| 1725~1749 | 21.3 | 79 | 28.5 | 92 | 27.7 | 87 | | |
| 1750~1774 | 21.1 | 110 | 30.3 | 117 | 34.5 | 71 | | |
| 1775~1799 | 19.2 | 146 | 26.7 | 124 | 36.5 | 74 | 22.3 | 2 |
| 1800~1824 | 21.6 | 209 | 30.0 | 171 | 38.8 | 100 | 23.8 | 6 |
| 1825~1849 | 27.8 | 267 | 36.9 | 231 | 47.1 | 99 | 29.7 | 10 |
| 1850~1874 | 28.3 | 291 | 34.7 | 275 | 43.6 | 87 | 26.4 | 13 |
| 1875~1899 | 27.1 | 131 | 32.4 | 122 | 42.8 | 64 | 37.0 | 25 |
| 1900~1914 | 29.4 | 49 | 30.9 | 48 | 45.6 | 49 | 31.0 | 12 |
| 样品总计 | | 1300 | | 1196 | | 644 | | 68 |

资料来源：Michael Turner, *Farm Production in England*, 1700~1914, p. 163.

经济史家们普遍认为，阿瑟·杨高估了英国18世纪中后期的农业单位面积产出，以他收集的数据来说明国会圈地运动时期（18世纪中叶以后）英国农业产出的大发展，显然是不合适的。为了弄清楚18世纪英国的粮食单位面积产出，特纳在全国各地收集了大量的样本。根据特纳所收集的样本，英国农业的单位面积产出从18世纪中叶到拿破仑战争结束的时候，大约只增长了10%。英国农业单位面积产量的再次大增长是在拿破仑战争结束以后，而在18世纪中叶到19世纪初叶之间，是英国农业生产的一个停滞时期。18世纪中叶以后，随着英国人口的快速增长，粮食产量的增加主要是通过开垦更多的土地来实现的，并且由于大量开荒，导致许多劣等地被耕种。结果是在18世纪末英国农业的单位面积产出下降了，英国的农业发展无法跟上人口迅速的增长，粮食价格大幅上涨，也就是在这个时候，马尔萨斯人口论诞生了。因此，人们应当抛弃以往的农业革命与工业革命同时进行的观点。[①]

需要说明的是，19世纪中叶以前的农业革命是在没有化肥的条件下进行的，因而土壤肥力的保持就特别重要，甚至是头等重要。这一时期农业技术革新的关键在于保持和增加土壤的肥力。在没有使用化肥的中古时代，农田肥料的恢复主要依靠轮作休耕和牲畜粪便。为此，保持牲畜饲养（保持休耕地和草地所占土地的比例）和谷物种植之间的生态平衡，对于维持土壤肥力、维持较高的单位面积土地产出，就非常重要。一旦人口突破了某一个度，就会迫使人们开垦更多的草地，减少休耕地，扩大谷物种植面积，因为同样面积的土地种植谷物比饲养牲畜可以养活更多的人口。这虽然能够养活更多的人口，但是它会导致畜牧业和种植业之间的平衡被打破，耕地肥料来源不足，土地肥力下降，最终导致单位面积产量降低。这种状况在14世纪前后的一段时间里确实有不少这样的实际例子。诺福克轮作制等技术就是为了打破这个瓶颈，其关键是在以往作为恢复土壤肥力的休耕地上种植具有很强的固氮功能的牧草（人工改良草场）和饲料作物，这些作物的种植比休耕更加能够恢复土壤的肥力，并且可以为牲畜饲养的扩大提供充足的饲料，又为土地提供了牲畜肥料的来源，从而一方面牲畜饲养业大大提高了，另一方面又大大提高了粮食作

---

[①] Michael Turner, "Agricultural Productivity in England in the Eighteenth Century: Evidence from Crop Yields", *The Economic History Review*, New Series, Vol. 35, No. 4, pp: 489~510; R. V. Jackson, "Growth and Deceleration in English Agriculture, 1660~1790", *The Economic History Review*, New Series, Vol. 38, No. 3, pp: 333~351.

物的单位面积产量，整个农业处于一种良性循环的状态。①

不过需要指出的是，这种肥力保持型技术，仍然不可能最终摆脱生态瓶颈，仍然受制于由人口和物价变化所带来的生态变化的影响。在17世纪中叶到18世纪中叶的这段时间里，英国的人口增长停滞，谷物产品价格下降，牲畜产品的相对价格上升（见附表1.6），在价格杠杆的影响下，这一时期在不少地方出现了缩减耕地退还为草场的现象，同时也可以用更多的土地种植饲料作物，畜牧业的比重上升，导致谷物单位面积产量上升，但笔者认为，这与农业技术的关系其实不大。到18世纪下半叶，尤其是拿破仑战争时代，谷物价格上升，迫使人们缩减草地面积和饲料作物面积，增加谷物种植面积，因而尽管技术可能进步了，但是单位面积产量却没有增长，甚至还可能暂时小幅下降。综上所述，尽管18世纪晚期单位面积产量比18世纪初只有少量增长（约10%），但我们不能据此就认为18世纪英国的农业技术没有什么进步。在当时的科学技术进步水平之下，受人口变动影响的自然生态瓶颈是很难单纯从农业部门内部的耕作技术变革得以突破的。只有等到工业革命进一步发展，能够生产化肥，才能够进一步突破农业生产的瓶颈，大幅度提高农业产量。

值得人们注意的是，这种肥力保持型技术往往是通过投入更多的劳动来实现的。以牧草和饲料作物的种植代替休耕，以草场翻耕和农牧轮作代替永久性耕地和永久性牧场，从而提高土壤肥力，这都需要投入更多的劳动。不过，这种更多的劳动并不意味着要求更多的劳动人手，芜菁和其他牧草或饲料作物的种植，往往可以安排在农闲季节。这就意味着农民可以在每个工作日的劳动生产率不变的情况下，大大提高全年的劳动产出，从而提高整个农业生产的效率，养活更高比例的非农业人口。因而肥力保持型技术主要是以开发农业季节性闲置劳动力来提高生产率的。② 当然，肥力保持型的技术意味着牲畜饲养的扩大，这就导致了农业畜力的增加，并且带来了马耕的普及，代替了饲料耗费少但耕作效率低的牛耕，这也就直

---

① Robert S. Shiel, "Improving Soil Productivity in the Pre-fertilizer Era", in M. S. Campbell and Mark Overton. eds., Land, Labour and Livestock: Historical Studies in European Agricultural Produtivity, pp: 51～77; Mark Overton, "The Determinants of Crop Yields in Early Modern England", in M. S. Campbell and Mark Overton, eds., Land, Labour and Livestock: Historical Studies in European Agricultural Produtivity, pp: 285～297. 中国学者的相关研究可以参见徐浩：《畜牧业的突破与中古英国的粮食生产》，载《世界历史》1999年第3期。

② Peter Timmer, "The Turnip, The New Husbandry, and The English Agricultural Revolution", The Quarterly Journal of Economics, Vol. 83, No. 3, pp: 385～394.

接提高了劳动生产率，① 反过来也便利了劳动密集型特征的肥力保持型技术的采用。不过，无论如何，由于这种技术是劳动密集型的，随着劳动力价格的提高和化肥生产的进步，这种技术就会慢慢地失去其重要性，芜菁等作物也就在19世纪渐渐失去了其重要性。② 从某种程度上来说，这种农业仍然是属于传统农业，因为农业经营中所投入的生产要素绝大部分还是产生于农业部门内部。③

以往人们认为，像诺福克轮作制这一类肥力保持型技术是18世纪以后从荷兰引进的。现在的深入研究表明，三叶草、车轴草等固氮植物，早在中世纪盛期就开始出现了。在13世纪末14世纪初，由于人口压力的增加，不得不减少休耕地，这就面临着肥力递减和单位面积产出下降的威胁。为了加快土壤肥力恢复，增加牲畜肥料，诺福克地区的农民就已经开始大范围地种植豆科植物，克服了肥力递减的威胁，提高了土壤肥力，并提高了单位面积产出。④ 这与波斯坦和蒂托的结论有很大不同。在波斯坦和蒂托看来，人口增长达到一定限度后，被迫开垦草地为耕地，休耕地减少，草场面积减少，牲畜数目下降，必然导致土壤肥力下降，单位面积产

---

① 包括里格利（Wrigley）在内的一些经济史学家认为，法国17和18世纪农业绩效远不如英国，主要在于法国的牲畜饲养远不如英国，导致肥料不足和畜力不足，结果是单位面积产量不高，劳动生产率更是相对低下。Wrigley把这个归因于人口因素，由于近代早期英国的人口压力没有法国那么大，缩减草地、种植粮食的压力较小，因而形成了农牧混合体制，进入了良性循环，便于以后的技术革新。而法国则陷入了不幸的循环。参见 E. A. Wrigley, "Energy Availability and Agricultural Productivity", in M. S. Campbell and Mark Overton, eds., *Land, Labour and Livestock: Historical Studies in European Agricultural Produtivity*, pp: 323~339. 奥柏林（O'Brien）还进一步把这种现象归因于英法两国不同的气候。英国相对于法国更加湿润多雨，光照不足，适合于牧草的生产，谷物生产则没有优势。法国的情况则是谷物生产的比较优势大，因为光照相对充足，牧草生产条件不太好。这就导致英国农业中畜牧业的比重大，畜力多，更有利于农业剩余劳动力的排挤。而法国形成了畜牧业比例低的农业结构，畜力不足，趋向于使用更多的劳动力，不利于节省劳动力的技术发明和应用，不利于农业剩余劳动力的排挤。并以此来解释近代英法两国多方面的不同经济绩效，也就是所谓"路径依赖"。参见 Patrick O'Brien, "Path Dependency, or Why Britain Became an Industrialized and Urbanized Economy Long before France", *The Economic History Review*, New Series, Vol. 49, No. 2, pp: 213~249. 关于18世纪法国农业经营中牲畜饲养不足、粮食播种比例大的气候与人口原因，以及因此而带来的后果，可以参见 Roger Price, *An Economic History of Modern France*, 1730~1914, pp: 48, 50, 52~53.

② Peter Timmer., "The Turnip, The New Husbandry, and The English Agricultural Revolution", The Quarterly Journal of *Economics*, Vol. 83, No. 3, p. 395.

③ 格里格认为，19世纪中叶英国粮食产量的大增长主要是因为农业经营者开始购买化肥和饲料，这也可以被看作是现代农业开始的标志。David Grigg, *English Agriculture: A Historical Perspective*, p. 70.

④ M. S. Campbell, "Agricultural Progress in Medieval England: Some Evidence from Eastern Norfolk", *The Economic History Review*, New Series, Vol. 36, No. 1, pp: 26~46.

出下降。蒂托根据他在温彻斯特庄园所作的大规模数据统计证明了这个观点。① 但是在诺福克地区，由于固氮植物的种植，打破了这个陷阱。不过，人们不得不承认，这一时期诺福克地区农业的高产是以单位劳动生产率的降低为代价的，只能在劳动力过剩、价格低廉的情况下，才是合理的。由于中世纪时期技术传播缓慢，诺福克地区的这类肥力保持型技术并没有得到广泛运用，以减轻当时英国的人口压力。并且在黑死病以后，由于人口压力的降低，劳动力价格上升，许多能够提高产量但是降低劳动生产率的技术就被人们抛弃了，导致了农业单位面积产量的下降，尽管劳动生产率得到了回升。②

到了 16 世纪下半叶，英国人口恢复增长，美洲贵金属大量输入，粮食价格上涨，③ 英国农民又发明和推广了许多肥力保持的技术，还培育了农作物和牲畜新品种，使得英国的农业生产能够勉强跟上这一时期快速的人口增长。到了 17 世纪下半叶以后，当英国人口在增长了一倍的情况下停止增长的时候，英国农业单位面积产量继续上升，出现了农产品价格大幅下降的局面，英国政府从限制粮食出口改为奖励粮食出口。到 18 世纪 50 年代的时候，出口达到最高峰（见表 4 - 10，其中关于进出口的估计比同一表格中其他项目的估计要可靠得多）。考虑到英国宏观经济环境的这种巨大变化，即便缺乏单位面积产量的足够数量的个案证据，经济史家们也认为完全有理由相信英国在 18 世纪中叶以前发生了农业革命。

在厄恩尔和芒图写作的年代，英国的人口史认识和研究还非常模糊，当时人们普遍认为，到 16 世纪初的时候，英国人口大概就已经恢复到黑死病以前的水平。④ 这与现在人们普遍接受的观点有相当大的差距。现在的研究表明，直到 16 世纪 20 年代的时候，英国才出现了人口恢复增长的迹象。到 17 世纪中叶的时候，英国人口增加了一倍以上，赶超了黑死病以前的人口（参见附表 1.3）。因而在这一段时期必然会有一个农业生产的大增长，以养活增长了一倍以上的人口。尽管这一时期的粮食耕种面积会有不少

---

① M. M. Postan, *The Medieval Economy and Society*, pp: 69~70.
② M. S. Campbell, *English Seigniorial Agriculture*, 1250~1450, pp: 430~436.
③ 在新人口论兴起之前，人们把 16 世纪初到 17 世纪中叶的西欧各国物价的上涨归因于美洲贵金属的大量输入。但是现在的西方经济史学界多倾向于从人口增长的角度来解释这一时期西欧的物价上涨，因为这一时期农产品价格的上涨大大快于工资和工业品价格的上涨（参见 [美] 道格拉斯·诺思、罗伯特·托马斯：《西方世界的兴起》，厉以平、蔡磊译，北京，华夏出版社，1999 年，第 134~140 页）。不过这多少有一点矫枉过正。
④ M. M. Postan, *Essays on Medieval Agriculture and General Problems of the Medieval Economy*, p. 187.

增加，但是根据当时不少耕地转化为牧场的报道，以及对这种现象的控诉，耕地的增加应该还是有限的，因而农业产出的增加主要还是通过提高单位面积产量来实现的。

根据克里基的研究，从 16 世纪晚期开始，英国农民在草地和耕地轮作、沼泽排水、施肥、引水浇灌草地、采用新的农作物品种、实行新的轮作制度、选用新的牲畜品种等方面，取得了技术突破。尤其是翻耕草地，实行草地和耕地轮作，打破了永久性草地和永久性耕地之间的区分，提高了土壤的肥力，导致了英国农业生产的大增长。① 综合上述英国宏观经济——人口增长和粮食进出口——的变化，克里基认为，英国的农业革命发生在 1560～1767 年，并且认为，所有的成果在 1720 年之前就已经获得，而其中的大部分在 1673 年以前已经达到，这时候英国的农产品价格低廉，导致 1673 年国会通过法律奖励粮食出口。② 因而，在克里基看来，19 世纪中叶以前的英国近代农业技术突破主要发生在 1560～1673 年。其他一些经济史学家，则认为没有那么早。例如，琼斯就主张英国的农业革命发生在 17 世纪中叶以后，认为这一时期的英国农业成就主要并非养活了更多的人口，而在于单位面积产量的提高和由粮食出口大规模增长所显示的总产出的大增长。③ 要知道，在 16 世纪，伦敦和英国其他一些缺粮的地方，在粮食歉收的年代，不得不依赖粮食进口。④

尽管在农业革命的具体进行时间问题上存在一些争论，认为英国的农业革命发生在 18 世纪中叶以前的观点还是得到了绝大多数经济史家的支持。随后是大半个世纪的停滞，到 19 世纪中叶的时候，英国的农业生产又经历了一次大增长。这个时期单位面积产量的增长主要是由化肥的使用而导致的，同时农业生产的机械化又导致了劳动生产率的大增长，真正过渡到了现代农业，进入到高产农业的阶段（high farming），被经济史学家称为第二次农业革命。⑤

---

① Mark Overton, *Agricultural Revolution in England*, pp: 5～6.
② Eric Kerridge, *The Agricultural Revolution*, pp: 328, 345.
③ Mark Overton, *Agricultural Revolution in England*, p. 6.
④ Eric Kerridge, *The Agricultural Revolution*, p. 332.
⑤ F. M. L. Thompson, "The Second Agricultural Revolution, 1815～80", *The Economic History Review*, New Series, Vol. 21, No. 1, pp: 62～77. 值得注意的是，特纳认为只有 19 世纪上半叶的英国农业增长才能算是真正的革命，达到了农业革命所必须三个标准（参见 Michael Turner, *Farm Production in England*, 1700～1914, p. 230）。不过这种看法至今并没有多少人响应，因为特纳在近代英国农业单位面积产量、劳动生产的增长等问题上，与当代大多数英国经济史学者（欧弗顿除外）并没有大的分歧，只是由于在农业革命的标准理解上有所差异，从而导致不同的结论。

## 第四节　劳动密集型技术与自耕农的农业革命

根据前面的论述，我们已经知道，在 18 世纪初叶的时候，英国农业仍然尚未形成以雇佣农场为主体的结构；与此同时，敞田制度并非缺乏弹性，弹性的敞田经营制度便利了农业技术的革新，敞田上的小农在国会圈地运动之前取得了农业的巨大进步。另一方面，英国的农业生产技术、农业单位面积产出以及农业总产出，到 18 世纪初叶的时候已经取得了长足的进步，使得很多经济史学家把英国农业革命的时间定位在 18 世纪中叶以前。因而人们据此可以得出结论，近代早期英国农业的进步主要是建立在以中小家庭经营农民为主体的农业结构之上的，近代早期英国农业的大发展并不是因为英国建立了以雇佣经营为主体的农业经营结构。

正因为如此，阿伦把 18 世纪中叶以前英国农业革命中产量的增加和劳动生产率的提高这部分内容，看作是自耕农的农业革命，而把 18 世纪以来农场规模的扩大、雇佣式经营制度的建立和对劳动力的排挤这些变革称作地主的农业革命。在单位面积产出和劳动生产率提高的技术性方面，自耕农的农业革命已经完成了绝大部分。而地主的农业革命在这方面贡献甚微。[①]

在以往，很多人认为近代英国农业革命的技术要求大农场的组织形式，认为诺福克耕作技术也只有大地主、大农场主可以采用，从而认为近代英国的农业革命与资本主义雇佣农场制度的兴起紧密相关。事实上，19 世纪以前的英国农业本质上仍然是一种传统的农业，农业的投入仍然主要来自于农业内部，并不需要大资本。当时的农业生产工具也主要就是犁之类的工具，并非近代农耕机械。并且由于轻犁技术的改进，犁耕所需的牵引牲畜数量减少，更容易为单个的家庭所使用，并不需要很多人的分工与合作，因而也就没有多少采用大规模雇佣经营的必要。在这种情况下，小农场并不会有多少劣势，因而不应该会成为农业进步的障碍。尽管某些技术的采用确实需要大量的资金和要求一定的经营规模，但是也有不少技术的应用并不需要多少资金，也不一定要求大的经营规模，例如施肥、采用新品种，甚至是耕地和草场轮作技术也是这样。

---

① Robert C. Allen, *Enclosure and the Yeoman*, p. 231.

尽管在土地密集型农业，如绵羊饲养方面，小农处于劣势，但是小农也可以通过采用劳动密集、土地节约型耕种模式来与大农场竞争。这在16～17世纪主要表现为种植新的农作物品种，小农通过增加土地的复种指数、减少休耕地、种植芜菁等冬季饲料作物，开发了他们季节性闲置的劳动力，饲养了更多的牲畜，得到了更多的肥料，增加了农业单位面积产出。在这里，小农不仅远不是农业改良的障碍，而且还通过新的农业实践或引进新的作物品种，在采用劳动密集型的新型耕作体系方面走在了大地主的前面。① 而这种新型的劳动密集型耕作方式（诺福克轮作之类）正是近代早期英国农业大发展的基础。诺福克轮作技术也主要是一种劳动密集型的技术，并不需要很多的资本投入，完全可以在个体家庭农户的组织形式下得以实施。欧弗顿就指出，在17～18世纪，至少在诺福克地区，农业改良的先锋并非大地主，而是作为佃农和自耕农的小农场主。大农场也并非农业高产的先决条件。② 根据阿伦在米德兰地区的研究，这种情况同样如此。

表4-15　1550～1750年间，米德兰地区不同大小农场的单位面积产出（蒲式耳/英亩）

| 农场规模（英亩） | 小麦产量 | | | 大麦产量 | | |
| --- | --- | --- | --- | --- | --- | --- |
| | 1550年 | 1650年 | 1750年 | 1550年 | 1650年 | 1750年 |
| 59 | 9.0 | 16.4 | 24.8 | 12.1 | 17.5 | 23.7 |
| 65 | 9.0 | 16.5 | 24.9 | 12.1 | 17.5 | 23.7 |
| 145 | 10.2 | 17.7 | 26.1 | 12.1 | 17.6 | 23.8 |

资料来源：Robert C. Allen, "The Two English Agricultural Revolution, 1450～1850", in M. S. Campbell and Mark Overton, eds., Land, Labour and Livestock: Historical Studies in European Agricultural Produtivity, pp: 247～248. 这里的产量根据每一个农场均把它一半的土地分别用于种植谷物和豆科植物而推算出来的。另外，这里假设每个农场均是3/4的土地用于种植业，在这部分（上述3/4当中的）土地中，2/3种植谷物和豆科植物，剩下的1/3休耕。

表4-16　1584～1739年诺福克和萨福克地区不同面积大小农场的小麦和大麦的综合单位面积产出（蒲式耳/英亩）

| | 小于20英亩 | 20～75英亩 | 大于75英亩 | 所有农场平均 |
| --- | --- | --- | --- | --- |
| A. 小麦 | | | | |
| 1584～1599 | 12.6（24） | 12.8（18） | | 12.9（82） |
| 1628～1639 | 14.9（19） | 13.8（14） | | 14.5（37） |

---

① T. H. Aston and C. H. E. Philpin, eds., *The Brenner Debate*, pp: 80～81. 具体资料参见其中的注释，其中所引用的材料国内难以找到，故不转引出。

② Mark Overton, *Agricultural Revolution in England*, p. 205.

续表

|  | 小于 20 英亩 | 20~75 英亩 | 大于 75 英亩 | 所有农场平均 |
|---|---|---|---|---|
| 1660~1699 | 15.9 (39) | 16.1 (19) | 10.9 (8) | 15.3 (54) |
| 1700~1739 | 16.0 (26) | 18.7 (43) | 15.9 (12) | 18.5 (82) |
| B. 大麦 | | | | |
| 1584~1599 | 12.8 (41) | 11.4 (28) | 11.9 (5) | 12.2 (74) |
| 1628~1639 | 13.4 (40) | 11.4 (28) | 12.9 (6) | 13.0 (69) |
| 1660~1699 | 15.9 (39) | 14.6 (26) | 10.8 (5) | 15.1 (70) |
| 1700~1739 | 20.1 (29) | 19.9 (52) | 16.9 (12) | 20.1 (93) |

资料来源：Mark Overton, "The Determinants of Crop Yields in Early Modern England", in M. S. Campbell and Mark Overton, eds., *Land, Labour and Livestock: Historical Studies in European Agricultural Produtivity*, p. 310. 产量后面括号中的数字为样本数。

表 4-17　1550~1749 年林肯郡地区不同大小农场的小麦和大麦的综合单位面积产出（蒲式耳/英亩）

|  | 小于 20 英亩 | 20~75 英亩 | 大于 75 英亩 | 所有农场平均 |
|---|---|---|---|---|
| A. 小麦 | | | | |
| 1550~1599 | 11.0 (41) | 9.7 (18) |  | 10.8 (60) |
| 1600~1649 | 14.5 (23) | 13.0 (8) |  | 14.4 (31) |
| 1650~1699 | 15.4 (14) | 13.8 (12) |  | 14.8 (27) |
| 1700~1749 | 18.4 (10) | 18.3 (14) |  | 18.1 (26) |
| B. 大麦 | | | | |
| 1550~1599 | 17.7 (18) | 12.1 (22) |  | 16.8 (83) |
| 1600~1649 | 17.1 (8) | 18.0 (12) |  | 17.3 (40) |
| 1650~1699 | 20.4 (12) | 20.4 (15) |  | 20.3 (37) |
| 1700~1749 | 21.9 (14) | 16.8 (20) |  | 18.9 (39) |

资料来源：Mark Overton, "The Determinants of Crop Yields in Early Modern England", in M. S. Campbell and Mark Overton, eds., *Land, Labour and Livestock: Historical Studies in European Agricultural Produtivity*, p. 311. 产量后面括号中的数字为样本数。

我们知道，阿瑟·杨的著述对于大农场优越论的形成起了很大的作用。阿瑟·杨认为，大农场主通常来说是富裕的农民，在资金方面占有优势，可以进行资本密集型的耕作，通过单位面积上的更多资本投入，可以获得更高的单位面积土地产出。阿瑟·杨的观点表面上看起来确实很有道理，但仔细分析一下则不尽然。从总体上来说，采取雇佣经营的大农场主确实比一般的家庭经营农民要富裕一些，并且也可以以更加优惠的条件获得贷款。可是由于雇佣农场主耕作的土地面积更为广阔，因而在单位面积土地上所拥有和投入的资本量很可能反而会更少。这可以从米德兰地区不同面积农场单位面积资本投入量的调查看出来。事实上，随着农场经营规模的扩大，农场的单位面积资本密集度在下降。如前所述，由于这一时期的农业革命从根本上来说仍然是属于传统农业，农业投入主要来自于农场内部，因而资金的约束对于小农并没有很大的影响，小农完全可以通过投入更多的劳动来弥补其流动资金投入的不足。

在阿瑟·杨看来，只有那些富裕的大农场主才能够采纳新的作物品种，如芜菁等，以便实施诺福克四圃轮作等农业技术。可是学者们在仔细地对照阿瑟·杨所记录的各种类型农场资料后发现，在土壤性质差不多的地方，农场的作物种植模式与农场的大小没有多大关系，尤其是在新型农业的关键作物——芜菁和车轴草的采用方面，小农场与大农场一样迅速，阿瑟·杨说了假话。①

阿瑟·杨认为大农场的单位面积产量要比小农场高不少。不过仔细对照阿瑟·杨所收集的资料，大农场的单位面积产量并不比小农场高多少。阿瑟·杨在这个问题上照样说了假话。在阿瑟·杨收集的资料中，并没有关于农场面积大小的直接记载，他是用该块土地所缴纳的地租额来区分农场大小的。从表格中列出的数据表明，大农场并不比小农场的产量高很多，两者没有实质性的差别。与此同时，单位面积产量较高、地租额达300英镑以上的大农场只有两个案例，不具有代表性。并且阿瑟·杨并没有记录这些土地的肥沃程度差别，因而很难根据他所收集的样本来说明大农场的单位面积产量更高。

在阿瑟·杨的时代，人们往往根据大农场能够交纳更高的单位面积地租而想当然地认为大农场的单位面积产出更高。其实，大农场之所以能够交纳更高的地租，并不是因为它的单位面积产出更高，而是因为大农场的资本利用效率更高，劳动力的投入大为减少，使得单位面积的李嘉图（劳动力）剩余增加，从而能够交纳更高的地租。即便是这样，也并不是说农场面积越大单位面积李嘉图剩余就越高，在牲畜饲养型农场中，150~200英亩的农场单位面积李嘉图剩余最高。

① Robert C. Allen, *Enclosure and the Yeoman*, p. 200.

表4-18　1770年左右米德兰地区不同面积农场的每英亩单位面积资本投入密度

| 农场类型 | 资本投入类型 | 农场大小类型（英亩） | | | | | |
|---|---|---|---|---|---|---|---|
| | | 25英亩 | 50英亩 | 100英亩 | 150英亩 | 200英亩 | 250英亩 |
| 偏重于谷物种植的农场 | 流动资本投入（英镑） | 4.93 | 4.78 | 4.51 | 4.27 | 4.06 | 3.88 |
| | 资本的利息和折旧（英镑） | 0.97 | 0.96 | 0.93 | 0.89 | 0.86 | 0.83 |
| | 牲畜密度 | 0.28 | 0.27 | 0.25 | 0.23 | 0.22 | 0.20 |
| 偏重于牲畜饲养的农场 | 流动资本投入（英镑） | 4.76 | 4.51 | 4.05 | 3.66 | 3.34 | 3.07 |
| | 资本的利息和折旧（英镑） | 1.85 | 1.75 | 1.57 | 1.42 | 1.30 | 1.20 |
| | 牲畜密度 | 0.46 | 0.44 | 0.39 | 0.35 | 0.32 | 0.29 |

资料来源：Robert C. Allen, "The Two English Agricultural Revolution, 1450~1850", in M. S. Campbell and Mark Overton, eds., *Land, Labour and Livestock: Historical Studies in European Agricultural Produtivity*, pp: 245~246. 流动资本投入包括地租、税收、种子、劳动力、工具和牲畜，也即经营一个农场所必需的各项投入。

表4-19　阿瑟·杨对大小不同农场不同产量的记载

| 农场大小（以地租额为标准） | 平均谷物产出（蒲式耳/英亩） | 采样的村庄数量 |
|---|---|---|
| 少于50英镑 | 27 | 14 |
| 50~100英镑 | 27 | 19 |
| 100~200英镑 | 28 | 16 |
| 200~300英镑 | 29 | 12 |
| 300英镑及其以上 | 34 | 2 |

资料来源：Robert C. Allen, *Enclosure and the Yeoman*, p. 203. 表格中的作物产量应该不仅仅只是小麦的产量，小麦的产量没有这么高，而应当是综合了大麦、燕麦和黑麦，才有这么高。

表4-20　1770年左右米德兰地区不同大小农场每1000英亩土地上的劳动力投入

| 农场类型 | 劳动力投入类型 | 农场大小类型（英亩） | | | | | |
|---|---|---|---|---|---|---|---|
| | | 25英亩 | 50英亩 | 100英亩 | 150英亩 | 200英亩 | 250英亩 |
| 偏重于谷物种植的农场 | 成年男子人数 | 46 | 44 | 40 | 36 | 34 | 31 |
| | 妇女人数 | 32 | 28 | 22 | 17 | 13 | 9 |
| | 男童人数 | 33 | 29 | 22 | 16 | 11 | 7 |
| | 劳动投入总计 | 1 631英镑 | 1 520英镑 | 1 319英镑 | 1 143英镑 | 994英镑 | 807英镑 |
| 偏重于牲畜饲养的农场 | 成年男子人数 | 32 | 30 | 26 | 22 | 19 | 17 |
| | 妇女人数 | 34 | 31 | 25 | 19 | 15 | 11 |
| | 男童人数 | 32 | 28 | 22 | 16 | 11 | 7 |
| | 劳动投入总计 | 1 298英镑 | 1 188英镑 | 987英镑 | 812英镑 | 662英镑 | 538英镑 |

资料来源：Robert C. Allen, "The Two English Agricultural Revolution, 1450~1850", in M.

S. Campbell and Mark Overton, eds., *Land, Labour and Livestock: Historical Studies in European Agricultural Produtivity*, pp. 249~250. 这些都是来自于敞田农场的样品资料，其估算方法为，在偏重于谷物种植的农场上耕地比例为80%，在偏重于牲畜饲养的农场上耕地面积比例为20%。

表4-21 1770年左右不同面积牲畜饲养型农场的产出与成本（~英镑/英亩）

| 农场大小类型（英亩） | 每英亩总产出 | 每英亩总成本 | 每英亩土地的劳动力成本 | 每英亩土地的李嘉图剩余 | 农场样品数 |
| --- | --- | --- | --- | --- | --- |
| 0~50 | 3.8464 | 3.5715 | 1.4518 | 0.2749 | 16 |
| 50~100 | 3.3481 | 2.6911 | 0.9687 | 0.6570 | 35 |
| 100~150 | 3.2639 | 2.2647 | 0.7394 | 0.9992 | 19 |
| 150~200 | 3.1823 | 2.1576 | 0.5989 | 1.0246 | 23 |
| 200~250 | 2.8764 | 2.1280 | 0.7463 | 0.7484 | 1 |
| 250~300 | 2.4017 | 1.6609 | 0.4958 | 0.7408 | 8 |
| 300~350 | 1.8683 | 1.2689 | 0.5396 | 0.5993 | 1 |
| 350~400 | 2.1593 | 1.5232 | 0.5178 | 0.6361 | 5 |
| 400~450 | 2.4385 | 1.7417 | 0.4639 | 0.6968 | 2 |
| 450~500 | - | - | - | - | - |
| 500~550 | 3.4157 | 2.5452 | 0.289 | 0.8705 | 1 |
| 550~600 | 2.9644 | 2.3241 | 0.2863 | 0.6403 | 1 |
| 600~650 | - | - | - | - | - |
| 650~700 | 2.8003 | 1.6181 | 05526 | 1.1822 | 1 |

资料来源：Robert C. Allen, *Enclosure and the Yeoman*, p. 213. 牲畜饲养型农场的划分标准是45%以下的农场面积为耕地。表格中的数据是阿伦根据阿瑟·杨的记载推算出来的。

其实，从当代的许多低度发展社会的情况来看，尽管雇佣型大农场在资金获得与现代技术获得方面相对于小农场具有优势，但是小农可以通过投入更多的劳动，能够获得更高的单位面积产出，尽管这往往是以小农场劳动生产率的降低为代价的。在一个缺少非农就业机会的时代，小农农场的这种劳动自我剥削也并非不可取，因为他们通过这种方式开发了不开发就会被闲置的劳动力，获得了更高的收入。当然，在近代早期的英国，小农场通过更多地投入劳动来获得更高的单位面积产出，并不那么明显。但是最近几十年来的研究成果仍然表明，阿瑟·杨时代的人们所认为的小农农场无法促进农业产出增加的看法是没有根据的。小农农场上的单位面积土地产出和雇佣经营的大农场并没有什么区别，区别只在于小农场在无法解雇过剩家庭劳动力的情况下，劳动生产率较低。

至于法国农业在 17 世纪的相对发展缓慢,大多数学者认为并不是由于法国的小农制农业结构,而主要是由于法国的专制君主政府对农民收取重税,使得农民陷入贫困,无法改善生产。相对于英国,法国是一个大政府的国家,国家机构庞大,拥有人数众多的常备军,财政开支庞大。并且法国工矿业发展不如英国,财政来源不如英国那么广阔,法国的税制又很不公平,对农民严重不利,导致了法国农民比英国农民的税收负担要重不少,结果是法国农民非常贫困,难以改进生产水平。① 另外,法国同一时期的战乱频仍也是农业落后与农民贫困的重要原因。

---

① Aston, T. H. and Philpin, C. H. E. eds., *The Brenner Debate*, pp: 88~89, 184~185; Jane Whittle, *The Development of Agrarian Capitalism*, p. 311.

# 第五章 19世纪70年代以前英国雇佣型大农场对家庭农场的排挤

## 第一节 19世纪70年代以前英国及整个西方雇佣型大农场对家庭农场的排挤

在第三章,我们已经知道,直到1688年的时候,英国仍然有大约2/3的土地处于家庭式经营的小农农场的生产方式之下。即便是在土地占有特别集中的米德兰地区,根据实际的地产调查,在敞田上,农场经营规模的变化在17世纪变化不大,只是从59英亩上升到65英亩。但是到1800年的时候,敞田上的平均农场面积从65英亩上升到145英亩,与围圈地上的平均农场面积147英亩没有什么差别。① 无论是在敞田上,还是在围圈地上,100英亩以上的农场所占土地面积已经超过总面积的85%,其数量也超过5英亩以上农场总数的一半以上。毫无疑问,在米德兰地区,以雇佣劳动为基础的农业经营结构已经牢固地建立起来。

到了19世纪中叶,英国已经完全建立起了以雇佣劳动为基础的农业经营结构,并形成了世界上少有的地主—农业资本家—农业工人的农业结

---

① Robert C. Allen, *Enclosure and the Yeoman*, pp: 73~74.

构。英国的土地所有权相当集中,超过当时任何一个欧洲国家。① 根据1851年的调查统计,当时英国只有35 000个地产所有人。② 当然,由于许多小地产主没有申报,这个数据偏低,不过仍不失为一个重要的数据,因为尽管根据当时德比勋爵的说法,在整个王国中有100万人拥有土地,但另一方面,全国4/5以上的土地属于不多于7000人的所有人。③ 与普鲁士的容克地主大都自己经营土地不同,英国的土地经营绝大多数是以租佃经营的。根据1887年的数据,经营自己拥有所有权土地的农业经营数目和经营总面积都只占15%左右(不包括部分租佃部分自有土地那部分农场),也就是说有大约85%的土地是以租佃经营的。由于1851年的调查采取的是自愿申报原则,不少小块土地经营者没有上报,④ 造成小农场的经营总面积会小于统计数值,而他们的农场数量更是如此(两者都应该会接近1870年的数据)。根据笔者现有的资料,在1870年的调查中,只有各种类型农场的数目统计,缺少各种类型农场所占农业经营面积的统计数据,笔者不得已只好采用1885年的统计数据。尽管根据1885年的调查,100英亩以下的农场数量占全国5英亩以上的农业经营单位的75.3%,但是100英亩以下的农场只占全国农业经营面积的28.9%。⑤ 英国大型农场的压倒性优势在西欧是极为罕见的,这一点即使与拥有相当数量的巨大容克庄园农场从而雇佣经营有很大发展的德国相比,也仍是如此。即便考虑两国劳均耕作面积的较大差距,也掩盖不了英国的雇佣经营发展程度要高

---

① 最近国内部分论者根据近代英国租佃制占统治地位提出异议,否定近代英国农业资本主义发展的典型性,认为这是封建残余,而不是资本主义的财产制度。参见沈汉:《近代英国农业的结构和性质问题——兼论从封建主义向资本主义过渡问题》,《史学理论研究》2007年第1期;于民:《圈地运动与英国农业资本主义发展典型性问题新论——兼与国内某些流行性观点商榷》,《安徽史学》2009年第2期。他们这种结论根据的是所谓诺斯等人所提出的资本主义所有权的绝对性概念。这其实是一种误解。当诺斯等人谈论中世纪所有权的分割性的时候,并非所有者与经营者的分离,而是指所有权本身的分割与不确定,一块土地上有多个所有者,不知道谁是真正的所有者。或者说,中世纪只有占有的概念,而没有所有权的概念。在中古时代的领主与佃户的关系中,土地的所有权是不确定的,不知道谁是真正的所有者,一般认为领主有所谓高级所有权,佃户有所谓低级所有权。如本章下一节所述,近代欧洲完整所有权的发展既可能是像英国与东欧国家那样的认为领主是土地的所有者,农民是纯粹佃户,也有可能像法国、低地国家、德国西部那样认为土地的所有者是耕种土地的农民,领主只是拥有一些封建的残余权利。而在资本主义的财产权制度下,土地的所有权归属是唯一的,所有者是唯一的。在资本主义的租佃制度下,尽管所有者与经营者相分离,但是所有者对土地的所有权本身是确定的、绝对的、唯一的。因此,以近代没有实现农场主的所有权而否认近代英国农业资本主义的新论,并不能够成立。

② Barrington Moore, *Social Origins of Dictatorship and Democracy*, p. 516.

③ J. V. Beckett, "The Pattern of Landownership in England and Wales, 1660~1880", *The Economic History Review*, New Series, Vol. 37, No. 1, p. 1.

④ Mark Overton, *Agricultural Revolution in England*, p. 174.

⑤ David Grigg, *English Agriculture: A Historical Perspective*, p. 116.

得多的事实。就英国农业劳动力的构成而言，根据1851年的统计，农场主占14.6%，家庭亲属占6.4%，契约劳工占74.4%，其他人员占4.6%，79%是非家庭劳动力。① 即便我们考虑到有许多小的农业经营者没有被统计进来，契约劳工仍然会占将近70%。毫无疑问，在马克思写作的时代，英国农业是以雇佣经营为主的，是典型的经典意义上的资本主义经营。②

表5-1 1851年英格兰与威尔士农业劳动力的构成

| 劳动力类型 | 农场主 | 家庭亲属 | 契约劳工 | 其他人员 | 总计 |
| --- | --- | --- | --- | --- | --- |
| 占总数的百分比 | 14.6 | 6.4 | 74.4 | 4.6 | 100.0 |

资料来源：David Grigg, *English Agriculture: A Historical Perspective*, p. 145.

表5-2 19世纪中后期英格兰与威尔士的农场（包括耕地与牧场）结构分布

| 年度 | 5英亩以上农场总面积（千英亩） | 5~100英亩小农场所占总面积百分比（%） | 100~300英亩中型农场所占总面积百分比（%） | 300英亩以上大农场所占总面积百分比（%） |
| --- | --- | --- | --- | --- |
| 1851 | 24 660 | 21.6 | 44.7 | 33.7 |
| 1885 | 27 379 | 28.9 | 42.1 | 29.0 |
| 年度 | 5英亩以上农场总数 | 5~100英亩小农场所占农场总数百分比（%） | 100~300英亩中型农场占农场总数百分比（%） | 300英亩以上大农场所占总数百分比（%） |
| 1851 | 215 615 | 62.5 | 29.7 | 7.8 |
| 1870 | 336 497 | 76.6 | 23.4 | — |
| 1885 | 338 715 | 75.3 | 19.8 | 4.9 |

资料来源：David Grigg, *English Agriculture: A Historical Perspective*, p. 116.

应该说，在19世纪70年代之前，西欧、北美资本主义国家的农业经营都在不同程度地显示出雇佣经营扩大的趋势。对于中国读者来说，最著名的当然是德国易北河以东地区，这里占统治地位的是容克地主的大农场，采用大规模雇佣型经营方式。在其他国家和地区，如法国、荷兰、比利时、德国西部和西南部地区、美国，同样出现了雇佣农场排挤家庭农场的趋势，尽管它们无法与英国和德国易北河以东地区相提并论。

人们经常说，19世纪的法国是一个小农经济的汪洋大海。但是经过

---

① David Grigg, English *Agriculture: A Historical Perspective*, p. 145.
② 最近一些年，国内一些论者根据19世纪末期英国存在大量的中小农户，并且这些中小农户的数量占据英国农户总数的绝大部分，从而否定近代英国农业资本主义的典型性（参见沈汉：《16世纪英国农业资本主义发展典型性问题及其他》，见《现代化研究》第三辑，北京，商务印书馆，2004年）。笔者认为从大农场数量的比例而不是从大农场所占农业土地面积、农业产出的比例、雇佣劳动力占农业劳动力总数来判断近代英国的农业结构并不合适，是误导性的。

仔细考察，人们不得不承认，这有一定程度的夸大之嫌。当人们说法国是小农经济的汪洋大海的时候，主要是从法国的农业经营单位数量来说的，而不是从各种经营方式在农业经营中所占的份额来说的。如果仅仅从农业经营单位的数量而言，那么根据英国1870年的调查统计，当时英格兰有393 569个农场，70%左右属于50英亩以下的小农场，也可以被称作小农经济的汪洋大海。① 即便不考虑5英亩以下的微型农场，当时英格兰和威尔士也有336 497个农场，76.6%的农场属于100英亩以下的小型农场，从经营单位数量的比例来说仍然可以说是小农经济的汪洋大海。但人们并不这样看待大不列颠的农业结构。因此，我们也不能纯粹从农业经营单位数量来看待19世纪法国的农业结构。

根据1882年的统计，除去216万个1公顷以下没有实际意义的所谓农场之外，1公顷以上的农业经营单位数量有350万个，尽管1~10公顷的小农场有260万个，占1公顷以上农场总数的74.3%，但它们只占1公顷以上农场总面积的23.5%。与此相对的是，40公顷以上的大农场所占农业经营面积将近是总数的一半，为1公顷以上农业经营总面积的46.0%。② 这说明法国农业的雇佣经营在19世纪还是有一定的发展。

表5-3　1882年法国农业经营结构

| 大小（公顷） | 数量（万个） | 所占面积总数（万公顷） | 每一类农场平均面积（公顷） |
| --- | --- | --- | --- |
| 0~1 | 216.8 | 110 | 0.5 |
| 1~5 | 186.6 | 560 | 3.0 |
| 5~10 | 76.9 | 580 | 7.5 |
| 10~20 | 43.1 | 650 | 15.0 |
| 20~30 | 19.8 | 500 | 25.0 |
| 30~40 | 9.8 | 340 | 35.0 |
| 40以上 | 14.2 | 2230 | 156.7 |
| 总计 | 567.2 | 4960 | 8.7 |

资料来源：Michael Tracy, *Government and Agriculture in Western Europe*, 1880~1988, p. 62.

当然，考虑到小农农场经营中由于种植葡萄，单位面积产出价值高，小农农场在法国农业生产中的份额要高于其所占农业经营面积的比重。法国的农业雇佣经营在农业中的比重显然无法和英国相比。根据1851年的一项调查，参加劳动的土地所有者占农村人口的35.7%，占农业劳动者总

---

① Mark Overton, *Agricultural Revolution In England*, p. 175, Table 4.13.
② Michael Tracy, *Government and Agriculture in Western Europe*, 1880~1988, pp: 62~63. 根据表格中所列数据计算出，原书表格中"area coverd"栏中"thousand ha."应为"million ha."。

数的64%，① 远远高于英国的约20%。到1882年的时候，法国农业雇佣经营有所发展，非农户主提供的农业劳动力也只占一半左右（见表6-5）。

在易北河以西的德国西部和西南部，由于这个地方在中古末期近代早期贵族企图恢复农奴制，被当时这个地方的德意志小邦专制主义君主所击败，这些地方的农民获得了对大部分土地的控制，② 在后来法国大革命的冲击下，这里的农民获得了大部分土地的所有权，农业经营比较分散，自耕农比例高，并且由于人口压力导致农场的分裂，大农场制度发展受到阻碍。但是在19世纪中叶，例如在黑森地区，即便这里接近德国中西部的工业区域，大农场也往往很有活力。③

在美国，虽然土地资源异常丰富，政府又实行一系列帮助农民获得土地的政策，努力造就一个以耕者有其田的自耕农为主体的农业生产体系，但是农业雇佣制度还是在19世纪中叶得到了一定程度的发展。在美国的北部地区，人口增长的压力，导致这里出现了一个永久性地依靠工资劳动的阶级。在东北部地区，由于工业的发展，尽管这个阶级的成员为工业所吸收，但是源源不断的移民填补了他们的空缺。根据一项调查统计，1860～1870年间，这个地区的农业雇佣劳工占农业劳动力总数的比例从29%上升到35%。在中西部地区，尽管有诸如1862年《宅地法》等一系列的帮助移民获得土地的政策，但是由于开荒和农场建造的成本很高，许多新近的移民难以得到属于他们自己的农场而被迫充当农场雇工。在1860年的时候，中西部地区农业雇佣劳动力的比例还是要比东北部相对较低，但在随后的岁月里，中西部地区的农业雇佣劳动在全国增长最为迅速，到1870年的时候，东北部与中西部地区之间的雇佣劳动力使用率就持平了。中西部地区还出现了加利福尼亚地区那样的特大农场（bonanza）。当然，这种特大农场的出现往往被认为是一种边疆现象，主要出现于拓荒的时期。大农场能够调集大批人力（主要是新近外来移民）和资金，从而在大规模拓荒过程中占有优势，一旦这里拓荒成功，土地价格上升，公司就会把农场分割卖掉，往往形成扩大的家庭农场（larger-than-family farm）。但是在当时还是有许多这种特大农场仍然保存了下来，即便是在大草原的东部诸州，这种农场在19世纪80年代之前也还没有衰落。这些大农场走

---

① [法]弗朗索瓦·卡农：《现代法国经济史》，吴良健、方廷钰译，北京，商务印书馆，1991年，第107页。
② T. H. Aston and C. H. E. Philpin, eds., *The Brenner Debate*, p. 56.
③ Niek Koning, *The Failure of Agrarian Capitalism*, p. 48.

在了农业机械化的前头。①

当然，相对于英国和易北河以东地区的德国，这些地方的雇佣经营发展还是要逊色许多。如果还考虑到某些历史上遗留下来的成分的话，这种"新的发展"并不引人注目，②并且有昙花一现的色彩，到19世纪晚期很快就走向衰落。

表5-4 1895年英德两国的农业经营结构比较

| 单个农业经营面积（公顷） | 德 国 | | 英 国 | |
|---|---|---|---|---|
| | 农业经营数量（%） | 所占面积（%） | 农业经营数量（%） | 所占面积（%） |
| 0~5 | 76.5 | 15.1 | 51.5 | 6.2 |
| 5~20 | 18.0 | 29.0 | 16.5 | 8.8 |
| 20~50 | 4.3 | 21.9 | 12.8 | 15.0 |
| 50~100 | 0.7 | 8.5 | 15.6 | 42.6 |
| 100~500 | 0.4 | 15.2 | 3.5 | 24.9 |
| 500以上 | 0.1 | 10.3 | 0.1 | 2.5 |

资料来源：Clive Trebilcock, *The Industrialization of the Continental Powers*, p. 86. 由于找不到19世纪70年代的数据，只好用1895年的数据，其中1公顷＝2.471英亩。另外，在考虑雇佣农场的标准时，应注意到1880年每个男性劳动力耕作面积英国是15公顷，德国是6公顷，当然德国的耕作密集一些，单位面积土地产出稍微高一些。

## 第二节 圈地运动与英国小农衰落问题的再探讨

关于圈地运动与近代英国小农（小土地所有者）衰落的关系这个问题，以及与此直接相关的圈地运动与英国工业革命劳动力来源关系的问题，是英国经济史上长期争论不衰的问题。

### 一、小土地所有者与自耕农概念的区别

在探讨圈地运动和英国小农衰落问题的时候，往往会有几个既有共同点又相互区别的问题纠缠在一起，特别是在中国学术界，由于翻译的混乱，以及有些术语的无法准确翻译，更加造成了读者印象的混乱。当然，这种现象不独中国是如此，就是英国学者自己也往往在这些问题上纠缠不清。就小农的衰落而言，有时候学者们是指小土地所有者的衰落，有时候

---

① Niek Koning, *The Failure of Agrarian Capitalism*, p. 48.
② 只要不进行定期的土地再分配，只要不限制土地的流通，不限制雇佣经营，就总会出现不同程度的分化，因此就总会出现一定比例的雇佣经营。

是指自耕农的衰落，有时候又是指小农场的衰落，或者是说是小农生产方式的衰落。实际上这些概念有很大差别。

不少人往往把小土地所有者等同于自耕农，这实际上是一种误解。戴维斯在 1927 年发表的《1780～1832 年间的小土地所有者：来自于土地税估算名册》一文明确指出，小土地所有者（small-landowners）包括自耕农（occupying owners）与小型不在地主（no-occupying owners，主要是指土地税交纳数额小于 20 英镑的土地出租者）。根据戴维斯的研究，1780～1832 年间，小型不在地主的数目与自耕农的数目相差不大，甚至更多，小型不在地主交纳的土地税总额比自耕农所交纳的土地税总额还要多 1/3。这就表明小土地所有者概念与自耕农的概念的区分具有重要意义。实际上，随着英国工商业的发展，不少自耕农流入了城市，进入了工商业，但是他们仍然保留了农村的土地，成为了小型不在地主。与此同时，一些城市工商业者发财之后到农村购买了小块土地，也导致了小型不在地主人数的增加。

自耕农的概念包括自由持有农（freeholder）和公簿持有农（copyholder）以及多代契约租地农（lessees for lives）。严格来说，只有自由持有农（freeholder）是完全意义上的自耕农。尽管公簿持有农以及多代契约租地农对土地拥有很大的权利，俨然像土地的所有人一样，在土地税的名册上作为"业主"（proprietors）来进行登记，在圈地程序进行时被当作所有权人来看待，① 但仍然是佃户，土地所有权从法理上来说是属于地主的。

由于"occupying owners"这个词容易引起歧义，人们更多地是用"yoemanry"或"yoeman farmer"来指称近代英国的自耕农。由于"自耕农"一词在汉语语境中的特殊含义，越来越多的中国学人不再把"yoeman"翻译成"自耕农"，而是直接把"yoeman"音译为"约曼农"，它主要包括自由持有农，也包括公簿持有农以及多代契约租地农。

因此，当学者们讨论小土地所有者的衰落时候，既可能是指约曼农的衰落，也可能是指小型不在地主的衰落。它可能仅仅是指土地所有权的集中，小型不在地主的土地流入大土地所有者之手，或者是约曼农丧失土地所有权或低价长期租佃权转化成大土地所有者的短期租佃制佃户（tenants-at-will or tenants on short lease）。

一般来说，小土地所有者的衰落往往伴随着小农经营方式的衰落。但是我们一定要意识到，土地所有权的集中并不一定就意味着农业经营的集

---

① Robert C. Allen, *Enclosure and the Yeoman*, pp: 72、74。

中和雇佣劳动的发展，高度集中的土地所有权结构既可以和汪洋大海般的小农租佃经营相结合，也可以和 19 世纪的英国资本主义租地农场经营相结合，因此一定要把土地所有权的集中和农业资本主义雇佣经营的发展相区别，尽管彼此之间的发展紧密相关。当我们在使用英国学者的论述时，一定要弄清楚作者讨论的是小土地所有者（small‐landowners）的衰亡，还是小农场（包括自耕农与小租佃农）的衰亡。

自耕农的衰亡也并不就等于小农场的衰亡，它很可能主要涉及的是土地产权结构的变化，它很可能只是导致租佃制的发展，即可能是自耕农丧失土地所有权称为短期租佃制佃户。而公簿持有农和多代契约租地农的衰亡，更准确地说只是租佃形式的变化，转化为短期租佃制佃户，而不一定是农业经营规模的变化。自耕农的衰亡甚至也有可能是他们离开土地成为小型不在地主。这是我们在讨论所谓英国自耕农的衰落时所必须注意的。

由于自耕农的概念不是非常确定，也导致人们在英国自耕农的衰落问题上存在较大的争论。明格的自耕农的概念只包括自由持有农。根据格雷戈里·金的估计，在 1688 年左右，英国只有 1/3 的土地为自由持有农所有，他又根据 F·汤普森的提供的数据，认为到 1790 年的时候英国的自由持有农还拥有 15%～20% 的土地，自耕农所有的土地只不过是从 1/3 下降到 1/6。与此同时，明格还根据 19 世纪中叶的国会调查资料，认为即便到 19 世纪中后期，英国仍然有 2/3 左右农场数量的农场面积小于 100 英亩。因而在明格看来，18～19 世纪英国作家和学者们关于自耕农衰落的描述是被严重夸大了。综上所述，明格认为，18 世纪英国自耕农的衰落和大农场的兴起，算不上什么革命性的变革。[①]

一些学者指出，一方面明格缩减了 17 世纪末英国自耕农所占土地面积，没有计入对土地具有相当大产权利益的公簿持有农和多代租地农（受益性佃农）；另一方面，他所根据的 F·汤普森估计的 18 世纪末英国自由持有农所有的土地比例是偏高的，因为根据戴维斯对土地税名册的研究，到 18 世纪末的时候，将近 90% 的土地是由短期租地农所占有的；另外，在 19 世纪中后期占所有农场数量 2/3 以上的 100 英亩以下小农场占全国农业土地面积还不够 1/3。因此，一方面明格纠正了以往人们关于自耕农

---

① G..E. Mingay, "The Size of Farms in the Eighteenth Century", *The Economic History Review*, New Series, Vol. 14, No. 3, pp: 469～488; F. M. L. Thompson, "The Social Distribution of Landed Property in England Since the Sixteenth Century", *The Economic History Review*, New Series, Vol. 19, No. 3, pp: 505～517.

衰落的过于悲观的看法；另一方面，明格根据他所依赖的数据作出的自耕农并没有大规模衰落的论断，也难以令人信服。①

表 5-5　1780~1786、1802、1832 年间，英国德比郡、莱斯特郡、林德塞郡、北安普敦郡、诺丁汉郡和沃威克郡 1395 个教区自耕农纳税人数目的变化

| 时间 | 交纳低于下列土地税额的纳税人数 | | | | | | | | | £20 以上总计 | 所有纳税人数 | 4s 以上总计 | 10s 以上总计 |
|---|---|---|---|---|---|---|---|---|---|---|---|---|---|
| | 4s | 10s | £1 | £2 | £4 | £5 | £8 | £10 | £20 | | | | |
| 1780~1786 | 2 289 | 2 655 | 1 391 | 1 180 | 861 | 244 | 359 | 124 | 130 | 23 | 9 256 | 6 967 | 4 312 |
| 1802 | 3 074 | 2 738 | 1 776 | 1 488 | 1 129 | 266 | 480 | 168 | 215 | 40 | 11 374 | 8 300 | 5 562 |
| 1832 | 4 303 | 2 660 | 1 700 | 1 299 | 978 | 262 | 409 | 156 | 231 | 45 | 12 043 | 7 740 | 5 080 |
| 1780~1786 至 1832 年增加数 | 2 014 | 5 | 309 | 119 | 117 | 18 | 50 | 32 | 101 | 22 | 2 787 | 773 | 786 |
| 1780~1786 至 1832 年减少数 | - | - | - | - | - | - | - | - | - | - | - | - | - |

资料来源：E. Davies, "The Small Landowner, 1780~1832, in the Light of the Land Tax Assessments", *The Economic History Review*, Vol. 1, No. 1, p. 95. S 和 £ 是英国货币符号，分别代表先令、英镑，1 英镑 = 20 先令。

表 5-6　1780~1786、1802、1832 年间，英国德比郡、莱斯特郡、林德塞郡、北安普敦郡、诺丁汉郡和沃威克郡 1395 个教区不在地主土地税纳税人数目的变化

| 少于下列数字的纳税额 | 1780~1786 年纳税人数 | 1802 年纳税人数 | 1832 年纳税人数 | 1780~1786 至 1832 年增加数 | 1780~1786 至 1832 年减少数 |
|---|---|---|---|---|---|
| 10 先令 | 4 593 | 4 152 | 5 699 | 1 106 | - |
| 2 英镑 | 4 141 | 3 365 | 3 549 | - | 592 |
| 5 英镑 | 2 320 | 1 886 | 1 736 | - | 584 |
| 20 英镑 | 1 837 | 1 641 | 1 670 | - | 167 |
| 40 英镑 | 344 | 339 | 340 | - | 4 |
| 80 英镑 | 233 | 252 | 232 | - | 1 |
| 100 英镑 | 79 | 69 | 66 | - | 13 |
| 300 英镑 | 202 | 183 | 198 | — | 4 |
| 600 英镑 | 26 | 24 | 28 | 2 | - |
| 800 英镑 | 3 | 2 | 5 | 2 | - |
| 1000 英镑 | 5 | 7 | 4 | - | 1 |

---

① Robert C. Allen, *Enclosure and the Yeoman*, p. 84.

续表

| 少于下列数字的纳税额 | 1780~1786年纳税人数 | 1802年纳税人数 | 1832年纳税人数 | 1780~1786至1832年增加数 | 1780~1786至1832年减少数 |
|---|---|---|---|---|---|
| 1100英镑 | 1 | 1 | 1 | — | — |
| 1200英镑 | — | 1 | 1 | 1 | — |
| 1300英镑 | 1 | — | — | — | 1 |
| 1400英镑 | — | 1 | 1 | 1 | — |
| 1500英镑 | — | — | — | — | — |
| 所有纳税人数目总计 | 13 785 | 11 923 | 13 530 | — | 255 |
| 10先令以上纳税人数目总计 | 9 192 | 7 771 | 7 831 | — | 1 361 |

资料来源：E. Davies, "The Small Landowner, 1780~1832, in the Light of the Land Tax Assessments", *The Economic History Review*, Vol. 1, No. 1, p. 96.

表 5-7  1780~1786、1802、1832 年间，英国德比郡、莱斯特郡、林德塞郡、北安普敦郡、诺丁汉郡和沃威克郡 1395 个教区大土地所有者、小土地所有者以及自耕农纳税额总数的变化

| 时间 | 大土地所有者纳税总额 | 小土地所有者纳税总额 (Occupying Owners and non-Occupying Owners) | 自耕农纳税总额 (Occupying Owners) |
|---|---|---|---|
| 1780~1786 | 84 366英镑5先令10便士 | 47 236英镑1先令5便士 | 13 755英镑6先令0便士 |
| 1802 | 83 571英镑1先令11便士 | 48 031英镑5先令4便士 | 18 490英镑2先令0便士 |
| 1832 | 84 316英镑14先令1便士 | 47 285英镑13先令2便士 | 17 595英镑9先令0便士 |
| 1780~1786至1832年增加数 | — | 49英镑11先令9便士 | 3 840英镑3先令0便士 |
| 1780~1786至1832年减少数 | 49英镑11先令9便士 | — | — |

资料来源：E. Davies, "The Small Landowner, 1780~1832, in the Light of the Land Tax Assessments", *The Economic History Review*, Vol. 1, No. 1, p. 97.

## 二、修正派论圈地运动与小农的衰落

尽管马克思根据 16 世纪的英国作家的记述，认为圈地运动造成了英国小农（小土地所有者）的衰落，造成了资本主义发展所需要的无产阶级，但是马克思认为，对小土地所有者的剥夺主要是 17 世纪晚期和 18 世纪前期的现象，到 18 世纪中叶的时候，英国的自耕农业已消灭，从而为农业资本主义的发展扫清了道路，国会圈地运动只不过是清扫残存的小土

地所有者。① 后来斯莱特（Slater）、哈斯巴赫（Hasbach）、利维（Levy）、冈纳（Gonner）、厄恩尔勋爵和哈蒙德夫妇，对马克思的说法提出了疑问，他们把英国小农的被排挤与国会圈地运动相联系起来。雷伊（Rae）根据农业委员会的报告，认为没有什么理由相信小土地所有者的衰落是在1815年以前。②

19世纪末20世纪初，约翰森、格雷、戴维斯等学者对英国遗留下来的土地税名册档案进行了研究，尽管一方面否定了马克思关于18世纪中叶英国自耕农消失的观点，但他们更多的是重新肯定了马克思的论断——英国小土地所有者的衰落主要发生于1660～1780年间，也就是说发生在大规模国会圈地运动之前。于是人们的看法又基本上回摆到马克思的观点。著名经济史学家克拉藩也认为这种观点比较容易让人接受。③

前文已经谈到，由于1790～1820年间是英国议会圈地的高峰时期，因而这一段历史对于圈地与小农的衰落关系研究特别有意义。戴维斯根据对德比郡、莱斯特郡、林德塞郡、北安普敦郡、诺丁汉郡和沃威克郡1395个教区的土地税名册研究的结果认为，到1780年为止，英国的自耕农已经不再是英国农村经济的一个突出特征了，将近90%的土地是由短期租地农所占有的。此后英国土地税名册中的自耕农数目并没有什么变化，有地方甚至还增加了。因此不能把英国小土地所有者数目的衰落归因于国会圈地运动，④ 主要还是因为都铎王朝并没有给予农民对他们的土地的所有权（give the peasant a title to his land）。约翰森在其名著《小土地所有者的消失》⑤ 中详述了英国小土地所有者的消失过程，并给出了自己的解释。约翰森把小土地所有者的衰落归因于经济的因素，也即大农场所固有的经营优势，而非英国的土地法——长子继承制和隔代指定继承制，也与国会圈地运动没有太大的关系。在关于小土地所有者衰落的关键时期而言，他的观点与马克思差不多（戴维斯的文章比约翰森的书要迟）。

哈巴库克追随了约翰森、戴维斯和克拉藩的观点，他进一步认为，英

---

① 马克思：《资本论》（第1卷），北京，人民出版社，1953年，第913页。
② J. V. Beckett, "The Pattern of Landownership in England and Wales, 1660～1880", *The Economic History Review*, New Series, Vol. 37, No. 1, p. 3.
③ J. V. Beckett, "The Pattern of Landownership in England and Wales, 1660～1880", *The Economic History Review*, New Series, Vol. 37, No. 1, p. 3.
④ E. Davies, "The Small Landowner, 1780～1832, in the Light of the Land Tax Assessments", *The Economic History Review*, Vol. 1, No. 1, pp: 110～113.
⑤ Arthur H. Johnson, The *Disappearance of the Small Landowners*, pp: 128～154.

国小土地所有者的衰落主要是在17世纪晚期和18世纪上半叶，那1680～1780年之间。这就更加与国会圈地无关了，因为这一时期的国会圈地刚刚开始，进展缓慢。哈巴库克认为大地产的兴起并不主要是因为大地产的经济优势，而是因为土地贵族拥有大地产能够带来丰厚的社会收益，以弥补大地产直接经济收益的不高——低于国债的收益率。哈巴库克认为，在17世纪晚期到18世纪上半叶，英国在海外进行大规模的战争，在全国征收沉重的土地税，许多小土地所有者不堪重负，被迫出卖土地，成为佃农，以免除沉重的土地税。对于那些大地主来说，如前所述，他们有大量的非农业收入，能够支付沉重的土地税，并且还利用这个时期大批小土地所有者被迫出卖土地的机会扩大了他们的地产。[1]

明格在此问题上也基本上接受他们的看法，他认为，到18世纪中叶为止，大农场已经在英国的农业生产中占据主要地位。明格把这一时期英国小农的衰落主要归因于当时英国农产品价格的低廉。这一时期英国的农业生产商品化程度已经较高，因而农产品的价格低廉就造成了小农收入的降低，无法支付沉重的土地税，被迫离开土地，进入非农产业部门。一些小地主也面临同样的命运。明格认为，尽管小农确实大大衰落了，但是也要看到18世纪末叶仍然还有大量100英亩以下的小农场。他还认为，18世纪末小土地所有者在土地税名册上人数的增加，是一个假象，是因为前一个时期的土地税名册中漏掉了许多小土地所有者，换句话说，人们不应该夸大18世纪中叶以前小土地所有者的衰落。[2]

钱伯斯还根据阿瑟·杨所作的记述以及戴维斯等人对土地税名册的研究认为，圈地并没有排挤农民的作用。根据上面列出的表格，在大规模国会圈地运动期间，小土地所有者的数目不仅没有减少，而且还增加了。因为圈地带来了大片荒地的被开垦，因而增加了土地所有者的数目。荒地的开垦以及圈地运动过程中的修路、筑篱、排水系统建设等农田改良活动，带来了许多新的就业机会。另外，钱伯斯还根据阿瑟·杨的描述认为，圈地以后方便了诺福克轮作制度的进行，而诺福克轮作制又是一种劳动密集型的技术，这就增加了农民在农闲季节的就业机会。

---

[1] H. J. Habakkuk, "English Landownership, 1680～1740", *The Economic History Review*, Vol. 10, No. 1, pp: 12～14.

[2] G. E. Mingay, "The Agricultural Depression, 1730～1750", *The Economic History Review*, New Series, Vol. 8, No. 3, pp: 323～338; G. E. Mingay, "The Size of Farms in the Eighteenth Century", *The Economic History Review*, New Series, Vol. 14, No. 3, pp: 469～488; G. E. Mingay, "The Land Tax Assessments and the Small Landowner", *The Economic History Review*, New Series, Vol. 17, No. 2, pp: 381～388.

因而在明格看来，圈地运动不仅没有排挤劳动力，反而还增加了就业机会。这就几乎从根本上推翻了以往人们对圈地运动的看法。钱伯斯认为，既然圈地运动不但没有排挤劳动力的效果，还增加了新的农业就会，那么人们怎么能够把工业革命中廉价劳动力的来源归因于圈地运动呢？钱伯斯认为，工业革命中劳动力的来源并非是因为圈地运动对农业劳动力的排挤，而主要是当时英国人口快速的自然增长，是农村的过剩劳动力流入到工商业中去，是城市更高的工资收入水平吸引了农村的剩余劳动力，吸引他们脱离土地。① 这是一种典型的动态二元经济模式下的劳动力流动，就如同后来的发展中国家。

我们知道，对于农村劳动力转移到工业部门这个问题的解释，可以分为两大派。17、18 世纪的理论以及 19 世纪的马克思主义学派，关注的是劳动力的释放（labour release），可以认为是劳动供给理论。其潜在的逻辑是，一旦劳动力从农业中被排挤出去，他们就会自动地被工业部门所吸收。因而他们关注的是如何把劳动力从农业部门排挤出去，认为农业劳动力转移的根本障碍是农民不愿意离开土地，把它归之于农民的保守本性。20 世纪 50 年代以后，以刘易斯为代表的发展经济学家，在农业劳动力转移问题上提出了劳动需求理论，他们关注的是农村剩余劳动力是如何被吸收的，其关键并非农村人口不愿意离开土地，而是这些过剩的人口如何被吸收进现代生产部门。

对此问题，笔者认为，修正派以动态的二元经济模型（农村剩余劳动力在人口压力和更高的工资吸引力下，向生产力和工资更高的现代生产部门转移）来解释近代英国农村劳动力向工业部门的流动，无疑比经典作家所阐述的模式更加符合英国 18~19 世纪的现实，也更加符合一般的发展中社会的一般规律。经典作家强调圈地运动等"强制性驱赶"农村劳动力进入现代生产部门，而不是强调更高的工资对农村劳动力的吸引力，主要是在他们看来，工业革命初期工人劳动生活水平不仅没有上升，而且还下降了。确实，在当时的英国作家和教会等关注工人阶级生活的人们的笔下，工业革命时期英国的工人阶级生活状况极为恶劣，生活环境相当差。在这种情况下，农民除非被强制性地从土地上驱赶出来，不然他们是不会进入工厂的。不过，在关于工业革命时期英国工人阶级生活水平的争论中，现在大体上已经有了一个新的共识，就是即便

---

① J. D. Chambers, "Enclosure and the Small Landowner", *The Economic History Review*, Vol. 10, No. 2, pp: 118~127; J. D. Chambers, "Enclosure and Labour Supply in the Industrial Revolution", *The Economic History Review*, New Series, Vol. 5, No. 3, pp: 319~343.

工人阶级的生活质量变坏了，至少在 19 世纪初叶以后的时间里，工人阶级的物质生活水平还是有一定的上升。尽管工人的生活质量或许不如农村居民，但是工人的实际收入还是比农村劳工要高一些。① 根据 19 世纪中叶英国的调查统计专家克尔德的调查，19 世纪上半叶英国北部工业区的工资比南部农业区要高 37%。② 对照一下当今第三世界的发展中国家，即便农民工在城市的生活确实恶劣，没有尊严，他们流入城市更多的还是因为农村的人口过剩，以及城市更高的收入水平，而并非从农村被驱赶出来。农民所面临的主要问题主要并不是他们不愿意离开土地，而是他们缺少农业以外的就业机会，是向何处去的问题。

在 16 世纪前半期的圈地中，米德兰地区属于英国农业最发达的地区，人口密集，许多圈地导致了耕地向牧场的转化，从而排挤了人口，确实符合莫尔笔下的"羊吃人"的圈地。在马克思看来，这种被"羊吃人"的圈地所排挤的劳动力，在英国政府严厉限制流浪的法律之下，被迫进入手工工场充当劳工，从而为英国毛纺织业的发展提供了廉价劳动力，促成了资本主义发展的一个前提条件——无产阶级的形成。根据阿伦的考证，马克思的观点是受了 17 世纪中叶一个叫福阙（Fortrey）的人的观点的影响。1663 年，福阙首次提出，由于圈地运动所造成的耕地转为牧场，导致了农村人口的被排挤，但这些人并没有失业，而是进入了毛纺工场，从而增进了英国的财富。在 17 世纪中叶以前，并没有人把圈地运动对劳动力的排挤与手工业发展联系起来。现在的研究表明，以往人们对于当时英国毛纺织业的发展估计偏高，它根本不可能吸收那么多被排挤出来的无地和少地劳动者。都铎王朝前期圈地运动对农业劳动力的排挤，在当时的人们眼里，更多的是造成了流浪人口的增加，带来了严重的社会问题。③

就这样，在很长一段时间里，约翰森、戴维斯、克拉藩、哈巴库克、钱伯斯和明格的观点就基本上成了英国小农衰落观点的正统。④ 当然他们这些"修正派"的观点现在也正遭受新一轮的"修正"。⑤ 不过，

---

① 关于工业革命时期英国工人阶级生活水平的争论，可以参见王觉非主编：《近代英国史》，南京，南京大学出版社，1997 年，第 268～271 页。
② 克拉藩：《现代英国经济史》（上卷），姚曾廙译，北京，商务印书馆，1997 年，第 574～575 页。
③ Robert C Allen, *Enclosure and the Yeoman*, p. 6.
④ J. V. Beckett, "The Pattern of Landownership in England and Wales, 1660～1880", *The Economic History Review*, New Series, Vol. 37, No. 1, p. 3.
⑤ Mark Overton, *Agricultural Revolution in England*, p. 176.

尽管学者们在圈地是否排挤了农民、圈地是否促成了劳工阶级的形成问题上存在激烈争论，但是大家还是有一个基本的共识，那就是，近代英国小农的衰落主要并非圈地运动的后果。正如笔者在引用阿伦（阿伦是"修正派"的"修正派"）收集的米德兰地区南部农场面积变化的材料中所表明的，到1800年的时候，敞田经营土地上的平均农场面积也已经达到145英亩，与围圈地上的平均农场面积147英亩已经只有极细微的差别（见表3-2、3-3）。另一个基本共识是，英国小农的衰落主要是在17世纪晚期到18世纪中叶，也就是说在大规模国会圈地运动之前。还有一个值得注意的共识就是，英国的小农即便到19世纪中叶也并没有消失，根据1851年的不完全统计（主要是一些小农场没有被统计），5英亩～100英亩以上的小农场数量占5英亩以上农场数量的62.5%，经营面积占21.6%。阿伦等"新修正派"所反对的是老修正派（克拉藩、明格等人）对圈地促成小农衰落的否认，以及克拉藩、明格等人根据小农场数量在所有农业经营者中的比例来淡化近代英国小农的衰落。

### 三、不同时期圈地对小农排挤的差异

以阿伦为代表的另一些英国经济史学者，尽管基本上同意并且也进一步论证了修正派关于英国小农衰落时间的观点，同意圈地运动并不是小农衰落和雇佣型大农场兴起的根本原因，也赞同用动态的二元经济模式来解释近代英国劳动力从农业向工商业的转移。但是他们对修正派否认圈地运动排挤农民的观点提出了强烈批评。在此我们还是对各个时期圈地的影响进行具体的分析，避免陷入模式化和概念化的讨论。

根据20世纪的研究成果，莫尔所看到的大片耕地转化为牧场和村庄的被毁弃，有很大一部分并不是"羊吃人"的后果，而是黑死病之后英国人口损失了一半左右长期没有得到恢复，造成了耕地缩减以及部分村庄被遗弃，在劳动力稀缺的情况下，很大程度上是"被迫"实行畜牧经营的。莫尔把这些情况的出现都归因于当时地主"有意识"的政策，当然也就大大夸大了"羊吃人"的圈地运动的范围。至于莫尔生活时代英国流浪人口大增，部分确实如莫尔等人所说，是因为圈地后耕地转化为牧场，排挤了劳动力。现在的研究表明，除此因素之外，16世纪英国人口恢复增长，导致社会上的穷人增加，也是一个重要原因。至于托尼从地产调查中看到的小土地经营者的大幅减少，在很大程度上也是由于黑死病后英国人口的大幅减少，尤其是占地很少的小农人口损失更大。小土地经营者的减少并

非都是因为地主对佃户的驱逐所造成的。①

我们在第三章谈到,16世纪是英国历史上卡尔·博兰尼所说的那种"大转变"(the great transformation)时期,地主为了提高地租而驱逐土地上世代居住的小农,为了追求经济利益的最大化,违背了他们以往所遵循的"温情脉脉的宗法关系"原则,因而引发了社会的极大愤怒与谴责,使得当时像托马斯·莫尔这样的观察家对圈地运动的残酷性及其规模作出了夸张的描述。莫尔等人的描述,又使得以后的马克思等人对16世纪的英国圈地运动的规模和社会经济后果作出了夸张的估计。

都铎王朝初期养羊业大发展,除了归因于英国毛纺织业的发展之外,还归因于黑死病之后粮食价格大为下降,牲畜产品如羊毛的价格相对于粮食价格大为上升,养羊业有利可图。因而这一时期的圈地往往意味着耕地转化为牧场,尤其是在米德兰地区。这里是中古英国农业最发达、人口最密集的地区,在这里圈地确实造成了对劳动力的排挤,确实有很多"羊吃人"的情况,这是英国经济史学界所普遍承认的,分歧主要在于对劳动力排挤的规模估计。在其他地区,由于还有广阔的草场和荒地,养羊业的发展并不需要耕地转化为牧场,圈地更多的是村民之间的自愿协议,并没有引发多少冲突。②

随着16世纪中叶以后英国王室对排挤人口的圈地行为的严厉限制,圈地的范围大为缩减。据前文所述,整个16世纪的圈地只占英国国土面积的2%左右。尽管这一时期的圈地规模并不是很大,但是它对农村人口的排挤却是显而易见的,这不仅可以从当时人们的记述中明显地感受到,也可以从这些地区往后的人口密度相对较低、小农场比例较低、土地所有权集中、大土地所有者占地比例高、拥有土地的茅屋农比例较低、大农场比例高、小农场比例低等数据明显地看出来。③

16世纪中叶以后,由于政府严厉打击排挤农民的圈地,圈地进程减缓。并且由于英国人口的快速回升,粮食价格上涨迅速,牲畜产品的相对价格优势大为降低,这一时期的圈地转化为牧场的比例就不大了。很多圈地更像是围圈荒地进行开荒,因而排挤农村人口的现象较少。17世纪上半叶的圈地也具有较强的开荒性质,同时也是为了结束敞田经营制度,更

---

① Christopher Dyer, *Lords and Peasants in a Changing Society: The Estates of the Bishopric of Worcester*, 680~1540, pp. 244~263; R. H. Hilton, *The English Peasantry in the Later Middle Ages*, pp. 161~173; M. M. Postan, *Essays on Medieval Agriculture and General Problems of the Medieval Economy*, pp. 186~213.
② Joan Thirsk, *The Agrarian history of England and Wales*. Vol. 4, 1500~1640, pp. 245~248.
③ Robert C Allen, *Enclosure and the Yeoman*, pp. 43~48.

好地进行耕作。如前文所述，17世纪的圈地成绩巨大，占英国国土面积的24%。这一时期的圈地主要是村民之间通过自愿协议进行的，有许多也是通过地主购买镶嵌在大地产中间的自由持有地和公簿持有地来进行的，毕竟也是属于自愿的性质，因而冲突较少，较少排挤人口的效果。17世纪后半叶到18世纪上半叶，谷物价格低廉，圈地的经济收益下降，圈地进程缓慢下来。这可以从米德兰地区南部的圈地进程明显地看出来。这一时期牲畜产品的相对价格较高，因而圈地中有不少是耕地转化为牧场，肯定会有排挤人口的效果。但是当时农村人口比例的大幅度下降并不能主要归因于圈地对小农的排挤，更多的是由于当时谷物价格低廉，不少小农收入减少，并且当时土地税负担沉重，迫使他们出卖土地进入非农产业部门。①

表5-8 南部米德兰地区1550~1801年间的圈地与人口密度

| 圈地时间 | 人口密度（人/英亩） | | |
|---|---|---|---|
| | 1500年 | 1676年 | 1801年 |
| 1801年仍是敞田的地区（148个村庄） | 0.0854 | 0.1403 | 0.1856 |
| 1676~1801年间围圈地区（283个村庄） | 0.0779 | 0.1443 | 0.1968 |
| 1550~1676年间围圈地区（133个村庄） | 0.0709 | 0.0883 | 0.1279 |
| 1550年以前围圈地区（23个村庄） | 0.0468 | 0.0781 | 0.0807 |
| 总的平均数（781个村庄） | 0.0756 | 0.1224 | 0.1720 |

资料来源：Robert C Allen, *Enclosure and the Yeoman*, p. 42.

表5-9 南部米德兰地区不同时期圈地地区在1790年时的土地所有权结构的差别

| | 1801年仍是敞田的地区（230个村庄） | 1676~1801年间围圈地区（380个村庄） | 1550~1676年间围圈地区（138个村庄） | 1550年以前围圈地区（83个村庄） |
|---|---|---|---|---|
| 平均每村的土地所有者人数 | 30 | 27 | 14 | 5 |
| 最大的土地所有者占该村土地面积的百分比 | 38 | 45 | 61 | 75 |
| 占地75%所需最低土地所有人数 | 6 | 5 | 4 | 2 |
| 平均每个土地所有者的面积（英亩） | 57 | 68 | 118 | 248 |
| 茅屋农拥有土地人数的百分比 | 46 | 45 | 26 | 18 |

资料来源：Robert C Allen, Enclosure and the Yeoman, p. 45.

---

① G. E. Mingay, "The Agricultural Depression, 1730~1750", *The Economic History Review*, New Series, Vol. 8, No. 3, pp: 323~338.

协议圈地一般而言是不会造成排挤人口的，尤其是对一般的合法居住的村民而言，但是值得我们注意的是，圈地排挤了居住在村庄公地上不具有合法居住权的茅屋农。由于中古以来英国各地多实行长子继承制，那些没有继承权的幼子们，很大一部分被迫离家出走。在土地被围圈之前，各地还有大片的公地，这些没有土地的人们就在村庄公地的边缘地带搭建一个茅屋居住下来，开垦出几英亩土地，成为一个茅屋农（Cottager），慢慢地成为小土地所有者或小农场主，并通过为村庄居民做雇工维持生活。按照一些地方实行的惯例，只要茅屋农能够在一夜之间盖好他们的茅屋，村民就不能驱赶他们，并且由于这些茅屋农为村民们在农忙季节提供了急需的劳动力，因而也对茅屋农的存在表示容忍。① 圈地之后，各地的公地被分割，成为各户的私有财产，于是这些没有法律居住权的"窃居者"（Squatter）便只好被迫离开，并且从那以后也就不会再允许外来的茅屋农居住在上面了，因而在 16~17 世纪的时候，经常出现这样的情况：由于一个地方首先圈地，导致这个地方的茅屋农被驱赶，他们就迁移到别的没有实行圈地的地方，占用村民的公地，缩减了当地村民的公共牧场，导致那些没有实行圈地的地方的居民怨声载道。当然，这些被驱赶的茅屋农有一些加入了流浪穷人的行列。②

茅屋农无法在那些被围圈的地方居住下来，这就直接造成了排挤人口的后果，尽管从法律上来说，茅屋农似乎本来就没有居住的权利，不能说是受到了不公正的对待。在以后人口继续增加的情况下，圈地确实阻止了这些地区吸收更多人口，迫使这些新增的人口迁移出去，或加入莫尔等人所看到的乞讨大军，或到其他地方谋生，部分成为手工工场工人，从而间接地促成了马克思所说的社会经济后果。从表 5-13 与 5-14 中可以看出，1550 年前、1550~1676 年间围圈地区在 1801 年的时候，相对于敞田经营地区，人口密度相对较低，小农场比例较低，土地所有权集中，大土地所有者占地比例高，拥有土地的茅屋农比例较低。尽管 18 世纪后期圈地地区在农业经营结构（大小农场的构成）上与敞田地区没有大的差别，证明圈地与大农场的兴起没有直接的关系。另外，较早圈地的地方主要是人口相对稀疏、土地所有权相对集中的地方，圈地间接促进土地所有权集中、间接排挤人口的后果还是比较明显。③

---

① Gilbert Slater. *The English Peasantry and the Enclosure of Common Fields*, pp: 118~120.
② Gilbert Slater, *The English Peasantry and the Enclosure of Common Fields*, pp: 120~122.
③ Robert C Allen, *Enclosure and the Yeoman*, pp: 43~48.

莫尔和马克思笔下那种凶残无耻的圈地模式当然只是少数，18世纪中叶以后的国会圈地运动确实较少暴力和非法的色彩。现在的研究基本上否定了以往由马克思和哈蒙德夫妇等人建立起来的圈地模式，认为圈地过程中并不像他们所说的那样充满了欺骗与不公平，圈地工作人员也并非就是大地主利益的代表，小农在圈地过程中也受到了公正对待，小农的土地并没有因为圈地被侵吞而受损；也并非像经典作家所说的，国会圈地就是大地主采用合法的手段把土地装进自己的口袋，把农民世代使用的公用地变为自己的私有地①；在圈地过程中，农民的公地使用权得到了适当补偿，划给了一块相当的土地。② 作为修正派的批评者，阿伦也认同修正派对国会圈地运动的看法，认为18世纪的国会圈地并没有带来土地所有权的不平等，也没有直接的排挤人口的作用，1676～1801年间围圈地区的土地所有权结构和人口密度与敞田上没有实质性的差别，就可以说明这一点。③ 但是即便如此，如同以往的协议圈地一样，这种圈地确实起到了排挤人口的作用，尽管它不是小农衰落的根本原因。人们不能够因为圈地过程的相对公正（其实在任何时代都不可能公正，都会有利于富人或有权势的人），就否认圈地对小农衰落的客观促进作用，这是两个问题。

　　圈地之后的土地必须用篱笆围圈起来，在围圈的过程中，一些小农由于缺乏资金被迫出卖土地以获得资金，导致他们土地减少。更为重要的是，小块土地的圈地平均费用要高得多，这也迫使小农出卖他们的小块土地。④ 就公地的分割而言，一般来说那些有公地使用权的人确实得到了一份，但一般来说比不上当年的公牧权。在公牧制度下，小农享受的权利比他们应该享有的份额要高，他们所应当享有的那部分权利，在划给他相应的草地后，并不足以饲养一头奶牛或一只奶羊。即便足以饲养一头牛或一只羊，分割饲养也不利于小农奶牛、奶羊的饲养。以奶牛的饲养来说，在圈地之前，村社的牛群是共同放牧的，在一个大的牛群中，只要有那么一两头公牛就可以让其他母牛怀孕，从而产奶。公地分割后，每户的牛只能单独饲养，对于许多家庭而言，他们无法在养母牛的同时又养公牛，以使母牛受孕，而对于使用他人家公牛受孕的方法，人们又由于缺少准确判断

---

① 参见马克思：《资本论》（第1卷），北京，人民出版社，1953年，第792～793页。
② 参见唐昊：《1760～1830年英国议会圈地运动对小农的影响》，载《安庆师范学院学报》（社会科学版）1999年第2期。
③ Robert C Allen, *Enclosure and the Yeoman*, pp: 41～48.
④ Mark Overton, *Agricultural Revolution in England*, p. 176.

受孕的最佳时期的能力而难以采用，只好放弃饲养奶牛。① 奶牛的饲养对于当时英国的小农来说是相当重要的，据说一头奶牛所带来的价值，相当于一个成年劳工半年的工资收入。由于奶牛的饲养往往可以利用难以在劳工市场上就业的小孩和妇女的劳动，这种损失对于收入不多的小农来说就更为重要，尤其是对那些没有法律上的公地使用权的人来说更是如此。在圈地运动以前，他们还是可以从公地上拾取柴火、泥炭，也可以在公地上饲养一头牛、几只羊或几只鹅，带来一部分收入以补贴家用，甚至养一头牛或一匹马，用来耕种他们的小块土地。圈地运动之后这些权利就消失了，这就使得一些农村依靠公地使用权补贴家用的劳工无法继续在农村生活，被迫离开农村，或者接受济贫。"圈地使牛羊变肥了，穷人变瘦了"这种16世纪的说法，对于国会圈地运动时期的英国同样也是适用的。② 尽管18世纪末英国穷人数量的增多很大程度上归因于人口的快速增长，但是圈地对穷人所造成的损害也是一个重要原因。

就18世纪的圈地而言，除了世纪末的年份，在大多数情况下，仍然有从耕地转向牧场的趋势。如前所述，耕地转化为牧场后，整个农场的产出减少了，但是由于劳动力支出成本的大幅减少，农场主的收益确实提高了，不过它是以排挤劳动力为代价的。因此，正如欧弗顿所言，修正派的观点现在也正在被修正，③ 老一辈历史学家关于圈地促进了小农衰落的观点并没有完全被推翻。

修正派利用18世纪末期到19世纪初期的土地税名册的变化，认为圈地运动后小土地所有者不仅没有减少，反而还增加了，从而反驳圈地运动

---

① Elaine S. Tan, "The Bull is Half The Herd: Property Right and Enclosures in England, 1750 ~ 1850", *Explorations in European Economic History*, Vol. 39, No. 4, pp: 470 ~ 489.

② Lord Ernle, *English Farming: Past and Present*, pp: 290 ~ 308; J. L. Hammond and Barbara Hammond, *The Village Labourer*, 1760 ~ 1832, pp: 97 ~ 124; Jane Humphries, "Enclosures, Common Rights, and Women: The Proletarianization of Families in the Late Eighteenth and Early Nineteenth Centuries", The Journal of *Economic History*, Vol. 50, No. 1, pp: 17 ~ 42; 保尔·芒图：《十八世纪产业革命：英国近代大工业初期的概况》，杨人楩等译，北京，商务印书馆，1983年，第133 ~ 140页；克拉藩：《现代英国经济史》（上卷），姚曾廙译，北京，商务印书馆，1997年，第154页。这种情况在18世纪末19世纪初叶丹麦国家的农村改革中也同样如此。参见 Kund J. V. Jespersen, A History of Denmark, p. 135. 不过研究英国土地制度史的专家贝克特认为，公地以及其他村社对穷人照顾的权利，如公牧权和拾穗权等，其实在贫苦农民收入中的分量没有那么大。见 J. V. Beckett, "The Disappeareance of the Cottager and the Squatter from the English Countryside: The Hammonds Revised", in B. A. Holderness and Michael Turner, eds., *Land, Labour, and Agriculture*, 1700 ~ 1920, pp: 49 ~ 67.

③ Mark Overton, *Agricultural Revolution in England*, p. 176; J. M. Neeson, "The Opponents of Enclosure in Eighteenth – Century Northamptonshire", *Past and Present*, No. 105, pp: 114 ~ 139.

促使小农衰落的观点。对此问题，我们应当注意到，他们所使用的材料，是处于特殊时间阶段的，是拿破仑战争时期的圈地，这一时期英国粮食供应紧张，谷物价格快速上涨，圈地带来的耕地转化为牧场现象很少，同时这一时期的圈地有很大一部分是公地和荒地，具有开荒的性质，因而不仅没有排挤劳动力，还增加了劳动力的使用。一些公地使用权人，在公地分割后成为了小土地所有者，从而也增加了土地税册上小土地所有者的数目，掩盖了圈地对小土地所有者的伤害。在圈地进行的高峰时期，确实有可能由于修路、筑篱、农田改造等暂时提高了劳动力的使用量，①但是就长期来说，圈地运动无疑有排挤劳动力的作用。

总的来说，16世纪的圈地具有很强的排挤农村劳动力的效果，因而引发了社会的强烈抗议，并导致了都铎政府的干预。由于当时手工业部门吸纳被排挤的农村人口的能力有限，那些被排挤的劳动力绝大部分并没有成为手工业工人，而是成为了流浪人口。17世纪的农村居民协议圈地与18世纪的国会圈地对农村劳动力的直接排挤效果并不明显，近代英国农业劳动力离开农村进入城市，主要还是受到城市非农部门更高工资的吸引。但是17、18世纪的圈地在客观上仍然起到了排挤农村人口的作用，使得圈地以后的新增人口难以被农村所吸收，从而加速了农村劳动力向城市部门的转移。

## 第三节　近代英国土地所有权高度集中的形成

19世纪英国农业土地所有权的高度集中，以及租佃经营的高度发展，世所罕见。1887~1891年间英格兰与威尔士约82%的农业经营者是佃户，只有约14%的经营者耕种自己所有的土地，另有约4%的经营者是部分自有部分租佃。如果按照面积来划分，85%的农业用地面积是属于租佃经营，只有15%的农业用地是由所有者经营的。苏格兰的情况也几乎完全一样，1887年苏格兰85%的农业用地属于租佃经营，只有15%的农业用地是由所有者经营的。②

---

① J. D. Chambers, "Enclosure and the Small Landowner", *The Economic History Review*, Vol. 10, No. 2, pp: 118~127; J. D. Chambers, "Enclosure and Labour Supply in the Industrial Revolution", *The Economic History Review*, New Series, Vol. 5, No. 3, pp: 319~343.

② *Ministry of Agriculture and Fisheries and Food*, *A Century of Agricultural Statistics*, *Great Britain*, 1866~1966, pp: 24~29.

在19世纪后期，除英国之外，相对富裕的大国中，只有阿根廷拥有大规模的租佃制。在其他地方，在整个西欧和中欧地区，农民都在努力争取成为他们耕种土地的所有者。至于盎格鲁-撒克逊人在新世界创建的美国、加拿大、澳大利亚和新西兰，在这里农业耕作的报酬就是成为耕种土地的所有者。

按照历史发展的一般规律，随着农民社会地位和经济实力的提高，农民与土地的关系应该是逐步向经营者所有转化。在农奴制或奴隶制之下，劳动者是被迫去劳动。此后，农业劳动者依次变为工资劳动者、分成制佃农、固定地租佃农，最终成为他所经营土地的所有者。分成制佃农的存在主要是因为农民太穷，无法独自承担农业经营所面临的风险，无法独自提供农业经营所必需的种子、牲畜、肥料、农具等生产资料。这种制度19世纪在东欧和南欧地区以及在法国盛行，与当地农民的贫穷紧密相关。分成制在美国南部盛行的原因也差不多，是那些农业雇工和以前的奴隶上升为自有土地经营者的过渡阶段。更为富裕的农业经营者更愿意选择定额地租租佃制，并逐渐成为其所耕种土地的所有者。19世纪的英国农业经营者是富裕的，在全世界的农业经营者当中，他们的地位是很优越的。然而令人奇怪的是他们却并没有去打破英国的租佃经营制度，成为他们所经营土地的所有者。[①]

表5-10　1887~1891年英格兰和威尔士的租佃经营统计

| 年份 | 纯粹租佃土地 | | 部分自有和部分租佃 | | 自有土地耕作 | | 全部农业土地 |
|---|---|---|---|---|---|---|---|
| | 经营数量 | 百分比（%） | 经营数量 | 百分比（%） | 经营数量 | 百分比（%） | 经营数量 |
| 1887 | 393 047 | 81.6 | 18 991 | 4.0 | 64 588 | 13.4 | 481 828 |
| 1888 | 400 297 | 82.0 | 20 327 | 4.2 | 67 389 | 13.8 | 488 013 |
| 1889 | 405 859 | 82.4 | 20 143 | 4.1 | 66 385 | 13.5 | 492 387 |
| 1890 | 408 040 | 82.5 | 20 665 | 4.1 | 66 130 | 13.4 | 494 835 |
| 1891 | 404 630 | 81.8 | 21 373 | 4.3 | 68 923 | 13.9 | 494 926 |
| 年份 | 纯粹租佃土地 | | 部分自有和部分租佃 | | 自有土地耕作 | | 全部农业土地 |
| | 面积（英亩） | 百分比（%） | 面积（英亩） | 百分比（%） | 面积（英亩） | 百分比（%） | 面积 |
| 1887 | 23 291 | 83.8 | | | 4 217 | 15.2 | 27 800 |
| 1888 | 23 522 | 84.6 | | | 4 284 | 15.4 | 27 806 |
| 1889 | 23 618 | 84.8 | | | 4 227 | 15.2 | 27 845 |

---

[①] Avner Offer, "Farm Tenure and Land Values in England, c. 1750~1950", *The Economic History Review*, New Series, Vol. 44, No. 1, pp: 4~5.

续表

| 年份 | 纯粹租佃土地 | | 部分自有和部分租佃 | | 自有土地耕作 | | 全部农业土地 |
|---|---|---|---|---|---|---|---|
| | 经营数量 | 百分比（%） | 经营数量 | 百分比（%） | 经营数量 | 百分比（%） | 经营数量 |
| 1890 | 23 646 | 84.8 | | | 4 226 | 15.2 | 27 872 |
| 1891 | 23 809 | 85.0 | | | 4 193 | 15.0 | 28 001 |

资料来源：Ministry of Agriculture and Fisheries and Food, A Century of Agricultural Statistics, Great Britain, 1866~1966, pp: 24~25. 1887 年全部农业土地包括 5 202 个无法归类的经营数量，292 000 英亩无法归类的经营面积。

表 5-11　1882、1892 年法国的租佃经营概况

| | 自有土地经营 | 货币租佃经营 | 分成制租佃经营 | 全部农业经营 |
|---|---|---|---|---|
| 1882 年各类农场数量 | 436 000 | 968 000 | 342 000 | 5 672 000 |
| 1882 年各类农场数量比例 | 76.9% | 17.1 | 6.0% | 100% |
| 1882 年各类农场面积比例 | 60% | 27% | 13% | 100% |
| 1892 年各类农场数量 | 4 297 183 | 1 061 401 | 344 168 | 5 702 752 |
| 1892 年各类农场数量比例 | 75.4% | 18.6% | 6.0% | 100% |
| 1892 年各类农场面积比例 | 53% | 36% | 11% | 100% |

资料来源：1892 年各类农场面积比例数据来自 [法] 弗朗索瓦·卡龙：《现代法国经济史》，吴良健、方廷钰译，北京，商务印书馆，1991 年，第 117 页。1882 年租佃经营数据来源于 [英] 克拉潘：《1815~1914 年法国和德国的经济发展》，傅梦弼译，北京，商务印书馆，1965 年，第 188 页。但是克拉潘书中的法国自耕农数目显然是指 2.5 英亩以上的数据，为了保持数据标准的一致性而被舍弃。其他数据来源于 Gordon Wright, Rural Revolution in France: The Peasantry in the Twentieth Century, pp: 212, 214 第一章注释 7 和第二章注释 14。数据的选取的原则主要是符合大部经济史著作对法国租佃经营的定性，认为 1882 年自有土地经营数目占大约 80%，1892 年则是大约 75%，因而全部农业经营数量采用的是农场总数，而不是土地经营者总数，否则无法符合这种论断。需要注意的是：（1）法国的大规模地产很少由所有人直接经营，通常都是出租经营（见卡龙前引书，第 107 页）；（2）克拉潘指出，一度在全法国通行的分成租佃制，到 19 世纪末已经成为某些省份的特有物了（见克拉潘前引书，第 187~188 页）。关于 19 世纪中叶以前法国分成租佃制的盛行，可以参见 Roger Price, An Economic History of Modern France, 1730~1914, p. 55.

表 5-12　考茨基收集的 19 世纪末法、德、美三国的租佃经营者数量统计

| 国别 | 19 世纪 80 年代 | | | | 19 世纪 90 年代 | | | |
|---|---|---|---|---|---|---|---|---|
| | 租佃经营 | | 自有土地经营 | | 租佃经营 | | 自有土地经营 | |
| | 经营数量 | 百分比 | 经营数量 | 百分比 | 经营数量 | 百分比 | 经营数量 | 百分比 |
| 法国 | 1 309 904（1882 年） | 27.1%（1882 年） | 3 525 343（1882 年） | 72.9%（1882 年） | 1 405 569（1892 年） | 29.3%（1892 年） | 3 387 245（1892 年） | 70.7%（1892 年） |
| 德国 | 2 322 899（1882 年） | 44.0%（1882 年） | 2 953 445（1882 年） | 56.0%（1882 年） | 2 607 210（1895 年） | 46.9%（1895 年） | 2 951 107（1895 年） | 53.1%（1895 年） |
| 美国 | 1 024 601（1880 年） | 25.6%（1880 年） | 2 984 036（1880 年） | 74.4%（1880 年） | 1 294 913（1890 年） | 28.4%（1890 年） | 3 269 728（1890 年） | 71.6%（1890 年） |

资料来源：[德] 考茨基：《土地问题》（上卷），岑纪译，北京，商务印书馆，1936 年，第 118~119 页。德国的大地产较少出租经营，大约只占农业经营总面积的 5%~6%，德国租佃经营绝大

部分是小块土地耕作,德国租佃经营的土地仅占农业经营总面积的 16% ~18%,远低于租佃经营数量占农业经营数量的比例。(参见克拉藩:《1815 ~1814 年法国和德国的经济发展》第 229 页)法国 1882 年统计存在悖论,有 5 672 007 个农场,4 835 246 个农业经营者,1892 年的数据显然也有这方面的问题,造成本表与表 5 – 3、表 5 – 11 的区别。(参见 Gordon Wright, *Rural Revolution in France*: *The Peasantry in the Twentieth Century*, p. 212, 第一章注释 7) 另外, 在 19 世纪末,由于部分大农场解体,地租下降猛烈,土地价格亦下降,但农民同样面临收入下降的困境,为了还债还被迫出卖土地,造成租佃经营面积比例的增加,表面上违反了向自有土地经营过渡的一般趋势,事实上由于农产品价格下降,这一时期的农民的经济地位地位下降了,因而造成了租佃制经营的上升(参见 Johan. F. M. Swinnen., "Political Reforms, Rural Crises, and Land Tenure in Western Europe", *Food Policy*, Vol. 27, No. 4, pp: 375 ~378。)

英国土地所有权的高度集中在 19 世纪就是英国争论最激烈的问题之一。经过 100 多年的争论,有一个基本的共识就是,英国土地所有权高度集中状况的形成经历了一个很长的历史时期,它既是中古封建时代的历史遗留,又是 17 世纪晚期到 19 世纪中叶英国特殊的社会、政治、文化环境的产物。

就 19 世纪以来英国社会各界(20 世纪以来则主要局限于学术界的圈子了)所争论的焦点而言,主要集中于近代以来英国所经历的土地集中进程,也就是 17 世纪晚期以来的土地集中进程,无论是马克思,还是哈蒙德夫妇、约翰森、哈巴库克、明格、贝克特等,均是如此。这种局面的形成,与当初这个问题引起注意的时候人们的观念有很大关系。19 世纪的人们曾经认为,在 1472 年塔尔塔雷姆判例①(Taltarum's Case)之后的 200 年中,英国的土地市场变得毫无限制,土地所有权人的数量大增,英国成为了一个对自己耕作的土地拥有所有权的自耕农组成的国家(a land of yeomen farmers owning the property they worked)。② 这种对 17 世纪晚期以前英国农村社会田园诗般的美化——夸大所有权自耕农的数量,导致了人们对 17 世纪晚期以后所有权自耕农衰落的夸大。

但是我们应该知道,在造成 19 世纪英国高度集中的土地所有权的"功劳"中,17 世晚期以来的土地集中,并不占其中最大的分量。这一点从表 3 – 1 "1436 ~1873 年间英格兰与威尔士的土地所有权结构的变迁"中可以看出。在 17 世纪晚期英国开始近代以来的土地集中进程的时候,英国的土地所有权就已经相当集中了。而这种集中显然是中古封建遗产。根据前文所谈到过的科斯敏斯基的庄园统计(见表 2 – 1),在 13 世纪晚

---

① 关于塔尔塔雷姆判例的影响参见本书附录 4 "近代英国家庭财产严格限定继承制度的缘起"相关内容。

② J. V. Beckett, "The Pattern of Landownership in England and Wales, 1660 ~1880", *The Economic History Review*, New Series, Vol. 37, No. 1, p. 2.

期自营地、农奴份地（从法律上说属于领主）、自由领有地之比为 32∶40∶28。自由持有农的土地的比例在 13 世纪晚期和 17 世纪晚期，几乎没有什么差别。当然也并不是说在在这几百年中没有发生过什么变化。黑死病之后，一些自由持有农的死亡导致这些土地落入领主之手，从而导致自由持有农土地总面积的缩小。因而在 1436 年的时候，以国王为首的教俗封建主阶级就占有了 80% 的土地。经过 16 世纪的英国宗教改革，拍卖教会地产，一部分土地落入自由持有农之手，到 17 世纪晚期的时候，他们所拥有的土地将近全国总面积的 1/3，① 但大多数的土地落入乡绅之手，因而仍然是属于大土地所有者内部的转手。17 世纪晚期以来，自由持有农的土地减少了 2/3 左右，这对于自由持有农阶级本身来说，确实是影响深远，但如果把这部分土地放到英国全国土地面积中去，它对英国高度集中土地所有权体制的形成，并不占非常重要的份额。

不过必须指出的是，英国学者对于 17 世纪晚期以来英国小土地所有者衰落的讨论，与上表所列出的中古晚期以来英格兰与威尔士土地所有权结构的变化往往并不一致。当学者们在讨论英国小土地所有者衰落的时候，他们并不仅仅是指自由持有农的衰落，还包括公簿持有农和受益性佃农的衰落，这就是一个相当大的数字，完全可以让当时的英国人对自耕农的衰落深感震惊与遗憾伤悲。如果仅仅是指自由持有农的话，这种衰落无论如何不会造成那么大的社会关注。当然，我们必须清楚，公簿持有农（copyholder）和受益性佃农（beneficial lessee）尽管被当作土地所有人来看待，但是他们的土地所有权从法理上来说是属于地主的，因而它们的衰落对于英国土地所有权的集中发展并没有影响。②

因此，要解释 19 世纪英国土地所有权的高度集中，还应当追溯到 17 世纪晚期自由持有农衰落以前的历史，从某种程度上来说，也就是参与"布伦纳争论"的学者们所关注的那一段历史。

布瓦等人认为，英国的封建主义比法国来得要晚一些，并且又部分地是一种"导入的封建主义"，这对英国的历史进程有重大影响。在 11 世纪和 12 世纪的西欧大垦荒时代，领主为了招募劳动力，给予前来投奔的农

---

① 这一时期自由持有农土地的增加，还与 17 世纪英国革命时期没收王党分子的土地进行拍卖有关，尽管比例不大，但还是有所增加。另外如前文所述，17 世纪中叶以前，谷物价格上涨，但是地主提高进入税和地租的企图受到王室法庭的阻挠，导致农民的经济地位改善，通过购买他们租种的土地，成为自由持有农，这也扩大了他们所拥有的土地面积。

② 当然，我们也要承认，近代早期领主对公簿持有地、受益性租佃地的所有权还不是现代意义上的所有权，这些土地的土地所有权仍然如中古时期一样是分割的，公簿持有农、受益性佃农也分享了部分所有权。

奴以人身自由，从而扩大了自由人的比例，带来农奴劳役制的衰落。但是在 11 世纪中后期，英国却发生了诺曼征服，这种全面性的军事征服，导致了英国农奴制的加强，农奴的人口比例更高，导致了英国的庄园化程度比西欧大陆国家更高。这就会导致农民占有的自由持有地比例偏低。同时，英国这种部分是"导入的封建主义"，也就会导致英国社会发展阶段的滞后。到 13 世纪时，法国的农奴制在许多地方已经变得很微弱了，但在英国却仍然还很强，从而使得在 14~15 世纪西欧封建主义危机来临的时候，英国农民的法律地位不如他们的法国同行，这当然包括他们对土地财产的权利，这就会影响到在这场危机所引起的社会变革中，两国的农民会面临不同的后果——法国的农民在获得人身自由的时候，也获得了很大一部分土地的实际所有权，而他们的英国同行虽然获得了人身自由，但是他们的习惯租地所有权仍然属于地主。①

布洛赫认为，英法两国近代早期土地所有权结构的差异，可以归因于两国王室司法权发展的时间差及其不同的发展道路。由于诺曼征服，英国的王权相对强大。从 12 世纪起，君主政体就以特别的力量建立了他的司法权，他的法庭高踞于原自由民法庭和领主裁判权之上，整个国家都处于它之下。但是这种罕见的早熟现象必然要付出代价。它必然被迫向领主的权力作出妥协，以获得他们的容忍。其妥协就是，对于领主采邑上的法律事件，王室法庭只能处理惩罚犯罪等社会治安方面的公法案件，而对于领主和佃户（维兰）之间租地关系方面的纠纷，王室法庭无权审判，只能由领主自己或其法庭作出裁判。其结果必然是按照领主的利益进行判决。我们知道，在中世纪，没有现代意义上的所有权概念，土地所有权处于分割的状态。随着罗马法的复兴，人们要求弄清楚谁是租地的主人。在英国，由于王室法庭在 15 世纪末之前无法对土地租佃案件进行审判，而是交由领主的庄园法庭审判，其结果是英国的土地习惯法发展倾向于承认领主是租地的所有者，导致中古英国的维兰制转化为公簿持有租佃制。到 15 世纪末王室法庭终于有权审判租地案件的时候，尽管如前所述，王室法庭在 16~17 世纪阻止了领主随意提高地租或进入税以驱赶小佃农的横霸行为，但是它也不得不承认公簿持有地的所有权属于领主，不得不承认各地最大多数农民对土地的占有并不稳定。

在法国，国王司法权发展较迟，比英国整整延迟了一个世纪，而且完

---

① Guy Bois, "Against the Neo-Malthusian Orthodoxy", in T. H. Aston and C. H. E. Philpin, eds., *The Brenner Debate*, p. 112~114.

全沿着不同的道路演变。从 13 世纪起,王室法庭逐渐地蚕食了领主司法权,从原则上讲,王室法庭从一开始就管辖领主和佃户之间的诉讼案。其结果是农民至少保留了租地的继承权,租地继承权经由法官的保证而得到巩固,并在 16 世纪成为一种习俗,此后不再有争议。就这样,从 13 世纪起有一些实践家,从 16 世纪起有一些著作家,他们认为份地佃农是租地的所有者。到 18 世纪这已成为公认的看法。① 份地佃农被认为是土地的所有者,只是上面还覆盖着一层封建义务的遗留物。一旦法国大革命废除了这一层遗留物,农民就成为了他们耕种土地的所有者,法国农民获得了很大一部分土地所有权。但这并非主要是法国大革命的后果,而是长期历史发展的产物,法国大革命对于法国土地的所有权结构并没有大的影响。② 根据法国经济史学家拉布罗斯(Labrousse)的估计,1789~1799 年之间转手的农业土地不超过 10%。③

在前文所述的著名的布伦纳争论中,其他论者与布伦纳的争论焦点是,16~17 世纪的英国习惯佃户对土地的占有是否像布伦纳所说的那样没有保障,同一时期法国小农对土地的占有是否像布伦纳所说的那么稳固,但是对于近代初期两国不同的土地所有权结构的观点则没有多少争议。换句话说,布伦纳的批评者尽管认为 16~17 世纪的英国公簿持有农土地占有相当稳固,但并不否定这些土地的所有权属于领主。也就是说,对于 17 世纪晚期英国不少于 2/3 的土地所有权已经属于大土地所有者这一点,大家并没有什么争论。它确实是封建时代的历史遗产,中世纪英国的庄园化程度高、农奴制解体较迟、所有权发展过程中倾向于承认份地所有权属于领主(都是以法国作为参照物)

---

① [法] 马克·布洛赫:《法国农村史》,余中先等译,北京,商务印书馆,1991 年,第 146~148 页。

② 据估计,17 世纪法国农民"拥有"(hold as their own)的土地占法国耕地面积的一大半(a good half),教会占至少 10%,贵族占 1/4 多,资产阶级在城镇附近占有不少土地(参见 Pierre Goubert, *The French Peasantry in the Seventeenth Century*, p. 26)。就法国大革命前夕的土地所有权结构而言,由于地区差异很难作出全面的估计,中国学者主要根据一些法国革命史学者的论述,认为大革命之前法国农民所有的土地为全国 1/3 左右。也有西方学者估计,大革命前法国农民所拥有的土地与 17 世纪相差不大,教会土地估计为 15%,贵族土地估计为 20%,农民拥有的土地估计为 54%(参见 Owen Connelly, *The French Revolution and Napoleonic Era*, pp: 45, 46, 51),资产阶级约为 12%~15% [参见 [法] 雷吉娜·佩尔努等:《法国资产阶级史》(下册),康新义等译,上海,上海译文出版社,1991 年,第 229 页],罗杰·普莱斯认为法国大革命没有对法国的土地所有权结构带来大的影响,被拍卖的教会土地和逃亡贵族土地大部分落入资产阶级之手,因而土地的转手主要发生于社会上层阶级之间(参见 Roger Price, *An Economic History of Modern France, 1730~1914*, p. 54)。

③ Francois Crouzet, *The Economic Development of Modern France Since 1870*, Volume. 1, p. 383.

等历史因素，造成了英国土地所有权的集中程度在近代初期就已经很高的局面。

经济史家们多认为，造成19世纪英国土地所有权的高度集中与租佃经营的高度发展，主要并不能归因于经济的原因，而应当是社会的原因。那些积聚大片土地所有权的大地主所追求的主要是由土地所有权所带来的一种社会影响力。当他们通过拥有大片土地获得了无法通过拥有其他财产而得到的社会的政治的影响力的时候，他们愿意付出比土地的经济价值更高的土地价格，从而阻止了农民获得土地的努力。与此同时，大土地所有者向佃户收取的地租低于土地的市场地租，这就使得农业经营者通过租佃经营比自有土地经营更为有利。这一点往往为我们的惯性思维所难以理解。在我们的眼里，租佃经营要求付出地租，怎么会比自有土地经营更为有利呢？但如果我们考虑到土地资本可以投资到其他更为有利的投资机会上去，并且当时英国确实有很多收益更高的投资机会，这就很容易理解了。因而我们经常可以看到一些英国的小自耕农卖掉自己的土地（"freeholder"卖掉的是所有权，"copyholder"和"lessees for lives"卖掉的就是土地的长期低价租佃权），转化为资本，承租更大的土地，成为大租地农。① 如果英国的地主也像他们的法国同行一样尽可能地提高地租，那么英国的农业经营者也会像法国的农民那样视土如金，不惜一切代价地扩大自己所拥有的土地，努力成为一个独立的自耕农。②

在光荣革命之前的都铎王朝和斯图亚特王朝时期，一个贵族在政治上的地位往往可以通过国王的宠信而获得，但是在1688年革命以后，形势发生了变化，一个人要获得突出的政治地位和社会影响力，就必须拥有大量的地产。③ 18世纪的英国是贵族政治的全盛时期，英国贵族在剥离了中世纪贵族的分裂特性后，控制了英国的政治大权，他们在英国社会政治生活中的强大影响力来自于他们对地产的占有。尽管我们说自16世纪以来领主越来越以商业的眼光来看待地产，但是历史的传统很难在一个较短的时期里得到根本性的改变。当土地贵族日益用商业的眼光来看待地产的时候，对地产的占有仍然附着中古时代遗留下来的政治的和社会的附属物。在16世纪和17世纪前期的英国土地所有权结构大变动中，购买土地的主

---

① Arthur H. Johnson, *The Disappearance of the Small Landowner*, p. 117.
② Francois Crouzet, *The Economic Development of Modern France Since 1870*, Vol. 1, pp: 317~318.
③ Robert C. Allen, *Enclosure and the Yeoman*, p. 101.

要是商人，而不是那些以前就已经拥有大地产的人。商人们在购买地产的时候尽管也考虑地产所带来的社会地位，但他们更多的还是作为一种有利的投资，一是因为地产投资相对安全，二是因为英国革命以前的专卖制度限制了投资机会，使得在商业中积累起来的资金只好流向地产。但是在17世纪晚期到18世纪，购买土地的绝大多数本身早已是大土地所有者，他们更多的是出于社会的政治的目的，而不是出于经济利益的打算。因为到17世纪晚期的时候，英国的专卖制度已经被废除，商业投资的机会已经大大增加，并且利润更高。另外，当时英国政府为了应付战争的需要，大量发行政府债券，这种投资具有地产一样的可靠性，并且更加容易买卖处理，投资回报率也高于地租的收入，但是土地贵族却更愿意投资于地产，这就很难用"以末致富，以本守之"的经济伦理来解释土地贵族的行为方式了。①

地产是一种显而易见的财产，人们一眼就可以看出一个人所拥有的财富，从而给他尊敬。另外，从古代起人们就形成了对土地所有者的尊敬，认为他们热爱国土、品格高尚。总之，在当时的英国，人们普遍认为，国家的政治权力应该交给土地所有者。无论是投资于商业，还是投资于政府公债，他们都不可能带来拥有地产所能带来的社会政治效益，正是这种政治的和社会的效益补偿了地产所有者在经济利益方面的损失。② 当然，这些大土地所有者也通过土地占有获得了各级政府的官职，为他们带来了丰厚的收入，这些收入在很多情况下和他们收取的地租收入一样多，这也就成为了他们在地租收益方面损失的补偿。③ 而这种社会、政治的补偿并不是小土地所有者所能够获得的，他们宁可接受这种特殊的社会安排给他们带来的地租上的优惠。

这些大土地所有者之所以能够不断地积聚地产，并不是因为大地产的经营效率更高、管理更好，从而排挤了中小土地所有者，而是因为他们通过大地产的占有获得了很多国家机构的职位，从中获得了大量的收入。另外，土地贵族也成功地通过与工商界人士的联姻来缓解家庭财政的压力，保住并扩大了他们的大地产。是大地产所带来的巨大社会政治收益，能够弥补它的低经济收益，而并非大地产本身的经济优势，导致了近代英国土

---

① H. J. Habakkuk, "English Landownership, 1680~1740", *The Economic History Review*, Vol. 10, No. 1, pp: 2~17.

② G.. E. Mingay, *English Landed Society in the Eighteenth Eentury*, pp: 3~4.

③ H. J. Habakkuk, "English Landownership, 1680~1740", *The Economic History Review*, Vol. 10, No. 1, 1940, pp: 10~11. 而在1640年的时候，很少有地主的收入来源于非农业收入。

地所有权的高度集中。①

由于地产能够为一个贵族家族带来巨大的声望和政治利益，并借此来间接地获得巨大的经济利益，因而土地贵族必然会极力扩大和保持他们的地产。为此他们摸索出了一套阻止地产分散的制度设计，其中最为重要的就是家庭财产严格限定继承制度（strict family settlement），② 它起到了中世纪限嗣继承法的作用。③

在这种严格继承制度之下，土地贵族无法通过出卖地产来缓解他们不时出现的财政困境，他们不能够把地产分割让几个儿子继承，也不能够出卖一部分地产来作为女儿的嫁妆。为了让他们的非继承人的儿女在婚后拥有地产，他们只好以现有的地产作抵押进行借贷，从小土地所有者那儿购买地产给予他们的非继承人儿子和女儿作结婚礼物。所幸的是，17 世纪中期以后英国抵押信贷制度发生了重要变化，抵押物被拍卖的几率大大降低，同时利息率也大为下降，这就有助于缓解家庭财产严格继承制度为土地贵族所带来的财政困境，从而有助于大土地所有者扩张和保持地产。

人们往往认为英国贵族是一个开放的阶级，不过对于 1660 年以后 200 年中英国大土地所有者集团而言，则并非如此。在 1660 年之前，购买地产的多是商人。但是在 1660 年以后，购买地产的则多是历史悠久的土地贵族，通过购买地产而进入土地贵族行列的工商界人士下降了。在英国土地贵族实施家庭财产严格限定继承制度之下，地产一旦进入了大土地所有者之手，就不会再次进入市场参与交易，造成了土地流向的单向性，土地所有权不断集中。④ 而在 18 世纪的法国，则是贵族的地产流入到了新兴的富人之手。⑤

无论如何，这些制度发生作用的背景是，在英国拥有大片的土地所有权，除了经济上的收益外，还能够带来社会的和政治的收益，从

---

① G. E. Mingay, *English Landed Society in the Eighteenth Century*, pp: 50~79. 地产被严格限定后，往往阻碍了地产终身保有人对地产的合理经营。根据英国的普通法，地产终身保有人的权限是很有限的，他必须遵守 "waste" 原则，这样他就无权砍伐地产上的木材，也不能进行新的矿物开采，也不能够翻耕古老的草地；与此同时，他没有义务去阻止地产的 "passive waste"，导致地产的状况变坏。他也无权通过处理一部分地产来获得资金以改善剩余部分的状况。他本人的资本往往用于支付其他兄弟姐妹根据协议所应获得的利益，也导致他没有更多的资金来改善地产。主要是由于 19 世纪晚期，大批转移受限土地保有人陷入财政危机，难以清偿到期债务，促使了国会于 1882 年通过《转移受限土地法》，准许终身地产保有人出卖这种转移受限地产，以缓解财政危机。参见 A. W. B. Simpson, *A History of the Land Law*, pp: 239~240, 285.

② 其缘起和内容参见本书附录 4。

③ Arthur H. Johnson, *The Disappearance of the Small Landowner*, pp: 120~121.

④ H. J. Habakkuk, "English Landownership, 1680~1740", *The Economic History Review*, Vol. 10, No. 1, pp: 7~8. Robert C. Allen, *Enclosure and the Yeoman*, pp: 102~104.

⑤ J. L. Hammond and Barbara Hammond, *The Village Labourer*, 1760~1832, p. 22.

而使得土地的价格高于它的经济价值；同时土地所有权带来的地租收入偏低，这就挫败了佃农获得土地的努力，也使他们对于获得土地所有权的积极性不高；而且由于土地的转手往往是以大面积进行的，这也就并非一般的农业经营者可以购买的，从而阻止了农业经营者获得土地；在英国的土地交易制度下，土地的交易成本高，并且平均每英亩的交易成本随着交易土地面积的扩大而降低，不利于一般的农民获得土地所有权。① 上述原因造成了 19 世纪的英国在农业土地所有权结构发展变化的道路与其他西方发达资本主义国家很不一样。英国租佃经营高度发展，而在其他国家则是自有土地经营农民和非租佃土地面积的比例增加，佃农越来越多地获得土地所有权。

但是到了 19 世纪下半叶，随着工业社会的确立和社会价值观念的改变，拥有地产不再是决定社会地位和进入政界的重要条件，地产的社会性收益大为降低，加上 20 世纪初叶英国政府引入的高额地产继承税，导致了贵族大地产的解体。在 20 世纪的进程中，英国的农业经营者逐步地获得了土地所有权，经营自有土地的农业面积比例日益增加，慢慢地超过了租佃经营的面积。

## 第四节 19 世纪 70 年代以前雇佣型大农场兴起的原因

### 一、19 世纪 70 年代以前欧美国家雇佣农场的一般性优势

如上所述，尽管圈地运动确实促进了小农的衰落，但它并不是近代英国雇佣农场兴起的根本原因。经典作家们尽管强烈谴责了圈地运动对英国小农的剥夺，但是在内心当中，他们仍然认为是雇佣型大农场的一般性优势才是英国小农衰落的根本原因。他们认为大农场的兴起，从根本上来说还是大农场发挥一般性优势，经过自由竞争逐步排挤了小农场。这也是其他赞同大农场制度的非马克思主义历史学家所持的观点。在反对马克思、哈蒙德夫妇等传统圈地运动观点的修正派的历史学家眼里，更是如此。即便是当代经济史学界对"修正派"观点持强烈批评态度的阿伦也认为，哈蒙德夫妇关于国会圈地运动造成英国小农衰亡的说法站不住脚，大农场的

---

① Avner Offer, "Farm Tenure and Land Values in England, c. 1750~1950", *The Economic History Review*, New Series, Vol. 44, No. 1, p. 10.

兴起从根本上来说还是由于经济的原因——大农场能够支付更高的地租,尽管这种更高的地租并不意味着更高的农业产出,而是因为雇佣农场通过排挤劳动力,支付的劳动成本大为降低,从而增加了李嘉图剩余,能够付出更高的地租。①

一般而言,在雇佣农场制度下,许多人在一起劳动,通过不同劳动者之间的分工与合作,发挥集体的力量,可以进行许多单个人或少数人所无法完成的工作。譬如说兴修水利等大规模的事业,往往无法依靠家庭农民的力量来进行。尽管我们知道它可以通过公共部门的组织来进行,但是在缺少强有力公共领导的情况下,水利设施的兴建和维修往往会非常不到位。与此同时,大农场可以通过农场内部的劳动专业分工,使每一个人长期干自己擅长的工种,熟能生巧,可以提高每一个人在其所从事领域中的劳动熟练程度,提高劳动效率。大规模经营农场的内部分工,也可以让有技术和经验的人指导其他人进行生产劳动,发挥技术人员的优势,从而提高每一个人的劳动生产率。② 尽管我们知道,在农业生产部门,劳动分工的必要性不强,但是在一些特定的时期,这种劳动分工也是存在的,并且确实能够带来劳动效率的提高。

与我们今天在新大陆国家看到的规模巨大的家庭农场不一样,在 20 世纪之前的西欧,雇佣农场往往就等同于大农场,而家庭经营农业往往就等同于小块土地耕作。在这种情况下,雇佣型大农场面积广阔、方便耕作。而在家庭经营,农场地块相对较小,边界又较多,耕作这样的土地费工费时,如果合并起来,就可以少干许多没必要的活儿。而且雇佣农场由于面积大,有利于大型农业机器的采用,也有利于大型机器设备发挥经济效益,因为这些机器的使用往往是随着耕作面积的增加而效益递增。而在小农场制度下,同样的生产设备往往只能耕种面积相对较少的土地,造成了资源的浪费。这种情况对于其他的农场基本建设而言也是如此,大规模的经营能够使各种基础设施发挥作用,取得经济效益,也使得水利设施的合理安排和修筑更为方便。总的来说,相对于当时面积普遍狭小的家庭农业而言,雇佣经营农场由于其规模较大,能够更为有效率地使用各项资本投入,从而取得更高的经济收益。③

---

① Robert C. Allen, *Enclosure and the Yeoman*, pp: 85~86.
② [德] 考茨基:《土地问题》(上卷),岑纪译,北京,商务印书馆,1936 年,第 137~144 页。
③ [德] 考茨基:《土地问题》(上卷),岑纪译,北京,商务印书馆,1936 年,第 131~137 页。

就其市场交易成本而言,大农场每一次的市场交易量大,因而市场交易所付出的平均成本就会比家庭经营的小农场低不少,从而具有优势。另外,由于大农场主的经济状况更好,可以等到农产品价格上涨的时候才出卖,而小农却只好在收割季节价格低廉的时候出卖,以清偿债务,这当然就会蒙受损失。与此同时,在购买生产资料和出卖产品的事务上,大农场主在与商人的谈判中处于更为优越的地位,以更为有利的条件进行市场交换。他们也往往能够在信贷市场上以更为优越的条件获得资金,以便采用先进的生产技术和作物品种。① 这在19世纪晚期合作化运动大规模兴起以前,的确是如此。尤其是在英国,农场主具有强烈的个人主义倾向,不愿意服从团体的纪律约束,缺少德国和丹麦农民那种合作化热情。直到"一战"之前,英国农业合作化运动的发展仍然相当落后,大大落后于其他欧美发达国家,从而使得小农在市场交易中的劣势非常明显。②

一般而言,大农场的经营者更为富裕,从而有更多的资金用于农田改良、购买肥料、引进新的作物品种和牲畜品种等。③ 这在19世纪晚期以前的西欧各国确实如此,因为当时各国还没有建立起支持农业发展的信贷体系,小农难以通过信贷来缓解资金上的劣势。即便他们可以通过更多的劳动来弥补资金方面的劣势,但是由资金缺乏而带来的基本劳动工具和牲畜方面的缺失,是难以通过更多的手工劳动来弥补的。

## 二、自由放任主义政策与雇佣型大农场的优势

人们常说蒸汽机技术导致了现代工厂制度的建立,资本主义雇佣制度大发展,排挤了前工业时代小作坊式的生产。这也就是人们常说的生产力决定生产关系,生产技术的特征对于生产关系的变革至关重要。19世纪的人们也渴望将蒸汽机技术引入农业生产部门,而当时的经典作家也展望蒸汽技术会带来农业生产关系的巨大变革,导致家庭式小农生产的衰亡,走向资本主义雇佣式大生产。很多人也据此认为19世纪欧美国家雇佣式大农场的生产是农业机械化的必然产物。

但实际上,蒸汽技术在农业部门的扩张十分缓慢,并且十分有限,这是由农业生产的特殊性所决定的。由于农业生产必须在一个广阔的空间进

---

① 以上参见:Lord Ernle, *English Farming: Past and Present*, pp. 214~223; Arthur H. Johnson, *The Disappearance of the Small Landowner*, pp. 116~119. [德] 考茨基:《土地问题》(上卷),岑纪译,北京,商务印书馆,1936年,第144~149页。
② E. J. T. Collins, *The Agrarian History of England and Wales*, Vol. 7, 1850~1914, pp. 192~196.
③ Arthur H. Johnson, *The Disappearance of the Small Landowner*, pp. 109~110.

行，要求机器设备不断移动，而蒸汽机十分笨重，移动不便，导致了蒸汽技术在农业部门的推广十分缓慢，从而对农业生产方式和生产关系的影响十分有限。因此，如果我们充分考虑到19世纪70年代以前西欧、北美国家的真实农业生产技术水平，人们就不应当过分地夸大这一时期雇佣农场的规模经济效益。就农业生产的机械化而言，它主要开始于劳动力稀缺的美国，而美国农业占主导地位的是家庭农场。对于西欧国家而言，农业生产的机械化主要是19世纪末期的事情。① 用农业生产的机械化来解释19世纪70年代以前欧美国家雇佣农场的兴起，显然难以令人信服。

如前所述，18世纪的英国是雇佣型大农场扩张的关键时期，这一时期的英国农业耕作技术仍然是马耕之类的技术，而非蒸汽机技术，并不需要很多人之间的分工与合作，因而大规模雇佣经营的规模效益并不会很明显。另一方面，人们应当注意到，农业部门劳动受制于无数的变量，难以监控雇佣劳动的数量与质量。例如说，不可控的气候以及各种疾病，会对农作物和牲畜的产出产生极大的影响，人们很难衡量劳动者的贡献和他所应当承担的责任，因而很难对劳动者的劳动数量和质量进行监督。这就使得农业雇佣经营的规模效益并不会很高。② 总而言之，主要从生产技术特征、分工合作的规模经济优势来解释19世纪70年代以前欧美国家雇佣型大农场的兴盛，显然是很不充分的。

并且，我们今天也已经知道，从19世纪末期以来，包括英国在内的西方国家雇佣农场衰落了，家庭农场重新夺回了他们一度失去的优势。其他许多家庭农场制度占优势的国家，农业获得了迅速发展，并取得了比实行大农场制度的国家更为优异的农业经济绩效，前述大农场制度的一般性优势似乎失去了作用。

事实上，根据我们前面的论述，19世纪70年代以前欧美国家大农场的技术优势、资金优势、市场优势等一般性规模经济优势与当时各国盛行的自由放任主义紧密相关。在这种自由放任主义政策之下，大农场规模经济优势特别明显，而家庭式农业经营的劳动优势难以发挥，小规模经营的劣势则比较明显，从而被排挤。

在18世纪中叶以来的自由放任主义的意识形态下，农业技术的革新主要来自于富有进取心的私人企业家，政府只是不阻挡而已。在联合王国

---

① [英]哈巴库克、波斯坦主编：《剑桥欧洲经济史》（第6卷），王春法等译，北京，经济科学出版社，2002年，第610~612页。
② Pollak, R. A., "A Transaction Cost Approach to Families and Households", Journal of Economic Literature, Vol. 23, No. 2, pp: 585~592.

和尼德兰，政府对于社会要求政府资助农业科研与推广的呼吁充耳不闻，德国和美国的政府在这方面稍微好些，但两国政府的支持也是很有限的。就当时各国的农业协会、农业杂志、农业学校而言，他们也多半是由私人资助的，政府的支持很少。著名的英国皇家农业协会（Royal Agricultural Society）和高地农业协会（Highland Agricultural Society），都是在没有政府的资助下发展起来的，主要由大农场主和大地主所资助。尼德兰的情况也基本相同，政府对农业协会的资助也非常有限。即便是在德国和美国，农业协会受到政府的鼓励，但政府的支持仍然还是很有限的。就农业学校而言，当时也主要是由私人团体（通常是农业协会）创办，但是它们的成功往往需要政府的支持。在英国，农业学校是在没有政府的帮助下发展起来的，在德国和美国，政府对这些私人创办的学校进行了资助，但力度仍然不够。因而当时各国农业技术的进步，主要还是由有进取心的农民自己进行的。[1]

阿瑟·杨在探讨18世纪大农场的优势时提出，大农场主往往家庭出身较好，有文化，能够阅读农业新技术和新方法的书籍，而小农没有文化，信息闭塞，因而就会在新技术的采用上处于劣势，当然就会被大农场主所淘汰。[2] 这在19世纪晚期之前的英国的确如此，英国的义务教育法直到19世纪70年代才开始实施。在其他较早实施义务教育的国家，也难以一下子就改变这种情形。当时各国的农业教育，也主要是面向大地主和农村资产阶级的子弟，他们当然就会在农业经营方面处于先进的地位，从而排挤小农。

在这种自由放任主义政策之下，在这种私人部门主导的技术研发与推广的技术进步模式之下，大农场因其资金和人员众多的优势，在技术革新和应用方面，就会具有很大的优势，从而排挤小农场。在这种情况下，大农场制度确实更有利于农业的进步。如果说在一个技术变化缓慢的时代，小农可以通过向邻人模仿以及通过更多地投入劳动来弥补他们的劣势，这种相对落后并不会有较大的差距，但是在一个技术进步加快的现代社会里，小农的这种相对落后就会出现较大的差距，并为此付出代价，为大农所排挤。[3] 在许多国家形成了占统治地位的大农场优越论的意识形态，这

---

[1] Niek Koning, *The Failure of Agrarian Capitalism*, pp: 59~61.
[2] 转引自 Robert C. Allen, *Enclosure and the Yeoman*, pp: 191~192.
[3] 英法两国农业在18世纪的不同绩效，以及英国这一时期大农场在技术革新中的优势可以作如是解。Robert Forster, "Obstacles to Agricultural Growth in Eighteenth-Century France", *The American Historical Review*, Vol. 75, No. 6, p. 1602.

又促使了各国政策对大农场的倾斜,以及对小农场的忽视。① 这就更加加剧了这一时期大农场的优势。

随着19世纪末欧美国家逐渐放弃自由放任主义的政策,随着各国公共部门支持的农业技术研发与推广体系的建立,随着农业合作化运动的兴起,雇佣农场的技术优势、资金优势、市场优势等规模经济优势下降,而家庭式农业经营的劳动优势得到发挥,抵消了雇佣农场的上述优势。

### 三、粮食价格高涨与劳工价格低廉

许多学者认为,19世纪晚期以前西方资本主义国家雇佣型大农场的兴起,在很大程度上可以归因于工业革命初期阶段各国人口的快速增长,以及粮食价格的高涨。② 众所周知,18世纪中叶以后,西方各国均出现了快速的人口增长,与此同时,当时的工业革命又主要是劳动节约型技术的发明与运用,加上当时工业生产的扩张速度其实也并不快,这就使得各国农村积累了一大批显性或隐性失业的过剩廉价劳动力,使得农业雇工工资低廉。另一方面,当时农业生产的发展总的来说难以跟上人口增长的步伐,导致粮食价格的大幅上扬。在这种情况下,规模效益并不明显的农业雇佣经营有利可图。③ 这也可以从19世纪中叶英国不同地区大农场的不同比例看出来,高工资的北部工业区如兰开郡等地,小农场的比例较大,而缺少非农就业机会的低工资的东南部和南部农业区,大农场的比例非常高,农业中雇佣劳动力的比重更高。④

尽管根据恰亚诺夫的分析,小农场在人口过剩的条件下,在家庭消费的压力下,投入更多的劳动,能够获得更高的单位面积产出,付出更高的地租,从而排挤雇佣农场。可是我们也不得不承认,在19世纪末期以前,恰亚诺夫所描述的这种情况并不明显。事实上,在社会工资已经很低的社会条件下,在低于社会工资的情况下继续投入劳动,进行过密化生产,它能得到的"额外报酬"就不会很多了。在这种情况下,资金匮乏所带来的劣势会超过农民农场的劳动优势,而如前所述,小农的资金劣势在这个时期又相当严重,因而他们在很多情况下甚至连单位面积产量也比不上雇佣

---

① Niek Koning, *The Failure of Agrarian Capitalism*, pp: 62~63.
② Niek Koning, *The Failure of Agrarian Capitalism*, pp: 16~18.
③ [日]中村哲:《近代东亚经济的发展和世界市场》,吕永和、陈成译,北京,商务印书馆,1994年,第202~206页。
④ [英]克拉潘:《现代英国经济史》(上卷),姚曾廙译,北京,商务印书馆,1997年,第555~556、574~575页。Michael Winstanley, "Industrialization and the Small Farm: Family and Household Economy in Nineteenth-Century Lancashire", *Past and Present*, No. 152, pp: 157~195.

农场。①

在一个粮食价格上涨的年代,尽管小农也可以获利,但是由于他们农产品出卖的比例较低,因而从物价上涨中获利并不大,而大农场由于出卖比例大,获利更多,也可以使他们付出更高的地租。

不过人们也会提出,近代英国小农的大规模衰落是在17世纪晚期到18世纪中期,而这一时期英国的情况是人口增长缓慢、粮食价格下降、实际工资上升。这又如何解释呢?有一种解释认为,在农产品价格下跌的时候,大农场可以通过生产改良、提高产出来应对,因而可以渡过难关,而小农场缺少这个能力,只好被淘汰。就像在工业部门中一样,在经济危机的时候,只有那些大企业可以其雄厚的资本和技术在竞争中生存下来,而那些小企业则被淘汰。因而,许多小农被迫出卖土地。② 这就与上述解释完全相反了,同时也与19世纪晚期的情况相矛盾。即便是大农场优势论的支持者们都认为,19世纪晚期世界粮食价格的下降是大农场制度衰落的重要原因,甚至把它当作根本原因。事实上,在谷物价格下跌的时候,那些大农场可能损失更为巨大,因为大农场的农产品出卖比例更高,而小农场由于较大部分用于家庭消费,出卖比例较低,因而损失较小。③ 因而对于17世纪晚期到18世纪中叶英国小农的衰落还必须作出更为深入的分析。

事实上,从16世纪以来,在人口增长、工资下降、粮价上涨、农业技术进步不均衡(小农因为资金短缺而相对落后)等条件下,英国和西欧(以法国为例)就一直存在大农场排挤小农场的趋势。即便在法国,农民对土地的权利相当强固,但仍然存在这种趋势,这可以从法国北部地区大农场排挤小农场的情况以及拉迪里所研究的郎该多克地区的情形明显地看出来。④ 在英国更是如此。在16~17世纪,地主有强烈的驱赶习惯佃户的愿望,因为大农场可以通过排挤劳动力获得更高的收益,从而支付更高的地租,尽管它往往是以降低农场的总产出为代价的。但是由于王室法庭的介入,使得公簿持有农和受益性契约租地农对土地获得了相当大的产权,地主很难通过提高进入税和地租来解除租佃契约,只能是通过购买习惯佃

---

① Niek Koning, *The Failure of Agrarian Capitalism*, pp: 16~18.
② G. E. Mingay, "The Agricultural Depression, 1730~1750", *The Economic History Review*, New Series, Vol. 8, No. 3, pp: 323~338.
③ Mark Overton, *Agricultural Revolution In England*, pp: 20~21. [日] 速水佑次郎、[美] 弗农·拉坦:《农业发展的国际分析》,郭熙保、张进铭等译,北京,中国社会科学出版社,2000年,第429~433页。
④ Emmanuel Le Roy Ladurie, *The Peasants of Languedoc*, pp: 85~88.

农对土地的长期低价承租权来合并地产，进行大块出租。

如前文所述，公簿持有农和受益性契约租地农的租佃方式，在某种程度上类似于抵押借贷。在农民承租土地的开始，农民必须向领主交纳数目很大的一笔钱——"进入税"（fine），事实上这就相当于农民借给了地主一大笔钱，以后农民每年只向领主缴纳比较低的地租（rent）。这种租佃模式，一定程度上相当于地主把土地抵押给了佃户，佃户缴纳的"进入税"（fine）类似于抵押借款额。正因为上述租佃方式类似于抵押信贷，在信贷市场上利率高昂、抵押物容易被拍卖的情况下，上述租佃方式就是一种比抵押信贷更好的借钱方式。而17世纪中叶以前的英国正是如此，一方面当时抵押信贷市场上的利率很高，另一方面，在当时的抵押信贷制度下，抵押物品也容易被拍卖掉。因而对于地主而言，他只好忍受公簿持有农和受益性契约租地农租佃方式较低的地租总额（fine + rent）。① 这就阻止了地主把公簿持有地和受益性租佃地交给大租佃农以获得更高的地租，从而也就阻止了大农场的扩张。

17世纪晚期到18世纪中叶，英国的谷物价格下降，劳工价格上升，从19世纪末以来西方发达资本主义国家的经历来看，应该是雇佣型大农场优势降低的时期。可是在这一时期的英国，却是许多小农被迫出卖土地，成为近代英国小农衰落的关键时期。在笔者看来，这一时期大农场优势的减弱是相对的，它仍然具有优势，并且终于有机会得到释放，从而使得近代英国的大农场制度在一个本来并不是十分有利的市场状况下确立了起来。② 在16~17世纪，许多小农能够顽强地生存下来，在很大程度上是依靠非市场的力量——法庭对公簿持有农和受益性契约租地农的保护，以及更多的劳动和降低消费。但是到了17世纪晚期以后，地主的力量增强了，由于抵押信贷市场制度的发展，以及利率的降低，便于他们通过贷款来扩大地产。而小农则在沉重土地税的压力下，被迫出卖土地，或出卖他们的自由持有地，或出卖他们的公簿持有权和多代租佃权。通过这些方式，大地产得到了扩张（如前文所述，大地产能够为大地主带来丰厚的社会政治收益）。

就公簿持有地和受益性契约租佃土地形式的结束来说，主要是地主态度的变化。这一时期抵押信贷制度的发展，抵押物品不再容易被拍卖，借贷利率也降低了，使得地主不再愿意利用公簿持有和受益性租佃来进行

---

① Robert C. Allen, *Enclosure and the Yeoman*, p. 102.
② Robert C. Allen, *Enclosure and the Yeoman*, p. 86.

"借贷",不愿意再蒙受这些租佃模式所造成的低地租(fine + rent)。因而在这个时期里,当这些有利于佃农的租佃形式到期的时候,地主不愿意再续约,也就结束了公簿持有地和受益性出租地的租佃形式。地主把土地合并起来,交给大佃农,以获得更高的地租。这样,大农场扩张的障碍就被排除了。① 因为一般而言,在农民的土地所有制之下,通过自由竞争走向农业资本主义雇佣经营比较困难,即便小农的经营并不经济,他们还是能够通过投入更多的劳动和压低家庭消费顽强地生存下来,这可以从19世纪法国的历史看出来。但是在市场短期租佃制条件下,大农场扩张的阻力就少得多了。

至于那些被排挤的小农来说,有不少本身就是在缺少农业外就业机会的情况下,被迫以降低生活水平为代价来维持的。17世纪晚期到18世纪中叶,随着英国工商业的发展,农业外的就业机会增加了,社会工资提高了,继续以降低生活水平和更多地投入劳动来保住小块土地经营,也就没有多大意义了,因而许多过小农(不能通过农业经营来获得当时社会必要生活收入的农民)就出卖了土地,离开了农村,也就促进了大农场的扩张。当然,当时的谷物价格低廉和沉重的土地税也对小农衰落起到了促进的作用。即便是在19世纪末粮食价格下跌、社会工资上升、雇佣型大农场衰落的时期,小农的衰落也是很明显的,其原因也是类似的。需要说明的是,这些小农的衰落与农业资本主义雇佣经营的扩张并没有直接的联系,小农的衰落既可能导致资本主义雇佣农场的扩张,也可能导致中农化的发展。

19世纪末的谷物价格大为下跌、牲畜产品价格相对坚挺,造成了大农场的衰落与家庭经营农场的复苏。17世纪晚期到18世纪中叶,英国同样的价格变化却促成了大农场的扩张和小农农场的衰落。对此问题,我们必须要考虑这两个不同时期不同产品生产比较优势的变化。在19世纪中后期,西欧雇佣型大农场偏向于谷物生产,而小农农场偏重于蔬菜、水果、动禽和乳产品的生产。在19后期,由于化肥和机器的大量采用,谷物生产成为了劳动粗放和土地密集型的产品。而蔬菜、水果、动禽和乳畜产品的生产,却由于要求精细的照料,成为了复杂劳动的产品,适合于自我雇佣的家庭经营方式。因而在当时谷物价格大跌而蔬菜、水果和牲畜产品价格相对坚挺的市场条件之下,雇佣型大农场走向衰落,而小农农场却兴旺起来。而在近代前期的英国,情况则相反。那是一个由自给农业(主

---

① Robert C. Allen, *Enclosure and the Yeoman*, p. 104.

要是为了满足家庭消费的需要）向商品农业过渡的时代，主要为了满足家庭消费的小农，倾向于谷物种植，以满足家庭消费的需要。而这一时期主要为市场而生产的大农场却偏向于畜牧业。① 因而在17世纪晚期到18世纪中叶，谷物价格大跌、牲畜产品价格坚挺的市场状况下，大农场无疑具有优势，从而排挤了小农农场。

到了18世纪末期，谷物价格上涨，谷物与牲畜产品的价格比回升，似乎对偏向于种植业的小农农场有利，但是这一时期雇工工资下降，如前所述，粮食价格高昂、工资廉价的市场条件更有利于雇佣农场的生存。② 根据各方面收集的材料，在18世纪晚期到19世纪中叶以前，英国的农业雇工实际工资一直处于一个较低的水平，还不如18世纪上半叶。可以认为，当时的英国农村存在大量过剩的廉价劳动力，这些人通过济贫法提供的救济滞留在了农村，成为雇佣农场主廉价劳工的蓄水池。济贫法对穷人的补贴，使得雇佣农场主可以降低为劳工所支付的工资成本，保证了他们的赢利，当然更多的是提高了地主的地租。③

表5-13  1500~1849年英格兰农业实际工资指数变化

| 时间 | 农业实际工资指数 | 时间 | 农业实际工资指数 | 时间 | 农业实际工资指数 | 时间 | 农业实际工资指数 |
|---|---|---|---|---|---|---|---|
| 1500s | 146 | 1560s | 96 | 1620s | 71 | 1680s | 101 |
| 1510s | 141 | 1570s | 97 | 1630s | 68 | 1690s | 75 |
| 1520s | 116 | 1580s | 83 | 1640s | 67 | 1700s | 97 |
| 1530s | 124 | 1590s | 69 | 1650s | 82 | 1710s | 92 |
| 1540s | 109 | 1600s | 72 | 1660s | 84 | 1720s | 89 |
| 1550s | 89 | 1610s | 64 | 1670s | 86 | 1730s | 108 |
| 1740s | 114 | 1780s | 88 | 1820s | 96 | | |
| 1750s | - | 1790s | 78 | 1830s | 95 | | |
| 1760s | - | 1800s | 78 | 1840s | 91 | | |
| 1770s | 74 | 1810s | 72 | | | | |

资料来源：Mark Overton, *Agricultural Revolution in England*, p. 64. 以1700~1749年间每十年的指数平均数为100。

---

① R. H. Tawney, *The Agrarian Problem in the Sixteenth Century*, pp: 107~108. E. J. T. Collins, *The Agrarian History of England and Wales*, Vol. 7, 1850~1914, p. 761.

② Niek Koning, *The Failure of Agrarian Capitalism*, pp: 16~18.

③ Karl Polanyi, *The Great Transformation*, pp: 94, 297~299; George R. Boyer, "The Old Poor Law and the Agricultural Labor Market in Southern England: An Empirical Analysis", The Journal of Economic History, Vol. 46, No. 1, 1986, pp: 132~133; Avner Offer, *The First World War: An Agrarian Interpretation*, pp: 104~106.

## 四、封建时代土地所有权结构遗产与雇佣经营大农场的发展

笔者认为，近代英国土地所有权的高度集中促进了英国雇佣型大农场制度的发展，导致了19世纪英国雇佣农场的比例高于任何一个近代西方资本主义大国。

一般而言，在土地所有权高度集中的状况下，即便当时社会的生产要素构成——劳动力丰富——是偏向于小农制度，大地主在寻求更高的地租、寻求更高的利润的冲动下，也会导致大农场的兴起。尽管近代英国的大地产所有者也追求社会声望，并愿意为此而付出一部分的地租代价（收取较低的地租），但是他们毕竟也是地租最大化的追求者，因而会偏向于把土地交给大佃农。尽管大地主也可以通过小块出租从小租佃农身上收取比大佃农更高的"饥饿地租"，但是出租给小佃农，在收取地租上还是会面临更多的麻烦，在地租收取上会花费更多的精力与费用，因而大地主往往更愿意把土地出租给富裕的大佃农。① 更何况当时的英国大农场通过对劳动力的排挤，能够获得更高的单位面积李嘉图剩余，从而能够付出更高的单位面积地租。②

考茨基早就指出，就其本质而言，农业的主要生产资料——土地，不具有再生性，农场面积的扩大只能依赖对小地产的购买与合并，一旦家庭自耕农宁可受穷也不愿出卖土地，在资本主义私有财产制度下，农场规模的扩大就不可能，因而在农业当中，大生产排挤小生产的速度就慢得多，大生产扩大的速度就慢得多。而在工业部门，工厂扩大生产不必以合并小生产为条件，生产设备可以通过生产而造出，大生产与小生产并存，在竞争的过程中，大生产借助规模效益的优势，最终把小生产排挤出去。这是农业生产所不具有的。这就使得在农民的土地所有制之下，大农场即便能够获得更高的利润，也难以迅速大规模地排挤耕种自有土地的小农。③ 这种情况在19世纪的法国表现得特别明显。

但是在英国，由于土地所有权的高度集中，大土地所有者占有85%以上的土地所有权，85%以上的土地是出租经营，④ 雇佣农场扩张的障碍就要小得多。因为在短期租佃制下，地主在租约到期后可以收回土地，把它合并起来交给大佃农以获得更高的地租。就这样，高度集中的土地所有

---

① Arthur H. Johnson, *The Disappearance of the Small Landowner*, p. 107.
② Robert C. Allen, *Enclosure and the Yeoman*, p. 213, Table 11~12.
③ ［德］考茨基：《土地问题》（上卷），岑纪译，北京，商务印书馆，1936年，第203~207页。
④ E. J. T. Collins, The *Agrarian History of England and Wales*, Vol. 7, 1850~1914, pp: 761~762.

权,导致了近代英国高度发达的雇佣农业经营方式。这种情况在德国易北河以东地区也基本上是如此。尽管普鲁士的容克庄园大多是土地所有者自己经营的,但是高度集中的土地所有权,仍然是容克地主近代资本主义雇佣型大农场高度发展的决定性因素。

表5-14 1895年德国普鲁士6个东部省份和其他地区的农场结构
(不同类型农场所占面积)

| 农场大小类型(公顷) | 各种农场数目的百分比(%) | | 各种农场所占面积的百分比(%) | |
| --- | --- | --- | --- | --- |
| | 普鲁士六个东部省份 | 德国其他地区 | 普鲁士六个东部省份 | 德国其他地区 |
| 0~2 | 58 | 58 | 3 | 7 |
| 2~5 | 15 | 19 | 5 | 13 |
| 5~20 | 18 | 18 | 20 | 37 |
| 20~100 | 7 | 4 | 29 | 31 |
| 100以上 | 1 | 0.2 | 43 | 11 |
| 总计 | 100 | 100 | 100 | 100 |
| 所有农场数量或农场面积总计 | 143.3(万个) | 412.5(万个) | 1316.9(万公顷) | 1934.8(万公顷) |

资料来源:Michael Tracy, *Government and Agriculture in Western Europe*, 1880~1988, p. 86

表5-15 1790年米德兰南部690个村庄庄园与非庄园上的各种农场数量结构比较

| 大小类型(英亩) | 茅舍和农场数目 | | 10英亩以上所占数目百分比(%) | |
| --- | --- | --- | --- | --- |
| | 庄园上的农场 | 非庄园上的农场 | 庄园上的农场 | 非庄园上的农场 |
| 0~5 | 202 | 2 593 | — | — |
| 5~10 | 153 | 1 450 | — | — |
| 10~15 | 104 | 742 | 26.0 | 58.5 |
| 15~30 | 154 | 1 127 | | |
| 30~60 | 158 | 940 | | |
| 60~100 | 219 | 718 | 13.7 | 15.0 |
| 100~200 | 398 | 844 | 24.8 | 17.6 |
| 200~300 | 269 | 262 | 16.8 | 5.5 |
| 300~400 | 123 | 103 | 18.8 | 3.5 |
| 400~500 | 62 | 33 | | |
| 500~1 000 | 93 | 30 | | |
| 1 000以上 | 22 | 1 | | |
| 总计 | 1 957 | 8 843 | | |

资料来源:Robert C. Allen, *Enclosure and the Yeoman*, p. 93.

表 5-16　1790 年米德兰南部 690 个村庄庄园与非庄园上的各种类型农场所占面积的比较

| 农场大小类型（英亩） | 茅舍和农场面积 | | 10 英亩以上农场所占面积百分比（%） | |
|---|---|---|---|---|
| | 庄园上的农场 | 非庄园上的农场 | 庄园上的农场 | 非庄园上的农场 |
| 0~5 | 575 | 7 236 | - | - |
| 5~10 | 1 083 | 10 306 | - | - |
| 10~15 | 1 262 | 9 128 | 3.6 | 19.4 |
| 15~30 | 3 389 | 23 958 | | |
| 30~60 | 6 865 | 40 970 | | |
| 60~100 | 17 215 | 56 417 | 5.4 | 14.8 |
| 100~200 | 58 488 | 116 994 | 18.2 | 30.7 |
| 200~300 | 66 654 | 63 784 | 20.8 | 16.7 |
| 300~400 | 42 088 | 35 430 | 52.1 | 18.4 |
| 400~500 | 27 591 | 14 359 | | |
| 500~1 000 | 62 446 | 19 425 | | |
| 1 000 以上 | 34 952 | 1 001 | | |
| 总计 | 322 608 | 399 008 | | |
| 10 英亩以上农场的平均面积 | 200 | 79 | | |

资料来源：Robert C. Allen, *Enclosure and the Yeoman*, p. 94.

如前文所述，近代英国高度集中的土地所有权结构，主要是封建时代的历史遗产。德国易北河以东地区高度集中的土地所有权，也同样主要是封建时代的历史遗留。在中古末期和近代初期，西欧正处于农奴制瓦解的时候，在法国和德国西部地区，农民还获得了很大一部分土地的控制权（当然上面还附着许多封建义务），使得法国和德国西部地区在法国大革命和拿破仑战争之后，形成了以中小地产为主的土地所有权结构，从而阻碍了这些地区近代雇佣型大农场的发展。但是在德国易北河以东地区，在中古末期和近代初期的时候，这里却出现了农奴制加强的趋势，史称农奴制第二版。以前已获自由的农民重新沦为农奴，领主还缩小了农奴份地，扩大了自营地，自营地的规模相对于中古盛期的西欧有过之而无不及，并且在农奴制下，领主也对农奴的份地拥有高级所有权，因而形成了土地所有权的高度集中。在 19 世纪废除农奴制的改革中，容克地主不仅把自营地大地产经营完整无缺地保留了下来，而且还通过公地（在法权上属于容克地主，但是农奴有使用权）的分割获得了大片土地，农奴的份地因其高级所有权属于容克地主，也要求农奴进行赎买。就这样，封建时代高度集中的土地所有权结构被保存了下来，在农奴制容克庄园的基础上建立了近代资本主义雇佣型大农场。①

因而笔者认为，近代英国高度发达的农业资本主义生产关系，在很大程度上是封建时代高度集中的土地所有权结构历史遗留的发展结果。这不仅可以从不同国家的不同历史发展看出来，也可以从一个国家内部不同地区大农场发展的不同程度看出来。上述 19 世纪德国东西部地区农业资本主义的不同发展就是一个典型的例子。这种情况在英国也基本如此。在 19 世纪英国的米德兰地区，农业资本主义生产关系十分发达，领先于英格兰其他大多数地区，与这一地区在中古时期庄园化在全国的领先地位紧密相关。

封建时代土地占有结构的历史遗留与近代农业资本主义生产关系的密切联系，还可以从一个地区内部庄园农场与非庄园农场的农场结构差异看出来。② 以英国的米德兰地区为例，根据阿伦对 1790 年米德兰南部 690 个村庄所作的统计，在庄园上的农场结构中，一方面小农场并没有像经典作家所说的那样消失了，仍然还有为数众多的 60 英亩以下的小农场；另一方面，100 英亩以上的大农场，无论是其所占 10 英亩以上的农场数量百分比（60.3%），还是所占农场总面积的百分比（91.1%），均远高于非庄园上农场的相应百分比（26.6% 和 65.8%）。至于 300 英亩以上的大农场所占比例的差别就更大了，其数量比例为 18.8%（庄园农场）对 3.5%（非庄园农场），其所占土地面积比例为 52.1%（庄园农场）对 18.4%（非庄园农场）。10 英亩以上农场的平均面积同样相差巨大，庄园上的 10 英亩以上农场平均面积为 200 英亩，远远高于非庄园农场的 79 英亩。从中可以清楚地看出，封建时代遗留下来的集中的土地所有权对近代雇佣型大农场的兴起有着极为重要的作用。这些大土地所有者，或通过结束以往

---

① Michael Tracy, *Government and Agriculture in Western Europe*, 1880~1988, pp: 84~86.

② 一般来说，中古时期的庄园化意味着该地方有大片的自营地经济，这部分土地在后来很容易转化为大农场。另外，庄园化还意味着该地区自由持有农数目偏少，造成该地方土地所有权集中，因为农奴份地的所有权也是属于领主的。尽管农奴制庄园生产体制在中古后期解体了，但是它所促成的土地所有权结构传承到了近代。

最近有论者根据阿伦提供的这份资料出现了庄园字眼，认为中世纪庄园生产体制在近代英国保留了下来（参见沈汉：《16 世纪英国农业资本主义发展典型性问题及其他》，见《现代化研究》第三辑，北京，商务印书馆，2004 年，第 3 页）。这其实是一种误解。需要注意的是，在经济史的语境中，当我们说中古末期英国庄园的衰落的时候，指的是中古时期的典型庄园，这种庄园生产体制是与农奴制、劳役制紧密相连的。近现代英国的庄园在性质上已经和中世纪的庄园完全是两码事。我们不能够因为还有大量庄园的名称保留了下来，就认为中古庄园的生产体制大量保留了下来，怀疑庄园生产体制的衰亡。

的小块土地出租契约,把它交给大佃农,或以其雄厚的财力(大土地所有者能够获得更多的抵押信贷贷款)购买附近的自由持有农地产,以扩大大地产,并因此而促进了大农场的兴起。以一个富裕农民的财力,要想通过自由竞争中更出色的经营来积累资本去购买邻居的小地产,其进展是很缓慢的。[1]

## 第五节　大农场制度的社会经济后果

按照我们以前的看法,由于圈地运动对小农衰落的促进,以及大农场制度优势的确立,大量的英国农村劳动力从土地束缚中被解放出来,为英国的工业革命提供了大量的廉价劳动力。与此同时,大农场制度的确立促进了英国农业的迅速发展,养活了更多的人口。因此,大农场制度的确立极大地促进了近代英国工业革命的进行。

但是如前所述,大农场的兴起并没有对农业生产力的发展产生大的影响,相反,我们看到的往往是大农场总和的单位面积产出反而降低了。尽管大农场单位面积粮食产量提高了,但那在很大程度上是因为牧场面积扩大、粮食种植地上的单位面积施肥增加而来的,总的农场产出很可能反而降低了。当然,由于它节省了劳动,因而利润增加了,能够付出更高的地租,但是总的农产品产出却很可能下降了,因而我们很难证实大农场制度通过提供更多的农产品而促进了英国的工业革命。

雇佣型大农场制度的兴盛,确实直接或间接地排挤了许多农业劳动力,可是这些人真的被工业生产部门吸收了吗?如果没有被工业部门所吸收,而是成为了无法就业的过剩劳动力,那么当时英国大农场对劳动力的排挤,就是不必要的。在一个存在大量过剩劳动力的社会里,提高农业的劳动生产率并不是最为急迫的任务,充分开发这些廉价的劳动力,生产出更多的农产品,创造出更多的社会财富,才是当时社会的首要任务。而小农场在这方面恰恰是有优势的。从一定程度上来说,18世纪后期英国兴起的大农场制度,尽管它提高了农业的劳动生产率,并为地主带来了更高的地租,但它处在一个存在大量农村社会剩余劳动力的时期,其实是一种低效率的农业制度,它是以降低当时英国急需的农业产出为代价的。

问题的关键是18世纪后期到19世纪中叶,英国农村是否存在大量过

---

[1] Robert C. Allen, *Enclosure and the Yeoman*, pp. 89~95.

剩的廉价劳动力，这是近一些年来英国经济史学界正在争论的新问题。从我们前面所列出的农业工人实际工资变化数据表明，18世纪中叶以后，英国农村工人的实际工资水平下降了，下降到了一个很低的水平，这的确是一个存在大量无法就业的过剩劳动力的明显征兆。

因此阿伦认为，当时英国确实有许多被大农场排挤出来但却并没有被工商业部门吸收的过剩劳动力，在工业不发达的米德兰地区更是如此。① 如果是在家庭农场制度下，由于没有工资支付的问题，在劳动的边际收益低于由制度决定的社会工资水平（高于市场出清的工资水平）的情况下，继续投入劳动，开发这一部分无法被市场利用的闲置的隐蔽性失业的劳动力，本来是可以因此而增加社会财富的。

然而，大地主对地租最大化的追求，促成了当时英国大农场制度的形成，排挤了劳动力，可是又无法为当时英国的工业部门所吸收，使得英国农村出现了许多无法就业的过剩劳动力，造成了本国农业生产全要素生产率的降低，降低了本国的社会财富。②

在一个土地所有权高度集中的社会里，在粮食价格上涨、社会工资下降的年代里，社会的财富分配会大幅度向地主倾斜，农业生产力提高所带来的社会财富更多地转化为地租，而劳动者所得份额降低，社会的不平等进一步深化，这正是工业革命时期英国社会的现实。而这种社会财富的不平等分配，不利于工业革命时期国内市场需求的开拓，只是由于英国拥有广阔的海外市场，才没有被显示出来。

在19世纪英国的激进主义改革运动时期，英国的地主是被当作社会的寄生虫来被批判的。正如研究英国工业革命史的学者们一再指出的，英国的工业家并非是由那些风度翩翩的绅士转化而来的，而主要是由那些朴素的小作坊主、工匠等成长起来的。然而在我们今天的不少论著里，却是到处在宣扬这些大地主如何热心于农业改良、投资于工矿业等，似乎通过这种土地所有权的集中，通过地租的收取，使大量社会财富集中于少数人之手，从而更有利于原始资本积累，也就更有利于英国工业革命的发展。这的确是一种矫枉过正。如果说把英国土地贵族与同时代欧洲大陆贵族对农业生产和工商业活动的鄙视相比较，那确实如此；如果说是对以往激进派对土地贵族过于夸张的丑化进行矫正，那也的确如此。但是总的来说，

---

① 具体讨论参见 Robert C. Allen, *Enclosure and the Yeoman*, 第12章 "The Failure of Protoindustry and the Origins of the Surplus Labour Economy, 1676~1831", 应该说阿伦提出了一个极具挑战性的问题。

② Robert C. Allen, *Enclosure and the Yeoman*, pp: 261~262.

我们只能说英国的土地贵族并非那个时代社会变革的消极的旁观者。① 这些土地贵族更多地把收取的地租用于炫耀性的奢侈消费,对于英国的工业成长并没有多大的贡献。② 反倒很可能是由于高度集中的土地所有权带来的社会财富分配的极度不平等,阻碍了国内市场的开发,从而阻碍了近代英国工业革命的成长。

如前所述,近代英国土地财产的不平等分配,是封建时代的遗留,并不是国会圈地运动的后果,国会圈地从程序上来说应该还是比较公正的。但是这种程序的公正是建立在承认封建时代不合理的土地所有权结构的合法性之上的。而领主的封建土地所有权的起源,在很大程度上是由封土权转化而来的。封建主把对封土的统治性权力转化成了对这块土地的私人财产权,变成了大土地所有者。尽管在以后的发展中,自由持有农获得了对他们耕种土地的所有权,而法国的农奴后裔还获得了份地的实际所有权。但是封建主的大地产还是在很大程度上传承到了近代社会,尤其是在英国和易北河以东的德国易北河以东地区,造成了这些地方在近代时期高度集中的土地所有权结构。这种社会结构,从根本上来说,并不利于社会经济发展。

在英国社会中,一直保存着一种来自于古罗马时代对自耕农社会的向往,它主要是源于对自耕农独立自主精神的崇拜,而这种独立自主就必须要求土地财产权的平等分配。这个愿望在近代英国没有实现,但是它为移民美国的盎格鲁-撒克逊人所继承,在杰斐逊那里得到了系统阐述,深入人心,在北美大陆得到了实现,建立了一个以自耕农为主的社会。③ 正如一些研究近代拉美经济发展的学者所指出的,由于美国确立了一个以自耕农为主的社会,导致了社会财富分配的相对平等,为处于初始阶段的美国工业革命提供了必要的国内市场,而同一时期拉美国家所实施的大地产制度,造成了社会的两极分化,不利于国内市场的开发,从而阻碍了拉美的工业化,并在以后不断引发革命危机。只是由于英国是第一个工业化国家,拥有广阔的海外市场,英国的穷人相对于其他国家来说生活也还是相当不错,由土地所有权不平等而带来的严重社会不平等,才没有引发严重的社会经济问题,反而被人们当作经济成功的重要原因。

---

① G. E. Mingay, *English Landed Society in the Eighteenth Century*, p. 201.
② 对此问题,阎照祥先生在充分肯定了近代英国贵族对英国经济现代化贡献的同时,也深刻地指出,从总体上来说,不应对贵族的贡献估计过高,贵族的挥霍性消费浪费了巨大的社会财富。参见阎照祥:《英国贵族史》,北京,人民出版社,2000年,第249~250页。
③ Robert C. Allen, *Enclosure and the Yeoman*, pp: 303~307.

# 第六章 19世纪晚期以来英国及整个西方雇佣型大农场制度的衰落

## 第一节 19世纪70年代以来英国以及整个西方雇佣型大农场制度的衰落现象

在第一次工业革命时期，随着工厂制度的逐步确立，工业企业的生产规模日益扩大，雇佣工人阶级日益壮大，成为一个人数众多的阶级。在这一时期，农业中的雇佣农场也得到了很大发展，农业雇佣劳工在农业劳动力的构成比例中日益上升，雇佣经营的大农场在农业生产中的比例在上升。在这个时期，农业和工业的发展趋势基本上是一致的，尽管农业中的这种大型化趋势和雇佣劳工在农业劳动者构成比例中的上升趋势相对于工业部门要缓慢得多。从1831年到1851年，英国统计中没有使用雇佣劳工的农场主，从47.4%下降到38.8%。[1] 以至于人们纷纷预言，未来的农业经营也会变成工厂式的大生产，留给人们的选择是资本主义的雇佣型大农场或社会主义的集体经营大农场，家庭农场将会变得微不足道，就像在工业部门中家庭作坊变得微不足道一样。人们把19世纪中叶的英国三层农业结构（地主—农业资本家—雇佣劳工）当作后起现代化国家农业发展的未来景象。

在19世纪的50~60年代，英国的雇佣型大农场在继续发展，小农场的数目继续下降，而大农场的数目继续上升。根据英国政府1871年的一项统计，1851~1871年间，在英国以谷物种植为主的诸郡中，300英亩以上的大农场的数目在上升，而300英亩以下的中小农场的数目下降了。[2]

---

[1] David Grigg, *English Agriculture: A Historical Perspective*, p. 141.
[2] David Grigg, *English Agriculture: A Historical Perspective*, p. 111.

然而令人意想不到的是，到19世纪晚期，随着资本主义的进一步发展，工业朝着相反的趋势发展，与农业发展却分道扬镳。在工业部门中，随着工业革命的推进，工业企业日益大型化，生产日益集中，大企业主宰了工业生产，甚至出现了不少巨型企业，雇佣成千上万的工人。然而在农业生产部门，雇佣型大农场排挤家庭农场的趋势不仅止步不前，还出现了雇佣型大农场走向衰落的局面。

从表6-1所列出的统计数据中，我们可以清楚地看出，从19世纪后期到20世纪30年代，在英国农业劳动力的构成中，雇佣劳动力的比例明显下降，而家庭劳动力（农场主及其家庭亲属）的比例却明显上升。当然，或许人们会说这主要是农业机械化的结果，农业生产的机械化使得农业部门所需的劳动力大为下降，而首先被排挤的劳动力往往是雇佣劳动力，因为农场主及其家庭亲属劳动力的退出，意味着农场主在农业经营中投入的大量资本会面临废弃或折价出售的命运，因而会面临很大困难。

这种看法确实很有道理，可是人们还应当注意到，这一时期英国农业雇佣经营的衰落并不仅仅体现在雇佣劳动力比例的下降和家庭劳动力比例的上升，它还体现在大农场本身的衰落和中小农场比例的上升。从上面所列出的统计资料中我们可以清楚地看到，300英亩以上的大农（牧）场无论是在绝对数量与总的经营面积上，还是在农业经营的相对比例上都有显著的下降，20英亩以下的过小农场也大为减少。但是20～100英亩的小农（牧）场和100～300英亩的中型农（牧）场的数量以及它们所占的农业经营面积却显著地上升了，其农场绝对数目和总面积的变化是如此，其相对数目和所占农业土地面积百分比的变化更是如此。[1]

表6-1 1851～1951年间，英格兰与威尔士农业劳动力的构成变迁
（占总数的百分比）（%）

| 时间 | 农场主 | 家庭亲属 | 契约劳工 | 其他人员 | 总计 |
| --- | --- | --- | --- | --- | --- |
| 1851 | 14.6 | 6.4 | 74.4 | 4.6 | 100.0 |
| 1901 | 20.0 | 9.6 | 58.2 | 12.2 | 100.0 |
| 1931 | 24.9 | 8.0 | 54.0 | 13.1 | 100.0 |
| 1951 | 27.2 | 9.1 | 50.0 | 13.7 | 100.0 |

资料来源：David Grigg, *English Agriculture: A Historical Perspective*. p. 145.

---

[1] David Grigg, *English Agriculture: A Historical Perspective*, p. 114.

表6-2 英国农业部公布的1885~1925年间英格兰与威士的农牧场结构分布

| 年份 | 各种类型农牧场的数目 | | | | | | |
|---|---|---|---|---|---|---|---|
| | 全部 | 小于5英亩 | 5~20英亩 | 20~50英亩 | 50~100英亩 | 100~300英亩 | 300英亩以上 |
| 1885 | 475 140 | 136 425 | 126 674 | 73 472 | 54 937 | 67 024 | 16 608 |
| 1895 | 440 467 | 97 818 | 126 714 | 74 846 | 56 791 | 68 277 | 16 021 |
| 1905 | 432 575 | 91 574 | 198 293 | | 127 506 | | 15 200 |
| 1915 | 433 353 | 90 643 | 120 616 | 78 430 | 59 657 | 69 680 | 14 327 |
| 1925 | 405 708 | 75 283 | 110 385 | 79 119 | 60 931 | 67 286 | 12 704 |

| 年份 | 各种类型的农牧场面积（万英亩） | | | | | | |
|---|---|---|---|---|---|---|---|
| | 所有农业经营面积 | 小于5英亩 | 5~20英亩 | 20~50英亩 | 50~100英亩 | 100~300英亩 | 300英亩以上 |
| 1885 | 277.1 | 33.2 | 14.2 | 246.3 | 402.1 | 1 151.9 | 795.6 |
| 1895 | 2 768.3 | 30.1 | 142.2 | 250.2 | 415.3 | 1 167.3 | 763.3 |
| 1915 | 2 705.3 | 2.8 | 135.8 | 263.4 | 434.3 | 1 181.6 | 662.2 |

资料来源：Ministry of Agriculture and Fisheries and Food, *A Century of Agricultural Statistics*, *Great Britain*, 1866-1966, pp: 19~20.

表6-3 格里格进一步整理出的1885~1925年间英格兰与威士的农牧场结构分布

| 年份 | 各种类型的农牧场面积（草地加耕地） | | | |
|---|---|---|---|---|
| | 5英亩以上农场草地加耕地的总面积（万英亩） | 小农场（5~100英亩）所占百分比（%） | 中型农场（100~300英亩）所占百分比（%） | 大农场（300英亩以上）所占百分比（%） |
| 1885 | 2 737.9 | 28.9 | 42.1 | 29.0 |
| 1895 | 2 738.2 | 29.5 | 42.6 | 27.8 |
| 1915 | 2 677.3 | 31.1 | 44.1 | 24.7 |
| 1924 | 2 563.6 | 32.6 | 44.3 | 23.1 |

| 年份 | 各种类型农牧场的数目 | | | |
|---|---|---|---|---|
| | 5英亩以上各种农场总数 | 小农场（5~100英亩）所占百分比（%） | 中型农场（100~300英亩）所占百分比（%） | 大农场（300英亩以上）所占百分比（%） |
| 1885 | 338 715 | 75.3 | 19.8 | 4.9 |
| 1895 | 342 649 | 75.3 | 19.9 | 4.8 |
| 1915 | 324 710 | 75.5 | 20.3 | 4.2 |
| 1925 | 330 425 | 75.7 | 20.4 | 3.8 |

资料来源：David Grigg, *English Agriculture: A Historical Perspective*. p. 116.

表 6-4　1885~1924 年间，英格兰和威尔士 300 英亩以上农牧场占全国农业用地百分比的变化

| 地区 | 变化的百分比（%） |
| --- | --- |
| 东部地区 | -16.0 |
| 米德兰东中部地区 | -20.8 |
| 米德兰东南部地区 | -17.8 |
| 中部地区的南部 | -27.8 |
| 东南部地区 | -40.0 |
| 米德兰西部地区 | -27.2 |
| 西北部地区 | -30.0 |
| 北部地区 | -30.0 |
| 西南部地区 | -47.6 |
| 威尔士地区 | -44.6 |

资料来源：Niek Koning, *The Failure of Agrarian Capitalism*, p. 116. 需要注意的是，这里的所谓百分比的变化，并非是指两个时期 300 英亩以上农牧场面积在全国农业经营面积中百分比之差，而是百分比变化中的百分比，假设 300 英亩以上农场在东南部地区 1885 年占农业经营总面积的 40%，现在减少了 40%，就变为了 24%。

总的来说，无论是从农业雇佣劳动力比例的变化来看，还是从大农（牧）场在英国农业生产中所占的比重来看，在 19 世纪晚期到 20 世纪 30 年代，英国农业的雇佣经营下降了。在大规模雇佣经营农场衰落的同时，20 英亩以下的过小农场也在下降，英国农业的发展是一种"中农化"的趋势，而不是以前人们所预想的两极分化和无产阶级化。到 20 世纪 80 年代初期的时候，在英国，农场主（包括领薪水的经理，约占全职农业劳动者总数的 2.3%）和他们的家庭亲属所提供的劳动力，占全部全职的农业劳动力总数的 61%，即使包括所有的兼职性的农业劳动者，他们也占全部农业劳动力的 58%。如果按照实际投入的劳动时间来计算，那么这些非雇佣的劳动者所占的比例就更大了。而在 1851 年的时候，在全职的农业劳动者中，80% 是雇佣劳动者，农场主和他们的亲属只占 1/5。[①]

英国雇佣型大农场在 19 世纪 70 年代以后的衰落，并不是一个孤立的历史现象，它还是一种世界性的现象。为此，有必要对同一时期其他西欧和北美国家农业资本主义雇佣经营的衰落作一个简短的介绍。

我们知道，19 世纪法国的农业雇佣资本主义并不发达，那里存在大

---

① David Grigg, *English Agriculture: A Historical Perspective*, pp. 144~145.

量的占地很少的过小农。直到 19 世纪 90 年代，这里的农业经营似乎仍然存在农场碎分的现象，但是在农业劳动人口的构成中，雇佣劳动力无论是在相对的比例上还是在绝对数量上，均处于下降的趋势。到了 20 世纪初，法国农业发展的中农化趋势就明显地显示出来了，许多过小农消失了，250 英亩以上的巨型农场也衰落了，而中等农场的数量增加了。克拉潘认为，中等农场的扩张是通过富裕农民购买邻近的过小农的土地而进行的。①

在荷兰，由于人多地少，实施精耕细作的集约型农业，人均农业劳动者经营面积较低，因而雇佣农场的面积也普遍较小，10 公顷以上的农场就是属于大型农业经营单位了。但是在 1897~1921 年期间，20 公顷以上（甚至是 10 公顷以上）的大农场非常明显地衰落了，并且这种衰落在经济发达的沿海省份尤其明显。

表 6-5  19 世纪末法国农业从业人员结构变化

| 劳动力分类 | | 1882 年 | 1892 年 |
| --- | --- | --- | --- |
| 农户主共计 | | 3 461 000 | 3 604 000 |
| 辅助人员 | 管家等 | 18 000 | 16 000 |
| | 日工 | 1 481 000 | 1 210 000 |
| | 长工 | 1 954 000 | 1 832 000 |
| | 辅助人员共计 | 3 453 000 | 3 058 000 |

资料来源：[英] 克拉潘：《1815~1914 年法国和德国的经济发展》，傅梦弼译，北京，商务印书馆，1965 年，第 189~190 页。

表 6-6  1862、1892、1908 年法国农业经营结构变化

| 农场类型 | 1862 年 | 1882 | 1892 年 | 1908 |
| --- | --- | --- | --- | --- |
| | 农场数目（万个） | 农场数目（万个） | 农场数目（万个） | 农场数目（万个） |
| 小于 2.5 英亩 | 未报导 | 216.8 | 223.5 | 208.8 |
| 2.5~25 英亩 | 243.5 | 263.5 | 261.8 | 252.4 |
| 25~100 英亩 | 63.6 | 72.7 | 71.1 | 74.6 |
| 100~250 英亩 | 15.4 | 14.2 | 10.5 | 11.8 |
| 250 英亩以上 | | | 3.3 | 2.9 |

资料来源：1862、1892、1908 年的数据来自 [英] 克拉潘：《1815~1914 年法国和德国的经济发展》，傅梦弼译，北京，商务印书馆，1965 年，第 192 页。1882 年的数据来自 Michael Tracy, *Government and Agriculture in Western Europe*, 1880~1988, p. 62. 见本书表 5-3。

---

① [英] 克拉潘：《1815~1914 年法国和德国的经济发展》，傅梦弼译，北京，商务印书馆，1965 年，第 193 页。

表6-7　1897～1921年间荷兰大土地使用者占所有1公顷以上土地使用者比率的变化

| 地区位置 | 20公顷以上的土地使用者数目占所有1公顷以上土地使用者数目比例的变化 | | | 10公顷以上的土地使用者数目占所有1公顷以上土地使用者数目比例的变化 | | |
|---|---|---|---|---|---|---|
|  | 1897 | 1921 | 变化率 | 1897 | 1921 | 变化率 |
| 北部和西南部沿海省份 | 33% | 22% | -33% | 50% | 36% | -27% |
| 中西部沿海省份 | 26% | 19% | -29% | 52% | 39% | -24% |
| 内陆省份 | 6% | 6% | -14% | 21% | 20% | -9% |

资料来源：Niek Koning, *The Failure of Agrarian Capitalism*, p. 116.

我们知道，19世纪的美国农业是以自耕农为主体的，不过农业雇佣经营在19世纪中叶还是得到了比较大的发展，并在中西部地区出现了超大规模经营的农场（bonanza）。尤其是在南部地区，由于黑人奴隶在被解放后并没有得到土地，并且往往在其他行业的雇佣市场上受到排挤和歧视，无法进入工厂劳动，只好成为农场的雇佣工人，导致美国南部地区农业雇工占农业劳动力的比重大大超过美国其他地区。① 但是到了19世纪70～90年代之间，由于国际市场谷物价格的下降，农业资本主义陷入危机，农业中的雇佣经营趋于衰落，曾经出现过的超大规模雇佣经营农场走向解体。② 1890～1910年间美国农业资本主义雇佣经营的短暂复兴，只能算作是回光返照，很快就又走向衰落了。

19世纪中后期在美国中西部地区出现的超大型农场（bonanza），向来被我国学人看成是农业资本主义发展美国式道路的典型表现。与欧洲国家土地资源有限的情况很不一样（土地资源的有限向来被认为是雇佣型大农场扩张的障碍），美国的中西部地区有大片的未开垦平原，劳动力的使用也没有限制，从而为超大规模农场的出现提供了有利条件，在不少地方出现了超过1 000英亩以上的大农场，尤其是在著名的红河谷地区，7 000～60 000英亩的特大农场占据了这个地方的主导地位，这些农场由不在地主投资，交付专业的经理人员雇佣大批农业工人来经营，达到了很高的"合理化"水平。在著名的达尔林普尔（Dalrymple）大农场，那里配备了200副耙和125台播种机，单单是在收割季节就雇用了25个男性雇工，使用20匹马，155台割捆机，26台蒸汽脱粒机，真正称得上是工厂式的大生

---

① Niek Koning, *The Failure of Agrarian Capitalism*, p. 47.
② Niek Koning, *The Failure of Agrarian Capitalism*, p. 82.

产。但是在19世纪80年代以后，这些特大农场就分解了，被实施更加集约型经营的家庭农场所取代。①

从根本上来说，美国中西部的超大型农场是一种边疆现象，随着这个地方的拓殖工作基本完成，这种超大规模农场就会通过分割出卖或分割出租，由实行更为集约经营的家庭农场所取代。迅速地开垦大片的处女地，往往需要巨额的初始投资，因为这要求大规模地清除原有植被，大规模修建诸如道路、灌溉系统等基础设施，这些都需要大批的人力和物力，不是单个的家庭农业经营者所能够应对的。在迅速地开发大片的处女地方面，工厂式的大生产组织形式确实是一种非常有效的方式。但是由于农业生产的特殊性，工厂式的大生产组织形式在农业中并没有优势，一旦拓殖工作基本完成，这种超大规模农场就无法和家庭农场相竞争，因而走向解体。②

表6-8　1870~1920年间，美国农业雇工占农业劳动力百分比（%）的变化

| 地区 | 1870 | 1890 | 1900 | 1910 | 1920 |
|---|---|---|---|---|---|
| 北部大西洋沿岸地区 | 35 | 33 | 39 | 47 | 39 |
| 中部地区北部 | 36 | 25 | 35 | 39 | 32 |
| 西部地区 | 32 | 30 | 36 | 48 | 40 |
| 中部地区南部 | 58 | 31 | 48 | 45 | 39 |
| 南部大西洋沿岸地区 | 58 | 49 | 52 | 47 | 38 |

资料来源：Niek Koning, *The Failure of Agrarian Capitalism*, pp. 82, 118.

表6-9　1870~1900年间，美国农业雇工开支占农业总产值的百分比（%）变化

| 地区 | 1870 | 1900 | 1870~1900变化 |
|---|---|---|---|
| 北部大西洋沿岸地区 | 13.7 | 10.7 | -3.0 |
| 南部大西洋沿岸地区 | 19.0 | 8.0 | -11.0 |
| 中部地区北部 | 9.3 | 6.1 | -3.2 |
| 中部地区南部 | 14.4 | 5.6 | -8.8 |
| 西部地区 | 19.3 | 16.7 | -2.6 |

资料来源：Niek Koning, *The Failure of Agrarian Capitalism*, p. 82.

---

① Harriet Friedmann, "World Market, State, and Family Farm: Social Bases of Household Production in the Era of Wage Labor", *Comparative Studies in Society and History*, Vol. 20, No. 4, pp: 572~574.

② Harriet Friedmann, "World Market, State, and Family Farm: Social Bases of Household Production in the Era of Wage Labor", *Comparative Studies in Society and History*, Vol. 20, No. 4, pp: 572~574.

表6-10　1882~1895年间，德国每1000公顷中各种类型农场所占面积百分比（%）变化

|  | 1882年 | 1895年 | 相对变化 |
| --- | --- | --- | --- |
| 小于1公顷 | 24 | 25 | （+）1 |
| 1~2公顷 | 33 | 31 | （-）2 |
| 2~5公顷 | 100 | 101 | （+）1 |
| 5~20公顷 | 288 | 299 | （+）11 |
| 20~100公顷 | 311 | 303 | （-）8 |
| 100~1000公顷 | 222 | 216 | （-）6 |
| 1000公顷以上 | 22 | 25 | （+）3 |

资料来源：[德]考茨基：《土地问题》（上卷），岑纪译，北京，商务印书馆，1936年，第328页。

表6-11　1895~1925年间，德国100公顷以上的农场在全国农业耕作面积中比例的下降

|  | 1895~1907（"一战"前的领土） | 1907~1925（"一战"后的领土） |
| --- | --- | --- |
| 易北河以东地区 | -8.4% | -0.7% |
| 德国其他地区 | -4.7% | -3.2% |

资料来源：Niek Koning, *The Failure of Agrarian Capitalism*, p.121.

在德国，由于农业资本主义发展的普鲁士道路，拥有相当比重的面积广大的雇佣经营容克地主大庄园农场，在19世纪末期农业资本主义的危机中表现明显。尽管19世纪末期的统计资料更多的是显示农业资本主义发展的停滞不前，但已经有不少雇佣型大农场衰落和中型农场扩张的征兆（主要表现为5~20公顷类型的中型农场比例的上升）。这种情况很快就引起了人们的注意，并因此而引发了德国社会民主党内部的激烈争论。尽管考茨基在争论中仍然坚持了马克思的正统观点，认为这只是一种暂时的现象，但也不得不承认，在农业中雇佣经营的发展要面临更多的困难，道路更为漫长。① 不过到了20世纪初叶，德国雇佣型大农场走向衰落的趋势就日趋明显了，这可以从100公顷以上农场经营面积比例的变化中清楚地看出来。

总的来说，19世纪晚期到20世纪早期，西欧和北美国家农业资本主义雇佣经营的衰落是一种普遍的现象，逆转了此前的发展趋势。而且前一个阶段的农业资本主义雇佣经营越是发达，这一时期的衰落就越是明显。

---

① [德]考茨基：《土地问题》（上卷），岑纪译，北京，商务印书馆，1936年，第七章"资本主义农村经济之界限"，第184~234页。

"二战"以后，随着西方发达国家家庭农场的全面现代化，小规模经营的农场大量消失，平均农场面积大大增加。但与此同时，农业劳动力构成中雇佣劳动者的比例大为下降，这些大农场仍然主要是家庭经营农场，雇佣经营的农场比例继续下降，家庭经营农场无论在数量比例上，还是在农业生产的经营面积和产出比例上，都占据了绝对的优势。以美国为例，1987年，美国家庭农场数量占所有农场总数的87%，合伙制农场数量占10%，公司农场为3%，其他类型的农场数量少于1%。公司农场占有12%的农业用地和26%的农产品销售量。由于合伙农场和公司农场大多是由家庭农场组织而成的，因此事实上美国99%的农场为家庭农场。①

按照经典马克思主义者关于农民分化和农业资本主义发展的模式，农业资本主义发展的趋势应该是两极分化，大农场在农业经营面积中的比例不断上升，中型农场的比例日益减少，农业无产者和接近于农业无产者的过小农比例日益增加。然而人们在现实中看到的却是相反的情况。当然，这种相反的趋势在19世纪末期尚未充分显示出来，当时的人们只是根据各国所公布的统计资料，注意到以往人们所预想的雇佣农场取代家庭农场的趋势并没有明显的表现，或者说感觉不出这种趋势。尽管农业资本主义的发展遇到了危机，尽管在一些国家中小农场的数量和比例（农业经营面积比例）不减反增，但是大农场在一些国家里也仍然还有发展，还不能清楚地看出雇佣农场衰落的普遍趋势。从而在西方的社会民主党人内部，尤其是在马克思主义影响最大的德国社会民主党人内部，展开了关于农业未来发展命运的大辩论。在俄国，这种辩论主要发生在以列宁为首的社会民主派和民粹派之间。到了20世纪初叶，资本主义雇佣农场的衰落在西方发达国家就可以清楚地观察到了。这既可以从农业雇佣工人在农业劳动力构成比例的变化中明显地看出来，也可以从1930年资本主义大危机之前，西欧北美资本主义国家大农场所占农业经营面积的比例变化中看出来。② 到了这个时期，越来越多的人对经典作家在19世纪所作的预言感到怀疑，越来越多的人去探讨人类历史上农业资本主义雇佣经营兴衰的一般性规律。

---

① 以美国为例，1987年，美国家庭农场数量占所有农场总数的87%，合伙制农场数量占10%，公司农场为3%，其他类型的农场数量少于1%。由于合伙农场和公司农场大多是由家庭农场组织而成的，因此事实上美国99%的农场为家庭农场。公司农场占有12%的农业用地和26%的农产品销售量。Gail L. Cramer and Clarence W. Jensen, *Agricultural Economics and Agribusiness*, pp: 24~25.

② 由于二战以后农业机械化的大发展，家庭经营农场的规模大为增加，因而尽管家庭农场的比例增加了，但是农场的规模也越来越大，因而无法从农场规模结构的变化中看出家庭农场比例的增加。

图6-1 国际资本主义的发展阶段及其每个阶段的农业资本主义发展特征

| 时间轴线 | 政治-经济形态 | 农业发展的模式 | 经济发展的阶段 | 农业政策类型 |
|---|---|---|---|---|
| 1750 | 原初工业化形态<br>农村外卖制工业<br>人口增长加速<br>绝对主义,重商主义 | 初生的农业资本主义 | | |
| 1850 | 古典工厂资本主义<br>工业劳动力的集中<br>第一次工业革命的技术<br>自由竞争工业市场<br>人口增长进一步加快<br>自由放任的资本主义 | | 1840年代中叶至1873年<br>—古典工厂资本主义的巩固<br>—经济增长的加速<br>农产品价格高,农业工资低且可以浮动<br>农业资本主义的高峰 | 自由化的农业政策 |
| 1900 | 古典垄断资本主义<br>工业集中<br>第二次工业革命的技术<br>工业劳动的程式化<br>—人口增长下降<br>社会帝国主义,追求民族效率 | 农业资本主义进入危机 | 1873年至1890年代晚期<br>古典工厂资本主义步入危机<br>孕育古典垄断资本主义<br>经济增长减速<br>农产品价格下跌,农业工资刚性<br>大型农场发展失败 | 农业干预主义政策的开始 |
| | | | 1890年代晚期至第一次世界大战<br>古典垄断资本主义的巩固<br>经济增长加速<br>农产品价格部分恢复,农业工资上涨<br>农业资本主义在大多数地方继续失败 | 农业干预主义的进一步发展 |
| 1930 | 福特主义 | 家庭农场的现代化 | | |

资料来源:Niek Koning, *The Failure of Agrarian Capitalism*, p. 7.

## 第二节 农产品和劳工市场的变化与雇佣农场的衰落

无论是大农场制度优越论的支持者,还是家庭农场制度优越论的支持者,在探讨19世纪晚期西方发达国家雇佣农场衰落问题时,都对19世纪70年代以后西方资本主义国家粮食价格的下跌、劳工工资上升给予了高度重视。双方都认为,这一时期粮食和劳工市场的变化,对于雇佣农场的衰落起了重要的作用。

不过，对于大农场优越论的支持者而言，这种市场的变化是这一时期雇佣农场衰落的根本原因，它是一种特殊情况，并不能得出结论说大农场制度不如家庭农场制度。换句话来说，对他们而言，这个时期以前时代雇佣农场的发展才是正常的现象。绝大多数的正统马克思主义者（如考茨基），以及马克思主义的分支学派（如世界体系论者），均是这种观点。本书大量引用的《农业资本主义的失败》一书的作者深受沃勒斯坦的影响，也持这种恰亚诺夫式的马克思主义观点，认为主要是因为家庭农场的经营者愿意接受更低的报酬，而并非家庭农场的效率更高，导致了1875年以后西方发达资本主义国家雇佣农场的衰落和家庭农场制度的复兴。①

而对于家庭农场制度优越论的支持者而言，尽管这种市场条件的变化确实极大地影响到了雇佣农场制度的衰落，但它并不是最根本的原因。他们用19世纪晚期以来的历史发展情况去反衬前一个时期雇佣农场的兴盛，认为前一时期资本主义国家雇佣农场的发展是特殊市场条件下的产物。换句话说，20世纪西方发达资本主义国家以家庭农场为主体的农业经营状况才是正常现象。国内学术界较为熟悉的美国著名农业经济学家舒尔茨、拉坦，日本著名农业经济学家速水佑次郎，以及日本马克思主义历史学家中村哲，均是持这种观点。

如前所述，从16世纪20年代起，英国农业雇工的实际工资便持续下降，在16世纪末到17世纪中叶降至最低点，约为以前的一半左右。从17世纪中叶开始，农业工人实际工资进入到一个恢复性的增长时期，一直到18世纪中叶的时候，已差不多恢复到了16世纪初叶的水平。但是，大约从那以后，农业雇工的实际工资又下降了很多，在18世纪70年代到拿破仑战争结束这段时间里，一直处于相当低的水平，只是略高于17世纪中叶的水平。拿破仑战争结束后，农业雇工的实际工资有一定的回升，不过直到1850年为止，仍然只是18世纪初叶的水平，尚未回升到18世纪中叶的水平。②

从图6-2中可以看出，以1850年的数据为基准（其实也就是18世纪最初几年的实际工资水平），大约在1875年以前的100年时间里，在绝大部分的时间里小麦价格指数一直高于名义工资指数。在某些阶段，尽管名义工资上升了，但是物价指数的上升更快，因而实际工资指数反而下降了。在拿破仑战争结束后的某些阶段，随着谷物价格的下降，名义工资也

---

① Niek Koning, *The Failure of Agrarian Capitalism*, p. x.
② Mark Overton, *Agricultural Revolution in England*, p. 64. 见图表中的数据。

下降了,尽管实际工资有所回升。但是从大约1875年的时候开始,英国农业雇工的名义工资与谷物价格的变动趋势相分离了。尽管谷物价格大幅度下降,当时农业工人的名义工资还是相对稳定,并且比以前更高了。就德国和美国的情况而言,也大致如此。可以说,1875年前后的几年是西方资本主义国家农业资本主义发展面临重大经济形势转变的时期。

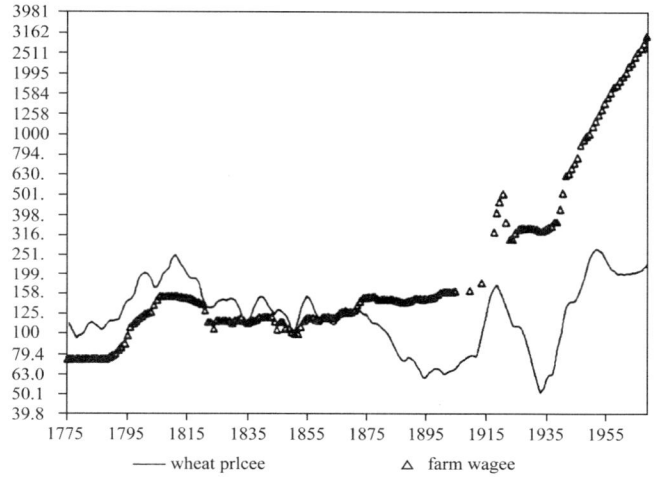

图6-2 英格兰和威尔士小麦价格和农业工资变化曲线
(以每五年的平均数画出,1850=100)

资料来源:Niek Koning, *The Failure of Agrarian Capitalism*, p. 22.

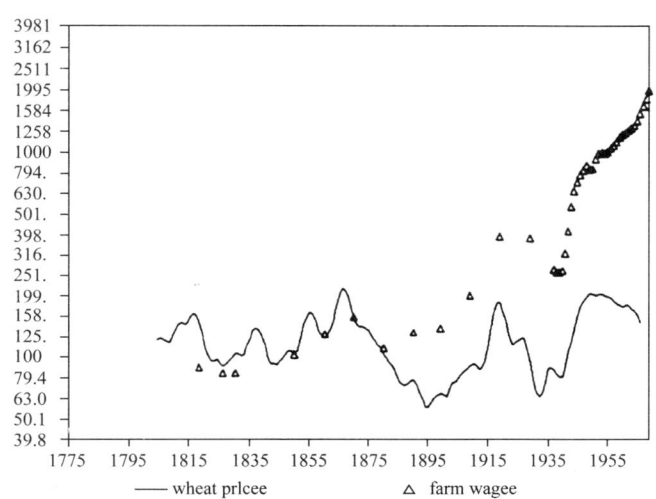

图6-3 美国小麦价格和农业工资变动曲线
(以每五年的平均数画出,1850=100)

资料来源:Niek Koning, *The Failure of Agrarian Capitalism*, p. 23.

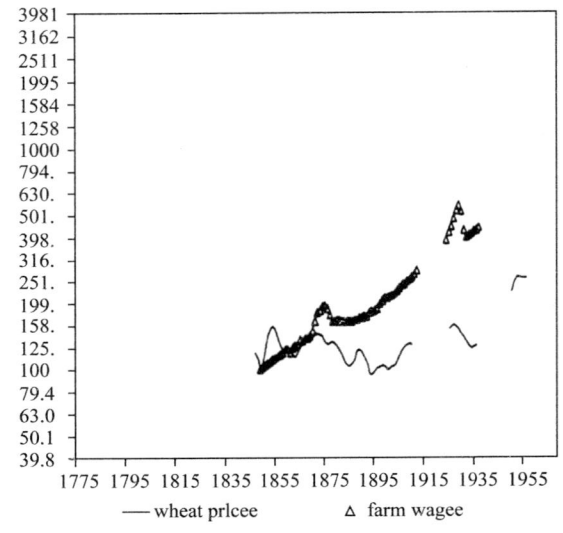

**图 6-4　德国小麦价格和农业工资变化曲线**
（以每五年的平均数画出，1850＝100）

资料来源：Niek Koning, *The Failure of Agrarian Capitalism*, p. 24.

表 6-12　19 世纪晚期小麦运费和小麦价格的变化（美分/夸脱）

|  | 1870~1874 | 1875~1879 | 1880~1884 | 1885~1889 | 1890~1894 | 1895~1899 |
|---|---|---|---|---|---|---|
| 从芝加哥到纽约的火车运输 | 113 | 72 | 63 | 61 | 53 | 47 |
| 从纽约到利物浦的汽船运输 | 66 | 60 | 35 | 25 | 20 | 23 |
| 来自于美国大西洋港口的美国小麦在利物浦港的到岸价 | 625 | 568 | 531 | 402 | 379 | 356 |

资料来源：Michael Tracy, *Government and Agriculture in Western Europe*, 1880~1988, p. 17.

表 6-13　19 世纪下半叶的世界小麦出口（万蒲式耳）

|  | 美国 | 加拿大 | 俄国 | 印度 | 澳大利亚 |
|---|---|---|---|---|---|
| 1851~1860 | 500 | — | 4 100 | — | — |
| 1861~1870 | 2 200 | — | 7 500 | — | — |
| 1870~1874 | 5 900 | 100 | 5 500 | 100 | — |
| 1875~1879 | 10 700 | 300 | 7 100 | 600 | — |
| 1880~1884 | 13 600 | 400 | 6 500 | 2 900 | — |
| 1885~1889 | 11 000 | 300 | 9 500 | 3 600 | — |
| 1890~1894 | 17 000 | 900 | 10 400 | 3 000 | 800 |
| 1895~1899 | 18 400 | 1 600 | 10 700 | 1 500 | 300 |

资料来源：Michael Tracy, *Government and Agriculture in Western Europe*, 1880~1988, p. 18.

大约从 1750 年左右开始，欧洲国家的人口在经历了一个世纪左右的停滞甚至稍微下降后，进入了一个快速而又稳定的增长时期。① 尽管在 19 世纪中叶开始了化肥生产与应用，但是在 1870 年以前，除了英国以外，其他绝大多数西欧国家的化肥使用几乎为零，谷物生产难逃边际生产力递减的规律，谷物生产的增长赶不上人口增长的需要，导致了西欧市场谷物价格的上升。即便是欧洲的谷物出口国，人口增长带来的消费增长，也导致了本国出口谷物价格的上涨。当时运输技术的落后，来自于北美的粮食运输成本太高，进口数量不多。也由于交通运输所限制的移民速度，以及农业机械化刚开始起步，广袤的新大陆一时难以大规模开垦。② 因而这一时期的西欧粮食进口主要依赖于来自俄国的水运便利地区的出口（见表 6 -13），以及正在逐步退出谷物出口行列的德国普鲁士地区。

这一时期的工业革命在大多数国家也还刚刚起步，难以吸收大量的新增人口。交通运输的落后，又使得这些新增的穷人难以大规模移民到新大陆，这就导致了社会上大量廉价劳动力的存在，压低了农业工资。低工资连同长时期的较高谷物价格，为这一时期西方农业资本主义的兴盛创造了有力的外部经济条件。③

但是从 19 世纪中叶以后，随着工业革命的进展，上述情况发生了巨大变化。由于工业革命而带来的交通运输业革命的后果是，铁路长度由 1850 年的 4 万千米增加到 111 万千米，汽船的运输比例从海运的 25% 增加到 95%。这使得海运的运费价格减少了一半，而陆路运输的价格更是下降到原来的 1/10,④ 极大地便利了来自新大陆和俄国内地东欧大平原的粮食出口，甚至是亚洲国家的粮食出口，极大地降低了西欧海外进口粮食的到岸价格。

交通运输的革命也为西欧过剩人口的大规模海外移民创造了条件，从 1841 年到 1900 年大约有 2 500 万人离开了欧洲，这些人绝大多数是农民或农场工人。他们中的绝大多数来到美国，其他的到达加拿大、阿根廷、澳大利亚和新西兰，极大地促进了新大陆的开垦。而这一时期的大规模农业机械化，使每一个劳动力所能经营的农场面积成倍增长，这又极大地加快了新大陆的开垦。从 1870 年到 1910 年，美国、加拿大、阿根廷、乌拉圭和澳大利亚的耕地面积从 8 200 万公顷增加到 18 500 万公顷，极大地增加

---

① Niek Koning, *The Failure of Agrarian Capitalis*, p. 11.
② Niek Koning, *The Failure of Agrarian Capitalism*, pp: 12 ~ 13.
③ Niek Koning, *The Failure of Agrarian Capitalism*, pp: 13 ~ 14, 16.
④ Niek Koning, *The Failure of Agrarian Capitalism*, pp: 19 ~ 20.

了全世界的农业产量。①

与此同时，19世纪下半叶的欧洲也在进行一场被一些经济史学家称作为第二次农业革命的农业改良，主要是化肥的使用。这主要是19世纪下半叶化学工业和钢铁工业（钢铁工业的废渣可以用来制造化肥）的迅猛发展所带来的结果，它使得农业生产的发展摆脱了以往"有机农业耕作方式"的增产限制。英国以外的绝大多数西欧国家的化肥施用量，从几乎为零增加到1870~1913年的平均每公顷10千克，而在德国、比利时和荷兰，甚至高达每公顷30千克以上。这就导致了单位面积产量比以往更加快速的增长。②

总而言之，由工业革命带来的技术进步使得19世纪下半叶的世界农产品增长速度大为加快，年增长率从1850~1872年的1.6%，增加到1872~1886年的2.5%，在1886~1913年间，虽然有所降低，仍然达2.1%。在1885~1914年之间的1/4个世纪里，全世界的小麦产量从239 100万蒲式耳增加到373 100万蒲式耳，增长了56%。这其中有1/5是由不包括俄国在内的欧洲国家通过单位面积产量的提高而获得的，另外的4/5是在俄国及其他非欧洲国家主要通过开垦新土地而获得的。也可以说，这一时期世界粮食产量的增加，主要在于欧洲海外移民地国家的大规模土地开垦。这些新兴国家的粮食很大一部分用于出口，导致了世界粮食出口的更大规模的增长。在19世纪50年代的时候，全世界每年的粮食出口还不到400万吨，到19世纪80年代的时候，就已经增加到了4倍，到第一次世界大战前夕，又增加到了10倍。③

在全世界粮食产量大增长的同时，粮食的需求量的增长却相对落后了。就人口而言，尽管西方国家人口的快速增长持续到了第一次世界大战前夕，但是从那以后增长速度就下降了。而工业革命的进步又部分导致了作为原料的农产品被其他产品所取代。例如，农业机械化减少了畜力的需求，同时也就减少了畜力饲料的需求。石油化学工业的增长，也代替了不少农作物原料。工业的进步也使得以农产品为原料的工业部门（例如说食品加工工业）提高了资源利用率，也就相对减少了农产品的需求。④

上述这些情形，改变了人类历史长期以来农产品经常跟不上需求增长的局面。相反，农产品的供应增长速度超过了农产品的需求增长速度，从而导

---

① Niek Koning, *The Failure of Agrarian Capitalism*, p. 20.
② Niek Koning, *The Failure of Agrarian Capitalism*, pp: 20~21.
③ Niek Koning, *The Failure of Agrarian Capitalism*, p. 21.
④ Niek Koning, *The Failure of Agrarian Capitalism*, pp: 21~22.

致了农产品价格的下降。这种下降从 19 世纪 70 年代开始，首先出现于欧洲移民的新垦农业地区，接着又出现在欧洲本土。① 直到 20 世纪初由于新开垦地（很少采用化肥）肥力下降，这种局面才有所缓解，但仍然处于较低的水平，只有第一次世界大战的影响才暂时大幅度抬高了粮食价格，随后农产品价格又回落了。至于"二战"以及"二战"以后粮食价格的高位运行，在很大程度上可以归因于农产品价格补贴，并且与日益增长的农业雇工工资相比，其实际价格反而在下降，这里就不必进行太多的探讨了。

与粮食价格的大幅度下降相比，农业雇工的工资却成为"刚性"的了，不再随着粮食价格的下降而下降，往往是只升不降。这主要也是这一时期工业革命加快进行的结果。随着工业技术的进步，工业部门的劳动生产率大为上升，因而工资提高，这就加大了工业生产部门（以及第三产业部门）和农业部门工资的差距。比如英国，在 1850 到 1950 年的这段时间里，农业工人的工资约为制造业部门的一半。而这一时期的工业部门增长迅速，门类更多了，创造了大量的就业机会。在工业部门迅速增长的同时，建筑业、交通运输业、商业部门以及其他服务性部门也在迅速增长，非农就业机会也就变得更为广泛了。随着 19 世纪中叶以后各国工厂立法的进展，以及劳工社会保险的初步建立，城市劳工的生存状况大为改善。城市非农部门的这些新的变化，吸引着农业雇工离开农村到城市谋生，前一个阶段农村大量存在的富余廉价劳动力逐步消失，农村的农业资本家为了留住劳动力，就必须提供更高的工资，农业部门的工资决定权逐步从农业部门转移出去，变得刚性了。

工业革命的另一个后果就是摧毁了农村工业。在农村工业繁荣的时代，农村劳工和少地农民可以通过农闲季节进行手工业生产以补贴家用，从而使得他们可以在农村生活下去，为雇佣农场的经营提供了廉价劳动力。农村工业的消亡，使得这一批人难以在农村生存下去，被迫离开了农村。这就减少了雇佣农场廉价劳动力，抬升了农村劳动力的价格。劳动力价格的上涨，以及前述粮食价格的下跌，导致雇佣农场经营无利可图。工业革命对农村工业的摧毁，在扫荡了农村无地少地农民的生存基础的同时，也撼动了雇佣农场生存的基础。②

因而我们从前面的表格中可以看出，在英国的非工业区的东部和南部，在荷兰的内陆省份，大农场的衰落就比两国工商业发达地区缓和。③

---

① Niek Koning, *The Failure of Agrarian Capitalism*, p. 22.
② Niek Koning, *The Failure of Agrarian Capitalism*, pp: 23~25.
③ Niek Koning, *The Failure of Agrarian Capitalism*, pp: 29, 115.

由于农业生产的季节性，大多数的农业雇工无法完全依靠农业雇工收入来维持生活；由于农业经营的规模效率较为低下，长期农业雇工的工资往往较为低下，难以仅靠雇工收入来建立自己的家庭以繁衍后代，因而农业长期雇工大部分是属于未婚的青年。① 从这个意义上来说，农业资本主义的生产关系从根本上来说并不具有再生能力。面对 19 世纪晚期的这种新形势，大农场经营者的对策是，从自己经营的土地中划出一小块土地，供农业劳工自己耕种，自我开发利用他们的季节性闲置劳动力，补贴他们的生活，以便他们能够继续留在农村，建立自己的家庭，生儿育女，为大农场经营者提供农场雇工。② 这种经营结构类似于中世纪的庄园份地与自营地经营的结合，从而也被称作再封建化。

尽管如此，从 19 世纪晚期开始，在过小农的经营继续衰落的同时，雇佣经营的大农场也衰落了，而中等农民经营的份额却上升了。发展的总方向不再是两极化，而是中农化。这可以从前面所列举的各国农场结构变化图表中清楚地看出来。

如前所述，大农场优越论者把这一时期大农场制度的衰落主要归因于上述农产品市场和劳动力市场条件的变化，而并非雇佣农场经营所固有的缺陷。他们还进一步指出，随着 1900 年前后世界市场粮食价格的恢复性增长，以及外来移民劳工的大规模输入，如德国东部的波兰劳工，美国西部的亚洲劳工，德国易北河以东省份大农场的衰落就放缓了，而在美国的不少地方，雇工经营又一度得到了复兴。③ 因而市场条件的变化是决定性的因素。他们认为，家庭经营农民的生存主要在于他们劳动更多，愿意接受更低的生活水平，并且可以在（扣除资本投入和劳动机会成本以后）没有利润的情况下继续生存。④ 无论是马克思和考茨基，还是恰亚诺夫，他们的解释都差不多。

面对着汹涌而来的海外廉价农产品的竞争，以法国和德国为代表的西欧大陆国家先后建立起了关税壁垒，以维持国内农产品的价格。尽管如此，农产品价格还是处于低落的状态，只有到世纪之交的时候，随着美国国内经济和人口的迅速增长，国内消费增加，新垦地肥力的下降，农业增长放慢，出口减少，德国等国经济的继续发展，农产品需求增加，国际农

---

① ［德］考茨基：《土地问题》（上卷），岑纪译，北京，商务印书馆，1936 年，第 224~228 页。
② ［德］考茨基：《土地问题》（上卷），岑纪译，北京，商务印书馆，1936 年，第 230 页。
③ Niek Koning, *The Failure of Agrarian Capitalism*, pp: 117~118.
④ Niek Koning, *The Failure of Agrarian Capitalism*, pp: 83.

产品价格才开始回升。在英国，农业不占重要地位，工业集团和劳工阶级力量的强大，以及对谷物法不光彩历史的记忆和强大海军保证海外粮食供应的自信使得英国的农业部门对关税保护的期望是可望而不可即的。

英国的自由贸易政策，导致这一时期英国国内的农产品价格比德法等实施关税保护的国家要低不少。因而人们普遍把这一时期英国农业的停滞与衰退归罪于自由贸易的关税政策为了工业的利益而牺牲了农业。对于19世纪晚期到20世纪早期德国和英国两国农业生产绩效的巨大差异，他们认为是两国不同关税政策的结果，德国的关税保护使国内农产品价格回升，使得农业经营者有利可图，而英国的自由贸易政策使本国的农业遭受毁灭性的打击。[1] 不过，他们无法解释农业关税更高的法国[2]这一时期的农业绩效却与德国相差甚远。与此同时，在西欧和英国一样实行自由贸易政策的丹麦，在同一时期可以说是创造了农业奇迹。因此，大农场制度优越论者主要从市场条件的变化来解释这一时期西方国家大农场制度的衰落和各国不同的农业绩效，显然是不能让人信服的。

相对于新大陆气候适宜、土地广袤、适合于大型机械化等优越的农业生产条件，西欧国家确实是没有优势，尤其是在谷物生产方面。由于谷物在储存和运输方面的优越性，新大陆（以及俄国）的谷物可以源源不断地输送到西欧，对谷物价格的打击特别严重。但是受到保鲜技术的限制，新大陆的牲畜产品和园艺作物，不可能大规模地占领西欧的市场。同样重要的是，乳畜产品和园艺作物带有很强的劳动密集型的特征，对产品的质量要求高，新大陆在"土地"资源方面的优势难以发挥。因此，在19世纪晚期农产品价格的低落时期，牲畜产品的价格相对坚挺，牲畜产品的生产仍然有利可图。西欧国家的农民可以充分利用他们在地理上接近的优势，开发他们以往谷物生产时期的季节性闲置劳动力，利用自己更高的工艺水平，在这类产品上与新大陆展开竞争。丹麦和荷兰的农户面对这种变化了的经济形势，调整了他们的产业结构，缩减了谷物生产，大力开发了利用进口的饲料进行劳动密集型的乳畜业生产，他们生产的奶酪和熏肉等产品质量更高，击败了来自于美国同行的竞争，他们向英国输出的动物产品超过了美国同行。[3]

---

[1] Niek Koning, *The Failure of Agrarian Capitalism*, pp. 168~169.

[2] 以1913年为例，法国农产品的进口关税税率为商品价格的29%，而德国为22%。Michael Tracy, *Government and Agriculture in Western Europe*, 1880~1988, p. 22.

[3] [日]速水佑次郎、[美]弗农·拉坦：《农业发展的国际分析》，郭熙保、张进铭等译，北京，中国社会科学出版社，2000年，第514页。

这一时期利用购入的饲料进行的乳畜业是一种劳动密集型的产业，需要劳动者的悉心照料，在这一方面，雇佣劳动往往由于缺乏责任心、难以对他们的劳动质量进行监督，因而家庭经营农场具有比较优势。谷物生产的机械化，劳动监督相对容易，因而大农场倾向于谷物生产。英国这一时期中等规模农场数量的增加和大规模农场数量的下降，主要是因为当时谷物生产衰退，英国农业向乳畜业转型。相对于谷物生产是土地密集型，适合于较大规模机械化生产，乳畜业具有劳动密集型的特征，适合于具有劳动优势的中型农场。因此人们认为，正是大农场在英国农业生产中的统治地位，妨碍了英国根据变化了的经济形势、根据新的比较优势实现农业转型，从而大农场制度导致了英国这一时期的农业衰退。① 人们甚至认为，法国和德国农业关税的引入，很大程度上是因为这些进行谷物生产的大农场主为了保护自己的利益，而迫使政府采纳，妨碍了两国小农利用进口的饲料来进行乳畜业生产和家禽饲养，妨碍了小农生产优势的发挥。② 由于荷兰实行自由贸易的政策，荷兰的农民利用从美国进口的廉价饲料生产出的牲畜和禽蛋产品，尽管也受到关税的阻挠，在德国市场上仍然比德国的同行具有优势，部分是因为他们的德国同行经受较高谷物关税带来的昂贵饲料价格成本。③

至于学术界把这一时期法国农业发展的落后归因于法国的小农制，显然是没有说服力的。因为这一时期西方世界的家庭农场相对于雇佣农场更具有比较优势，历史潮流是大农场制度的危机，是家庭农场的复兴与现代化，是丹麦的小农创造经济奇迹的时代。可以认为，在19世纪晚期到20世纪初这段时间的农业增长中，大部分的农业增长并非来自于大农场，而是小农场。④ 经济史家奥发（Offer）甚至还把这一时期英国农业的衰落归因于英国大农场制度的盛行。⑤ 这也是一个各国重新认识到家庭经营农场价值的时代，各国政府和民间纷纷推出小农场计划的时代。

---

① E. J. T. Collins, *The Agrarian History of England and Wales*. Vol. 7, 1850~1914, p. 761.

② Michael Tracy, *Government and Agriculture in Western Europe*, 1880~1988, pp: 78, 100, 103. 经济史学家格申克隆认为，第二帝国时期农业保护主义的引入主要是来自进行谷物生产的容克贵族的压力，谷物的保护率高，而动物产品的保护率较低，小农从中受益不多。参见 Wolfram Fisher, *The Economic Development of Germany Since* 1870, Volume. 1, pp: 402, 405, 410. 关于法国农业保护主义的此种分析，可以参见［日］速水佑次郎、［美］弗农·拉坦：《农业发展的国际分析》，郭熙保、张进铭等译，北京，中国社会科学出版社，2000年，第516页。

③ ［荷］L. 道欧、J. 鲍雅朴主编：《荷兰农业的勃兴》，厉为民等译，北京，中国农业科学技术出版社，2003年，第56页。

④ Niek Koning, *The Failure of Agrarian Capitalism*, pp: 126~127.

⑤ Niek Koning, *The Failure of Agrarian Capitalism*, p. 80.

由于大农场制度到 19 世纪晚期的时候已经逐渐丧失了比较优势和活力，也由于前述农村劳动力的大量流失，各国政府被迫推出建立小农场的计划。一方面是试图通过家庭农场经营的活力来挽救本国的农业，以适应变化了的农业比较优势形势，另一方面是为了挽救大农场的经营。如前文所述，农业资本主义的生产关系从根本上来说并不具有再生能力，农业雇工很难仅仅依靠雇佣劳动收入取得像样的收入以建立家庭，生儿育女，从而在日益增多的非农就业机会的吸引下，离开农村，导致大农场的经营陷入危机。为此，在世纪之交这段时间里，各国政府纷纷推出农业雇工获得土地法和小农场法，或强制性地要求农场主划出一小部分土地给农业雇工，由政府提供优惠贷款帮助雇工购买，或者由政府出面收购土地，分给无地的农民，以建立他们自己的小农场。在丹麦，1899 年的雇工土地法和 1909 年的小农场法，①进一步巩固了这种小农场为主体的农业经营结构（约占 75%）。②在美国，1902 年通过的"新垦地法"（Newland Law）帮助农民在灌溉土地上建立家庭农场。③德国政府和德国的垦殖协会也在波森和西普鲁士大力推行建立小农场的计划，以对付"波兰人的威胁"，容克大地产经营者也自觉地划出一块土地给农业雇工耕种，以留住那些很可能出走的农业雇工。④不过总的来说，政府在改变以往形成的农业经营结构的过程中影响有限，主要还是上一节所讨论的经济形势变化的结果。

为了摆脱农业危机，各国政府还纷纷推出租佃制的改革计划，限制地租，加强佃户对土地的权利，并推出耕者有其田的土地改革，由国家提供优惠贷款，帮助佃户获得土地所有权。在这方面，英国（联合王国）政府迈出的步伐最引人注目。当然，土地改革的政策重点主要还是在经济落后、地主农民矛盾特别尖锐的爱尔兰（同时也是民族矛盾）和苏格兰。一开始主要是由政府提供低息贷款帮助佃户购买他们承租的土地，后来又强制性地要求地主出卖土地。强制性购买是从苏格兰的土地改革开始的，强迫大地主让出一部分土地卖给小佃农（Crofter），后来又推广到爱尔兰。当然这些法令并没有对本书重点探讨的英格兰和威尔士产生影响。在爱尔兰，通过大规模政府资助下的赎买，到 20 世纪 20 年代初期的时候，已经有将近 2/3 的土地不再属于地主了，另有 75 万英亩的土地通过扩大以往

---

① ［丹麦］J. 克里斯滕森：《丹麦农业现代化历程》，田晓文译，天津，天津大学出版社，1992 年，第 97~98 页。

② ［丹麦］J. 克里斯滕森：《丹麦农业现代化历程》，田晓文译，天津，天津大学出版社，1992 年，第 102 页。

③ Niek Koning, *The Failure of Agrarian Capitalism*, p. 135.

④ Niek Koning, *The Failure of Agrarian Capitalism*, p. 136.

的小土地或建立新的小农场而被分配。在苏格兰,有 20 万英亩的农业用地通过前述方式被分配到小佃户或无地雇工之手,这在农耕面积不大的苏格兰地区应该说是相当重要的。① 在英格兰和威尔士,受到影响的主要还是这一时期加强佃户在租佃契约中的权力地位的法令,以及 1907 和 1908 年的小农场法(Small Holdings and Allotments Acts)。到 1914 年为止,共有超过 20 万英亩的农业用地通过小农场法而由小农获得。② 不过这对于整个英格兰和威尔士的农业结构来说,只有很小的影响,被认为收效甚微。英格兰和威尔士的土地所有权结构变化主要还是市场运行的结果,是土地产权发展一般规律的结果。

## 第三节　技术发展的新变化与家庭农场的比较优势

家庭农场经营制度能否与现代化的生产技术相融合,家庭农场能否利用现代农业生产技术,是决定家庭农场制度在现代社会命运的关键。现代工业发展的历史表明,工业部门的机械化,尤其是生产流水线的建立,是建立在许多人必须同时进行不同的分工合作之上的,这就导致了家庭作坊的被排挤,导致了大规模劳动分工和工厂制度的建立。

但是农业部门的劳动没有这个特征,从播种到收割后的作业次序,在机械化之后仍然像机械化以前一样,在时间间隔上是广泛分离的,缺少分工合作的必要性。与此同时,在工业中,一般来说是机器设备不动,被加工的原料在运动。由于机器设备不动,可以采用大型的机器设备,进行流水线式的生产与装配,劳动具有强烈的分工合作特性,家庭企业作坊显然是不可能采纳的,从而导致了大企业的绝对优势。但是在种植业中,机器设备要不断地搬动,这就迫使农业机器设备的设计走小型化之路,而小型的机器在家庭劳动力的范围内也能够采纳使用。也正是由于农业机器应用上的这种特征,在农业部门中,首先采用机械化的主要是那些可以相对静止使用的机械,例如抽水和谷物脱粒,而移动性的机器通常发生在机械化的后期。③ 尽管由于机器的使用,农场的经营大为扩张,但由于农业机器

---

① Niek Koning, *The Failure of Agrarian Capitalism*, pp: 87, 133~134. 关于苏格兰的土地改革和小佃农(Crofter)的命运,可以参见党国英:《苏格兰的土地改革及其对中国的借鉴意义》,载《中国农村观察》2004 年第 4 期。

② Niek Koning, *The Failure of Agrarian Capitalis*, p. 134.

③ [日] 速水佑次郎、[美] 弗农・拉坦:《农业发展的国际分析》,郭熙保、张进铭等译,北京,中国社会科学出版社,2000 年,第 94~95 页。

设备的个人化操作特征,扩大了的农场仍然是家庭经营形式。

即便是那些看起来具有"不可分性"的不需要经常运动的设备,随着技术的进步,也可能变得具有"可分性",可以在相对较小的生产规模中发挥经济效益,可以为少数人所操作使用,从而使工厂式大生产(大庄园或大农场)的组织形式变得没有必要。在工业革命的第一阶段,机器的动力来源于蒸汽机,这种蒸汽动力的农业机械往往结构庞大,一两个人无法控制使用,具有多人共同劳动合作的特征,家庭农业经营者一般是不大可能采用的。随着19世纪晚期内燃机、电动机的发明和使用,农业机械小型化了,一两个人就可以驾驶使用,机器的使用变得个人化了,分工合作的必要性大为降低,使得家庭农业经营者在机械技术方面的劣势大为降低,缩小了与大农场的机械技术方面的差距,也就缩小了家庭农业经营者在劳动生产率方面的差距。①

当然,毫无疑问,农业机器的小型化发展,也是农业机械生产者"主动适应"小农场占主导地位的农业结构的结果。机器生产者为了赢利,必然要面向大众化的需求,也就是说必须面向中小农场主的需求,这导致农业机械设计小型化。② 其潜台词是,假使农场规模的扩大不受考茨基所讲的那种束缚,那么农业机械的设计就会趋于大型化,从而使大农场具有优势。这是大农场优越论者对"技术决定论"(也即我们所熟悉的生产力决定生产关系)的反驳。笔者认为,尽管小型农业机器的发展有着很强的"社会因素",前述机器在工农业生产中的不同使用特征,仍然是农业机器发展不可逾越的非社会因素,它使得农业机器不得不走小型化之路,也就使得农业经营者可以在家庭劳动力的范围内使用机器,实现机器使用的规模效益,农业生产的机械因而化并没有导致工业部门那样的家庭经营方式的过时。

雇佣农场优势论者的观点,部分是建立在劳动力价格低廉和资本昂贵的认识上的。在他们看来,一般的家庭农业经营者是没有资金采用农业机器的,劳动生产率低,不如做一个农业雇工,就如同一个家庭手工业者由于技术落后还不如一个工厂雇佣工人的收入。只是随着技术的进步,机器设备的价格日益下降,随着社会富裕程度的提高,资本愈加丰富,资本的价格(利息率)下降,并且随着各国农业公共信贷体系的建立,农民的资金约束大为降低,这些都极大地便利了普通农户农业经营的机械化,使得机械化不再是资本主义大农场的专利,也就提高了家庭农业者的劳动生产率,实现了家庭农场的现代化。

---

① [日]中村哲:《近代东亚经济的发展和世界市场》,吕永和、陈成译,北京,商务印书馆,1994年,第206页。
② Niek Koning, *The Failure of Agrarian Capitalism*, p. 193.

近代世界一度盛行的大庄园生产体制（latifundia），包括美国曾经出现过的超大型农场（bonanza），一方面是劳动力过剩、缺少非农就业机会带来的低工资，使得大庄园有利可图，农业雇工（也就是普通农民）十分贫困，另一方面是当时的农业机械价格昂贵，普通农民（往往同时也是大庄园雇工）难以购买，使得大庄园对于机器的使用具有垄断性的优势，大庄园在经济上具有相对优势，农民在大庄园上做工或许比在自己的小农场上的劳动收入更高。但是随着工业的进步，农村剩余劳动力减少，工资上升，普通农户通过积蓄购买农业机器的能力增加，与此同时，农业机器的价格也下降了，信贷的利息率也下降了，这样普通农民也就可以进行机械化耕作了，他们的技术劣势大为降低，加上家庭生产模式所特有的优势，普通农户获得了相对优势，导致了大庄园的解体，分解为现代化的家庭农场。①

在作出家庭农业者消亡预言的经典作家笔下，农业的现代化几乎就等同于农业生产的机械化（电气化也是机械化），他们没有预见到农业技术进步中的生物技术和化学技术发展可能给农业发展带来的影响，也没有预见到机械化在农业生产中的有限性。实际上，规模效益递增的机械技术走小型化之路，机器设备也已经具有一定程度的"可分性"（也即小生产也可以采纳）。而生物和化学技术方面的进步，例如化肥的使用、农作物和牲畜新品种等，更是具有"规模中性"的特征，它是"可分"的，对于大小农场的增产都是一样的。并且那些具有高附加值的现代生物技术，那些复杂的耕作体系，往往要求更加集中的现场管理，要求劳动者有很强的责任心，在这方面自我雇佣的家庭农场具有优势，从而提高了它们的相对优势，促成了农场规模的单峰分布，也即中型农场比例的上升，或者如上文说的农业经营者的中农化。②

---

① Niek Koning, *The Failure of Agrarian Capitalism*, pp: 28～29, 82.
② [日] 速水佑次郎、[美] 弗农·拉坦：《农业发展的国际分析》，郭熙保、张进铭等译，北京，中国社会科学出版社，2000年，第389～392页。当然，现代生物技术的发展究竟会对未来发达国家的农业生产组织形式产生什么样的影响，现在还不得而知。就19世纪晚期以来20世纪的大部分时间而言，生物技术的发展，要求更多的现场管理，更加精细的耕作，其结果是家庭生产有相对优势。但是到21世纪初，生物技术和其他技术的变化却在一些农业部门冲击了家庭农业经营的主导地位，例如温室园艺业、集约型畜牧业、水产养殖业等，都有演变成工业化农场的倾向。这些部门对生产的"工业化"组织越来越感兴趣（参见 [荷兰] L. 道欧、J. 鲍雅朴主编：《荷兰农业的勃兴》，厉为民等译，北京，中国农业科学技术出版社，2003年，第110页）。不过在普通的种植业、畜牧业和养殖业方面，似乎还看不到家庭经营衰落的趋势。上述"工业化"兴趣较浓的几个部门，在未来究竟如何发展也还很难说，它们在很大程度上仍然受着农业生产所具有的雇佣劳动交易成本（如劳动监督成本）高昂的限制。G. Schmitt, "Why Is Agriculture of Advanced Western Economies Still Orgnized by Family Farms? Will This Continue to be So in the Future?", *European Review of Agricultural Economics*, Vol. 18, No. 4, pp: 443～458.

在很多中国学人的眼里,圈地运动时代畜牧业对种植业的排挤,有利于资本主义雇佣农场制度的发展,有利于大农场的形成,因为畜牧业属于土地密集型粗放经营,而种植业相对来说属于劳动密集型集约化经营,并且那个时代的大农场更多地出现在畜牧业当中。但是到了19世纪,这种情况被改变了,由于小麦等农作物耕作、播种和收割技术的进步,机械化逐步推进,谷物生产相对来说变成了土地密集型的粗放经营;而集约型畜牧业的发展,要求劳动者极高的责任心,使得畜牧业逐渐成为了劳动密集型集约化经营,单位土地面积产出值比谷物种植更高。在这种情势下,雇佣型大农场制度往往盛行于谷物生产地带,例如英国的东南部;而在畜牧业发达的地区,除了贫瘠的山区外,反而是中小农场占优势,例如英国的北部地区和西部地区,那些占地不多的从事密集型畜牧业的农户过着相当不错的生活。[①] 19世纪后期,西欧国家在面临新大陆与东欧的谷物进口竞争压力下,日益转向集约型畜牧业,而这也促进了当时西欧国家资本主义雇佣农场的衰落与家庭农业经营的复兴。

表6-14　1880年英国畜牧业和谷物种植业大小不同农场占地百分比(%)

|  | 50英亩以下 | 50~100英亩 | 100~300英亩 | 300~500英亩 | 500~1000英亩 | 1000英亩以上 |
| --- | --- | --- | --- | --- | --- | --- |
| 畜牧业 | 17.2 | 18.9 | 43.7 | 13.8 | 7.2 | 2.2 |
| 种植业 | 9.9 | 10.2 | 37.8 | 21.4 | 17.0 | 3.7 |

资料来源:[德]考茨基《土地问题》(上卷),岑纪译,北京,商务印书馆,1936年,第212页。

集约型农业发展导致中等家庭农场的优势地位,这一点也可以从近代日本农场规模的变化看出来。在幕府时代的早期,农业生产的主要方式是大面积占有土地,从几公顷到几十公顷,耕种这些土地的劳动力来自于大家庭、世袭的仆人或契约的雇工,或二者兼有。随着人口压力的增大和灌溉系统的建立,特别是19世纪中叶以后,人们开发了更多的劳动密集型技术,例如两季稻种植、优良的作物品种以及化肥使用。这些技术进步通常首先应用于商业性的作物,例如棉花、烟草以及能用来养蚕的靛蓝。这些更加复杂的农业体系在劳动力使用和对其管理者的要求方面都很细致,因而就比大单位更有效率。结果,由于大家庭的消亡或将土地租给仆人阶级的成员,大农场耕种的土地份额逐渐下降,到了幕府时代的末期,1公顷左右的小规模家庭农场成了农业生产的主要方式。在明治维新以后的时期,日本农场分布的这种"中农化"趋势仍在进行。在第二次世界大战以前的几十年,由于生物技术

---

① David Grigg, *English Agriculture: A Historical Perspective*, p. 121~125, 143.

的进步，小于 0.5 公顷的农场和大于 2 公顷以上的大农场所占的百分比下降了，而 0.5~2 公顷的中型农场百分比上升了。①

表 6-15  1908~1940 年日本农场分布结构变化（%）

| 年份 | 农场大小 | | | 总计 |
| --- | --- | --- | --- | --- |
| | 小于 0.5 公顷 | 0.5~2.5 公顷 | 大于 2 公顷 | |
| 1908 | 37.3 | 52.1 | 10.6 | 100.00 |
| 1910 | 37.5 | 52.4 | 10.1 | 100.00 |
| 1920 | 35.3 | 54.0 | 10.7 | 100.00 |
| 1930 | 34.3 | 56.4 | 9.3 | 100.00 |
| 1940 | 33.3 | 57.3 | 9.4 | 100.00 |

资料来源：[日] 速水佑次郎、[美] 弗农·拉坦：《农业发展的国际分析》，郭熙保、张进铭等译，北京，中国社会科学出版社，2000 年，第 392 页。

笔者认为，农业生产的组织形式，从根本上来说，是由农业生产的技术特性所决定的，也就是马克思所说的生产力决定生产关系。不可否认，我们将在下文探讨的技术以外的制度因素，例如农业协会和信用合作社，社会公共部门支持的农业科研和推广体系的建立等，对于日本农场的中农化分布作出了贡献。然而这些制度主要是通过促进而不是抑制现代技术的开发和传播，来促成农场分布的中农化结构。实际上，这些制度创新是由农业生产的一种中农化结构的潜在优越性诱导出来的。如果没有规模中性技术的开发，那么这些制度创新将会收效甚微，并且很可能根本就不会出现。② 换句话来说，这些有利于中小农场生产的制度创新，包括公共部门支持的农业信贷体系的建立，并非主要是在社会政治的压力下"人为地"保护"落后小生产"的产物，而是因为农业技术进步的特征使"小生产"相对于"大生产"更有效率，为了使这种更有效率的"小生产"充分发挥出它的效率，人们才被诱导而设计出了这些制度创新。

## 第四节  近代英国租佃经营的衰落

根据前文所述，在 18~19 世纪，租佃经营在英国高度发达，在 19 世纪晚期，包括英国在内的西欧、北美各国的租佃制经营均有所发展，因而考茨

---

① [日] 速水佑次郎、[美] 弗农·拉坦：《农业发展的国际分析》，郭熙保、张进铭等译，北京，中国社会科学出版社，2000 年，第 392 页。
② [日] 速水佑次郎、[美] 弗农·拉坦：《农业发展的国际分析》，郭熙保、张进铭等译，北京，中国社会科学出版社，2000 年，第 393 页。

基认为，随着时间的流逝，各国经营自有土地的农场主将会逐渐失去土地所有权，走向英国那样的租佃经营结构。就考茨基写作的那个时代而言，确实存在着这种趋势。从19世纪80年代到"一战"之前，英国的租佃经营继续得到发展，并在1913年达到顶峰。当时英国租佃经营的土地占全国土地总面积的比例从1890年前后的85%左右上升到89.3%，自有土地经营只占10.7%。① 这主要是受当时英国农业危机的影响。一般而言，在一个农业价格和利润下降的时代，农业经营者损失惨重，负债累累，被迫出卖土地以偿还债务。尽管地主也同样面临困境，被迫出卖土地以缓解财政压力，但是农场主的损失更大，农场主出卖土地的意愿超过了地主出卖土地的意愿，因而租佃制经营比例反而上升了，只不过是由于地主地产的流通，地主阶级的成员发生了变化。②

但是从"一战"之后，这种趋势就被扭转过来了，英国租佃经营的比例逐渐下降，自有土地的经营比例逐渐上升。到了20世纪80年代初，自有土地及部分自有土地的农业经营，不仅在农业经营的数量上，而且还在经营面积上已经超过了租佃经营，英国成了"自有土地农业经营者"（Owner-occupiers）占主导地位的国家。

如前文所述，在18～19世纪，占有大规模地产能够带来政治的和社会的收益，导致土地的价格高于纯粹市场价格，而地租却低于纯粹市场竞争地租，使得富裕的英国农场主难以获得土地所有权，也没有获得土地所有权的强烈动力，导致了近代英国大规模租佃经营的扩张与延续。③ 但是随着工业社会价值观念的日益深入人心，土地所有者形象的社会价值降低。而1872年秘密投票法的通过，也使得地主无法再控制佃农的投票，从而降低了占有地产的政治价值。④ 所有这些都导致土地所有权的政治和社会的附加价值逐步消解，英国农业土地占有制度的发展也就和"二战"以前世界各国的普遍发展趋势一致。

当然，1882年的《转移受限土地法》的通过，大大便利了大地主限嗣继承地产的转让。⑤ 英国政府在20世纪所采取的高额地产继承税，沉重

---

① E. J. T. Collins, *The Agrarian History of England and Wales. Vol. 7, 1850～1914*, p. 762.
② Johan. F. M. Swinnen, "Political Reforms, Rural Crises, and Land Tenure in Western Europe", *Food Policy*, Vol. 27, No. 4, pp: 375～378.
③ Avner Offer, "Farm Tenure and Land Values in England, c. 1750～1950", *The Economic History Review*, New Series, Vol. 44, No. 1, pp: 4, 12.
④ E. J. T. Collins, *The Agrarian history of England and Wales. Vol. 7, 1850～1914*, p. 743.
⑤ Avner Offer, "Farm Tenure and Land Values in England, c. 1750～1950", *The Economic History Review*, New Series, Vol. 44, No. 1, pp: 15～17.

地打击了大土地所有者保持地产的愿望，迫使他们出卖大地产。与此同时，英国政府为了缓解农业危机，试图建立一个美国与丹麦那样的以自有土地经营者为主体的农业经营结构，采取了对农民购买土地的资助政策，帮助农业经营者获得土地所有权。英国的佃农逐渐获得土地的所有权，成为自有土地的农业经营者（Owner-occupiers）。

表6-16 英格兰与威尔士的自有土地农业经营者（Owner-occupiers）

| 时间 | 占农业土地经营单位总数的百分比（%） | 占农业土地经营总面积的百分比（%） |
|---|---|---|
| 1887a | 14.4d | 15.2d |
| 1891a | 14.6d | 15.0d |
| 1908a | 12.8e | 12.2e |
| 1914a | 11.3e | 10.9e |
| 1919a | 15.7e | 12.1e |
| 1922a | 15.1e | 17.8e |
| 1927a | 36.6e | 36.0e |
| 1941 | 34.6 | 32.7 |
| 1950b | 39.0e | 38.0e |
| 1960c | 56.7e | 49.2e |
| 1970 | 60.0e | 53.1e |
| 1975 | 62.9e | 53.7e |
| 1983c | 70.4e | 60.2e |

a 仅包括耕地和草场
b 包括耕地、草场和粗放牧场
c 所有农业用地的总面积
d 不包括部分承租或部分所有的农业土地经营单位
e 包括全部自有和部分自有的农业土地经营单位
资料来源：David Grigg, *English Agriculture: A Historical Perspective*, p. 104.

应该说，经营者的土地所有制是最有效率的农业土地制度，而不在地主制是效率最为低下的农地制度。[①] 在租佃制下，农民进行生产改良，提高农业生产，往往会导致地租的提高，农民无法获得农业改良的全部成果，因而缺少提高农业改良的积极性。就农田的基本建设而言，就更是如此。农民往往会因为害怕契约解除后自己的农田改良成本无法收回，并让地主白白地得到农田改良的好处，因而不愿意进行农田改良的活动。尤其是短期租佃制下的佃户，往往会采取掠夺性的经营，以获得短期的高收益，造成农田的损害。尽管地主会通过各

---

① 舒尔茨：《改造传统农业》，梁小明译，北京，商务印书馆，1987年，第90～93页。

种手段，阻止上述情况的出现，但是其实施成本是很高昂的，并且无法根本杜绝。①

为了避免佃户的掠夺式经营，英国地主往往在租佃契约上详细规定土地的耕作方式，如作物品种、作物轮作方式、施肥方式等等。但是这样就会阻碍佃户根据实际情况的变化来改变耕作方式。例如说在19世纪70年代以后，谷物价格大跌，牲畜产品相对价格上升，应该更多地转向牲畜饲养，但是租地契约的规定往往限制了佃户的经营转变。诸如新兴的化肥使用，也必须得到地主的同意，这也阻碍了新的农业技术的采用。另外，根据英国普通法的原则，当租佃关系结束的时候，佃户没有权利向地主要求对土地的改良活动进行补偿，除非租佃契约上有明示的规定。② 这些都挫伤了佃户进行土地改良的积极性。

为了鼓励佃户的农业改良，对付19世纪70年代以后的农业危机，英国政府通过了一系列的调整地主和佃户关系的法律。政府改变了以往对于农业租佃契约的不干涉主义态度，通过立法，限制了地主在租佃契约中的权限，加强了对佃户的保护。法律规定地主不得在租地契约中限制佃户对土地的自由经营和利用，强制性地要求地主在租佃结束的时候对佃户的农业改良活动投入进行补偿。③

表6-17　19世纪晚期以来英国大土地所有者权利逐步受限和佃户权利的扩张

| | |
|---|---|
| 1875年以前 | 《农业持有地法》：谷物品种、施肥技术和耕作方式必须得到地主同意，租佃结束时佃户无权向地主提出对以往进行的仍将发挥作用的投资进行补偿，除非租佃契约有明确约定。年收入100英镑以下的自由持有农和年收入150英镑以下的佃户，不得在他们经营的土地上进行狩猎，射杀野鸡和野兔等。地主有权在佃户经营的土地上进行狩猎活动，佃户不得以破坏庄稼为由阻止。 |
| 1875年 | 租佃结束时佃户有权提出对以往的仍将发挥作用的投资要求地主补偿，佃户有权未经地主同意进行农场建设。但地主有权通过契约约定排除上述责任。 |
| 1880年 | 《狩猎法》赋予佃户射杀野鸡、野兔和进行狩猎的权利。 |
| 1883年 | 《农业持有地法》：租佃结束时地主对佃户的农地改良有强制性补偿的义务，不得以契约排除之。 |

---

① 令人奇怪的是，在前面所介绍的布伦纳争论中，美国马克思主义历史学家布伦纳竟然认为，16~17世纪英国地主权势的加强，佃户权利的不稳定反而还促进了英国的农业生产。说是地主利用佃户之间存在的竞争迫使佃户加快改良，从而促进了英国这一时期农业的发展，相反同一时期法国农民土地权利的稳定，却导致了法国农民的怠惰，农业生产停滞不前。这显然是与一般的看法相冲突。
② A. W. B. Simpson, *A History of the Land Law*, p. 287.
③ E. J. T. Collins, The *Agrarian History of England and Wales*. Vol. 7, 1850~1914, pp: 797~802.

续表

| 1891 年 | 什一税从佃户身上转移到地主身上。 |
| --- | --- |
| 1892 年 | 《小持有地法》：政府以财政资助小农场主购买土地。 |
| 1895 年 | 《蔬菜农场主补偿法》：佃户可以要求对于蔬菜农场的投资进行补偿。 |
| 1895 年 | 开始征收遗产税。 |
| 1906 年 | 《农业持有地法》：佃户有权自行决定种植何种谷物。 |
| 1919 年 | 遗产税税率上升到40%。 |
| 1928 年 | 国家建立农业抵押公司，为农场主提供无息贷款。 |
| 1930 年 | 遗产税税率上升到50%。 |
| 1939 年 | 遗产税税率上升到60%。 |
| 1948 年 | 确认佃户的终身租佃安全，佃户可以毫无限制地自由耕作，并且限制地租随农场收入同步上涨。 |

本表格内容来自于：A. W. B. Simpson, *A History of the Land Law*, pp：286~288；David Grigg, *English Agriculture：A Historical Perspective*, pp：101~105；E. J. T. Collins, *The Agrarian History of England and Wales*. Vol. 7, 1850~1914, pp：793~802；Johan F. M. Swinnen, "Political Reforms, Rural Crises, and Land Tenure in Western Europe", *Food Policy*, Vol. 27, No. 4, pp：380~381.

另外，政府还通过了一系列法令剥夺了地主在佃户土地上的封建遗留权限。很多人都知道，大革命之前的法国贵族对佃户土地拥有令人憎恨的鸽舍权，其实在18和19世纪的英国，土地贵族对佃户的类似权限也并不少见。根据1671臭名昭著的《狩猎法》，年收入100英镑以下的自由持有农和年收入150英镑以下的契约租地农，不得在他们经营的土地上进行狩猎，射杀野鸡和野兔等等，否则严惩不贷。而地主有权在佃户经营的土地上进行狩猎活动，佃户不得阻止，尽管在租地契约中地主会对此进行一定的补偿，① 但是它对农业生产的破坏是确定无疑的。1880年的《狩猎法》赋予了佃户射杀野鸡、野兔和进行狩猎的权利，从而保护了佃户的权益。②

上述这些立法表明，在改善佃户的权益以提高农业生产的问题上，依靠纯粹自由契约制度是不够的。在一个农业就业仍然占有相当重要性的社会里（尤其是在一个以农业为主的社会里），尽管表面上很可能是一个自由竞争的租佃制，但是地主可以利用他们的优势地位，强迫佃户接受很不平等的"自由契约"，所谓的自由契约其实并不存在，地主事

---

① 关于《狩猎法》的实施，可以参见 J. L. Hammond and Barbara Hammond, *The Village Labourer*, 1760~1832, pp：184~188；G. E. Mingay, *English Landed Society in the Eighteenth Century*, pp：249~250；Mark Overton, *Agricultural Revolution in England*, pp：184~185.

② E. J. T. Collins, *The Agrarian History of England and Wales. Vol. 7*, 1850~1914, pp：743~744.

实上拥有很大的垄断性的权力。就如同打着自由契约的旗号，禁止工会的建立一样，结果却是导致雇主与工人地位的极端不平等，实际上产生的却是雇主的垄断性地位，不可能达致帕累托最优状态下的均衡。

尽管英国政府经过一系列的立法，保护了佃户的权利，有利于农业生产的发展，但是由于佃户对土地的权利还是并不完全，因此租佃经营制度仍然有前述相对低效率的特点。为了进一步提高农业生产的效率，打击大地产制度，促进社会平等，20世纪的英国政府对大地产征收沉重的地产继承税，并通过各种方式帮助农业经营者购买土地，使得近代英国历史上高度发达的租佃制不得不逐渐让位于农场主的土地所有制。

## 第五节　制度创新与家庭农场制度生命力的焕发

农产品和劳动力市场条件的变化，以及家庭企业的特性——可以在没有利润的情况下继续生存、可以以更低的成本投入劳动（也即劳动自我剥削），确实是19世晚期以来西方资本主义国家雇佣农场衰落、家庭农场复兴的重要原因。但是19世纪晚期以来，西方国家所进行的一系列制度创新，使得家庭农场经营所具有的优势得以释放，帮助它打败了雇佣农场的经营者，打破了经典作家的预言。这些制度创新对于家庭农场生命力的焕发，对于家庭农场和雇佣农场相对优势的易手，相对于市场条件变化的影响，或许更具有决定性的意义。

### 一、社会公共部门支持的农业科研体系的建立

一般认为，大农场由于资金雄厚，人员众多，因而可以进行农业新技术的开发，而中小家庭农场由于资金缺乏和人员不多，难以进行农业的科技创新。人们因此往往认为，工厂式组织的大农场的发展有利于农业生产的进步，就如同工业部门的大企业发展有利于技术进步一样。[①] 然而如前所述，工厂式的组织形式并不适合于农业生产，中小家庭农场在最基础的农业生产层面具有相对优势。要克服中小家庭农场在农业技术创新方面的劣势，就必须进行制度创新，建立由公共部门支持的农业科研和推广体系，为中小家庭农场提供技术支持，以适应以中小家庭农场为主导的农业

---

① 参见［德］考茨基：《土地问题》（上卷），岑纪译，北京，商务印书馆，1936年，第140~143页。

结构。

根据前文所述,在19世纪晚期以前,大多数欧美国家尚未真正建立由社会公共机构支持的农业研究体系,技术进步的方式主要是私人厂商的诱导创新模式。由私人企业家依靠本身的资金与其他各项条件,根据市场要素的价格变动,在利润的指引下进行技术创新。这种情况在英国尤其突出。对于那些以中小农场为主体的国家和地区来说,个体农民从事研究的能力有限,而且从研究成果中获取绝大部分收益的可能性很小(私人研究者能够从研究成果中获得绝大部分收益乃是他们从事科研的动力)。受益于技术进步的主要是消费者,也可以说是整个社会,而非生产者。[①] 在这种技术进步模式之下,拥有更多的人力和物力的大农场在技术创新和采用方面显然具有很大的优势,而那些拥有许多大农场的国家和地区,如英国和普鲁士,很可能会在农业技术的进步方面处于领先地位,而19世纪初期的英国也被当时欧洲大陆的改革者当作"农业学校"。[②]

私人厂商诱导技术创新模式,其实并不适合农业部门的技术革新。农业技术进步主要包括机械技术进步与生物化学技术进步。机械技术方面的进步,像耕作机器之类的,它们由工业生产部门提供,容易实施专利保护,因而可以通过私人厂商得以提供。但是在生物技术方面的革新,则难以通过私人厂商技术创新方式提供出来。在这里,很多研究产品,像新品种、新耕作方法,很难阻止其他人采用,具有非排他性的特点,具有公共产品的性质。农业生产的性质使得限制有关新技术或新方法的信息十分困难。在这方面,专利法的保护要么没有,要么不充分。私人生产者难以占有直接产生于该新技术与新方法的全部社会收益,因此通过私人厂商提供这方面的技术创新,往往会供给不足。另一方面,对于生物技术方面的许多进步,如新的农作物栽培技术、新的动物饲养方法等,采用专利法进行保护,往往不利于新技术的推广,难以产生最大的社会效益。因为即便是最大的农场,相对于工业企业来说都相对较小,只能在一定范围内实施新品种、新方法,因而只能从发明活动中获得一部分新技术所带来的利益。通俗言之,由于工业生产的集中性,一项新技术的大规模运用,可以通过少数几个厂家来实现,因而适合于采用专利法进行保护,通过专利转让得以实施。然而农业生产却极为分散,由许许多多的农场组成,如若实施新

---

① [日]速水佑次郎、[美]弗农·拉坦:《农业发展的国际分析》,郭熙保、张进铭等译,北京,中国社会科学出版社,2000年,第247页。
② [日]速水佑次郎、[美]弗农·拉坦:《农业发展的国际分析》,郭熙保、张进铭等译,北京,中国社会科学出版社,2000年,第247页。

技术的专利法保护、通过专利转让来实施,这将使大规模实施新技术的成本大大增加,不利于新技术的推广运用。因而这类技术的提供应当主要依靠由社会公共机构所支持的研究机构来承担,在新技术产生后,由社会给予奖励,然后公之于众,通过由公共机构支持的农业技术推广组织加以推广,让全社会免费采用实施。这种方法最有利于农业生产技术中生物化学技术的开发与推广。[1]

另一方面,任何一个大农场都是相对较小的,难以提供足够的人力与物力去进行生物技术方面的研究。而生物技术研究又具有很大的风险与不确定性。私人厂商、农场主往往不愿意进行这方面的研究。这可以从19世纪英国著名的爱丁堡农业实验室的命运看出来。由于它是由农场主农业协会这样的团体自愿资助,因而面临着迅速拿出实用性成果的压力,难以进行长期性的研究,最终被迫解散。因此,建立社会公共机构支持的农业研究体系,进行这方面的制度创新,对于农业的发展具有极为重要的意义。[2] 总的来说,在农业科研领域,指望通过完善私人产权,主要通过市场的方式来供给新技术和新品种,往往供给不足。[3]

尽管在近些年来,由于生物科学的迅速发展,不少农业生物研究可以通过公司化经营来开展,[4] 同时以美国为首的发达国家(其实主要也就是美国)加强了对农业知识产权的保护,使得农业公司可以获得农业科学研究的绝大部分利益,[5] 从而鼓励了私人团体在农业科研上的投入。在20世纪90年代的时候,美国私人科研机构对农业研究的投入占到了全部农业科研投入的53%,[6] 不过这当中包括农化产品(化肥、农药、除草剂),这些东西的生产特性更类似于工业部门。就比较纯粹的农业科学研究而

---

[1] [美]西奥多·舒尔茨:《改造传统农业》,梁小明译,北京,商务印书馆,1987年,第87~88、113~115页。[日]速水佑次郎、[美]弗农·拉坦:《农业发展的国际分析》,郭熙保、张进铭等译,北京,中国社会科学出版社,2000年,第127~129页。

[2] [日]速水佑次郎、[美]弗农·拉坦:《农业发展的国际分析》,郭熙保、张进铭等译,北京,中国社会科学出版社,2000年,第127~129页。

[3] 当然,即便是在工业部门,如果政府对于科学研究和推广采取放任主义态度,全部交由私人自愿团体去承担,同样也会造成供给不足,尤其是在难以迅速产生实用性成果的科学研究方面。这也可以从19世纪下半叶德国在工业技术方面赶超英国看出来。不过在工业中,通过加强知识产权的保护,由私人厂商提供科技创新,效率非常高,所占比例非常高,社会公共部门所提供的投入更像是辅助性的。

[4] 在20世纪80年代专利法保护生物物种之前,生物技术研究的公司化经营主要来源于某些良种遗传信息的不可隔代遗传性。例如杂交水稻的收获物不能留作种子,必须每年向种子公司购买。

[5] 但是美国的这种保护也遭到了许多国家的质疑,引发了是否保护过度的争论,尤其是遭到发展中国家的反对,认为它将使得落后地区的农民无法采用新的品种来提高生产、战胜贫困。

[6] 转引自王兆阳:《美国的农业科研体系》,载《世界农业》1996年第2期。

言，政府的投入仍然会占到大部分。至于在最近农业知识产权保护发展起来以前的时期而言，美国政府在农业科研投入中的比例就更加高了。① 在其他的发达国家，由于农场规模普遍偏小，又缺少美国那种资金与技术雄厚的农业科技公司，政府投入在整个农业科研投入中的比例相对于美国就要高得多。至于那些发展中国家，私人机构研究的能力就更差了，更需要政府在农业科研与推广中加大投入。

在建立社会公共部门支持的农业科研体系和农业技术推广体系方面，各国的进展速度并不一样，从而造成了这一时期各国很不相同的农业经济绩效。丹麦和德国政府在这方面走在了各国的前面，从而导致了两国这一时期突出的农业经济绩效。而英国和法国在这方面的落后，导致两国这一时期农业的停滞或低速增长，只是以往人们往往简单地把英国农业的衰落归因于自由贸易，把法国这一时期农业的缓慢增长归因于小农制的农业结构。

以社会对教育和研究的支持作为经济进步的一种工具，代表着现代社会的一项重大制度创新。我们都知道，德国是现代义务教育的先驱。与此同时，德国也是建立由社会公共机构支持的农业科研体系的先驱，并成为其他国家效仿的榜样。普鲁士政府于1848年建立了农业部，资助农业科研与教育。虽然英国在19世纪初被欧洲大陆的改革者看作是"农业学校"，但是第一个由社会支持的农业研究机构却是在德国而不是英国建立的。作为对化学家李比希发表论文的响应，德国（萨克森）于1852年成功地建立起了一个由社会支持的农业实验站，保证每年从政府预算中拨款资助实验站的运行。随后在其他地方又建立了其他方面的专门的农业研究机构，以扩大研究的范围。就这样，虽然德国的农业研究体系的形成晚于英国，但德国却为新的科技知识的"扩大"提供了一种更有效的环境。作为一种专门的研究机构，德国的农业实验站拥有自己的章程，并受到州政

---

① 由于近代美国的农场主要是个体经营的家庭农场，无法像英国和普鲁士的大地产经营者那样投入大量人力、物力进行农业科研，因而政府很早就积极资助农业科学研究。在19世纪晚期，美国是少数首先仿效德国建立起由社会公共部门支持的农业科研和推广体系的国家，并且政府的投入相当慷慨。早在19世纪50年代，美国的一些州就开始对农业协会进行资助，设立了农业委员会，少数州还建立了农业专门院校。1862年，美国联邦政府农业部成立，同时颁布了"莫里尔法"（Morrill Act）。各州依据此法，相继创办农业专门院校。这些农业院校或单独成立，或在已有的州立大学中增设，所需土地由政府授予，被称作"赠地学院"。不过这仅仅只是一个开始，并不能很快就产生效果。到了19世纪80年代后期，面对农业危机，美国联邦政府加大了对农业研究的投入。1887年通过法案（Hatch Act），由政府拨款设立农业实验站，并使得美国的农业实验站成为世界上经费最充足的。1890年又通过第二次"莫里尔法"（Morrill Act），大大增加了农业学院的经费。这两个法案新增的农业研究费用为每年150万~200万美元。20世纪初的一系列支持农业进步的法令，使得美国的农业部成为了世界上最大的科研组织者。Niek Koning, *The Failure of Agrarian Capitalism*, pp. 52~53, 86, 128~126.

府的资助，这就为科研人员提供了良好的科学研究环境。那些由私人地主或农业团体资助的研究机构，往往会面临迅速拿出实际成果的压力，不大可能进行那些长期的系统的基础性的研究，但这些研究往往会对以后的农业科技进步，尤其是对生物化学技术方面的进步，具有长远的重要意义。德国关于农业研究社会化的思想后来逐渐为其他国家所仿效，逐渐取代了英国那种由私人农业者或农业协会之类的合作组织资助进行的农业科研，从而适应了以中小农民为主体的农业发展与进步。①

直到19世纪70年代，德国应该说是在支持农业科研和教育方面最积极的国家。在19世纪后半叶，德国又在各个层次上的农业教育中取得了相当大的发展，政府的投入增加了，建立一个包含大学、全日制的农业学校、业余的"冬季学校"在内的农业研究与教育推广体系，这些农业教育机构还负责向农民提供农业咨询。如果说早期兴建的农业专门院校是面向大地主，农业高中是面向农民资产阶级，那么到19世纪晚期的时候，德国农业教育的重点就转移到了面向普通农民子弟的农业冬季学校和农业初级中学。就这样，在德国建立了一整套由社会公共部门支持的农业科研和推广体系。当然，这一时期方兴未艾的农业合作化运动也便利了新的农业科学技术的推广和应用。②

由于上述因素，德国这一时期的农业获得了较快的增长。③ 在1880年的时候，德国农业的单位面积产出稍稍高于法国和英国，劳均产出和劳均土地面积与法国差不多，将近英国的一半。但是在随后的50年中，在劳均耕地几乎不变的情况下，无论是单位面积的土地产出还是劳均产出，都取得了相对于英国和法国更为优异的经济绩效。

当然，这一时期西欧国家在农业上取得最辉煌成就的是丹麦。由于丹麦缺少发展工业的矿产资源，农产品的出口对于丹麦的经济极为重要，因而很早以来丹麦政府就有支持农业进步的传统。并且，丹麦在废除农奴制的改革中实行了有利于中小农民的政策，政府通过提供长期低息信贷，帮助佃农和解放了的农奴获得了绝大部分土地，使得丹麦的农地所有权结构

---

① Niek Koning, *The Failure of Agrarian Capitalism*, p. 53；Ken A. Ingersent & A. J. Rayner, *Agriculture Policy in Western Europe and the United States*, p. 43. ［日］速水佑次郎、［美］弗农·拉坦：《农业发展的国际分析》，郭熙保、张进铭等译，北京，中国社会科学出版社，2000年，第245～246页。

② Niek Koning, *The Failure of Agrarian Capitalism*, p. 53, 85～86, 128.

③ 当然，同一时期德国政府创建的用于农业土地整治的国家信贷机构，使农民免受高利贷之苦，这也促进了这一时期的农业改良。

比德国和法国更为民主平等，① 这也就使得普通农民的声音在丹麦政府中具有很大的影响力，使得丹麦的农业教育体制相对于其他国家更加面向普通农户。②

早在 1769 年，丹麦就建立了皇家农业协会，奖励那些在农业经济和科技方面作出理论性和实用性贡献的人。在 19 世纪中叶的时候，协会的成员主要还是庄园主和政府官员。但到了 1880 年，农民成员就达到了 48%，农民成员的比例在以后继续上升。另外，丹麦也是世界上最早推行义务教育的国家之一，早在 1814 年就规定 6～14 岁的孩子必须接受义务教育。19 世纪 40 年代的时候，政府又建立了不少人民高级中学，专注于技术性的科目，为那些 18 岁以上的学生提供教育。在 1837～1874 年间，大约 70% 的人民高中学生是农家子弟。到 1874 年的时候，在这个大约 190 万人口的国家中，建立了 50 所人民高级中学，在校学生达 3 万人。尽管人民高级中学并非免费，但是政府为那些贫困的学生提供资助。到 1900 年的时候，大约有 1/3 的学生获得了政府资助。1858 年，丹麦政府在皇家农业协会的积极推动下建立了皇家兽医和农业学院，把所有农业领域的教学和科研提高到了大学的水平。到 1900 年的时候，丹麦大约有 1000 名大学生在各个农业学院学习。③

因此，到 19 世纪晚期西欧各国面临农业危机的时候，丹麦的农业人口就具有了很高的普通教育水平和农业技术知识。因此，丹麦的农民在面临农业危机的时候，能够比其他国家的农民更好地转变自己的农业经营方式，以适应新的农业经济环境，创造出了农业经济奇迹。④ 正是这种很高的国民教育水平，以及政府对农业科研的大力支持，使得这一时期的丹麦农业部门进行了一系列的技术创新与技术推广，包括新的施肥技术、新的作物和牲畜品种、新的饲养方法和新的加工工艺等，极大地提高了谷物的单位面积产量，以及牲畜和家禽的饲养效率，丹麦的农业成功地渡过了农业危机，完成了从谷物出口国向奶酪和熏肉出口国的转变，农民收入获得了较快

---

① 关于丹麦形成农民的土地所有制结构的历程，参见本书附录 6。

② 这种农业土地所有权结构，也使得丹麦在 19 世纪晚期的农业危机中，实施有利于利用进口的廉价饲料从事动禽和乳畜产品生产的中小农民的政策，实施自由贸易，而不是像法国和德国政府一样实施有利于主要从事谷物生产的大农场主利益的农业关税保护政策。Michael Tracy, *Government and Agriculture in Western Europe*, 1880～1988, p. 109.

③ Michael Tracy, *Government and Agriculture in Western Europe*, 1880～1988, pp: 109～110. [丹麦] J. 克里斯滕森:《丹麦农业现代化历程》，田晓文译，天津，天津大学出版社，1992 年，第 84～85 页。

④ Michael Tracy, *Government and Agriculture in Western Europe*, 1880～1988, p. 110.

增长。由于丹麦生产的动禽产品质量上乘,击败了美国成为英国市场的供应大户。"一战"之前又在德国市场节节上升,他们的产品甚至还在美国这个农业大国打开了市场,令人十分惊讶。①

表6-18  1880~1930年美国、英国、法国、德国、丹麦和日本的农业增长

|  | 年份 | 美国 | 英国 | 法国 | 德国 | 丹麦 | 日本 |
|---|---|---|---|---|---|---|---|
| 农业总产出指数 | 1880<br>1930 | 100<br>204 | 100<br>111 | 100<br>146 | 100<br>192 | 100<br>279 | 100<br>223 |
| 每一个男性工人的农业产出 | 1880<br>1930 | 13.0<br>22.5 | 16.2<br>20.1 | 7.4<br>13.2 | 7.9<br>16.0 | 10.6<br>24.1 | 1.89<br>4.60 |
| 每公顷农业用地的农业产出 | 1880<br>1930 | 0.513<br>0.555 | 1.10<br>1.18 | 1.06<br>1.50 | 1.25<br>2.47 | 1.19<br>2.95 | 2.86<br>5.06 |
| 每一个男性农业工人的耕作面积（公顷） | 1880<br>1930 | 25.4<br>40.5 | 14.7<br>17.0 | 6.96<br>8.80 | 6.34<br>6.46 | 8.91<br>8.18 | 0.659<br>0.908 |

资料来源：Vernon W. Ruttan, "Structural Retardation and the Modernization of French Agriculture: A Skeptical View", The Journal of Economic History, Vol. 38, No. 3, p. 722. 在这里,农业产出是以小麦产量为单位的。

表6-19  1880~1930年美国、英国、法国、德国、丹麦和日本的农业年增长率（%）

|  | 美国 | 英国 | 法国 | 德国 | 丹麦 | 日本 |
|---|---|---|---|---|---|---|
| 农业总产出 | 1.44 | 0.21 | 0.76 | 1.31 | 2.07 | 1.62 |
| 单位面积产出 | 0.16 | 0.14 | 0.70 | 1.37 | 1.83 | 1.15 |
| 劳均产出 | 1.10 | 0.43 | 1.16 | 1.42 | 1.66 | 1.79 |
| 劳均耕地变化 | 0.94 | 0.29 | 0.47 | 0.04 | -0.17 | 0.64 |

资料来源：Vernon W. Ruttan, "Structural Retardation and the Modernization of French Agriculture: A Skeptical View", The Journal of Economic History, Vol. 38, No. 3, p. 723. 在这里,农业产出是以小麦产量为单位的。

尤其令人震惊的是,丹麦农民竟然在劳均耕地面积有所下降的情况下,在1880~1930年间,取得了127%的劳均产出增加。在劳均面积大大低于英国,更不用说低于美国的情况下,取得了比英国和美国更高的劳均产出,不能不说是一个经济奇迹。当然,丹麦农业的成功,除了社会公共部门支持的农业科研体系的建立外,还要归功于下文将要重点讨论的合作化运动。丹麦农民健全发达的合作制体系的建立,使得丹麦农民克服了家

---

① Jens Warming, "Danish Agriculture with Special Reference to Cooperation", The Quarterly Journal of Economics, Vol. 37, No. 3, pp: 491~509. ［日］速水佑次郎、［美］弗农·拉坦：《农业发展的国际分析》,郭熙保、张进铭等译,北京,中国社会科学出版社,2000年,第511~514页。

庭式小生产所固有的各种劣势，成功地适应了现代资本主义的市场竞争，打败了本国和国外的雇佣型大农场生产体制。①

要完成丹麦那样的农业转型，生产出优质的牲畜产品，必须要有一系列的技术创新。以中小农民为主体的农业生产结构要适应资本主义社会的技术进步和激烈的市场竞争，还必须要有一些相应的制度革新，以克服大农场优越论所指出的小生产所固有的缺陷，发挥出家庭经营的优势。面对19世纪晚期出现的农业危机，各国政府逐渐改变了以往对农业科研和技术推广方面的自由放任主义或支持非常有限的政策，纷纷建立起了由社会公共部门支持的农业科研体系和农业科技推广体系，力图提高本国农业的竞争力，以对付日益激烈的世界农产品竞争局面。

曾经在工业革命中领先于世界的英国，由于其强烈的自由放任主义传统，把技术培训和研究都留给私人企业去做。一度存在的农业委员会也在1822年被解散了。②自从18世纪以来，在英国一直有这样一种传说，认为农业改进是由农村的乡绅完成的。在整个19世纪，闻名世界的英国罗塔姆斯泰德实验站，就是由赫特福德郡的一个地主约翰·贝内特·劳斯爵士在自己的庄园上建立的。换句话说，它是由私人建立并予以资助的，直到他于1900年去世，一直没有得到来自政府的资助。另外一个建立于1843年的爱丁堡实验室的支持者是苏格兰化学协会——一个自愿的农业团体，由于协会成员对实用性成果的需求过于急躁，面临着迅速拿出实际成果的压力，后来就解体了。③

当19世纪晚期，德国、丹麦、美国、荷兰等国家相继在政府支持的农业科研与推广方面取得重大突破的时候，英国在这方面仍然进展缓慢。直到1894年的时候，才在魏伊（Wye）这个地方建立了第一所公立的农学院。到1890年的时候，英国的郡务会议才获得了用于教育的基金，从中每年拿出8万~9万英镑用于农业教育和推广。与当时美国新近追加的每年150万~200万美元的投入相比，相差实在是太远了。更令人震惊的是，就是这样一笔数量有限的资金，也并不是政府为了发展农业而深思熟虑地提供的，而仅仅是因为当时的酒税恰好有剩余，顺便用来支持农业教育。尽管在随后的几年里，英国先后开设了与农业相关的大学班级和公立

---

① Ken A. Ingersent & A. J. Rayner, *Agriculture Policy in Western Europe and the United States*, pp: 44~45.
② Niek Koning, *The Failure of Agrarian Capitalism*, p. 52.
③ Ken A. Ingersent & A. J. Rayner, *Agriculture Policy in Western Europe and the United States*, p. 40. ［日］速水佑次郎、［美］弗农·拉坦：《农业发展的国际分析》，郭熙保、张进铭等译，北京，中国社会科学出版社，2000年，第245~246页。

农业学院，有少数的郡也开始为农民提供农业咨询，但是总的来说，英国的农业教育处于很落后的状态。1908年，一个部级委员会认为，英国的农业科研和教育远远落后于丹麦、德国和美国。从那以后，英国政府终于准备投入大笔资金进行农业的科研与教育了。农业委员会每年投入到农业科研和教育的费用，从1909~1910年的每年12 300英镑，增加到1911~1915年的每年50 100英镑。尽管相对于其他先进国家的投入其数量相当可怜，但毕竟有了一个开始。①

总的来说，随着19世纪晚期的到来，各国政府逐渐改变了以往对农业科研和技术推广方面的自由放任主义或支持非常有限的政策，纷纷建立起了由社会公共部门支持的农业科研体系和农业科技推广体系，力图提高本国农业的竞争力，以对付日益激烈的世界农产品竞争局面。那些在这方面走在前面的国家，农业取得了长足的进步，成功地渡过了农业危机，而那些在这方面行动迟缓的国家，农业停滞不前或发展缓慢。随着时间的推进，各国政府更加深入地认识到了政府在农业科研和教育推广中所应担负的职责，投入的人力和物力就更多了，整个体系更为完善了，并且随着时间的推进，农业的教育和推广越来越面向农业底层的中小农民阶层。这就部分抵消了大农场在农业科研与技术获得方面的优势，同时也缩小了中小农民在这方面的差距。此消彼长，在其他一些相关因素的共同作用下，雇佣型大农场和家庭经营农场的相对优势逐渐得到改变。②

## 二、农业合作化运动的开展

尽管由于农业生产的特殊性，家庭农场制度在最基础的农业生产层面上占有优势，但是现代农业生产是面向大市场的生产，因此，家庭农场在这方面还是面临一系列的困难。例如农产品加工、农业生产资料购买、农产品的远距离销售等，凭单个农户的力量是远远不够的，在这方面大农场往往具有很大的规模优势，能够在与外界的讨价还价中少受中间商人的盘剥。也正是由于中小农场在这方面的劣势，经典作家断言中小农民是没有生命力的。因此，要使中小家庭农场克服这方面的劣势，就必须进行相应的制度革新。

以往人们认为，把所有农业生产、加工、销售、农业生产资料的采购等诸环节联系起来的方法，是建立集生产、加工和销售为一体的工厂式大

---

① Niek Koning, *The Failure of Agrarian Capitalism*, pp. 86~87, 127~128.
② Niek Koning, *The Failure of Agrarian Capitalism*, pp. 34~35, 130~131.

企业。但是，如前文所说，在最基础的农作物栽培、牲畜饲养方面，由于对雇佣劳动的监督成本很高，家庭式生产往往效率更高，因而这种工厂式的组织方式在经济上并不划算。因而起初农业生产被纳入到世界市场体系中去的主要方式并不是结成这种工厂式的大企业，而是商业资本主义的组织方式，也即公司加农户的纵向一体化组织方式。一些特大型的商业销售企业、加工企业将大量分散的家庭农业企业置于自己的控制之下，收购家庭农业企业的农产品，又给他们提供生产资料、贷款、技术咨询等，将家庭农业企业与市场紧密连结起来。

通过这种方法把大批中小家庭农业生产者纳入到了世界市场体系中去，是一种非常可行的生产组织形式。但是，这种商业资本主义形式的纵向一体化往往意味着加工企业、中间商对农民的残酷剥削。农民为了维护自身的利益，于是联合起来，建立各种农产品加工、销售、生产资料购销等合作社，承担那些以往由异己的中间商、加工企业所承担的环节，以合作制的方式实现了纵向一体化。①

在 19 世纪末 20 世纪初，丹麦的农业合作化运动最为成功，成为了各国学习的榜样。通过各种合作化的生产和销售组织，以中小农户为主体的丹麦农业实现了生产的国际化，成功地融入到了激烈竞争的世界市场。其农产品出口占总产出的比例从 1875 年的 38% 增长到 1915 年的 64%。在英国进口的黄油、熏肉和鸡蛋中，丹麦农民的产品所占比例分别从 1877～1881 年的 15.1%、0.7%、3.6% 增长到 1909～1913 年的 43.3%、48.2%、23.9%。② 丹麦超过了美国成为英国市场动禽和乳畜产品的最大供应者。通过农民之间的合作化，丹麦的中小农民不仅打败了本国雇佣经营的大庄园生产体制，也打败了使农户处于不利地位的公司加农户的生产体系，③ 还通过出口竞争打败了西欧其他国家的资本主义雇佣型大农场，实现了家庭农场的复兴与现代化，创造了这一时期的西欧农业经济奇迹。

当然，除了各种生产加工和销售的合作社外，丹麦农民还建立了农业信贷合作社、生产资料购买合作社等，以加强自己与外界讨价还价的能力，克服小生产所必然面临的各种问题，同时又保持了家庭经营的特色，发挥出家庭经营在最基础的农业生产方面的优势，使农业生产达到最佳的效率

---

① ［俄］恰亚诺夫:《农民经济组织》，萧正洪译，北京，中央编译出版社，1996 年，第 257～265 页。

② Karl Gunnar Persson, ed., *The Economic Development of Denmark and Norway Since* 1870, p. 156.

③ 具体情况参见附录 6。

组合，也使农业中工厂式的组织形式变得相对低效和没有必要。尽管生产已经是世界化了，可是生产的组织形式却仍然是工业革命以前的商业资本主义形式。

恰亚诺夫也正是根据丹麦农业合作化运动的成功，对未来农业的生产组织形式作出了与马克思主义经典作家大不相同的预测，并得到了20世纪农业发展历史进程的证明。

19世纪晚期到20世纪上半叶，英国在动禽饲养和乳畜业方面的缓慢增长，在很大程度上可以归因于这一时期英国合作化运动的滞后。我们知道，英国是大农场占主导地位的农业结构，同时也有不少小农场，两极分化，彼此之间当然难以按照一人一票制的合作社原则组织起来。在英国的大农场主眼里，合作制是反竞争的，会不公正地提升小农讨价还价的能力。不过，英国的小农场主也似乎对合作化不热心。英国农民严重的个人主义和不愿意服从社团纪律约束的特点，导致绝大多数的英国农业合作社规模小，而且存在时间很短，合作社的成立和管理协调成本高。另外，英国农业经营者的地区专业化不强，也就更加难以通过合作社组织起来。尽管有很多人在英国热心地倡导合作化运动，但是直到19世纪90年代中叶，也只有很少的农业合作社组织。到1914年的时候，英国只有274个购买合作社，只有3万成员，仅有200万英镑的交易额，129个销售合作社，共1万成员，交易额为100万英镑。合作社的购买数额还不到所有农业生产资料购买的7%，销售额还不到1%。总之，在19世纪晚期到20世纪上半叶欧洲大陆国家广泛开展农业合作化运动的时候，英国的农业合作化运动进展甚微。英国的农业合作社规模小，与外界的讨价还价能力有限，农场主从合作社中获得利益很低。由于缺少销售合作社，在本地的市场上往往是供给过剩，在外销的时候，农业生产者的出卖价格低，而中间商获得了很高的利润，并且让国内的市场被组织更好的外国生产者抢占。[①]

19世纪下半叶，随着社会富裕程度的提高，人们对食品的质量要求越来越高，对加工好了的食品的需求比例上升，这事实上也就是"农业的产业升级"（前述欧洲国家从粮食生产转向蔬菜、水果、动禽和牲畜产品也是属于农业的产业升级）。食品加工工艺的发展对于农业的发展至关重要。尽管英国的农场规模普遍相对较大，但是单个农场再大也是规模有限的，仍然无力建立自己完善的牲畜产品加工体系，即便能够建立起来，也

---

① ［英］克拉潘：《现代英国经济史》（下卷），姚曾廙译，北京，商务印书馆，1997年，第139～144页。E. J. T. Collins, *The Agrarian History of England and Wales*, Vol. 7, 1850～1914, pp: 192～193.

往往比较简陋。而作为私人企业建立的加工厂，也往往因为无法控制动物饲养的生产过程，在质量上难以保证。也由于农业生产者和加工者的完全分离，农产品的基层生产者对市场的行情了解会滞后，不能及时根据变化了的市场条件改变农业经营方式。由于合作化运动的滞后，相对于欧洲大陆，这一时期英国的食品加工业发展迟缓，农业的"工业化"进展缓慢。英国本土生产的肉制品和奶制品质量低劣，无法与来自丹麦的产品竞争。也由于合作化运动的滞后，英国农产品的销售渠道不顺畅，竞争不过通过合作社组织起来的丹麦农民。与其说英国的动禽饲养和乳畜业是被新大陆的产品打败的，还不如说是单打独斗的英国大农场主被通过合作化组织起来的丹麦中小农民打败了。①

总的来说，随着各国农业合作化运动的开展，家庭经营农场在资金获得、技术获得、农产品加工、市场销售和生产资料购买等方面的劣势大为降低，从而发挥了它们在最基础的农业生产过程中的劳动优势，这就使得它们获得了相对于雇佣型大农场的比较优势，从而排挤了雇佣型大农场，促成了这一时期英国和其他欧美国家雇佣型大农场的衰落。

## 第六节　19世纪晚期20世纪初叶英国农业危机的再探讨

在19世纪70年代以前，英国是全世界的"农业学校"，各国像朝圣一样地到英国来学习农业经营方法。但是以19世纪70年代为界，这一切都成了往事。日本明治政府的使者起初到英国来学习农业技术，但他们不久之后就跑到美国和德国去学习农业化学、动物营养学、乳畜管理和农业机械技术。在美国内战结束后的一段时间里，英国的农业思想在美国的农业重建中起了很大的作用。但是到了19世纪70年代末，美国人也跑到德国和斯堪的纳维亚国家去学习农业了。从19世纪80年代起，丹麦、荷兰，甚至还有比利时，这几个国家以家庭经营为基础的农业经营方式成为各国农业变革的楷模，他们在乳畜业和园艺作物方面的经营技术尤其值得学习，各国也到这里来学习他们的农地占有模式和农产品营销方法。② 无论是英国的农业技术，还是英国的农业生产组织形式（地主—农业资本家

---

① E. J. T. Collins, *The Agrarian History of England and Wales*, Vol. 7, 1850~1914, pp: 193~201.

② E. J. T. Collins, *The Agrarian History of England and Wales*, Vol. 7, 1850~1914, pp: 138~139.

——农业雇工的三层农业结构）都受到了人们的怀疑。

我国学术界长期浸淫于经典作家的农业现代化理论，把19世纪中叶以前的英国农业发展模式看作是农业现代化的标准模式，把19世纪晚期的英国农业危机主要归因于自然灾害和市场的变化，归因于新大陆的廉价食品竞争和英国的自由贸易政策。在这里，他们和英国的托利党大地主与德国的容克地主的观点几乎完全一致，对大土地所有制和大农场制度的优越性深信不疑，在无意之中成为了这种体制的支持者和辩护人。①

人们往往把英国这一时期农业的衰落，归因于新大陆土地更为肥沃，或者归因于英国工商业发达所造成的高工资，也即归因于工业发达而造成的农业比较劣势。可是经过认真的考察，人们发现，除了美国中西部地区的玉米——生猪生产地带、澳大利亚东南部的河谷地带，英国的小麦生产地区的地理环境条件远胜于它的竞争对手，英国的气候更加稳定，农业生产的年际波动很小。② 向英国出口奶制品和火腿等产品的美国五大湖区、澳大利亚南部、新西兰等地，那里的气候环境和工资水平与英国非常相似。向英国出口大量奶酪的加拿大安大略省，当地工资水平高于英国20%。③ 人们往往也把这一时期英国农业的比较劣势主要归因于新大陆国家劳均耕地面积更为广阔。这确实很有道理。可是人们应当注意到，英国农业的西欧竞争对手——丹麦，其劳均耕地面积仅仅是英国的一半，甚至更低（见表6-18）。

表6-20　1885~1914年英国及其他一些国家单位面积小麦产量的年际波动（%）④

| 美国 | 加拿大 | 澳大利亚 | 阿根廷 | 英国 | 德国 | 法国 | 俄国 | 印度 | 全世界 |
| --- | --- | --- | --- | --- | --- | --- | --- | --- | --- |
| 9.6 | 19.2 | 32.6 | 24.9 | 7.6 | 6.9 | 10.3 | 18.1 | 9.5 | 5.4 |

资料来源：Avner Offer, *The First World War: An Agrarian Interpretation*, pp: 98~99.

其实，关于19世纪晚期英国农业危机原因的讨论，在当时就已经非常激烈了。很多人早就从英国农业的经营结构中去寻找英国农业危机的原因了。正如克拉潘所指出的，即便人们充分考虑到英国农业发

---

① 为了论证这种大农场制度的高效率，他们往往把20世纪拉丁美洲等第三世界国家生产效率低下的大庄园生产体制看作是中世纪那样的劳役制庄园，其实这些大庄园绝大多数是采用雇工经营的，劳役制的经营方式早就为各国所禁止，或者在劳动力丰富的条件下劳役制已经没有必要。
② Avner Offer, *The First World War: An Agrarian Interpretation*, pp: 98~99.
③ E. J. T. Collins, *The Agrarian History of England and Wales*, Vol. 7, 1850~1914, p. 206.
④ Avner Offer, *The First World War: An Agrarian Interpretation*, p. 99.

展所面临的自然条件的限制,以及缺乏关税保护的因素,相对于其他欧洲大陆国家,英国这一时期的农业绩效也不应当如此令人失望。当时的很多英国人就已经意识到,推行耕者有其田、小农场制度、更好的农业教育、合作化运动、更好的营销方式等,可以提升英国农业的竞争力。①

没有人会否认,来自新大陆的农产品的竞争以及英国政府的自由贸易政策促成了英国的农业危机。但是仅仅把英国农业危机归因于市场条件的变化,显然是无法令人信服的,因为同一时期面对同样挑战的其他西欧国家如丹麦和德国均取得了农业的大发展。②尽管人们可以把它归因于英国劳动力价格的相对高昂所导致的农产品竞争力的比较劣势,就如同当代的日本一样,但是人们不应忘记,尽管英国的劳均农地面积大大低于新大陆的农业出口国,英国的劳均耕作面积在西欧国家还是首屈一指,几乎为丹麦和德国的两倍,英国农业经营者完全可以通过"产业升级"、提高劳均产出来应对劳动力价格上升的形势,保持竞争力,就如同当代的荷兰与丹麦,尽管人均收入高出英国许多,劳均耕地面积大大不如英国,但是其农业在欧共体同等的农业政策下依然比英国更有竞争力。因而英国的农业危机更大程度上是由于制度性的因素。

如前文所述,19世纪英国在社会公共部门支持的农业科研和推广体系制度创新方面的落后,促成了这一时期英国农业技术的相对落后,难以完成丹麦那样的农业转型。

英国农业合作化运动的滞后,无疑也削弱了英国农业的竞争力。尽管英国的农场规模普遍较大,在市场交易方面比小农制国家的单个农户处于更为有利的地位。但是,无论单个的农场规模有多大,它都不可能出现工业部门中的那种大规模的生产单位,因而无法凭个体的力量来适应现代社会化大生产,远销他们的产品,也难以同农产品加工企业和中间商进行公平的交易。英国农场主在合作化运动上的无所进展,由此带来的营销手段的落后,无疑为他们的竞争对手所利用,通过合作社更好地组织起来的丹麦中小农民打败了英国的大农场主。③

---

① [英]克拉潘:《现代英国经济史》(下卷),姚曾廙译,北京,商务印书馆,1997年第149~152页。
② [英]克拉潘:《现代英国经济史》(下卷),姚曾廙译,北京,商务印书馆,1997年,第150~151页。
③ E. J. T. Collins, *The Agrarian History of England and Wales*, Vol. 7, 1850~1914, pp: 192~193。

表6-21　1870~1879年和1900~1909年，英国地租、地方税、什一税占农业净产出的百分比（%）①

|  | 1870~1879年 | | 1900~1909年 | |
|---|---|---|---|---|
|  | 总额（万英镑） | 占农业净产出的百分比 | 总额（万英镑） | 占农业净产出的百分比 |
| 地租额 | 5 600 | 36 | 4 200 | 31 |
| 地方税 | 800 | 5 | 400 | 3 |
| 什一税 | 400 | 3 |  |  |
| 农业净产出（包括工资） | 15 600 | 100 | 13 400 | 100 |

资料来源：Avner Offer, *The First World War: An Agrarian Interpretation*, p. 107.

英国的大土地所有制无疑也促成了英国的农业危机。租佃契约的条款妨碍了佃户的自由耕作，地租的浮动也挫伤了佃户改善经营的积极性。按照一般的看法，地租相当于农业经营者所获得的超过从事其他就业机会的潜在收入的那一部分收入。随着社会生产力的进步，市场工资逐步上升，而粮食的相对价格却在下降，农业收入与从事其他就业机会的潜在收入之间的差距日益缩小，逐步消失，甚至为负值。1897年，贝特福德公爵就宣称，由于各种原因，政治经济学家们所说的那种地租事实上已经消失。在这种情况下，佃农制度会显得非常没有效率，因为地租的调整总是滞后的，导致农业经营者的亏损。因而我们看到的是，在政治经济学家眼中的那种地租消失的情况下，英国的地租额在农业净产出中的比例仅仅减少了1/7，从1870年代的36%下降到31%，仍然占农业净产出的将近1/3。在这种情况下，英国的租地农场主当然无法与自有土地经营的外国同行相竞争。②

而且，由于英国的农场主缺少土地所有权，因而他们难以通过抵押信贷来改善生产。另外，在一个粮食价格下跌和市场工资上涨所导致的农业利润下降的时代，租佃制也会使得佃农把主要的精力用于佃户和地主之间降低地租的斗争，而不是致力于农业生产的改进。这也就是19世纪晚期到20世纪上半叶英国农业所经历的真实历史。而那些实施农业经营者土地所有制的国家和地区，通过提高农业经营技术，进行农业生产的转型，较快地克服了农业危机。高度发达的租佃制促成了英国的农业危机，部分

---

① Avner Offer, *The First World War: An Agrarian Interpretation*, p. 107.
② Avner Offer, *The First World War: An Agrarian Interpretation*, pp. 102, 114.

地促成了这一时期英国农业经营技术的停滞不前。①

英国的雇佣型大农场制度无疑也促成了这一时期的英国农业危机,尽管中国的学人往往并不愿意承认这一点。其实,即便是坚持大农场优越论的人们也不得不承认,在面临生产相对过剩的危急时刻,以家庭劳动力为基础的简单商品生产者——家庭农场经营者,比雇佣经营的资本主义大农场更有生命力,它促成了农业经营向更高阶段的集约化方向发展,也就是进行农业生产的产业升级——从着重于谷物生产转向动禽和乳畜产品的生产。面对19世纪晚期生产过剩的危机,大规模经营在农业部门与工业部门所面对的命运是相反的,生产过剩在工业部门中促进了大企业的发展,生产更加集中,而在农业中却是雇佣经营大农场的危机和中小家庭农场的复兴与现代化。在生产过剩和农业工资上涨的农业危机时代,雇佣农场在扣除雇工工资支出和其他支出之后无利可图,难以生存下去,往往转入粗放型经营,造成农业产出的下降,从而导致农业的衰退,这也就是英国当时的状况。而家庭农场经营者通过更多的劳动投入、接受较低的劳动报酬,提高土地产出,并通过较低的生活水平顽强地生存下来,使得农业继续增长。因而那些以中小家庭农场为主的国家农业危机相对缓和,并且较快地恢复了增长与活力。②

在19世纪末20世纪初的西欧农业危机时代,盛行雇佣型大农场制度的英国,谷物生产大幅下降,小麦播种面积下降了2/3,从1870年的368万公顷下降到1904年的137万公顷。而同一时期同样实行自由贸易的丹麦、比利时与荷兰,由于其中小家庭农场占主导地位,其下降就缓和得多。丹麦的小麦种植面积只是下降了6%,比利时也只下降了17%。尽管在鲜奶、肉制品、黄油、水果和蔬菜方面,受产品保鲜技术的限制,在当时不适于远距离运输,英国农场主应该说对于本国市场具有一种天然的垄断优势,但就是在这部分具有自然垄断特性的高端农产品市场上,英国农场主仍然在黄油、熏肉和鸡蛋方面丧失了一半以上的国内市场份额,如果计入来自于爱尔兰的进口的话,这个比例会更高。而同一时期中小家庭经营农场占农业主导地位的丹麦、比利时与荷兰,尽管在谷物生产方面也有

---

① Avner Offer, *The First World War: An Agrarian Interpretation*, p. 114.
② Harriet Friedmann, "World Market, State, and Family Farm: Social Bases of Household Production in the Era of Wage Labor", *Comparative Studies in Society and History*, Vol. 20, No. 4, pp: 545~586; Mats Morell, "Family Farms and Agricultural Mechaniztion in Sweden Before World War II", in Lars Jonung and Rolf Ohlsson, eds., *The Economic Development of Sweden since 1870*, pp: 267~288; J. L. van Zanden, "The First Green Revolution: The Growth of Production and Productivity in European Agriculture, 1810~1914." *Economic History Review*, Vol. 44, No. 2, *pp*: 215~239.

所下降（如前所述，下降比英国缓和得多），但是由于它们在高端农产品市场（动禽饲养与乳畜业）方面的大幅度增长，因而得到了弥补，并且大大超过了她们在谷物生产方面的缩减，从而在农业总产出方面获得了很大增长。丹麦的中小农民在奶酪、黄油、熏肉和鸡蛋方面获得了英国市场的巨大份额。同一时期西欧大陆工业化程度最高的国家比利时，动禽饲养和乳畜业也获得了很大增长，增加了对其国内市场的供给。①

尽管雇佣型大农场优势论者仍然认为雇佣农场的经营效率更高，但是他们也不得不承认，在一个农业经营利润低下的时代，家庭农场制度更具竞争力，更能够提高农业产出，从而也就更加有助于摆脱农业危机。而雇佣农场制度的盛行则会加深农业危机，导致本国农业的竞争力下降。尽管有人认为西方发达国家家庭经营农场的生存是农业保护主义的结果，但事实上，农业保护主义主要是大农场经营者的要求。在缺少关税保护的情况下，农业经营的利润更低，雇佣农场更加没有生存能力。尽管笔者并不完全同意大农场优越论者这种恰亚诺夫式的解释，但是他们至少承认，在当代农业科技迅速发展、农业生产力能够迅速增加、农产品需求增长相对缓慢、农业经营利润相对低下的时代，家庭农场制度更有生命力，更能够促进农业产出的增长。这就更加值得我国的雇佣农场优越论者深思了。

当然，在笔者看来，以农业的低利润来解释雇佣农场在当代世界的生命力的低下，并以此来解释雇佣农场占重要地位的国家难以克服农业危机，是非常不够的。现代农业的生物技术和化学技术的规模中性特征，大型机械设备在农业生产中的利用限制，以及农业生产中对雇佣劳动监督成本的高昂，使得农业经营的规模效益很低，难以满足大规模雇佣经营兴盛所必须支付的"制度成本"。而农业生产的这些技术特性，加上相应的制度创新，又使得家庭农场的生产组织形式能够适应现代农业技术的发展，也就使得雇佣型大农场变得没有必要。既然能够通过家庭企业的组织形式实施现代农业技术，干吗还要采用"制度成本"更高的雇佣式生产组织形式呢？即便雇佣式的生产组织形式具有一定的优势，但只要这种优势并不足以弥补雇佣式生产所必须付出的制度成本，那就谈不上有优势。从根本上说，雇佣经营的生存主要不在于该行业利润率的高低，而是在于该行业大规模雇佣经营相对于家庭式生产到底有多大优势。正是因为大多数的现代农业技术能够在家庭式生产的条件下得以实施，使得农产品的供应大增，才导致了农产品价格

---

① Avner Offer, *The First World War: An Agrarian Interpretation*, pp: 93~96.

下跌和农业生产利润的相对较低,使得雇佣农场无法生存,并使得那些实行雇佣型大农场制度的国家陷入深刻的农业危机。①

"二战"之后,随着英国政府对农业问题的重视,政府在农业科研和教育上的投入大为增加,佃户对土地的权益进一步增强,并且逐渐由租佃制占统治地位的农业土地所有权结构向耕者有其田过渡,雇佣经营逐渐让位于家庭式农业经营,当然还包括政府的农产品价格支持政策等因素,英国的农业得到了复兴。尽管英国仍然是一个农产品进口大国,但是其农产品自给率已经大大提高,并且在谷物产品方面重新成为净出口国。与此同时,英国农业工人工资也从制造业工资的一半左右上升到4/5,②农业部门工资的上升也并没有成为农业发展的障碍。

表6-22 20世纪英国农产品的自给率变化(%)

| 产品种类 | 1905~1907 | 1937 | 1946~1947 | 1953~1954 | 1963~1964 | 1972~1973 | 1983 |
|---|---|---|---|---|---|---|---|
| 小麦 | 25 | 23 | 30 | 41 | 40 | 52 | 101 |
| 大麦 | 60 | 46 | 96 | 67 | 94 | 97 | 143 |
| 燕麦 | 74 | 94 | 95 | 97 | 97 | 99 | 95 |
| 马铃薯 | 92 | - | 99 | 100 | 100 | 93 | 89 |
| 黄油 | 13 | 9 | 8 | 9 | 9 | 22 | 65 |
| 奶酪 | 24 | 24 | 8 | 28 | 44 | 54 | 65 |
| 鸡蛋 | 32 | 61 | 51 | 86 | 96 | 97 | 97 |
| 牛肉和小牛肉 | 53 | 49 | 58 | 66 | 73 | 85 | 101 |
| 羔羊肉和羊肉 | 52 | 36 | 24 | 35 | 43 | 43 | 77 |

资料来源:David Grigg, *English Agriculture: A Historical Perspective*, p. 9.

# 结 束 语

## 一、雇佣农场制度的兴衰逻辑

前近代社会小农经营占主导地位的农业结构,从根本上来说是由当时农业生产的技术特性决定的。主要是当时的农业耕作技术并没有很强的分

---

① 笔者认为,工业部门的许多夕阳产业,尽管利润也相对较低,但由于无法进行家庭式生产,或者说家庭式生产的效率远不如工厂式的大生产,也就仍然是工厂式的大规模经营。一旦该产业的现代技术能够在家庭生产的组织之下得以有效实施,与工厂式的大生产组织形式效率接近,这个产业也就会成为家庭作坊的天下。

② David Grigg, *English Agriculture: A Historical Perspective*, pp. 145~147.

工合作特性，使得分工合作的规模效益不高，并且农业生产是一种非标准化的劳动，要求耕作者具有很强的责任心，雇佣经营或其他形式的大规模生产组织形式的监督成本很高，因而总的来说农业生产中的规模效益很低，使得一家一户的生产组织形式成为世界各地占主导地位的农业经营形式。

中古西欧农奴劳役制的实施在很大程度上是领主对当时劳动力稀缺的合理反应。① 中古晚期和近代早期东欧再版农奴制的实施，在很大程度上也是由于黑死病之后劳动力变得稀缺而促成的。随着人口的增加，社会上无地少地的农民增加，劳动力的价格下降，土地的市场价值上升，领主会倾向于把农奴的劳役进行折算，使用社会上的廉价劳动力来代替低效率的农奴劳役劳动经营自营地。到黑死病前夕，英国的庄园自营地就主要是靠雇工劳动来经营了，农奴的劳役劳动只是辅助性的了。②

黑死病前夕以雇工经营为主的英国庄园自营地经营的繁荣，在很大程度上是因为当时社会上存在大量无地或少地的廉价劳动力，同时又是粮食价格高涨的时期，使得规模效益并不高的农业雇佣经营有利可图。这种雇佣经营的发展并非建立在规模效益之上，而是以广大劳动者的生活水平降低为代价的，因而其发展是有限度的。随着黑死病之后英国人口的大为降低，劳动力价格上升，粮食价格下降，雇佣农业经营无利可图。由于领主没有能力恢复农奴制，庄园自营地被迫出租经营，劳役劳动变得没有必要，加上农奴的反抗斗争，英国农奴制走向消亡。英国农民出现中农化趋势，15世纪成为英国农民的黄金时代。③

16世纪中叶以后，随着英国人口的回升，农产品价格上涨，社会上的无地和少地的廉价劳动力增加，雇佣经营又变得有利可图，出现了雇佣农场扩张排挤小农的趋势。但是由于15世纪晚期以来英国普通法法庭加强了对公簿持有农土地产权的保护，地主难以强行夺佃，因而17世纪晚期之前的英国仍然是以家庭式经营为主导的农业经营结构，并在此基础上取得了农业生产的很大进步。在近代英国第一次农业革命时代，农业生产技术是劳动密集型的，主要是马耕之类的耕作技术，家庭式农业生产不会成为农业进步的障碍，在很多方面还是农业进步的先

---

① 马克垚：《英国封建社会研究》，北京，北京大学出版社，1993年，第219页。
② M. S. Campbell, *English Seigniorial Agriculture*, 1250~1450, p. 3.
③ John Hatcher, "English Serfdom and Villeinage: Towards a Reassessment", *Past and Present*, No. 90, p. 38；黄春高：《英国农民经济的分化》，见马克垚主编：《中西封建社会比较研究》，上海，学林出版社，1997年，第168页。

驱。18世纪英国雇佣型大农场制度的兴起，并没有对农业单位面积产出和劳动生产率的提高产生大的影响。更深入的历史研究成果否定了以往时代人们的看法。

从根本上来说，19世纪晚期以前英国和其他西方资本主义国家雇佣农场经营的发展，是一种特定历史条件下的产物。在工业革命初期，社会上存在大量的过剩廉价劳动力，农业劳工价格低廉，而且当时世界农业生产的发展赶不上人口的增长，导致粮食价格高昂，从而使得雇佣经营有利可图。[1] 另外，当时各国尚未建立起有利于小农经营的社会公共服务体系，使得小农经营在资金获得、技术引进与市场交易等方面受到很大限制，家庭经营方式的优势难以发挥，从而使他们在竞争中处于劣势。同一时期其他西方资本主义国家农业资本主义的发展也是同样的道理。

从法国和美国农业资本主义雇佣经营发展的情况来看，通过所有权自耕农基础上的自由竞争产生农业资本主义雇佣经营进展缓慢。由于农业的主要生产资料——土地——不具有再生性，农场面积的扩大只能依赖对小地产的购买与合并，一旦家庭自耕农宁可受穷也不愿出卖土地，在资本主义私有财产制度下，农场规模的扩大就不可能，因而在农业当中，大生产排挤小生产的速度就慢得多，大生产扩大的速度就慢得多。大农场即便能够获得更高的利润，也难以迅速大规模地排挤自有土地的小农。[2]

近代英国雇佣型大农场制度的高度发达，是与英国从封建时代继承下来的高度集中的土地所有权紧密相关的。尽管雇佣农场的单位面积产出并不一定比小农农场为高，但是它们可以通过排挤劳动力来获得更高的利润，从而缴纳更高的地租。在短期租佃制下，地主在租约到期后可以收回土地，把它合并起来交给大佃农以获得更高的地租。就这样，高度集中的土地所有权，导致了近代英国高度发达的雇佣农业经营方式。这种情况在德国易北河以东地区也基本上是如此，尽管普鲁士的容克庄园大多是土地所有者自己经营的，但是从封建时代继承下来的高度集中的土地所有权，仍然是德国东部地区近代资本主义雇佣型大农场高度发展的决定性因素，并且其表现更为突出。英国雇佣型大农场制度的兴起，毕竟还是大佃农与小佃农之间效率（就生产地租的效率而言）竞争的结果。近代德国易北河以东地区容克地主雇佣经营大农场的形成，很大程度上是直接从巨大的庄

---

[1] ［日］中村哲：《近代东亚经济的发展和世界市场》，吕永和、陈成译，北京，商务印书馆，1994年，第206页。

[2] ［德］考茨基：《土地问题》（上卷），岑纪译，北京，商务印书馆，1936年，第203～207页。

园自营地转化成资本主义雇佣型大农场，并且通过在农奴解放过程中对农奴份地的割取与公有地的侵夺，① 进一步扩张了他们的大庄园农场。

随着雇佣农场兴盛的特定历史条件——粮食价格高涨和农业劳工价格低廉——在19世纪晚期的消失，西方资本主义国家的农业资本主义进入危机，走向衰落。而曾经被经典作家几乎判定死刑的家庭农业经营，不仅没有被排挤，而且还比雇佣农场更有活力，无论在农业经营者的数量比例方面还是在土地占有和市场份额方面都处于上升的地位，逐步排挤了雇佣农场的优势地位，占据了主导地位。在市场竞争加剧、工业进步和技术发展的新时代，家庭农场实现了现代化，家庭农业经营方式并没有像以往人们所认为的那样成为农业技术进步的障碍。美国那些已经高度资本化和机械化的几百公顷的大农场，向来被我国学人看作是农业资本主义发展的见证，其实绝大多数仍然是家庭经营的农场。19世纪的英国是农业资本主义雇佣经营发展程度最高的国家，曾经被经典作家看作是其他国家农业发展的未来样板，但是到了19世纪晚期，英国农业的雇佣经营也逐渐走向衰落，并在"二战"后发展成以家庭经营为主导的农业结构。曾经一度被认为促进了英国农业进步的雇佣经营大农场制度，在19世纪晚期却成了英国农业危机的重要促成因素。

在一个粮食价格下降和劳动力价格上升的农业危机时代，家庭经营农场显然比雇佣农场更能够渡过危机而存活下来，以家庭经营农场为主导地位的国家显然更能够顺利地渡过农业危机，维持农业的繁荣和国家的粮食安全。家庭农场在农业危机时代的更强生命力，无疑与恰亚诺夫所说的农民农场可以在没有利润的条件下生存和农民劳动农场的劳动"自我剥削"紧密相关。在生产过剩和农业工资上涨的农业危机时代，雇佣农场资本家如果在扣除雇工工资支出和其他支出后无利可图，他就不会继续经营下去。而家庭农场经营者就像是一个自我雇佣的工人，他可以在扣除劳动的机会成本和其他支出后没有利润的情况下，继续经营，因为他获得了作为一个工人的"工资收入"。家庭农场的另一个生存之道就是劳动的"自我剥削"，也即家庭农场经营者通过投入更多的劳动、接受较低的劳动报酬，获得比雇佣农场更高的单位面积产出，并通过接受较低的生活水平，能够付出更高的地租，排挤

---

① 按照封建法律，贵族对农奴份地和公地拥有"高级所有权"，因而容克贵族认为他们有权在农奴解放的时候强迫农民割让大片土地，并在分割公有地的过程中获得大部分。

了雇佣农场。① 通过这种途径，那些以家庭经营小农场为主的国家农业走向集约经营，农业危机相对缓和，并且较快地恢复了增长与活力。而像英国那样的以雇佣农场为主导的农业结构的国家，农业危机特别严重。农场主为了节省雇工的工资开支，在其他国家转向集约经营的时代，英国却走向了粗放经营的发展方向，加重了农业危机的程度。

但是，主要利用恰亚诺夫的理论模式来解释19世纪末以来西方国家雇佣农场的衰落，显然是不能令人信服的。因为恰亚诺夫所说的家庭农场可以在没有利润（扣除劳动的机会成本和其他支出后）的情况下继续生存下去的情况，以及家庭农场的劳动"自我剥削"（愿意投入更多的劳动，接受更低的劳动报酬）现象，接受更低的生活水平，以求得家庭农场的继续生存，诸如此类的现象在任何其他行业的"家庭企业"当中都是存在的。不管是出于恰亚诺夫所说的家庭消费的压力，还是出于人们为自己劳动的自豪感，以及没有工作寻找成本的因素，家庭企业都可以以更低的劳动成本投入劳动，但是在其他行业中，家庭企业的这些特性和优势并没有使他们免于被排挤或边缘化。主要是因为在这些行业中，现代生产技术往往只能在工厂式的大生产组织形式下才能够得到运用，因而分工合作所带来的规模效益很高，完全能够抵消家庭企业的劳动优势，家庭企业所固有的劳动优势在这里微不足道，家庭企业的组织形式反倒成为了现代生产技术运用的障碍。但是在农业生产部门，家庭农场的经营组织形式可以和大多数的现代农业生产技术相融合，使得工厂式大生产组织形式并没有多少优势，并且由于农业生产的特殊性，农业部门的监督成本相当高，使得农业部门的规模效益很低，无法对抗家庭农场的劳动优势。一旦那些促使雇佣农场能够赢利的特殊条件——粮食价格高昂，农业雇工价格低廉——消失，雇佣农场就衰落了。②

按照恰亚诺夫的小农的"劳动自我剥削"理论模型，社会上存在廉价过剩劳动力、小农缺少户外就业机会，是小农家庭农场排挤资本主义雇佣经营大农场的重要原因。可是根据我们对历史上资本主义雇佣农场兴衰时期的宏观经济环境的考察，资本主义雇佣农场兴盛的年

---

① ［俄］恰亚诺夫：《农民经济组织》，萧正洪译，北京，中央编译出版社，1996年，第六章"家庭农场组织特点产生的国民经济后果"。

② John M. Brewster., "The Machine Process in Agriculture and Industry", *Journal of Farm Economics*, Vol. 32, No. 1, pp: 69~81. ［日］中村哲：《近代东亚经济的发展和世界市场》，吕永和、陈成译，北京，商务印书馆，1994年，第202~211页。［日］速水佑次郎、［美］弗农·拉坦：《农业发展的国际分析》，郭熙保、张进铭等译，北京，中国社会科学出版社，2000年，第94、390~391页。

代，恰恰是社会上存在大量廉价过剩劳动力的时代，一旦这种状况消失，资本主义雇佣经营大农场反而走向衰落，这就与恰亚诺夫理论模型相反了。因而我们不得不对国际上流行的利用恰亚诺夫的理论来解释家庭式农业经营对资本主义雇佣经营农场的优势持相当怀疑的态度。

19世纪晚期以来雇佣农场的衰落，主要并非由于很多人所认为的农业的低利润因素。在这些人看来，农业的低利润，使得资本主义农业经营者在扣除雇工劳动成本和其他支出后，没有利润，使得雇佣农场无法生存。其实，雇佣经营方式的生存主要不在于该行业利润率的高低，而是在于该行业大规模雇佣经营相对于家庭式生产到底有多大优势。正是因为大多数的现代农业技术能够在家庭式生产的条件下得以实施，使得农产品的供应大增，超过需求的增长，才导致了农产品价格下跌和农业生产利润的相对较低，使得雇佣农场无法生存，并使得那些实行雇佣型大农场制度的国家陷入深刻的农业危机。工业部门的许多夕阳产业，尽管利润也相对较低，但这个部门的现代生产技术无法在家庭企业的生产组织形式下得到运用，使得家庭式生产的效率远不如工厂式的大生产，这个部门也就仍然是工厂式的大规模经营。一旦该产业的现代技术能够在家庭生产的组织之下得以有效实施，与工厂式的大生产组织形式效率接近，这个产业也就会成为家庭作坊的天下，就如同家庭农场在农业部门的主导地位一样。

"二战"以后，在农业中实行雇佣型大农场较多的是拉丁美洲的大庄园和新的大庄园，印度、斯里兰卡、菲律宾和非洲等热带、亚热带的种植园，意大利南部的庄园等。为了不违背经典作家宣称的资本主义雇佣经营大农场的先进性观点，又要顺应平均地权土地改革的进步要求，我国的不少教材把这些大庄园描绘成劳役制庄园，应该从反封建的角度进行解散。其实它们早已是雇佣经营庄园。日本马克思主义史学家中村哲认为，这些都是低发展国家和低发展地区，其资本主义经营是以农村大量存在过剩劳动力为基础，使用低工资劳动者来经营。将来这些国家或地区一旦实现工业化，过剩劳动力减少，或是农业技术提高，集约型农业发展，这种资本主义经营就会解体，或许会形成技术水平较高的家庭农业[①]。其实，这些大庄园的存在既是以大量低工资劳动者的贫苦生活为代价，同时也是以降低整个社会的财富产出为代价。如果把这些大庄园

---

① [日]中村哲：《近代东亚经济的发展和世界市场》，吕永和、陈成译，北京，商务印书馆，1994年，第202~206页。

的土地分配给小农,社会的全要素生产率还会更高。

发展中国家大规模种植园能够产生与生存,还有一些其他方面的因素。一般来说,大规模种植园经济主要是在原先未开垦的处女地上建立起来的。建立种植园往往需要巨额的初始投资:不得不清除处女地上的植被;不得不修建诸如道路、灌溉系统、桥梁和码头设施等基础设施;还要从人口更密集的地区引入劳动力,而且还要对劳动力进行作物生产的培训。在提供基础设施方面,大农场制度确实占有优势。这是家庭农场所不具备的,在很多情况下,即便是当代美国的大型家庭农场也无法克服。尽管我们可以通过政府机构来承担这些设施的建立,通过公共机构来协调它们的使用,但这种协调的成本是相当高的。这些设施作为公共设施,得不到私人的有效维护与爱惜,如同中国的许多水利工程在实行联产承包制以后,渐渐处于荒废,无人管理。如果是在大规模农场制度下,水利设施的受益者人数减少,从而近似于私人物品的状况之下,不用政府操心就可以得到正常维护。要使基础设施投资所带来的社会收益尽可能多地为投资者所占有,从而促进这些基础设施的提供,农场规模必须非常大。总的来说,第三世界种植园的发展,并非因为它是比家庭农场模式更为有效的生产组织模式,而是因为它在榨取因开发人口稀少的处女地所产生的经济利益方面是最有效的生产组织类型。①

著名农业经济学家、发展经济学家速水佑次郎指出,必须采用大规模种植园生产组织模式的作物其实相当少。只有对那些生产和加工、销售之间需要紧密合作,可以采用类似于工厂式生产的作物,大种植园才具有不可替代的优势。对于不需要集中加工和销售的作物,种植园体制就不比家庭农场有优势。就香蕉出口而论,收获的果实必须在一天内打包,运到码头并装到冷藏船上,一船能满足外国买主质量标准的香蕉必须在几天内收齐。从种植到收获的整个生产过程必须精确地控制,因而在出口香蕉生产上种植园体制拥有决定性的优势。例如,出口红茶的加工需要一个现代化的加工厂,采摘下的新鲜茶叶必须在几小时内送到厂内进行发酵,因而红茶制造普遍采用种植园体制。相反,在中国和日本,无需发酵的绿茶仍以农民生产为主。②

即使是需要大型加工和营销设施的种植园作物的生产,如果农户按种

---

① [日]速水佑次郎:《发展经济学——从贫困到富裕》,李周译,北京,社会科学文献出版社,2003年,第291~292页。

② [日]速水佑次郎:《发展经济学——从贫困到富裕》,李周译,北京,社会科学文献出版社,2003年,第292~293页。

植体制合同组织起来,他们就可以成为有效的生产单位。在合同种植中,农商公司或合作社按合同购买农民的农产品,并进行加工和销售。公司向农民提供技术指导、信贷和其他服务,其回报是农民保证为公司生产。这种方式既不牺牲加工和销售的规模经济,又在农业生产中发挥了家庭农场的优势。泰国近来以该制度为基础的罐装菠萝生产,超过了菲律宾这个以种植园制度为基础的前罐装菠萝主要出口国,充分表明了经过制度革新后的家庭农场制度优于种植园体制的工厂式大生产组织方式。①

## 二、小农经济叙述模式的再思考

当代西方社会农学学派对农民社会的界定,诸如农民的保守性、小农制是农业技术进步的障碍、小农经济是专制主义的社会基础,② 在很大程度上就是受到了马克思的影响。他们对农民社会的界定就包含了"受到外部权势的支配"的内容,这应该说与马克思的叙述是一致的。由于当代西方的家庭农业经营者已经在社会、政治、经济诸方面和19世纪的人们所理解的"小农"有很大的差异,社会农学学派把农民分为"peasants"(类似于我们所熟悉的宗法农民)与"farmers"(现代农业者),把不符合前述宗法小农特征的家庭农业者(如美国史中的自耕农)从"农民"(peasants)范畴中剔除出来,归入现代农业者(farmers),把不符合上述社会特征的农业社会(包括工业化之前的美国)从农民社会中区分出来。社会农学学派的这种划分确实便利了人们对农民社会的认识,也大体符合前近代农民社会的特征(参见秦晖、苏文:《田园诗与狂想曲——关中模式与前近代社会的再认识》,北京,中央编译出版社,1996年,第21~25页)。可是,国际学术界,特别是中国学术界,也还是有很多人并没有注意到这种划分,当他们谈论"小农"的时候,其中包括所有时代的家庭农业经营者。因而人们一谈起"小农"和"小农社会",就会

---

① [日]速水佑次郎:《发展经济学——从贫困到富裕》,李周译,北京,社会科学文献出版社,2003年,第293页。

② 关于小农制是专制主义的政治基础,小农经济的社会就是行政权支配社会,是马克思根据近代法国历史得出的结论,在《路易·波拿巴的雾月十八日》一文中得到了系统阐述,为我国学术界所熟知。马克思把以小农经济为基础的社会描述为"一袋子马铃薯",相互之间没有什么联系。从处于相近似的经济地位上来说,他们是一个阶级。但是他们之间没有什么联系,没有意识到他们是一个阶级,因而他们又不是一个阶级。农民不能代表他们自己,他们寄希望于一个高高在上的专制政权来代表他们。他们无法组织起来保护自己,而寄希望于一个高高在上的专制政权来保护他们[参见《马克思恩格斯选集》(第1卷),第2版,北京,人民出版社,1995年,第692~698页]。这种观点几乎成为中国学术界的共识。

把它等同于马克思《路易·波拿巴的雾月十八日》一文中所描述的特征。

马克思的观点是以特定时期的近代法国农民为背景的，其适用范围必然有很大限制。研究西欧中世纪史的专家指出，以小农生产为基础的中古西欧社会并非"一袋子马铃薯"，农民之间有很多联系，例如农村公社组织等，具有很强的自治特征。（参见马克垚《从小农经济说到封建社会发展的规律》一文）"一袋子马铃薯"的近代法国社会，很大程度上是法国专制主义政府和大革命破除中世纪各种社会自治团体的结果，并不适用于中古时代。与其说"一盘散沙的小农社会"（如前所述并非一开始就是这样）是专制制度的社会经济基础，还不如说是行政权（或专制制度）为了"支配社会"而有意创造出"一盘散沙"的社会结构。

说小农制是专制主义的社会基础，很大程度上是继承了 18 世纪前后西欧土地贵族的政治观。这种观点实际上是为土地贵族占有大量土地而辩护，认为一个强大的土地贵族阶级是自由的堡垒。根据小农制是行政权支配社会的逻辑，贵族和市民阶级可以自己代表自己，他们可以凭借自身可以动员的力量或依靠组织起来的力量来保护自己的利益，他们也有实力（依靠自身的或组织的力量）对抗来自政府（往往是国王的政府）的压制力量，因而他们是自由的。而小农们无法靠自身的力量（也无法组织起来）来维护自己的利益，只能寄希望于政府的力量来保护自己，因而他们就成为了专制政权的支持者，但他们在得到这种保护的同时，付出了被支配的代价，失去了自由。

可是我们知道，近代美国民主制度的社会基础是自耕农的小农社会，近代美国社会的民主根基是新英格兰的乡镇自治民主，而新英格兰的乡镇自治民主就是从中古英国的村社自治组织发展而来的。美国的农民通过乡镇自治机构管理了社会，保护了自身的利益，看不出"行政权支配社会"的特征。在这里显然不能得出小农制是专制社会基础的看法。另一方面，从 19 世纪中叶以后，西方国家的农民开始建立起他们自己的组织，产生了自己的政党，代表了农民自己的利益，能够共同行动，并向国家的经济政策施加了强大压力，不能再说农民不能代表自己，不能再说农民不能算是一个真正的阶级［真正的阶级不仅具有大体相同的社会经济地位（客观存在），还具有共同的独立阶级意识（自觉意识），只有形成了共同的阶级意识，并且能够形成共同的行动，才是一个真正的阶级。马克思说农民是一个阶级，是指他们具有近似的社会经济地位，这是一种客观存在。马克思说农民又不是一个阶级的时候，是说他们彼此之间缺少联系，没有共同的独立阶级意识]。①

小农制无法适应商品化的农业生产、无法为工业发展提供商品粮食等诸如此类的说法，大多是从近代法国的历史中抽象出来的②。历史学的发展离不开抽象，但是这种抽象如果忽略了一些重要的特殊要素，其普适性就难免大受限制。

正如笔者已经指出的，当人们说 19 世纪的法国是一个小农经济的汪洋大海的时候，他们主要是从农户的数量来说的。但是这其实并没多大的意义，因为即便是在以大农场制度盛行著称的英国和德国易北河以东普鲁士邦地区，小农场仍然占农业经营数量的绝大多数。就 19 世纪下半叶的法国而言，40 公顷以上的采用资本主义经营的大农场占农业用地的将近一半，而那些占 1 公顷以上农场数量约 3/4 的被认为是难以进行商品农业生产的 1～10 公顷的小农场，只占全国农业用地的 23% 左右（见表 5-4）。这其中的绝大多数根本无法自给，在很大程度上是通过为大农场出卖劳动力来补贴家用的，是为了给大农场提供廉价的劳动力，特别是提供季节性的短工。他们在很大程度上属于半无产阶级，这种半无产阶级所提供

---

① 就现代西方国家政党形成的一般过程而言，首先是土地贵族政党，然后是资产阶级政党，然后是工人阶级政党，农民阶级政党最晚产生。（真正意义上的近代西方各个现代阶级的形成时间，也大体是这种顺序。）当马克思写作《路易·波拿巴的雾月十八日》一文的时候，还尚未形成真正的独立农民政党，或者是由于农民的独立阶级意识尚未完全形成，或者是由于其他阶级的政党纲领包容了农民的诉求，或者是如法国那样的"皇权"政府包容了农民的利益诉求，或者是由于政府对农民政党的压制（如东欧）。因而可以说农民不能代表自己，但不能以此而推及其他时代和地区。

事实上，从古代希腊、罗马，途经马基雅维利到英国革命，西方一直有一个自耕农是自由的坚强堡垒的思想传统，这个传统为杰斐逊所继承，在美国得到了体现，可以说美国的自由传统带有浓厚的自耕农的自由传统。但在欧洲，逐步为土地贵族的自由传统（辉格宪政史学传统）和城市市民阶级的自由传统（所谓"城市与自由"和资产阶级革命史的叙述模式）占主导，成为欧洲自由宪政史的主导叙述模式。

城市市民阶级的自由传统是我国学术界早就熟悉的传统，深入到了各种教材当中，这很大程度上是马克思主义史学的影响。随着近些年对欧洲自由主义宪政史研究的进展，土地贵族的自由传统已逐渐为中国学术界所熟悉。杰斐逊的美国自耕农自由传统在中国很少为人知。关于农民政治特征的叙述模式，主要是根据马克思的《路易·波拿巴的雾月十八日》一文。以前很强调农民反封建的革命传统，现在比较强调宗法农民的保守传统，强调小农社会的专制主义特征。

在笔者看来，那种把社会弱势群体无法依靠自身的力量来保护自身的利益、只好寄希望于公共权力部门提供保护的行为特征看作是皇权主义的社会心里基础，其逻辑本身是有问题的。认为只有能够靠自己的力量维护自身利益的社会强势集团的行为方式才是"自由"，而把弱者对公共权力保护的呼求贬低为是对皇权主义的崇拜，这就意味着自由只是强者的专利品，在此种自由的原则下，弱者只好任人宰割。因而此种"自由逻辑"本身是有问题的。

② 阿瑟·杨的大农场优势论在很大程度上是受到了法国重农学派学者魁奈的影响（Robert C. Allen, *Enclosure and the Yeoman*, p. 4），阿瑟·杨对小农场经营低劣的论述有很多就是根据他在法国的游记来证明的。

的劳动相对于长工（接近于真正的农业无产阶级）更为廉价①，使得大农场的经营有利可图。从这些类似于半无产阶级的"小农"无法进行商品农业生产，得出非资本主义雇佣经营的家庭农业不能进行商品农业生产、无法提供商品粮食的结论，显然是站不住脚的。甚至还有人在讨论非资本主义雇佣经营农业无法进行商品农业生产的时候，把1公顷以下土地的过小农也包括进去，进一步突显法国小农经济的汪洋大海特征，并以此来论证小农制无法胜任农业商品生产，那就更是偷换概念了。

当人们说小农制无法胜任农业商品生产的时候，其中的小农制概念实际上是指所有非雇佣经营的家庭农业单位。无论是我们所熟悉的经典作家的论述，还是当代西方的马克思主义者，都是这样看待小农制的，基本上就是把小农制与家庭农业经营画等号。但是人们在论证这种观点的时候，却往往是以占地过少、根本就无法充分开发家庭劳动力的"过小农"为例证的。当人们在谈论家庭农场低劳动生产率的时候，人们是拿劳均占地很少的过小农家庭农场与劳均占地广阔的雇佣农场来对比的，这其实并不具有可比性。过小农家庭农场的面积狭小，主要并非由于家庭农场的形式无法扩大经营，而是因为人口压力下的农场碎分。近代法国缺少土地的过小农确实无法采用机械化技术，但人们不能因此就说家庭农场制度无法与机械化相融合。事实上，现代农业技术和大规模机械化完全可以在家庭农场的组织形式上得以实现，在土地和劳动力的比例相近似的情况下，家庭农场的效率更高。从19世纪晚期以来，世界市场上的粮食越来越多地是由农民农场提供的，农民农场（peasant farm 或 family farm）的"简单商品生产"逐渐排挤了资本主义的雇佣式商品农业生产。②

当人们说小农制无法实现农业的增长、无法实现农业现代化的时候，他们谈论的是自由放任主义社会中、占地过少、深受"饥饿地租"剥削和高利贷剥削、无法进行农业投资的近代法国小农，而不适用于建立了社会公共支持体系之后的小农制农业。而且当人们谈论小农制条件下的落后农业技术的时候，多半是从机械技术（机械化程度）的角度。事实上，对于地少人多的国家而言，以机械技术或机械化指标来衡量农业技术的进步，并不适合，会误导农业的发展。在这里，农业现代化的进程应当是首先提高农业单位面积土地产出。随着社会经济的现代化，随着农业劳动力转移

---

① 尽管按日工资计算或许短工较贵，但考虑可以在农闲季节随时解雇，短工更为廉价。

② Harriet Friedmann, "World Market, State, and Family Farm: Social Bases of Household Production in the Era of Wage Labor", *Comparative Studies in Society and History*, Vol. 20, No. 4, pp: 545 ~ 586.

和劳动力价格的提高,提高劳动生产率的机械化才提上日程。① 并且我们也已经知道,家庭农业并非农业机械化的敌人,完全可以在家庭农场(也即经典作家笔下的小农制)的范围内实现农业机械化。

关于农民农场不能促进农业生产技术的进步、无法进行商品农业的生产、反对资本主义的市场经济等观点,是在特殊历史条件下,根据有限的观察和有限的视角所得出的结论。它由法国的重农学派和英国的阿瑟·杨所倡导,并通过马克思、考茨基和列宁的论述成为正统马克思主义者的观点,并被马克思主义历史学家运用到法国大革命史(以勒费弗尔为典型)和近代法国经济史的研究中去,又为马克·布洛赫等年鉴学派的大师所赞同,成为法国农业史的标准叙述模式。② 但是随着19世纪晚期以来西方国家家庭农场制度的现代化,北欧国家和日本等地小农制结构下的农业迅速发展,一些马克思主义的历史学家推翻了上述看法,认为农业发展的"农民式道路"最为有利。③ 因而他们认为应该重新评价法国大革命的土地政策:并不是因为大革命巩固和加强了小农制,妨碍了大农场制度的建立,从而妨碍了近代法国农业的进步,而是因为法国大革命保留了大地产和租佃经营制度,以及阻碍农业改良的农村公社敞田经营制度的保留,阻碍了小农制优势的发挥。④

在经典作家和年鉴学派历史学家的笔下,家庭农业经营者即便部分参与市场交易,并不等同于自给自足,但从根本上来说他们无法适应商品农业生产的需要,而当代西方的农民学传统在定义农民(peasants)的时候就非常强调这一点,为了强调农民的非市场特性,把深深地卷入到市场交换中的家庭农业经营者划入现代农业者(farmers)的范畴。⑤ 可是在许多著作中(尤其是在中国)人们并不会注意到这种划分,他们把所有历史上

---

① Dieter Senghaas, *The European Experience*, pp: 54~57.
② 美国学者霍夫曼对以年鉴学派为代表的法国农民叙述模式提出了强烈质疑,以"农民、历史学家和经济增长"为其1996年的著作《传统社会的增长:1450~1850年的法国农村》的第一章,对此问题进行了讨论。Philip T. Hoffman, *Growth in a Traditional Society: the French Countryside*, 1450~1815, pp: 12~20.
③ 当然,不少人在进行这种修正的时候主要是借助了列宁关于农业资本主义发展两条道路的理论。不过正如笔者在导论部分已经指出的,如果人们把农业资本主义当作与自给自足相对立的商品化农业生产,那么列宁的农业资本主义发展的两条道路理论确实非常正确,但是按照我国学术界普遍接受的资本主义主要是雇佣劳动生产关系,那么美国式道路其实并不能成立,美国农业一直是家庭农场占主导地位。
④ 参见王养冲编:《阿·索布尔法国大革命史论》,上海,华东师范大学出版社,1984年,第22~28页。
⑤ 秦晖、苏文:《田园诗与狂想曲——关中模式与前近代社会的再认识》,北京,中央编译出版社,1996年,第21~25页。

的以家庭劳动力为主的家庭农业经营者都划入同一个概念。因而在我们的话语体系中,家庭农业经营者就与自给自足、技术落后、简单再生产、无法进行商品农业生产等说法相等同,把现代西方的机械化大农场想象为雇佣经营的组织形式,把特定具体时代背景之下的小农特征,看作是家庭农业经营者的根本特征,并对他们的命运作出悲观的预言。

关于农民的保守、害怕风险、害怕竞争、安土重迁、死死抓住小块土地、宁可忍受贫穷也不愿意离开农村进入城市等形象,多半也是根据近代法国小农的形象抽象出来的,并以此而推及历史上的所有农民。正如本书导论部分已经指出的,得出这种结论所依赖的经济学本身就是很粗陋的,现在已经得到了很多修正。与此同时,这也是出于对近代法国历史的一种表面性的理解。正如很多学者已经指出的,法国农民土地的碎分、死死抓住小块土地、不愿离开农村,从根本上来说是因为法国工业发展的缓慢,无法吸收更多的人口,在人口压力的情况下被迫采取的生存策略。随着 20 世纪(尤其是"二战"以后)法国工商业的迅速发展,对农业过剩人口吸纳能力大大增强,法国农民大批离开农村,农村人口比例迅速下降。① 对于近代法国而言,主要不是因为小农制束缚了劳动力造成工业发展缺少劳动力,而是因为工业发展缓慢而迫使农民留在小块土地上,被迫依靠"劳动的自我剥削"来维持生活,甚至被迫向地主交纳高额的"饥饿地租"。

法国小农的另一项"罪行"是他们反对结束敞田经营制度的圈地行为,从而阻碍了近代法国的农业进步。可是根据最新的研究,法国敞田制的长期延续在很多地方并不是因为小农的阻碍,而是因为一些大农企图利用敞田制度中的放牧权来进行商业化的畜牧业,挫败了小农的公地分割主张。② 就如同西班牙的麦斯塔牧羊地主集团,为了进行商业化的羊毛生产,实施游牧,阻碍了近代西班牙农业私有产权的形成,从而阻碍了近代西班牙农业的进步。③ 并且,法国敞田制度的长期延续,在很大程度上也是政治当局在圈地程序改革方面无所作为的结果:一味强调一致通过,使得圈地措施往往由于极少数业主的反对而无法实现。④

---

① Vernon W. Ruttan, "Structural Retardation and the Modernization of French Agriculture: A Skeptical View", The Journal of *Economic History*, Vol. 38, No. 3, pp. 714~728.

② Philip T. Hoffman, *Growth in a Traditional Society: the French Countryside*, 1450~1815, pp: 21~34.

③ [美] 道格拉斯·诺斯、罗伯斯·托马斯:《西方世界的兴起》,厉以平、蔡磊译,北京,华夏出版社,1999 年,第 160~161 页。

④ George W. Grantham, The Persistence of Open-Field Farming in Nineteenth-Century France, The Journal of *Economic History*, Vol. 40, No. 3, pp: 515~531.

总而言之，在我们所熟悉的保守形象的"农民叙述模式"中，① 很大程度上是根据特定历史条件下的近代法国农民特征抽象出来的，并且也是根据一种表面性的令人怀疑的因果关系而抽象出来的，因而其普适性非常值得怀疑。如果人们把考察的目光扩展到近代的北欧、新大陆、日本等地，扩展到包括法国在内的当代世界，人们就会深刻地感受到这种叙述模式的缺陷。

## 三、大地产、雇佣农场、廉价劳动力和工业革命的神话

在关于近代西欧历史的叙述中，有一个被广泛接受的观点：在英国农奴制解体和近代资产阶级革命中农民并没有获得对土地的所有权，导致了排挤租佃农民的圈地运动可以大规模进行，一方面是雇佣型大农场制度的确立为农业技术的改良奠定了基础，另一方面是大量小农的被排挤为工业革命的进行提供了丰富的廉价劳动力。尽管现在的研究已经不再着力强调圈地运动对小农的排挤，但是没有人否认圈地运动和大农场制度的兴起对农村人口的排挤作用，不管它是直接的还是间接的。与此同时，大地产和大农场制度造成社会财富集中于少数人之手，许多地主把从农业中积累的资金投入到工商业和运输业的改良，因而大地产和大农场制度便利了资本的原始积累。总而言之，大地产和大农场制度尽管违反了社会公正，但是在客观上极大地促进了近代英国的农业发展和工业进步。这种模式在普鲁士得到了更加典型的体现，并且更加肆无忌惮，其"客观效果"在学者们的笔下得到了充分的肯定，把近代德国经济的异军突起部分归功于农业资本主义发展的普鲁士道路。相反，在法国，由于中古后期近代早期王权的强大，在农奴制解体的过程中，农民在事实上获得了较多土地的所有权，并通过大革命击退了18世纪贵族的反动，加上革命政府的土地拍卖政策，使得法国农民获得了相对较多的土地。其结果是造成了法国小农制的巩

---

① 笔者认为，我国学术界所熟悉的农民学叙述传统，主要是一种"实体主义"的传统。如笔者前文所述，马克思主义的农民学传统在很多方面与实体主义学派很接近，强调农民对资本主义市场经济的反抗，因而在国内的农民叙述中充满了"改造农民"的讨论。随着巴林顿·摩尔等人著作在中国的流行，"改造农民"的叙述模式进一步得到加强。只是新一波的"改造农民"不再是改造他们的"小私有者"特征，而是要把农民推向市场，以改造他们的宗法保守农民特征，要他们勇于承担风险，接受资本主义市场经济伦理，而对于社会公共机构如何为农民提供帮助与保障等涉及甚少，大概是改造论的作者们认为需要帮助和保障的人仍然是"保守的小农意识"。不过这种状况近年来在现实的农民研究中已经有很大改善。而关于农民行为特征的纯粹学理研究却似乎依然照旧，仍然是用一套旧的话语体系，大谈农民的保守，没有意识到农民的所谓保守实际上是风险承受力很低的弱者在缺少帮助和保障情况下的被迫反应，并且也是一种合理的被迫反应。

固，农业发展的落后，以及大量劳动力滞留在农村，难以为法国的工业革命提供国内市场和廉价劳动力。就这样，对土地处理相对公正的法国资产阶级革命，在"客观上"却造就了一个阻碍现代经济增长的农业结构。

这种按照经典作家"原始资本积累模式"来构造的农业现代化叙述模式，① 从根本上来说是以近代英法两国的有限历史经验而抽象出来的，并不具有普遍的参考价值。并且随着研究的深入，上述模式是否符合两国的具体历史实际也值得怀疑，让人感到这是从一种相当表面的历史经验中抽象出来的。② 进行近代英法两国经济史比较研究的法国著名经济史学家克罗泽，对于廉价劳动力带来工业革命的叙述模式给出了完全不同的答案。③

克罗泽认为，事实上，18世纪上半叶英国人口增长的相对缓慢，农业生产增加较快，以及乡村工业化（原始工业化）的发达，英国的工资水平，尤其是工业区的工资水平处于较高的水平，出现了劳动力的相对短缺，因而迫切需要发明节省劳动力的机器，从而刺激了纺织业和其他部门的技术革新。英国工业革命时期工资指数的下降，主要是以英格兰南部的农业地带为基础的，并不能反映北部工业区的实际工资水平，在那里存在地区性的劳动力供给不足。换句话说，恰恰是因为劳动力的相对短缺诱发了导致工业革命的技术革新。④

18世纪的法国则情况不同，乡村的工业化程度低于英国，有大量的无地农业劳动者和小块土地持有农，他们渴望找到额外的就业机会，随时准备接受很低的工资。行会限制的解除又扩大了法国的劳动力后备军，使得廉价劳动力更加丰富。因而法国的手工工场主并不面对为了提高产量而

---

① 其在英国的表现较为平和，可以被称为托利主义的发展模式，更为典型的表现可以被称为普鲁士道路。英国农业发展模式的鼓吹人阿瑟·杨被阿伦认为是托利党人。跟随阿瑟·杨和经典马克思主义作家观点的布伦纳也被认为是一种托利主义的观点。Robert C. Allen, *Enclosure and the Yeoman*, p. 4；T. H. Aston and C. H. E. Philpin, eds., *The Brenner Debate*, p. 177.

② 根据库兹涅兹的U型曲线理论，现代化初期通常会出现贫富分化，随着经济的发展，不平等逐渐缩小。人们往往根据这一点来证明贫富分化是现代经济增长初期的必要代价，认为现代化之前的再分配会有损于经济增长，从而为原始资本积累式的发展模式提供辩护。笔者并不否认库兹涅兹的统计学规律，但是能否得出前述推论则是另一回事。参见 Alain de Janvry, *The Agrarian Question and Reformism in Latin America*, p. 257~258.

③ 人们以往多喜欢从法国经济制度的落后性来解释工业革命为什么没有发生于法国，但是克罗泽根据最新的研究表明，18世纪的英国制度也没有以往人们所说的那么好，而法国的制度和社会经济状况也没有那么坏，在很多方面已经具有了工业革命发生的条件。弗朗索瓦·克罗泽：《18世纪英法经济的比较》，见王觉非主编：《英国政治经济和社会现代化》，南京，南京大学出版社，1989年，第351~365页。

④ 弗朗索瓦·克罗泽：《18世纪英法经济的比较》，见王觉非主编：《英国政治经济和社会现代化》，南京，南京大学出版社，1989年，第371~372页。

提高工资的压力，也就缺少了技术革新的动力。换句话来说，法国过于丰富的廉价劳动力，降低了法国工业部门进行节省劳动力机器发明的刺激，因而部分地造成了工业革命不能在法国诞生。[①] 就是在19世纪上半叶，当英国的工业日益向城市集中的时候，法国的工业向农村扩散而不是向工业城市集中的趋势明显，特别是在纺织工业中，利用人口拥挤的农村地区廉价劳动力，使18世纪原工业化的生产制度有相当大的扩展。[②]

如果我们进一步放眼于近现代的世界历史，前述大地产、大农场、廉价劳动力与工业革命的神话就更加站不住脚了。根据原始资本积累的叙述模式，大地产和大农场制度造成了社会资金的集中，使得不投资就会成为消费资料的资金转化为投资的资本。按照这种看法，两极分化的社会有利于资本积累，从而有利于经济的发展。他们大约只注意到了近代英国少数土地贵族在工商业和交通运输业的投资，而没有看到更多地被这样集中起来的社会财富被投入到了贵族的奢侈性消费。更重要的是，原始资本积累模式的颂扬者忘记了两极分化的社会不利于国内市场的形成，只不过由于英国是世界上第一个工业化国家，拥有广泛的海外市场，两极分化的社会模式才没有影响到英国的工业成长，[③] 反而还被看作是成功的重要原因。

大地产、大农场、廉价劳动力与工业革命模式的无效性，可以从北欧国家和拉美国家在20世纪的不同经历清楚地看出来。在19世纪到20世纪初叶的时候，北欧国家和拉美国家同样是初级产品出口国，农业资源或矿产资源丰富，少数拉美国家如乌拉圭和阿根廷的人均收入排名世界前列，比北欧国家更为富裕。[④] 尽管身处欧洲，当时的北欧国家同样面临着

---

① 弗朗索瓦·克罗泽：《18世纪英法经济的比较》，见王觉非主编：《英国政治经济和社会现代化》，南京，南京大学出版社，1989年，第372～373页。

② Gordon Wright, *France in Modern Times*, p. 158.

③ 克罗泽指出，英国工业革命在18世纪80年代后的突进与北美独立战争的结束时间相重合，1783年和约为英国重新打开了北美这一个规模并不小的中产阶级市场（北美的生活水平普遍相对较高，相当于欧洲的中产阶级水平），使得英国一度处于衰退状态的出口急剧增长，成为当时英国经济增长的推动力。弗朗索瓦·克罗泽：《18世纪英法经济的比较》，见王觉非主编：《英国政治经济和社会现代化》，南京，南京大学出版社，1989年，第367、374页。

④ 根据著名经济史学家科林·克拉克（Colin Clark）收集的统计数据，在20世纪20年代后期，美国、加拿大、新西兰、不列颠、瑞士、阿根廷、澳大利亚依次是世界人均收入最高的国家，乌拉圭被称为拉美的瑞士。同期的北欧国家的人均收入较低，芬兰是英国的1/3，丹麦、瑞典和挪威处于英国的50%到65%之间。但是到了1977年的时候，芬兰超过英国30%，丹麦超过英国82%，挪威超过英国100%，瑞典超过英国109%。1977年这些国家的人均收入分别为，英国4 420美元，芬兰6 160美元，丹麦8 040美元，新西兰4 380美元，澳大利亚7 340美元，阿根廷1 730美元，乌拉圭1 430美元。Colin Clark, *The Conditions of Economic Progress*, pp.: 41～42; Dieter Senghaas, *The European Experience.* pp: 72, 79, 115.

拉美国家一样的因为出卖农产品或矿产品而成为边缘国家的危险，就如同西欧的爱尔兰、南欧的葡萄牙和西班牙，以及中东欧的匈牙利和罗马尼亚这样的农产品出口国。可是到20世纪70年代的时候，北欧国家成为了世界上人均收入最高的国家，超过了英国这个世界上第一个工业化国家，这些国家的工业技术在不少行业中处于世界领先地位。而拉美国家却从富裕国家下降到中等收入国家，并且这种差距至今不仅没有减小的趋势，反而还在继续扩大。西欧的爱尔兰、南欧的葡萄牙和西班牙，① 在20世纪70年代的时候，社会发展程度也大不如北欧国家。换句话，这些国家至少在70年代之前是处于边缘化的发展之中。

当然人们也许会说，北欧国家人口稀少，自然资源丰富，人均占有资源多，容易致富。可是没有人会怀疑拉美国家自然资源的丰富，人口也并不密集。没有人会认为北欧国家是依靠自然资源产品的出口来获得高收入的，最主要的还是其发达的工业技术和服务业使北欧国家获得了高水平的人均收入。尽管自然资源产品的出口确实为一些北欧国家（丹麦没有资源性产品的出口，只是一个农产品出口国）的早期工业化提供了资金，可问题是北欧国家很快就从初级产品出口国转化成制成品出口国，而其他国家资源性产品的出口却是导致该国的边缘化，掉进了"初级产品陷阱"，仍然主要是初级产品出口国。

大宗产品（农产品和资源性产品）出口国，在国际贸易中无疑是处于不利的地位。19世纪70年代开始的世界粮食价格的下跌，尤其是20世纪30年代世界粮食市场的崩溃和资源性产品的大幅降价，使得初级产品出口国损失惨重。面对同样的困境，北欧国家迅速通过进口替代发展成了资本—技术密集型的产品出口国，加拿大、澳大利亚和新西兰也保持了较高的收入水平，而拉美国家以及类似的国家却陷入了深重的危机，无法通过进口替代进入发达国家的行列，从富裕国家的队伍掉了下来。尽管它们也试图通过进口替代工业化从初级产品出口国转化为制成品出口国，但是它

---

① 独立之前的爱尔兰由于租佃制的盛行（绝大多数是英格兰的不在地主），大规模朝向英格兰农业出口的财富被住在英格兰的地主攫取，造成爱尔兰的大面积贫困，无法产生由农产品出口而带来的进口替代工业化，成为典型的依附性经济。即便是1922年独立以后，爱尔兰的土地占有也相当不平等，从而阻碍了它走丹麦式的发展道路，到1977年时人均收入为2 880美元。20世纪60年代融入欧共体经济以前的西班牙，与北欧国家一样是农产品和矿产品的出口国，但其寡头型的经济结构——少数人占有大量土地和矿产资源，使得这个与西欧接壤的国家没有发展出多样化的经济，而是一种拉美型的初级产品出口国的依附性经济。20世纪60年代以前的葡萄牙的情况也和西班牙类似。北欧与南欧国家的不同命运，就更能够体现寡头制经济结构对国家命运的影响。Dieter Senghaas, *The European Experience*. pp: 129～130, 145～146.

们失败了,最典型的就是阿根廷和乌拉圭。为什么北欧国家能够摆脱"初级产品陷阱"呢?

北欧国家在步入 19 世纪的时候,要么没有经历过严格意义上的封建时代,一直都是以自耕农为主体的社会结构,要么就像丹麦一样,在废除农奴制的改革中,国家通过长期低息贷款帮助农民购买了大地主的地产,建立了一个以自耕农为基础的社会结构,基本上破除了封建大地产的历史遗留,社会结构民主平等。北欧国家政治发展的一个重要特征是民主政治发展较早,左派政党如劳工党、社会民主党、农民政党势力强大,较早地在政治上崭露头角,或较早地组成政府、参与政府,或在议会中举足轻重,北欧国家的各项政策较早地向中下层群众倾斜,这些国家的发展道路具有强烈的先分配后增长的特征,平等分配先于经济增长,是平等与增长良性循环的榜样。① 北欧国家作为世界第一批实施义务教育的国家,以及国家对职业教育和大学教育的大力资助,本身就是社会平等的体现(国家实施义务教育必须要向富人征税),当然也是社会平等的结果——贫富分化剧烈的社会不大可能造就高水平的国民教育。②

北欧国家的发展模式与我们所熟悉的先增长后分配模式背道而驰,更不用说与原始资本积累模式背道而驰了。著名比较经济史学家森哈斯认为,恰恰是北欧国家现代化初期的平等分配、破除封建遗留,使得北欧国家逃脱了"初级产品陷阱"。以丹麦为例,以中等自耕农为主体的农产品出口体系,使得大部分的丹麦人口能够分享农业出口的成果,社会富裕程度较高。这也就为本国的工业发展提供了国内市场,丹麦通过农产品出口达到了进口替代工业化的目标,尽管丹麦是一个缺少矿物资源的国家。而拉美和中东欧(如匈牙利和罗马尼亚)的农产品出口国,由于大地产的盛行,大多数的人口无法分享农产品出口所带来的社会财富,而少数富人的工业品需求往往数量不多,并且多是奢侈消费品,可以通过进口得到满足,因而农产品出口所带来的财富无法转化为对本地工业的需求,缺少工业发展的国内市场,也就难以实现进口替代的工业化。这种状况又会导致本国的城市工商阶级力量弱小,无法实施保护幼稚工业的必要工业关税,进口替代的工业化更加难以进行。等到 30 年代大危机来临的时候,拉美

---

① Dieter Senghaas, "Growth and Equity: the Scandinavian Development Path", in *The European Experience*, pp. 71~94.
② 19 世纪中叶,北欧国家的教育水平连同德国和瑞士处于世界最高水平,文盲率小于 15%,而当时的英国和法国文盲率处于 40%~50% 之间。Dieter Senghaas, *The European Experience*, p. 101.

国家的工业基础还相当薄弱，仍然主要是未加工的农产品和矿产品的出口，很难通过这些价格大跌的初级产品出口来换取进口替代的资金，又难以在薄弱的工业基础上进行自主的经济发展。①

在大地产盛行的国家，面临世界农产品价格下降的时候，往往不是进行"农业的产业升级"——转向动禽产品和食品"制成品"。像德国这样的农产品进口国则采取关税保护以保护倾向于谷物生产（属于农产品的初级产品）的大地产主。在罗马尼亚这样的农业出口国（1913年人口为720万，1911~1913年占世界小麦出口的8.3%），地主为了能够在价格大跌的市场上继续获利，在19世纪世界农奴制解放潮流的时代加强了对劳动力的控制，农民更加贫困，进一步加深了边缘化，成为单一产品出口经济。② 拉美国家地主势力的强大，国家不对大地产采取限制，使得后来的移民难以获得自由土地，造成了拉美国家土地所有权结构非常不平等。③ 强大的地主阶级，使得国家无法向土地所有者征收应当缴纳的土地使用费；这里的土地使用费用特别低廉，鼓励了大土地所有者继续实行粗放经营的农业，大地主们也就缺乏通过技术改良进行农业产业升级的积极性。当然，土地使用费用的低廉也能够起到大地产延续的作用，因为土地使用费用的提高会使得大地产的粗放经营无利可图，被迫出卖土地给相对集约经营的自耕农。④ 土地占有的不平等造成大量小农缺少土地，为了补充生计，他们愿意接受低工资，从而造成雇佣市场工资的低廉。在劳动力成本

---

① Dieter Senghaas, *The European Experience*, pp: 105~112, 146~151.

② Dieter Senghaas, *The European Experience*, pp: 140~141.

③ 到"二战"之前的时候，3 270个人拥有乌拉圭一半的国土面积，阿根廷的佃农在很多省份占农业经营者数量的2/3，在阿根廷地位最为重要的布宜诺斯艾利斯省，320个家庭拥有39%的国土面积。Jr. Leslie N. Gay, "Problems of Landownership in Latin America", *Journal of Farm Economics*, Vol. 32, pp: 260, 263.
亚当·斯密很早就指出，在对新大陆土地的处理上，法国、葡萄牙和西班牙与英格兰的殖民者政策不一样，在法国、葡萄牙和西班牙的殖民地，空闲的土地就被合并到大地产中去，并通过限嗣继承和长子继承制度不受分割地被世代传承下去，造成了拉美的大地产。使得后来的移民者无地可种，只好成为佃农或雇工，为后来的农村社会危机埋下了伏笔。而在英裔殖民地，殖民政府采取了种种措施限制先到的垦殖者并吞没有被耕作的土地，尽管不可能完全禁止。垦殖法令规定，业主必须在某一个限定的时间内对他所领有的土地至少按某一个规定的比例进行改良或耕种，否则殖民当局就有权收回土地授予他人。这就防止了先到的殖民者占有大片土地的行为，使得他们只能占有凭自己的能力能够耕种的土地，使得后来的移民能够获得无主的土地，成为自耕农。以后的各个英裔殖民地实施的各种类型的"宅地法"当中都有类似的内容，使得英裔殖民地的土地所有权结构相对平等，没有出现拉美国家那样的土地问题。Avner Offer, *The First World War: An Agrarian Interpretation*, pp: 138~139.

④ Jr. Leslie N. Gay, "Problems of Landownership in Latin America", *Journal of Farm Economics*, Vol. 32, No. 2, p. 262.

和土地成本低廉的情况下，大土地所有者显然没有进行农业产业升级的紧迫感，直到现在拉美国家的农业单位面积土地产出仍然很低。①

而对于北欧的以自耕农为主体的农产品出口国而言，他们只能是通过技术进步进行农业产业升级，出卖具有更高附加值的动禽产品和食品"制成品"。自耕农的相对富裕，也使得他们能够受到很好的教育，高水平的农民素质帮助了北欧国家实现了农业的产业升级，从谷物出口国转化为动禽产品和加工制成食品的出口国，实现农产品出口的多元化。

北欧国家由于左派政党势力的强大，工资在国民收入中的比例很高，这也就造成了社会的相对平等，普通劳工分享了很大部分的资源性产品（森林和铁矿石等）出口收入，这当然也就有助于形成国内的工业品市场，为进口替代的工业化创造了条件。较高的工资水平使得工矿业经营者难以通过低工资的手段来获得高额利润，只能是求助于技术革新和产业升级。借助于高水平的国民教育，北欧国家较快地从矿产品出口国，转化为半加工品的出口国，紧接着又转化成资本密集和技术密集的工业制成品出口国，实现了工业品出口的多元化。尽管资源性产品仍占一定比例，但已经不占很重要的地位。而那些工资在国民收入中比例较低的国家，一方面是矿产品的出口并没有为大多数的人带来财富，无法为本地工业的发展提供国内市场，另一方面是厂矿经营者缺少产业升级的动力，沉迷于低工资所带来的高额利润。在这里，廉价劳动力成为了这些国家农业和工业进步的障碍。这也就是拉美国家和以前的葡萄牙和西班牙这些国家的悲剧。②

我们还可以考察一下新西兰和澳大利亚的发展情况，两国也是大宗产品（农产品和矿产品）的出口国，在20世纪20年代都是属于世界上最富裕的国家。两国一开始也具有拉美国家类似的社会结构，因此也有陷入拉美化陷阱的危险。幸运的是，两国左派自由政党对此进行了抵制，部分地改革了此种社会结构，使得两国尽管不如北欧国家发展健康，但也没有陷入拉美化的陷阱。新西兰是一个和乌拉圭、丹麦一样的比较纯粹的农产品出口国，在19世纪末的时候，2%的大农场占有54%的农业用地，58%的小农场局限于4%的土地上，40%的中型农场占有42%的土地，类似于拉

---

① 以乌拉圭为例，从20世纪初到70年代，牛的饲养仅仅从800万头增加到850万头，而绵羊的饲养则从2 600万只减少到1 900万只。阿根廷的情况也差不多，长期处于粗放型的农业经营。Dieter Senghaas, *The European Experience*, p. 125.

② Dieter Senghaas, "Growth and Equity: the Scandinavian Development Path", in *The European Experience*, pp: 71~94.

美化的农业结构。幸运的是，从19世纪90年代早期开始，新西兰的进步自由党就在议会选举中击败了由大地主控制的保守党，实施了限制大农场和创立小农场的政策，尽管没有从根本上改变不平等的农业结构，但毕竟得到了缓和，使得新西兰农业的粗放经营（绵羊饲养）发展受到遏制，农业向集约型方向发展，农产品出口向"制成品"方向发展，提高了土地的利用率，促进了农业的产业升级。由于左派政党的执政，澳大利亚的大地主势力受到了压制，他们无法免费使用土地，也难以剥削廉价劳动力，也就使得澳大利亚沿着北欧国家的发展道路行进。①

大量一无所有的无产阶级的存在，并不是近代工业发展的必要条件。像美国这样的大力创造自耕农阶级的国家，也并没有成为近代工业发展的障碍，劳动力的稀缺和工资成本的高昂，使得美国的工业发展走上了一条着重于提高劳动生产率的道路。一个富裕的自耕农阶级使得美国存在一个广泛的国内市场，可以采用进口替代的工业化模式，首先是着重于满足国内市场，然后随着技术的升级，逐步成为制成品出口国。高工资国家的工业化历程，不必经历一个以低工资为基础的劳动密集型工业化阶段，可以利用本国丰富的资本（大量初级产品的出口外汇和居民储蓄）和高素质的劳动力，较快地进入资本密集和技术密集的工业化阶段。

当代东亚新兴工业化国家和地区的成功，向来被人们看作是廉价劳动力战略的成功典范，可是人们忘记了这些国家"二战"后进行了耕者有其田的土地改革，也是一种先分配后增长的模式，是平等与发展的良性循环。② 廉价劳动力基础上的劳动力密集型产品出口导向战略，确实是东亚新兴工业化经济体成功的基础，但是人们不应忘记，这种廉价劳动力的背后是相对平等的分配，工资在国民收入中的比例较高。通过土地改革而富裕起来的农民，为工业部门输出了具有较高文化水平的劳动力（不平等的贫困农村就只能是输出低文化素质的劳动力）。因而外向出口经济的成果为大多数人所享受，随着国家的日益富裕，社会工资水平迅速上升，迫使工业部门迅速进行产业升级。如果这些国家实施低工资战略，劳工利益得不到表达，工资在国民收入中比例很低，其结果很可能就是掉入拉美国家那种"初级产品陷阱"。

通过对近代英法历史更加深入的了解，通过一个更加广泛的世界历史

---

① Dieter Senghaas, *The European Experience*, pp: 122~127, 146~151. 关于澳大利亚和阿根廷不同发展道路的原因分析可以参见 Barrie Dyster, "Argentine and Australian Development Compared", *Past and Present*, No 84, pp: 91~110.

② Alain de Janvry, *The Agrarian Question and Reformism in Latin America*, p. 257~258.

的视野，人们就会清楚地看到，原始资本积累模式的农业现代化模式，其实是农业和工业现代化的障碍。只是英国是世界上第一个工业化国家，拥有广阔的海外市场，英国的穷人相对于其他国家来说生活也还是相当不错，土地所有权不平等而带来的严重社会贫富分化，才没有引发严重的社会经济问题。

# 附　录

## 附录 1　中古晚期到 19 世纪 70 年代英国人口、物价与农业雇工工资变化部分统计资料汇编

**附表 1-1　1450~1650 年英格兰和西欧的小麦价格指数**

| 时间 | 英格兰 | 西欧 | 时间 | 英格兰 | 西欧 |
| --- | --- | --- | --- | --- | --- |
| 1450~1459 | 98 | 89 | 1550~1559 | 285 | 225 |
| 1460~1469 | 99 | 65 | 1560~1569 | 293 | 301 |
| 1470~1479 | 100 | 93 | 1570~1579 | 336 | 407 |
| 1480~1489 | 112 | 155 | 1580~1589 | 385 | 536 |
| 1490~1499 | 91 | 97 | 1590~1599 | 499 | 644 |
| 1500~1509 | 109 | 107 | 1600~1609 | 479 | 483 |
| 1510~1519 | 114 | 143 | 1610~1619 | 560 | 566 |
| 1520~1529 | 144 | 162 | 1620~1629 | 564 | 726 |
| 1530~1539 | 140 | 161 | 1630~1639 | 667 | 778 |
| 1540~1549 | 171 | 171 | 1640~1649 | 717 | 786 |

资料来源：Joan Thirsk, ed., *The Agrarian History of England and Wales*, Vol. 4, 1500~1640 II, p. 863.

**附表 1-2　1450~1640 年英格兰南部雇工工资指数与工资购买力指数**

| 时间 | 农业劳工 | | | 建筑工人 |
| --- | --- | --- | --- | --- |
| | 货币工资率 | 生活费用 | 工资的购买力 | 工资购买率 |
| 1450~1459 | 101 | 96 | 105 | 104 |
| 1460~1466 | 101 | 101 | 100 | 100 |
| 1470~1479 | 101 | 97 | 104 | 103 |
| 1480~1489 | 95 | 111 | 86 | 93 |
| 1490~1499 | 101 | 97 | 104 | 103 |

续表

| 时间 | 农业劳工 | | | 建筑工人 |
|---|---|---|---|---|
| | 货币工资率 | 生活费用 | 工资的购买力 | 工资购买率 |
| 1500~1509 | 101 | 104 | 97 | 96 |
| 1510~1519 | 101 | 114 | 89 | 88 |
| 1520~1529 | 106 | 133 | 80 | 76 |
| 1530~1539 | 110 | 138 | 80 | 68 |
| 1540~1549 | 118 | 167 | 71 | 70 |
| 1550~1559 | 160 | 271 | 59 | 51 |
| 1560~1569 | 177 | 269 | 66 | 62 |
| 1570~1579 | 207 | 298 | 69 | 64 |
| 1580~1589 | 203 | 354 | 57 | 57 |
| 1590~1599 | 219 | 443 | 49 | 47 |
| 1600~1609 | 219 | 439 | 50 | 46 |
| 1610~1619 | 228 | 514 | 44 | 39 |
| 1620~1629 | 253 | 511 | 50 | 39 |
| 1630~1639 | 287 | 609 | 47 | — |
| 1640~1649 | 304 | 609 | 50 | 49 |

资料来源: Joan Thirsk, ed., *The Agrarian History of England and Wales*, Vol. 4, 1500~1640 II, p. 865.

### 附表1-3 1541~1871年英格兰人口变迁节选

| 时间（年代） | 人口数字（万） | 时间（年代） | 人口数字（万） |
|---|---|---|---|
| 1541 | 277 | 1671 | 498 |
| 1551 | 310 | 1681 | 493 |
| 1561 | 298 | 1691 | 493 |
| 1571 | 327 | 1701 | 506 |
| 1581 | 360 | 1711 | 523 |
| 1591 | 390 | 1721 | 535 |
| 1601 | 411 | 1731 | 526 |
| 1611 | 442 | 1741 | 558 |
| 1621 | 469 | 1751 | 577 |
| 1631 | 489 | 1761 | 615 |
| 1641 | 509 | 1771 | 645 |
| 1651 | 523 | 1781 | 704 |
| 1661 | 514 | 1791 | 774 |

续表

| 时间（年代） | 人口数字（万） | 时间（年代） | 人口数字（万） |
|---|---|---|---|
| 1801 | 866 | 1841 | 1 497 |
| 1811 | 989 | 1851 | 1 674 |
| 1821 | 1 149 | 1861 | 1 894 |
| 1831 | 1 328 | 1871 | 2 150 |

资料来源：E. A. Wrigley and R. S. Schofield, *The Population History of England*, 1541~1871, pp：528~535. 另外，笔者对最后一位进行了四舍五入。

**附表1-4　1520~1801年英格兰农业人口（以农业为生的人口）变化**

| 年代 | 全国总人口（万） | 农业人口（万） | 农业人口占总人口百分比（%） |
|---|---|---|---|
| 1520 | 240 | 182 | 75.8 |
| 1600 | 411 | 287 | 69.8 |
| 1670 | 498 | 301 | 60.4 |
| 1700 | 506 | 278 | 54.5 |
| 1750 | 577 | 264 | 45.8 |
| 1801 | 866 | 314 | 36.2 |

资料来源：David Grigg, *English Agriculture：A Historical Perspective*, p. 139.

**附表1-5　1520~1851年英格兰的非农人口比例变动（在全国人口中的百分比）（%）**

| | 5000人以上的城镇人口 | 农村的非农业人口 | 总计 | 伦敦市的人口 |
|---|---|---|---|---|
| 1520 | 5.25 | 18.50 | 23.7 | 2.25 |
| 1600 | 8.25 | 22.00 | 30.2 | 5.00 |
| 1670 | 13.50 | 26.00 | 39.5 | 9.50 |
| 1700 | 17.00 | 28.00 | 45.0 | 11.50 |
| 1750 | 21.00 | 33.00 | 54.0 | 11.50 |
| 1801 | 27.50 | 36.25 | 63.7 | 11.00 |
| 1851 | 48.00 | 30.60 | 78.6 | 14.00 |

资料来源：Mark Overton, *Agricultural Revolution in England*, p. 138.

**附表1-6　1550~1750年英国牲畜和谷物的价格比变化**

| | 活牛/小麦 | 牛肉/小麦 | 活羊/小麦 | 羊肉/小麦 | 羊毛/小麦 | 活牛/大麦 | 牛肉/大麦 | 活羊/大麦 | 羊肉/大麦 | 羊毛/大麦 |
|---|---|---|---|---|---|---|---|---|---|---|
| 1550s | 83 | - | 76 | - | 115 | - | - | 69 | - | 103 |
| 1560s | 85 | 91 | 81 | - | 104 | 81 | - | 73 | - | 92 |
| 1570s | 83 | 68 | 77 | - | 87 | 78 | - | 90 | - | 99 |
| 1580s | 89 | 76 | 78 | - | 86 | 85 | - | 88 | - | 95 |

续表

| | 活牛/小麦 | 牛肉/小麦 | 活羊/小麦 | 羊肉/小麦 | 羊毛/小麦 | 活牛/大麦 | 牛肉/大麦 | 活羊/大麦 | 羊肉/大麦 | 羊毛/大麦 |
|---|---|---|---|---|---|---|---|---|---|---|
| 1590s | 68 | 60 | 70 | - | 76 | 67 | - | 78 | - | 83 |
| 1600s | 89 | 86 | 84 | 101 | 110 | 80 | 94 | 79 | 94 | 102 |
| 1610s | 90 | 78 | 77 | 88 | 90 | 71 | 79 | 69 | 79 | 80 |
| 1620s | 97 | 79 | 77 | 91 | 91 | 76 | 88 | 75 | 88 | 88 |
| 1630s | 75 | 63 | 63 | 70 | 77 | 64 | 71 | 64 | 71 | 78 |
| 1640s | 83 | 74 | 77 | 78 | 76 | 73 | 77 | 76 | 77 | 74 |
| 1650s | - | - | - | - | - | 85 | 100 | 76 | 100 | 106 |
| 1670s | 96 | 99 | 84 | 118 | 127 | 101 | | 87 | 121 | 130 |
| 1680s | 99 | 95 | 88 | 106 | 111 | 100 | 121 | 93 | 111 | 116 |
| 1690s | 106 | 109 | 108 | 124 | 108 | 106 | 111 | 106 | 120 | 104 |
| 1700s | 106 | 89 | 99 | 100 | 111 | 99 | 94 | 112 | 11 | 123 |
| 1710s | 115 | 111 | 124 | 106 | 120 | 98 | 107 | 111 | 94 | 106 |
| 1720s | 104 | 113 | 103 | 88 | 87 | 138 | 92 | 126 | 107 | 105 |
| 1730s | 122 | 136 | 126 | 98 | 89 | 127 | 121 | 119 | 92 | 83 |
| 1740s | 157 | 194 | 179 | 121 | 122 | 195 | 111 | 180 | 121 | 121 |
| 1750s | 155 | 179 | 229 | 112 | 112 | 177 | | 229 | 111 | 110 |

说明：1550~1750 = 100

资料来源：Mark Overton, *Agricultural Revolution in England*, p. 200.

### 附表 1-7　1500~1849 年英格兰小麦、大麦、燕麦、牛肉、羊肉和羊毛价格，以及农业工资指数变化

| | 小麦 | 大麦 | 燕麦 | 羊肉 | 牛肉 | 羊毛 | 工资 | 实际工资 |
|---|---|---|---|---|---|---|---|---|
| 1500s | 22 | 17 | 15 | - | - | 24 | 32 | 146 |
| 1510s | 23 | 18 | 17 | - | - | 31 | 32 | 141 |
| 1520s | 29 | 22 | 21 | - | - | 28 | 33 | 116 |
| 1530s | 28 | 25 | 22 | - | - | 31 | 35 | 124 |
| 1540s | 34 | 34 | 27 | - | - | 39 | 37 | 109 |
| 1550s | 57 | 64 | 50 | - | - | 53 | 51 | 89 |
| 1560s | 58 | 53 | 46 | - | 34 | 53 | 56 | 96 |
| 1570s | 67 | 59 | 48 | - | 34 | 60 | 66 | 97 |
| 1580s | 77 | 76 | 65 | - | 37 | 58 | 64 | 83 |

续表

| | 小麦 | 大麦 | 燕麦 | 羊肉 | 牛肉 | 羊毛 | 工资 | 实际工资 |
|---|---|---|---|---|---|---|---|---|
| 1590s | 100 | 94 | 90 | - | 47 | 81 | 70 | 69 |
| 1600s | 95 | 92 | 85 | 82 | 51 | 89 | 70 | 72 |
| 1610s | 112 | 105 | 102 | 89 | 58 | 91 | 72 | 64 |
| 1620s | 113 | 102 | 89 | 91 | 57 | 91 | 80 | 71 |
| 1630s | 133 | 138 | 112 | 95 | 62 | 105 | 91 | 68 |
| 1640s | 143 | 125 | 119 | 103 | 72 | 100 | 96 | 67 |
| 1650s | 117 | 99 | 112 | 121 | 75 | 129 | 96 | 82 |
| 1660s | 114 | 98 | 103 | 125 | 76 | 134 | 96 | 84 |
| 1670s | 112 | 94 | 99 | 116 | 76 | 122 | 96 | 86 |
| 1680s | 96 | 91 | 100 | 119 | 76 | 103 | 98 | 101 |
| 1690s | 131 | 104 | 108 | 114 | 74 | 127 | 99 | 75 |
| 1700s | 100 | 95 | 94 | 100 | 76 | 113 | 97 | 97 |
| 1710s | 107 | 104 | 104 | 109 | 102 | 107 | 99 | 92 |
| 1720s | 108 | 111 | 108 | 104 | 105 | 94 | 97 | 89 |
| 1730s | 93 | 97 | 98 | 90 | 106 | 91 | 102 | 108 |
| 1740s | 91 | 94 | 97 | 96 | 112 | 95 | 105 | 114 |
| 1750s | 109 | 121 | 106 | 100 | 106 | 96 | - | - |
| 1760s | 120 | 139 | 118 | 112 | 123 | 100 | - | - |
| 1770s | 147 | 138 | 133 | 134 | 153 | 100 | 110 | 74 |
| 1780s | 146 | 132 | 137 | 140 | 152 | 113 | 129 | 88 |
| 1790s | 182 | 173 | 181 | 183 | 205 | 166 | 143 | 78 |
| 1800s | 267 | 240 | 263 | 259 | 303 | 237 | 209 | 78 |
| 1810s | 288 | 260 | 279 | 266 | 295 | 267 | 209 | 72 |
| 1820s | 189 | 182 | 213 | 214 | 265 | 168 | 183 | 96 |
| 1830s | 179 | 181 | 204 | 215 | 261 | 210 | 172 | 95 |
| 1840s | 176 | 182 | 179 | 218 | 268 | 172 | 162 | 91 |

说明：以1700～1749年间每十年的指数平均数为100。

资料来源：Mark Overton, *Agricultural Revolution in England*, p. 64.

## 附录2 英国国会圈地运动时期英国农业产出结构、圈地效率等估算资料汇编

附表2-1 阿瑟·杨对英国全国农业总产出的估算

| | 项目 | | 每样统计（英镑） |
|---|---|---|---|
| 农业收入 | 小麦 | | 16 770 048 |
| | 大麦 | | 10 495 540 |
| | 燕麦 | | 5 635 645 |
| | 豌豆/蚕豆 | | 4 049 888 |
| | 乳产品 | | 4 078 426 |
| | 绵羊－羊肉 | | 8 000 000 |
| | 绵羊－羊毛 | | 4 943 551 |
| | 肥牛和小牛 | | 3 479 501 |
| | 猪 | | 1 283 400 |
| | 农业收入总计 | | 58 745 999 |
| 成本支出 | 劳动力支出 | | 15 989 191 |
| | 种子支出 | 小麦 | 1 746 880 |
| | | 大麦 | 1 147 949 |
| | | 燕麦 | 630 301 |
| | | 豌豆/蚕豆 | 519 072 |
| | | 三叶草 | 800 356 |
| | | 芜菁 | 85 561 |
| | 喂马的燕麦支出 | | 6 297 317 |
| | 资本支出 | 工具 | 4 704 000 |
| | | 马匹 | 1 026 737 |
| | | 奶牛 | 778 609 |
| | | 肥牛和小牛 | 490 553 |
| | | 绵羊 | 832 086 |
| | | 猪 | 51 336 |
| | 成本支出总计 | | 35 099 948 |
| 土地产出剩余 | | | 23 646 051 |

说明：工具、马和奶牛的成本计算方法是，按照这些物品的价值乘以5%的利息率，再加上这些物品每年10%的折旧率，其他资本品支出计算时按这些物品的价值乘以利息率。

资料来源：Robert C. Allen, *Enclosure and the Yeoman*, p. 331.

附表 2-2　重土质农耕地带敞田村庄每 100 英亩土地的产出

| 产品分类 | | 价值（英镑） | | | 净产出 |
|---|---|---|---|---|---|
| | | 毛产出 | 用于作种的支出 | 用于养马的支出 | |
| 农作物产品 | 小麦 | 176.17 | 24.35 | | 346.63（蒲式耳） |
| | 大麦 | 42.17 | 7.20 | | 197.63（蒲式耳） |
| | 燕麦 | 22.14 | 5.25 | 40.80 | −159.34（蒲式耳） |
| | 蚕豆 | 80.73 | 22.35 | | 231.34（蒲式耳） |
| | 小计 | 321.14 | 59.15 | 40.80 | |
| 畜牧产品 | 奶油 | 17.62 | | | 302.04（磅） |
| | 猪肉 | 12.48 | | | 374.35（磅） |
| | 小牛肉 | 4.25 | | | 113.38（磅） |
| | 牛排 | 15.42 | | | 528.57（磅） |
| | 羊肉 | 38.61 | | | 1 158.16（磅） |
| | 羊毛 | 12.57 | | | 2 476.50（磅） |
| | 小牛 | −2.14 | | | |
| | 马驹 | 3.31 | | | |
| | 肉条 | 0.00 | | | |
| 总计 | | 423.26 | | | |

资料来源：Robert C. Allen, *Enclosure and the Yeoman*, p. 143.

附表 2-3　重土质农耕地带围圈地村庄每 100 英亩土地的产出

| 产品分类 | | 价值（英镑） | | | 净产出 |
|---|---|---|---|---|---|
| | | 毛产出 | 用于作种的支出 | 用于养马的支出 | |
| 农作物产品 | 小麦 | 180.14 | 23.08 | | 358.58（蒲式耳） |
| | 大麦 | 83.14 | 10.84 | | 339.47（蒲式耳） |
| | 燕麦 | 8.25 | 1.28 | 26.52 | −130.33（蒲式耳） |
| | 蚕豆 | 90.80 | 18.36 | | 287.43（蒲式耳） |
| | 小计 | 362.33 | 53.56 | 26.52 | |
| 畜牧产品 | 奶油 | 21.72 | | | 372.28（磅） |
| | 猪肉 | 10.11 | | | 303.36（磅） |
| | 小牛肉 | 1.61 | | | 42.84（磅） |
| | 牛排 | 19.35 | | | 663.36（磅） |
| | 羊肉 | 35.69 | | | 1070.75（磅） |
| | 羊毛 | 13.95 | | | 2748.77（磅） |
| | 小牛 | 0.77 | | | |
| | 马驹 | 3.54 | | | |
| | 肉条 | 5.37 | | | |
| 总计 | | 474.44 | | | |

资料来源：Robert C. Allen, *Enclosure and the Yeoman*, p. 143.

附表2-4 轻土质农耕地带敞田（关在羊栏里养羊的）村庄每100英亩土地的产出

| 产品分类 | | 价值（英镑） | | | 净产出 |
|---|---|---|---|---|---|
| | | 毛产出 | 用于作种的支出 | 用于养马的支出 | |
| 农作物产品 | 小麦 | 171.71 | 24.90 | | 335.18（蒲式耳） |
| | 大麦 | 75.04 | 10.26 | | 304.13（蒲式耳） |
| | 燕麦 | 9.28 | 2.54 | 45.27 | -256.87（蒲式耳） |
| | 蚕豆 | 74.01 | 20.5 | | 212.34（蒲式耳） |
| | 小计 | 330.04 | 58.20 | 45.27 | |
| 畜牧产品 | 奶油 | 21.77 | | | 373.20（磅） |
| | 猪肉 | 16.00 | | | 480.00（磅） |
| | 小牛肉 | 3.39 | | | 90.48（磅） |
| | 牛排 | 23.49 | | | 805.37（磅） |
| | 羊肉 | 29.27 | | | 878.10（磅） |
| | 羊毛 | 10.02 | | | 1 974.11（磅） |
| | 小牛 | -1.71 | | | |
| | 马驹 | 6.41 | | | |
| | 肉条 | 0.00 | | | |
| 总计 | | 438.68 | | | |

资料来源：Robert C. Allen, *Enclosure and the Yeoman*, p. 144.

附表2-5 轻土质农耕地带国会法令围圈地（不关在羊栏里养羊的）村庄每100英亩土地的产出

| 产品分类 | | 价值（英镑） | | | 净产出 |
|---|---|---|---|---|---|
| | | 毛产出 | 用于作种的支出 | 用于养马的支出 | |
| 农作物产品 | 小麦 | 116.83 | 15.44 | | 231.48（蒲式耳） |
| | 大麦 | 90.02 | 11.95 | | 366.53（蒲式耳） |
| | 燕麦 | 34.90 | 5.22 | 32.94 | -21.73（蒲式耳） |
| | 蚕豆 | 50.43 | 9.23 | | 163.49（蒲式耳） |
| | 小计 | 292.18 | 41.84 | 32.94 | |
| 畜牧产品 | 奶油 | 15.22 | | | 260.91（磅） |
| | 猪肉 | 10.99 | | | 329.70（磅） |
| | 小牛肉 | 2.49 | | | 64.00（磅） |
| | 牛排 | 20.90 | | | 716.57（磅） |
| | 羊肉 | 51.87 | | | 1556.10（磅） |
| | 羊毛 | 14.78 | | | 2911.91（磅） |
| | 小牛 | -0.09 | | | |
| | 马驹 | 4.35 | | | |
| | 肉条 | 5.37 | | | |
| 总计 | | 418.06 | | | |

资料来源：Robert C. Allen, *Enclosure and the Yeoman*, p. 144.

**附表 2-6　牲畜饲养地带敞田村庄 1806 年每 100 英亩土地的产出（假设的）**

| 产品分类 | | 价值（英镑） | | | 净产出 |
|---|---|---|---|---|---|
| | | 毛产出 | 用于作种的支出 | 用于养马的支出 | |
| 农作物产品 | 小麦 | 125.70 | 19.80 | | 246.35（蒲式耳） |
| | 大麦 | 38.90 | 6.33 | | 152.91（蒲式耳） |
| | 燕麦 | 17.46 | 3.16 | 43.20 | -192.67（蒲式耳） |
| | 蚕豆 | 69.98 | 15.75 | | 215.20（蒲式耳） |
| | 小计 | 252.04 | 45.04 | 43.20 | |
| 畜牧产品 | 奶油 | 19.20 | | | 329.14（磅） |
| | 猪肉 | 15.00 | | | 45.00（磅） |
| | 小牛肉 | 2.94 | | | 78.40（磅） |
| | 牛排 | 40.80 | | | 1 398.86（磅） |
| | 羊肉 | 34.38 | | | 1 031.40（磅） |
| | 羊毛 | 17.63 | | | 3 472.25（磅） |
| | 小牛 | -0.96 | | | |
| | 马驹 | 5.00 | | | |
| | 肉条 | 0.00 | | | |
| 总计 | | 386.03 | | | |

资料来源：Robert C. Allen, *Enclosure and the Yeoman*, p. 146.

**附表 2-7　路特兰郡牲畜饲养地带非国会法令围圈地村庄 1806 年每 100 英亩土地的产出**

| 产品分类 | | 价值（英镑） | | | 净产出 |
|---|---|---|---|---|---|
| | | 毛产出 | 用于作种的支出 | 用于养马的支出 | |
| 农作物产品 | 小麦 | 17.10 | 2.06 | | 34.33（蒲式耳） |
| | 大麦 | 15.87 | 1.50 | | 67.46（蒲式耳） |
| | 燕麦 | 11.99 | 1.07 | 14.48 | -23.72（蒲式耳） |
| | 蚕豆 | 4.04 | 0.69 | | 13.27（蒲式耳） |
| | 小计 | 49.00 | 5.32 | 14.48 | |
| 畜牧产品 | 奶油 | 25.62 | | | 439.25（磅） |
| | 猪肉 | 3.87 | | | 116.20（磅） |
| | 小牛肉 | 8.61 | | | 229.73（磅） |
| | 牛排 | 251.37 | | | 8 618.34（磅） |
| | 羊肉 | 89.17 | | | 2 675.03（磅） |
| | 羊毛 | 32.52 | | | 6 404.27（磅） |
| | 小牛 | -1.50 | | | |
| | 马驹 | 3.64 | | | |
| | 肉条 | 5.37 | | | |
| 总计 | | 467.67 | | | |

资料来源：Robert C. Allen, *Enclosure and the Yeoman*, p. 146.

**附表2-8 路特兰郡牲畜饲养地带国会法令围圈地1806年每100英亩土地的产出**

| 产品分类 | | 价值（英镑） | | | 净产出 |
|---|---|---|---|---|---|
| | | 毛产出 | 用于作种的支出 | 用于养马的支出 | |
| 农作物产品 | 小麦 | 44.81 | 6.71 | | 86.99（蒲式耳） |
| | 大麦 | 23.28 | 2.78 | | 96.24（蒲式耳） |
| | 燕麦 | 5.99 | 1.16 | 26.82 | -146.57（蒲式耳） |
| | 蚕豆 | 13.36 | 3.07 | | 40.82（蒲式耳） |
| | 小计 | 87.44 | 13.72 | 26.82 | |
| 畜牧产品 | 奶油 | 33.30 | | | 570.90（磅） |
| | 猪肉 | 7.31 | | | 219.19（磅） |
| | 小牛肉 | 1.99 | | | 52.95（磅） |
| | 牛排 | 66.32 | | | 2 273.76（磅） |
| | 羊肉 | 87.63 | | | 2 628.92（磅） |
| | 羊毛 | 25.92 | | | 5 104.11（磅） |
| | 小牛 | 5.38 | | | |
| | 马驹 | 3.27 | | | |
| | 肉条 | 5.37 | | | |
| 总计 | | 323.93 | | | |

资料来源：Robert C. Allen, *Enclosure and the Yeoman*, p. 147.

**附表2-9 亨廷顿郡牲畜饲养地带非国会法令围圈地1806年每100英亩土地的产出**

| 产品分类 | | 价值（英镑） | | | 净产出 |
|---|---|---|---|---|---|
| | | 毛产出 | 用于作种的支出 | 用于养马的支出 | |
| 农作物产品 | 小麦 | 61.79 | 8.66 | | 121.31（蒲式耳） |
| | 大麦 | 39.56 | 5.30 | | 160.83（蒲式耳） |
| | 燕麦 | 8.33 | 1.02 | 21.99 | -97.87（蒲式耳） |
| | 蚕豆 | 33.61 | 5.99 | | 109.60（蒲式耳） |
| | 小计 | 143.29 | 20.97 | 21.99 | |
| 畜牧产品 | 奶油 | 23.60 | | | 404.65（磅） |
| | 猪肉 | 8.08 | | | 242.36（磅） |
| | 小牛肉 | 1.41 | | | 37.47（磅） |
| | 牛排 | 27.21 | | | 932.93（磅） |
| | 羊肉 | 59.54 | | | 1 786.05（磅） |
| | 羊毛 | 16.92 | | | 3 332.32（磅） |
| | 小牛 | 4.59 | | | |
| | 马驹 | 2.84 | | | |
| | 肉条 | 5.37 | | | |
| 总计 | | 292.85 | | | |

资料来源：Robert C. Allen, *Enclosure and the Yeoman*, p. 147.

附表 2-10　亨廷顿郡牲畜饲养地带国会法令围圈地 1806 年每 100 英亩土地的产出

| 产品分类 | | 价值（英镑） | | | 净产出 |
|---|---|---|---|---|---|
| | | 毛产出 | 用于作种的支出 | 用于养马的支出 | |
| 农作物产品 | 小麦 | 68.43 | 9.84 | | 133.76（蒲式耳） |
| | 大麦 | 46.62 | 7.65 | | 182.93（蒲式耳） |
| | 燕麦 | 3.00 | 0.41 | 21.80 | -128.07（蒲式耳） |
| | 蚕豆 | 25.59 | 5.68 | | 79.03（蒲式耳） |
| | 小计 | 143.64 | 23.58 | 21.80 | |
| 畜牧产品 | 奶油 | 15.83 | | | 271.38（磅） |
| | 猪肉 | 5.89 | | | 176.78（磅） |
| | 小牛肉 | 1.03 | | | 27.59（磅） |
| | 牛排 | 89.56 | | | 3 070.55（磅） |
| | 羊肉 | 70.58 | | | 2 117.27（磅） |
| | 羊毛 | 23.57 | | | 4642.42（磅） |
| | 小牛 | 2.06 | | | |
| | 马驹 | 1.28 | | | |
| | 肉条 | 5.37 | | | |
| 总计 | | 358.81 | | | |

资料来源：Robert C. Allen, *Enclosure and the Yeoman*, p. 148.

附表 2-11　1786 年前后林肯郡的康威克圈地运动前后的农业经营模式及产出变化

| | 敞田经营（英亩） | 圈地经营（英亩） | 变化百分比 | 敞田每英亩产量（蒲式耳） | 圈地每英亩产量（蒲式耳） | 变化百分比 | 敞田总产出（蒲式耳） | 圈地总产出（蒲式耳） | 变化百分比 |
|---|---|---|---|---|---|---|---|---|---|
| 小麦 | 228 | 150 | -34% | 20 | 22 | +10% | 4 560 | 3 296 | -28% |
| 大麦 | 436 | 380 | -18% | 20 | 28 | +40% | 8 720 | 10 640 | +18% |
| 燕麦 | 48 | 40 | -20% | 27 | 48 | +78% | 1 280 | 1 920 | +50% |
| 豌豆 | 80 | 60 | -33% | 18 | 28 | +56% | 1 440 | 1 680 | +17% |
| 野豌豆 | 100 | 0 | | | | | | | |
| 芜菁 | 218 | 250 | 15 | | | | | | |
| 车轴草 | 0 | 593 | | | | | | | |
| 休耕 | 300 | 0 | | | | | | | |
| 总面积 | 1 410 | 1 473 | 5 | | | | | | |
| 牲畜饲料 | | | | | | | 447 英担 | 981 英担 | +120% |

续表

|  | 敞田经营（英亩） | 圈地经营（英亩） | 变化百分比 | 敞田每英亩产量（蒲式耳） | 圈地每英亩产量（蒲式耳） | 变化百分比 | 敞田总产出（蒲式耳） | 圈地总产出（蒲式耳） | 变化百分比 |
|---|---|---|---|---|---|---|---|---|---|
|  | 数量 | 数量 |  |  |  |  | 英镑 | 英镑 |  |
| 阉牛 | 60 | 64 | +7% |  |  |  | 480 | 378 | -21% |
| 奶牛 | 69 | 34 | -51% |  |  |  | 414 | 204 | -51% |
| 绵羊（羊肉） | 0 | 580 |  |  |  |  | 0 | 980 |  |
| 绵羊（羊毛） | 1200 | 1600 | +33% |  |  |  | 200 | 400 | +100% |
| 马匹（畜力） | 73 | 53 | -27% |  |  |  |  |  |  |
| 牲畜总产出 |  |  |  |  |  |  | 1 094 | 1 962 | +79% |
| 谷物总销售 |  |  |  |  |  |  | 2 787 | 2 692 | -4% |
| 农业总产出 |  |  |  |  |  |  | 3 881 | 4 654 | +20% |

资料来源：Mark Overton, *Agricultural Revolution in England*, p. 166.

# 附录3  19世纪中叶以来英国、西欧、部分美洲国家农业结构变迁统计资料汇编（农场构成、农业劳动力构成、合作社市场份额）

### 附表3-1  1851~1983年间，英格兰与威尔士的农场结构分布

|  | 各种类型的农场面积（草地加耕地） | | | |
|---|---|---|---|---|
|  | 5英亩以上农场草地加耕地的总面积（万英亩） | 小农场（5~100英亩）所占百分比（%） | 中型农场（100~300英亩）所占百分比（%） | 大农场（300英亩以上）所占百分比（%） |
| 1851 | 2466.0 | 21.6 | 44.7 | 33.7 |
| 1885 | 2737.9 | 28.9 | 42.1 | 29.0 |
| 1895 | 2738.2 | 29.5 | 42.6 | 27.8 |
| 1915 | 2677.3 | 31.1 | 44.1 | 24.7 |
| 1924 | 2563.6 | 32.6 | 44.3 | 23.1 |
| 1944 | 2413.6 | 31.0 | 44.8 | 24.2 |

续表

| | 各种类型的农场面积（草地加耕地） | | | |
|---|---|---|---|---|
| | 5英亩以上农场草地加耕地的总面积（万英亩） | 小农场（5~100英亩）所占百分比（%） | 中型农场（100~300英亩）所占百分比（%） | 大农场（300英亩以上）所占百分比（%） |
| 1951 | 2425.1 | 30.8 | 44.0 | 25.2 |
| 1960 | 2425.4 | 28.7 | 42.9 | 28.4 |
| 1966 | 2415.4 | 25.6 | 40.5 | 33.4 |
| 1975 | 2353.7 | 19.8 | 37.5 | 42.7 |
| 1983（包括各种具有统计重要性的农场） | 2695.4 | 14.4 | 31.8 | 54.3（估计） |
| | 各种类型农场的数目 | | | |
| | 5英亩以上各种农场总数 | 小农场（5~100英亩）所占百分比（%） | 中型农场（100~300英亩）所占百分比（%） | 大农场（300英亩以上）所占百分比（%） |
| 1851 | 215 615 | 62.5 | 29.7 | 7.8 |
| 1870 | 336 497 | 76.6 | 23.4 | |
| 1885 | 338 715 | 75.3 | 19.8 | 4.9 |
| 1895 | 342 649 | 75.3 | 19.9 | 4.8 |
| 1915 | 324 710 | 75.5 | 20.3 | 4.2 |
| 1925 | 330 425 | 75.7 | 20.4 | 3.8 |
| 1944 | 295 247 | 73.7 | 22.2 | 4.1 |
| 1951 | 296 332 | 73.9 | 21.8 | 4.3 |
| 1960 | 273 135 | 72.0 | 22.9 | 5.0 |
| 1966 | 248 636 | 70.1 | 23.5 | 6.4 |
| 1975 | 186 116 | 62.5 | 28.0 | 9.5 |
| 1983（包括各种具有统计重要性的农场） | 185 993 | 59.6 | 26.7 | 13.7（估计） |

资料来源：David Grigg, *English Agriculture: A Historical Perspective*, p. 116. 必须注意的是，1851年的调查中有许多微型农场没有统计进去，这些农场占地不多，但是数量大。从中可以看到，在19世纪末到20世纪20年代，英国大农场衰落，中小农场复兴。当然，后来随着农业机械化的发展，大农场重新扩展，不过这些大农场不再似以前的雇佣经营大农场，在很大程度上是扩大的家庭经营农场。

附表3-2 1983年英格兰和威尔士农业劳动力的构成

| | 全职的农业劳动者（万人） | | | 兼业的农业劳动者（万人） | | | 全部劳动者（万人） |
|---|---|---|---|---|---|---|---|
| | 男性 | 女性 | 小计 | 男性 | 女性 | 小计 | |
| 经常性的家庭成员劳工 | 1983.7 (6.8%) | 323.0 (24.6%) | 2306.7 (7.6%) | 7993 (5.8%) | 525.3 (4.2%) | 132246 (5.0%) | 3631.3 (6.4%) |
| 经常性的雇佣劳工 | 10774.2 (37.0%) | 992.6 (75.4%) | 11766.8 (38.6%) | 1611.9 (11.7%) | 2122.9 (16.6%) | 3734.8 (14.1%) | 15501.6 (27.2%) |

续表

|  | 全职的农业劳动者（万人） | | | 兼业的农业劳动者（万人） | | | 全部劳动者（万人） |
|---|---|---|---|---|---|---|---|
|  | 男性 | 女性 | 小计 | 男性 | 女性 | 小计 |  |
| 全部经常性劳动者小计 | 12757.9<br>(43.8%) | 1315.6<br>(100%) | 14073.5<br>(46.2%) | 2411.2<br>(17.5%) | 2648.2<br>(20.8%) | 5059.4<br>(19.1%) | 19132.9<br>(33.5%) |
| 季节性的或临时性的劳动者 | −<br>(0.0%) | −<br>(0.0%) | −<br>(0.0%) | 4790.6<br>(34.7%) | 3910.3<br>(30.6%) | 8700.9<br>(32.7%) | 8700.9<br>(15.3%) |
| 领薪水的经理人员 | 689.9<br>(2.4%) | −<br>(0.0%) | 689.9<br>(2.3%) | −<br>(0.0%) | −<br>(0.0%) | −<br>(0.0%) | 689.9<br>(1.2%) |
| 农场主、主管及合伙人 | 15709.0<br>(53.8%) | −<br>(0.0%) | 15709.0<br>(51.5%) | 6593.0<br>(47.8%) | −<br>(0.0%) | 6593.0<br>(24.8%) | 22302.0<br>(39.1%) |
| 农场主的配偶 | − | − | −<br>(0.0%) | −<br>(0.0%) | 6229.2<br>(48.6%) | 6229.2<br>(23.4%) | 6229.2<br>(10.9%) |
| 各项总计 | 29156.8<br>(100%) | 1315.6<br>(100%) | 30472.4<br>(100%) | 13794.8<br>(100%) | 12787.7<br>(100%) | 26577.5<br>(100%) | 57054.9<br>(100%) |

资料来源：David Grigg, *English Agriculture: A Historical Perspective*, p. 146.

**附表 3-3 英国农业部公布的 1984~2003 年间英国农业劳动力构成的变化**

| 年份<br>项目 | 1984 | 1985 | 1986 | 1987 | 1988 | 1989 | 1990 | 1991 | 1992 | 1993 |
|---|---|---|---|---|---|---|---|---|---|---|
| 经营者劳动力（万人） | 27.3 | 27.4 | 27.4 | 26.9 | 26.5 | 26.1 | 25.6 | 25.4 | 25.3 | 25.2 |
| 雇佣人员（万人） | 20.7 | 20.4 | 19.4 | 19.0 | 18.4 | 17.7 | 17.4 | 16.8 | 16.1 | 15.7 |
| 全部劳动力（万人） | 48.0 | 47.7 | 46.8 | 45.9 | 45.0 | 43.8 | 43.0 | 42.2 | 41.4 | 40.9 |
| 雇佣人员百分比（%） | 43.1 | 42.8 | 41.5 | 41.4 | 40.9 | 40.4 | 40.5 | 39.8 | 38.9 | 38.4 |

| 年份<br>项目 | 1994 | 1995 | 1996 | 1997 | 1998 | 1999 | 2000 | 2001 | 2002 | 2003 |
|---|---|---|---|---|---|---|---|---|---|---|
| 经营者劳动力（万人） | 248 | 244 | 241 | 239 | 236 | 229 | 221 | 219 | 212 | 20.6 |
| 雇佣劳动力（万人） | 151 | 147 | 143 | 141 | 137 | 132 | 116 | 114 | 108 | 10.0 |
| 全部劳动力（万人） | 400 | 391 | 384 | 380 | 374 | 361 | 337 | 333 | 320 | 30.6 |
| 雇佣人员百分比（%） | 37.8 | 37.6 | 37.2 | 37.1 | 36.6 | 36.6 | 34.4 | 34.2 | 33.8 | 32.8 |

资料来源：http://www.statistics.gov.uk/STATBASE/Expodata/Spreadsheets/D3776.xls。这里的劳动力是以全职的年农业劳动力投入为单位。表格中两项数字相加的结果与全部劳动力栏目数据有细微差异，应该是计算时候的四舍五入造成的。雇佣人员百分比系笔者计算出来。

附表 3-4  "二战"结束后不久,部分欧洲国家的农场结构

| 国别 | 0~5公顷 | 5~10公顷 | 10~50公顷 | 50~100公顷 | 100公顷以上 |
|---|---|---|---|---|---|
| 挪威 | 70 | | | | |
| | 38 | 31 | 29 | 2 | - |
| 瑞典 | 48 | 24 | 24 | 2 | |
| | 31 | 27 | 31 | 5 | 6 |
| 芬兰 | 52 | 26 | 22 | 2 | |
| | 29 | 27 | 41 | 2 | 1 |
| 丹麦 | 20 | 26 | 49 | 5 | |
| | 3 | 11 | 61 | 14 | 11 |
| 荷兰 | 50 | 22 | 28 | 1 | |
| | 11 | 19 | 60 | 7 | 3 |
| 比利时 | 58 | 23 | 18 | 1 | |
| | 21 | 24 | 46 | 7 | 2 |
| 法国 | 37 | 21 | 38 | 4 | |
| | 5 | 11 | 53 | 15 | 15 |
| 西德 | 56 | 20 | 22 | 2 | |
| | 11 | 13 | 39 | 9 | 28 |
| 大不列颠 | 35 | 13 | 33 | 19 | |
| | 2 | 2 | 22 | 21 | 43 |
| 奥地利 | 46 | 20 | 31 | 3 | |
| | 6 | 8 | 34 | 7 | 45 |
| 匈牙利 | 69 | 24 | 7 | - | |
| | 27 | 24 | 17 | 1 | 31 |
| 西班牙 | 77 | 10 | 9 | 1 | |
| | 28 | 6 | 13 | 7 | 46 |
| 意大利(1930年) | 78 | 12 | 8 | 2 | |
| | 20 | 13 | 25 | 7 | 35 |

说明：上面的数据是每种农场类型所占农场数量的百分比，下边的数据是该类型农场所占农业土地面积的百分比。

资料来源：David Grigg, "The Geography of Farm Size: a Preliminary Survey", *Economic Geography*, Vol. 42, No. 3, p. 214. 在"二战"结束后不久，欧洲资本主义国家除了英国以外，平均农场面积均低于20公顷，只有法国和斯堪的纳维亚国家平均农场面积为10～20公顷。经历过较大规模土地再分配的反封建改革或革命的国家，中等家庭农场占农业主导地位。100公顷以上农场占很大比例的国家均有很大程度的封建历史遗产。经济发展落后又有大量封建残余的南欧和中欧国家，农场分布两极分化，中型农场占地比例偏低，既有大量的小农场，又有很大比例的大农场。

**附表3-5 "二战"结束后不久部分美洲农业出口大国的农场结构**

| 按每一种类型农场数量所占比例（%） | | | | | |
|---|---|---|---|---|---|
| 国别 | 0～5公顷 | 5～50公顷 | 50～100公顷 | 100～500公顷 | 500公顷以上 |
| 加拿大 | 4 | 35 | 27 | 32 | 2 |
| 美国 | 11 | 51 | 21 | 14 | 2 |
| 乌拉圭 | 13 | 49 | 12 | 18 | 8 |
| 阿根廷 | 15 | 38 | 17 | 18 | 9 |
| 按每一种农场类型所占农业用地百分比（%） | | | | | |
| 国别 | 0～10公顷 | 10～100公顷 | 100～500公顷 | 500～1000公顷 | 1000公顷以上 |
| 加拿大 | 0 | 26 | 55 | 19 | — |
| 美国 | 1 | 29 | 29 | 41 | — |
| 乌拉圭 | 1 | 8 | 20 | 15 | 56 |
| 阿根廷 | 0 | 5 | 13 | 7 | 75 |

资料来源：David Grigg, "The Geography of Farm Size: a Preliminary Survey", *Economic Geography*, Vol. 42, No. 3, p. 222. 另，1950年美国平均农场面积87公顷，乌拉圭为199公顷，阿根廷为366公顷。

在美国和加拿大这两个英裔国家，由于实施了各种类似于《宅地法》之类的法律，限制了两国农村居民过分地占有超出自己耕作能力的土地面积，后来的移民可以获得大片无主地，使得加拿大和美国建立了以50～500公顷的中等家庭农场为基础的农业结构，尽管相对于旧大陆来说仍然是属于大农场。而在拉丁美洲国家，由于政府不限制（或者是不能有效地限制）大土地所有者占有无限广阔的未开垦土地，到"二战"之前的时候，3 270个人拥有乌拉圭一半的国土面积，在阿根廷地位最为重要的布宜诺斯艾利斯省，320个家庭拥有39%的国土面积。结果造成了后来的移民缺少无主土地，只能耕种小块土地，或成为佃农，阿根廷的佃农在很多省份占农业经营者数量的2/3。一边是大量的无地和少地的农民或佃农，一边是超大规模粗放经营的农场。Jr. Leslie N. Gay, "Problems of Landownership in Latin America", Journal of *Farm Economics*, Vol. 32, No. 2, pp: 260, 263.

## 附录 4  近代英国家庭财产严格限定继承制度的缘起

近代英国土地贵族流行的家庭财产严格限定继承制度（strict family settlement）与中古英国贵族实施的限嗣继承制度（the system of entail）有很多类似之处。

中古英国贵族实施的限嗣继承制度是由 1285 年议会通过的《有条件赠与法》（De Donis Conditionalibus）确立起来的，该法律的通过使得古老的英国普通法意义上的有条件的自由继承地（the old common law estate of fee simple conditional）转化为限嗣继承地（fee tail）。[①] 在这种限嗣继承制度下（the system of entail），每块土地"现在的主人"实际上只是名义上的主人，对于土地只是一个"有限的所有者"（limited owner），他只是这块土地的终身佃户（life tenant），他对这块土地只享有终身的利益，不能够出卖他的土地，必须传给他的继承人。即便有所谓的买卖，这种买卖关系的有效期也最多只能是以卖方的终身为限，卖主死后，继承人将收回土地，就好比是出卖了一段时间的租佃权而已，从而使得这块土地永久性地保持在自己的家族当中。这种制度的出现，本来就是为了防止家族中出现败家子因为他们的愚蠢行为而使家族的地产转

---

① 古普通法意义上的有条件的自由继承地，是由"赐给某人及其本身后代"（to N, and the heirs of his body）这种封土转化而来的，只有 N 的直系亲属（子或女）可以继承地产，旁系亲属不得继承。一旦 N 没有了直系继承人，在他死后地产就必然回复到赐地者手中。在这种赐地方式下，N 是和他的继承人共同拥有地产。在 1285 年《有条件赠与法》颁布之前，法官对这种地产的解释是，当继承人出生后，受地人就有权出卖地产，使得赐地者无法得到在 N 绝嗣以后收回赐地所带来的利益，也会使继承人继承不到地产，这就违反了赐地者的初衷。为了保证继承人能够继承地产，也为了保证受地人绝嗣后地产回复到赐地者手中，于是通过了《有条件赠与法》。参见马克垚：《英国封建社会研究》，北京，北京大学出版社，1993 年，第 144 ~ 145 页。关于中古英国限嗣继承制起源的更详尽的阐述，可以参见 Joseph Biancalana, *The Fee Tail and the Common Recovery in Medieval England*, 1176 ~ 1502, Chapter 1 ~ 3。有人认为这是大贵族的胜利，因为王室并不希望因为限嗣继承制而使土地集中到少数几个大家族手中，从而危害王室的权势，因而倾向于王室利益的法庭才会作出有条件的自由继承地那种解释，为地产的买卖大开绿灯。英美学者多认为王室是希望地产自由流通的，英国的普通法原则是鼓励地产自由流通的，但大贵族是希望保持大地产的永久性，他们利用议会来对代表王室利益的法庭来进行反击。英美学者认为，中古晚期到近代早期关于地产的限嗣继承与自由流通斗争的模式与线索，也大多如此。值得注意的是，一般认为，愈是小封建主，愈是要求自由转移封土。参见 J. M. W. Bean, *The Decline of English Feudalism*, 1215 ~ 1540, pp: 49, 94 ~ 96。另见马克垚：《英国封建社会研究》，北京，北京大学出版社，1993 年，第 145 页。

移出去。限嗣继承制度尽管带来了一系列的社会问题，也会给贵族阶级带来一些不便，但是从总体上说对贵族阶级是有利的。它很可能使得那些抵押信贷的出贷人无法收回贷款，因为一旦借贷人死后，继承人就可以收回土地，而继承人的继承权优先于出贷人的收贷权；它使得土地贵族可以通过创立限嗣继承地而挫败那些潜在的地产购买者；它也使得国王只能暂时没收叛乱贵族的地产，一旦叛乱贵族死后，地产又必须交还贵族的继承人。①

到了 15 世纪后期的时候，法庭对这种状况作出了反击，通过 1472 年的塔尔塔雷姆判例（Taltarum's Case），打破了限嗣继承法所创立的地产不可转手的原则。法庭利用法律审判中的共同回复原则（common recovery），通过一个虚假的法律诉讼，使得限嗣继承地变为自由继承地，从而可以买卖转手，也可以通过一种拟制的诉讼"fine"来获许限嗣继承地产的转移。② 在以后的 200 年中，"家庭法"就不再能够控制"土地所有者"和市场对地产的处置了。在这段时间里，法庭和议会也反对重新引入限嗣继承制度。结果，有时地产就分解了，一些古老家族的继承地产落入了自耕农和商人之手。③

大土地所有者阶级当然不甘心失败，在伊丽莎白时代的时候，他们设计出了家庭财产继承协议制度（family settlement）以使它起到古老的限嗣继承法律同样的效果。但是土地所有者的努力为当时英国的大法官博法姆（Popham）和科克（Coke）所阻止。因为总的来说，英国的普通法原则是反对地产的永久性设置的，并且那些对地产的永久性设置措施往往会有逃避国王的封建附属权（"incidents"）④ 的后果，就如同

---

① A. W. B. Simpson, *A History of the Land Law*, p. 90；Jack Goody, Joan Thirsk and E. p. Thompson, eds., *Family and Inheritance: Rural society in Western Europe*, 1200~1800, p. 206.

② 关于这类虚假的诉讼程序可以参见马克垚：《英国封建社会研究》，北京，北京大学出版社，1993 年，第 148 页。"common recovery"和"fine"两种制度到 1833 年为国会立法所废除。"common recovery"这种虚假的诉讼程序，是英国土地法史上非常荒谬的一页，关于其大致的起源、其有效性的法理学原理的简要论述，可以参见 A. W. B. Simpson, *A History of the Land Law*, pp: 125~137. 关于共同回复诉讼的起源、其有效性的法理学原理的更详尽阐述，可以参见 Joseph Biancalana, *The Fee Tail and the Common Recovery in Medieval England*, 1176~1502, Chapter 4~6。

③ J. L. Hammond and Barbara Hammond, *The Village Labourer*, 1760~1832, p. 21~22.

④ 封建附属权（Incidents）包括封臣对封君的恭敬与效忠（homage and fealty）、交纳协助金（aids）、交纳封地继承金（relief），以及继承金未缴纳之前封君对封土的先占权（primer seisin），封君对未成年继承人的监护权与婚姻权（"wardship and marriage"只限于军役封土）、封地收回权与没收权（escheat and forfeiture）。具体内容参见马克垚：《英国封建社会研究》，北京，北京大学出版社，1993 年，第 138~141 页。另见 A. W. B. Simpson, *A History of the Land Law*, pp: 15~20。

1536 年《用益法》（The Statute of Use）之前的"uses"一样①，使国王遭受很大的经济损失，因而站在国王利益这边的大法官加以反对，不承认大土地所有者们所设计出来的保持地产永久化的措施的法律效力。②

但是由于英国革命时期废除了骑士领有制，也就大大缩小了国王的封建附属权（"incidents"），使得法官反对地产永久化措施的动力大减。英国革命期间，不同派别之间的残酷斗争导致对政敌地产的大规模罚款与没收拍卖。在这场大混乱中，那些进行了财产永久性设置的地产，地产所有人成为了终身地产保有人（life tenant），只能拍卖该地产的终身利益，因而往往罚款少，地产拍卖的价格也相对很低，很容易被地产所有人的亲戚朋友所购买。而那些限嗣继承地产保有人（tenant in tail）的地产，由于它可以通过"common recovery"和"fine"的程序而改变地产的性质，因而就很可能被永久性地处理掉，导致无可挽回的损失。而处于革命动乱时期，法官们也不愿意看到社会财富的大规模转手，从而陷入混乱之中，因而逐渐转变观点，承认那些地产永久性设置措施的法律效力。加上复辟时代以后，土地所有者在政治上的实力大增，家庭财

---

① 在 1536 年《用益法》之前，土地贵族经常通过"uses"设置来逃避上级封君封建附属权的行使，其中主要是国王的封建附属权。这一方面是由于 1290 年《封地买卖法》（Quia Emptores）的实施，英国的大封建主大都慢慢地成为了国王的直接封臣。因为《封地买卖法》规定封地的买卖只能采取代替的方式，不允许进行再分封，这就导致了封建的阶梯不再能够延长，随着时间的流逝，会出现许多封建家族的绝嗣，从而导致封建阶梯数量的减少，土地归上级封君。到都铎王朝时期，英国的大封建主大都已经成为了国王的直接封臣，中间领主权就已经不常见了。另一方面是因为国王在行使监护、婚姻、没收等封建附属权的行使上具有优先权。封建附属权的行使能够给国王带来很大的经济收益，"uses"的设置使得国王丧失了一大笔收入。

1536 年的《用益法》使得"uses"设置失去了逃避封建附属权的作用，引起了英国贵族的极大不满。虽然通过 1540 年的《遗嘱法》（The Statute of Will），国王作出了让步，但是，骑士领有制所附带的封建附属权，还是给英国贵族带来很大的经济损失。国王通过阻止封建附属权的逃避，获得了大笔收入，有助于国王改善财政状况。由于封建附属权的收益不需要经过议会同意，它又有助于国王摆脱对议会税收的依赖，长期不召开议会。这种逃避与反逃避封建附属权的斗争延续到了英国革命时期，长期国会通过法令废除了骑士领有制，转化为农役领有制（free and common socage），并在 1660 年复辟后仍然得到《土地保有法》（the Statute of Tenure）的承认，废除了除罚没和收回（forfeiture and escheat）之外的所有军役领有制所承担的沉重的封建附属权义务。参见 A. W. B. Simpson, *A History of the Land Law*, pp: 22 ~ 23, 191 ~ 199. 如果要详细了解"uses"的起源、发展、作用及其所适用的法律原则，可以参见 J. M. W. Bean, *The Decline of English Feudalism*, 1215 ~ 1540, Chapter 3 ~ 6。

② J. L. Hammond and Barbara Hammond, *The Village Labourer*, 1760 ~ 1832, pp: 21 ~ 22; Jack Goody, Joan Thirsk, and E. p. Thompson, eds., *Family and Inheritance: Rural Society in Western Europe*, 1200 ~ 1800, p. 206.

产严格限定继承协议的法律效力终于获得了法庭的承认。①

1660 年以后所通行的家庭财产严格限定继承制度（strict family settlement），与 16 世纪土地贵族的继承安排有两个方面的较大区别。首先是财产转移的时间，在 16 世纪，做父亲的一般要到临死的时候才把地产交给继承人，并对他的幼子们和女儿们的生活作出安排，以使自己在有生之年对地产有较大的权力。但是在 18 世纪，作出这种安排的时间就提前了，在很多情况下发生在继承人成年、结婚及其他场合，做父亲的与继承人签订一个协议，规定父亲和儿子成为限嗣继承地产的终身保有人（life tenant）②，从而两人都无法通过出卖地产来获得钱财，地产必须交由孙辈的继承人继承。为了防止这个儿子以后通过前述改变限嗣继承地产性质的方法（"common recovery" 和 "fine"）来出卖地产，还任命一个地产的托管人，以确保地产能够传承到孙辈。这份协议的签订，一方面使得为父的自动限制了自己对地产的权限，同时也限制了做儿子（继承人）的对地产的权限，但是做儿子的通过这份协议在父亲活着时就获得了地产的部分收益，获得经济上的独立，因而会同意签订。只要国家的法律承认这种家庭严格继承协议的有效性，这种安排就具有不可违抗和不可更改的法律效力，地产的所有权实际上就属于"整个的家族世代"，地产保有人就只是这块家族"世袭地"的托管人而已。无论地产终身保有人面临如何的财政困境，他也无权出卖地产。与 16 世纪地产继承安排的另一个重大区别是对长子之外的儿女未来生活的安排。在 16 世纪，土地贵族尽管实行长子继承制，但他们往往还是从家族地产中划出一小部分作为女儿的嫁妆，以及作为其他儿子成家立业的基础。但是在 1660 年以后，就不再授予（她）他们土地，而是分给（她）他们一大笔资金，就好比是长子购买了这份地产一样。因而尽管没有了中世纪的限嗣继承法律，但是土地贵族通过家庭财产继承中的特殊个人安排，中世纪贵族所实行的限嗣继承制度就延续到了近代社会，阻止了地产的流通，大地产不断得到延续。

这种制度当然不适应现代资本主义经济发展的需要。随着 19 世纪晚期大量英国土地贵族陷入财政困境，不得不考虑出售地产，1882 年国会

---

① John Habakkuk, *Marriage, Debt, and the Estates System: English Landownership*, 1650~1950, pp: 7~14. J. L. Hammond and Barbara Hammond, *The Village Labourer*, 1760~1832, pp: 21~22.

② 在英国，由于封建传统的影响，即便废除骑士领有制以后，全国的土地所有权在名义上仍然属于国王，土地所有者仍然还是"佃户"（tenant），当然这只是一种虚构，因而对于近代英国我们也就不要翻译成佃户了。

通过《转移受限土地法》(The Settled Land Law), 允许地产终身保有人出卖这种转移受限的土地, 情况终于得到改变。①

## 附录5  19世纪末20世纪初的丹麦农业合作化运动

在18世纪后期的农奴制改革中, 丹麦由于王权强大, 并没有发生普鲁士那种迫使"佃户"放弃部分耕地 (1/3到一半) 的行为, 相反还迫使地主把他们的很大一部分土地卖给了以前的佃农。1788年以后, 政府向农民提供为期25年的低息贷款, 帮助农民购买庄园土地, 建立自己的独立农庄 (farmstead)。那些没有购买土地的佃户其租佃权也得到了加强。政府规定租佃契约不得少于50年, 或者必须是终身租佃。这种降低地主权限的措施, 必然会导致地主拥有土地的收益降低, 也就会促使他们进一步出卖土地。另外, 在实行土地整理的圈地运动的时候, 政府要求分给那些以前只有一点村社放牧权但并不分享公有地的茅屋农2公顷或3公顷的土地。改革法令还禁止并吞农民经营地转变为大农场的行为, 同时也禁止农场细分到不足以维持一个家庭生活的面积, 其目的就是要建立一个以中等自耕农为主体的农业结构。②

大约在1780年的时候, 丹麦80%的农业土地控制在少数几百个地主家庭手中。但是仅仅过了25年, 全国以前的6万个佃户中已经有2/3获得了他们耕种土地的所有权。③ 全国大约有1/3到一半的土地为农民所有, 并且在19世纪的进程中, 经营自有土地的自耕农农场的比例一直在上升。拿破仑战争所造成的通货膨胀大大降低了农民归还贷款的难度, 也使得他们可以投入更多的资金用于农业改良。在整个19世纪, 丹麦政府都在鼓励大庄园出售它们的土地给普通农户。④

到19世纪末20世纪初, 全国约3/4的土地属于农民所有, 全国只有8%的土地是属于租佃经营的。1~8哈特康的小农农场 (Bondergaarde, or peasant farms) 差不多占农业经营总面积的2/3。土地所有权

---

① John Habakkuk., *Marriage, Debt, and the Estates System: English Landownership, 1650~1950*, pp: 1~6. 在苏格兰, 法律承认永久性的限制地产出卖设置措施的合法性, 不必每一代重新设置。在英国, 必须每一代重新签订协议, 并且也可以通过向国会申请令状的方法以修改前辈订下的协议, 以适应变化了的形势, 方便对地产的有效管理。

② Michael Tracy, *Government and Agriculture in Western Europe, 1880~1988*, p. 109.

③ Kund J. V. Jespersen, *A History of Denmark*, p. 137.

④ Michael Tracy, *Government and Agriculture in Western Europe, 1880~1988*, p. 109.

的分布比德国和法国更为民主，缺少德法两国那样的大土地所有者阶级。① 丹麦政府似乎一贯阻止农业资本主义生产关系的进展，并且还在20世纪上半叶进一步推行这种政策，鼓励大地产的分割出售，扩大中小地产，以扩大就业，缓解农村贫困。在大农场制度的支持者看来，丹麦政府简直是在开历史的倒车。但是丹麦的农业却并没有因此受到阻碍。相反，那些有利于家庭农场的一系列改革措施，都是在家庭农场显示出更高的经营效率的情况下实施的，是为了更进一步挖掘丹麦农业的发展潜力。

总之，到19世纪末期西欧农业危机来临的时候，丹麦的农业改革已经造就了一个以中等自耕农为主体的农业结构。一般而言，所有权自耕农在面临农业危机的时候更容易根据变化了的形势转变农业经营形式，因为它们的耕作自主权更为完全，并且也可以进行地产抵押信贷以获得贷款用于农业转型。丹麦这种所有权自耕农占绝对优势的农业结构，便利了丹麦从谷物出口国向乳畜产品出口国的转变。

附表5-1　19世纪中叶到20世纪初叶丹麦农场大小结构

| 农场的哈特康数目 | 1860年 | | 1885年 | | 1905年 | |
| --- | --- | --- | --- | --- | --- | --- |
| | 农场数量 | 总哈特康数 | 农场数量 | 总哈特康数 | 农场数量 | 总哈特康数 |
| 小于1 | 139 286 | | 188 526 | | 212 520 | 43 128 |
| 1~2 | 17 600 | 25 557 | 20 979 | 30 150 | 23 060 | 33 123 |
| 2~4 | 20 793 | 61 274 | 23 397 | 67 876 | 24 365 | 70 457 |
| 4~8 | 27 474 | 157 498 | 24 636 | 139 887 | 23 327 | 132 005 |
| 8~12 | 4 284 | 39 988 | 3 953 | 37 152 | 3 765 | 35 525 |
| 12~20 | 1 054 | 15 592 | 1 145 | 17 092 | 1 174 | 17 635 |
| 20以上 | 824 | 36 471 | 896 | 39 517 | 919 | 40 547 |

资料来源：Karl Gunnar Persson, ed., *The Economic Development of Denmark and Norway Since 1870*, p. 168.

说明：哈特康全名是"汤德哈特康"（tønde hartkorn），是丹麦历史上的一种土地计算单位，它是根据土地的产出来计算的，因此会根据土地的不同产出水平变化而变化。1哈特康最肥沃的土地大约需要8英亩，而1哈特康最贫瘠的土地则可能需要300英亩。在丹麦那些相对肥沃的地区，1哈特康大约为13.5英亩或5.4公顷。就全国所有农业用地而言，1哈特康大约相当于25英亩或10公顷。小于1哈特康的"农场"被称作茅舍农，约40%其实是没有土地的

---

① Michael Tracy, *Government and Agriculture in Western Europe*, 1880~1988, p. 110.

农业雇工，1905 年大约占地 11%；占有 1~12 哈特康的土地的农业经营都被称为小农农场，1905 年占地约 73%；12~30 哈特康以上的大农农场以及 30 哈特康以上的大庄园农场占地约 15%。

由于中等农户占据了主导地位，丹麦的农业合作化运动更容易展开，因为农民之间的地位相对平等，利益相对一致，也就容易达成一致。如果是大农场和很小的农场占据主导地位，那么合作化就会面临很多的困难。合作社的组织运行原则是一人一票制，地位平等，如果合作社社员之间彼此地位相当不平等，内部分化严重，经济利益有很大冲突，合作社就难以运行。当然，丹麦农民合作社的高效运行也与丹麦农民的高素质有关，人民高级中学在传授合作社的组织知识方面起了很大作用。①

丹麦农民的大规模合作化运动主要是从 19 世纪 80 年代开始的，主要是从乳畜产品部门开始的，然后又扩展到其他部门。相对于谷物生产，乳畜产品面临迅捷的产品加工问题，还要求特别的质量保证和迅捷的销售，这并非一般的中小农户可以应对。② 因此，有制度创新的紧迫性。在合作化运动兴起之前，黄油生产主要是由能够修建"脱脂房"的大农场或庄园支配的。脱脂房是一个很大的装有通风设备的房子，在这里让奶油浮起来，使得牛奶可以保鲜 22~46 个小时。无力支付这笔巨大资本投资的小农场主，就不能参与赢利性的黄油生产。③ 19 世纪 70 年代末发明了奶油分离器之后，建立了一些作为私人企业的联合牛奶场，农民把出产的牛奶拿到那里去加工。联合牛奶场出产的黄油虽然比单个农民生产的黄油质量要高，但是却没有庄园上出产的黄油质量高。主要是因为联合牛奶场无法控制农民饲养奶牛和生产牛奶的方式方法。而合作制牛奶场则可以通过规定各个成员按共同的方法生产和处理牛奶，从而保证了质量。另外，合作牛奶场还把加工后的废牛奶还给农民，用于喂猪，从而发展起了生猪生产，又在类似的原则上建立了熏肉的生产和加工。④

---

① [丹麦] J. 克里斯滕森：《丹麦农业现代化历程》，田晓文译，天津，天津大学出版社，1992 年，第 102~103 页。

② Michael Tracy, *Government and Agriculture in Western Europe*, 1880~1988, p. 113.

③ [日] 速水佑次郎、[美] 弗农·拉坦：《农业发展的国际分析》，郭熙保、张进铭等译，北京，中国社会科学出版社，2000 年，第 513 页。

④ [丹麦] J. 克里斯滕森：《丹麦农业现代化历程》，田晓文译，天津，天津大学出版社，1992 年，第 104~105 页。

附表5-2　20世纪初丹麦乳品、生猪合作社与非合作社企业的比较

| 1900年 | 1909年 | 1914年 | |
|---|---|---|---|
| 合作乳品厂（个数） | 1 029 | 1 157 | 1 168 |
| 私人合伙乳品厂（个数） | 266 | 238 | 196 |
| 大庄园乳品厂（个数） | 244 | 90 | 16 |
| 合作工厂屠宰生猪（头数） | 67.5万 | 140.8万 | 243.5万 |
| 非合作工厂屠宰生猪（头数） | 无记录 | 42.6万 | 40.9万 |

资料来源：Harald Faber, *Cooperation in Danish Agriculture*, Longmans Green and Co., 1931, p.41.

通过合作制的生产组织形式，以前农民生产的那种质量低劣的黄油得到了改善，其质量现在完全可以与庄园上生产的黄油相媲美。本来生产规模不如庄园的普通农户，通过合作化建立起来的生产加工机构反过来比大多数庄园生产加工机构的规模更大了，加工设备的利用率更高了，最后还迫使很多庄园把牛奶送到合作制的牛奶场去加工。一些庄园被迫缩减了生产规模，减少了经营范围，许多以前进行多样化的工厂式生产的大庄园，现在只能开展一两种生产活动了。① 丹麦的中小农民（0.5~40公顷，1~15头奶牛）通过合作化的组织形式打败了大庄园的生产体制。通过这种合作化的生产和销售组织，丹麦中小农民的生产实现了国际化——农产品出口占总产出的比例从1875年的38%增长到1915年的64%，在英国进口的黄油、熏肉和鸡蛋中，丹麦农民所占比例分别从1877~1881年的15.1%、0.7%、3.6%增长到1909~1913年的43.3%、48.2%、23.9%。②

当然，除了这种生产加工和销售的合作社组织外，农民们还建立了农业信贷合作社、生产资料的购买合作社等，以加强自己与外界讨价还价的能力，克服小生产所必然面临的各种问题，同时又保持了家庭经营的特色，发挥出家庭经营在最基础的农业生产方面的优势，使农业生产达到最佳的效率组合。合作社也使农业中工厂式的组织形式变得相对低效和没有必要。尽管生产已经是世界化了，可是生产的组织形式却仍然是工业革命以前的商业资本主义形式。

---

① ［丹麦］J. 克里斯滕森：《丹麦农业现代化历程》，田晓文译，天津，天津大学出版社，1992年，第96页。

② Karl Gunnar Persson, ed., *The Economic Development of Denmark and Norway Since* 1870, p.156.

## 附录 6　发达国家新型租佃制的发展与新土地占有制经济学

### 一、发达国家新型租佃制的发展

在"二战"之前，即便是在西欧和北美国家，租佃制都是人们谴责的对象，被认为是农业进步的障碍和农村贫困的重要原因。因而在许多国家，农民一旦获得选举权，就促使政府采取各种政策限制租佃制，或通过强制性赎买废除租佃制，最典型的是爱尔兰（在苏格兰也部分得到实施）。在 19 世纪晚期之前，爱尔兰的租佃制比例比租佃制高度发达的英格兰还要高，英格兰地主在爱尔兰造成的大面积贫困和饥荒令人触目惊心，被今天的英国人认为是他们祖先的耻辱。经过 19 世纪晚期到 20 世纪最初 30 年的租佃制改革，提高佃户在租佃契约中的地位，如限制地租额、保障佃户的长期租佃权和自由耕种权，租佃制的危害受到了极大的控制，地主的地租收入大为降低，而农业佃户的收入大为增加，为往后爱尔兰社会和经济的发展奠定了基础。[①]

附表 6-1　近代西欧国家佃农选举权与农地改革
（租佃改革和土地再分配的改革）的时间关系

|  | 佃农获得选举权的时间 | 重要的农地改革时间 |
| --- | --- | --- |
| 爱尔兰 | 1885 | 1885 |
| 英格兰和苏格兰 | 1885 | 1888～1895 |
| 荷兰 | 1917 | 1924～1932 |
| 比利时 | 1919 | 1929 |
| 法国 | 1848 | 1942～1946 |

资料来源：Johan. F. M. Swinnen, "Political Reforms, Rural Crises, and Land Tenure in Western Europe", *Food Policy*, Vol. 27, No. 4, pp: 379.

附表 6-2　1937～1963 年荷兰的农场收入与净地租的变化
（以 1937 年的指数为 100）

| 年度 | 农场收入 | 净地租 |
| --- | --- | --- |
| 1937～1939 | 100 | 100 |

---

① Johan. F. M. Swinnen, "Political Reforms, Rural Crises, and Land Tenure in Western Europe", *Food Policy*, Vol. 27, No. 4, pp: 382, 385～387.

续表

| 年度 | 农场收入 | 净地租 |
|---|---|---|
| 1949~1951 | 174 | 30 |
| 1961~1963 | 195 | 33 |

资料来源：Johan. F. M. Swinnen, "Political Reforms, Rural Crises, and Land Tenure in Western Europe", *Food Policy*, Vol. 27, No. 4, p. 389.

尽管"二战"后的新土地占有制经济学对于限制地租的租佃改革的实际经济效果提出了怀疑，认为它很可能会导致地主收回出租土地，实施大规模粗放经营，使得佃户无法得到限制地租的好处，并导致整个国家农业资源利用效率的降低，[1] 但是限制地租的租佃改革还是在西欧取得了很好的效果，农民的收入大为提高，并且限制地租而带来的土地资本收入的降低导致了地主自动出卖土地，租佃制比例下降。这种状况在20世纪90年代以前的荷兰特别明显。

按照通常的看法，限制地租的改革，会导致土地资本收入的降低，造成地主自动出卖土地（不考虑低度发展国家前述那种收回租佃土地的做法），间接地导致租佃制的衰亡。可是，限制地租和保障佃户长期租佃权的政策，也完全可能导致佃农不愿意购买土地，维持甚至扩大租佃经营土地的比例，享受廉价地租的好处。在低廉的地租条件下，佃户投入到土地购买中的资本收益还不如投入到直接的农业经营中的收益，并且又不会面临以往时代经常面临的被夺佃的悲惨命运，佃户当然就缺少了购买土地的动力，把更多的资金投入到农业经营而不是投入到购买土地的支出中去，不过这反倒更加有利于农业的进步。[2]

当然，政府对地租额的限制，只是工业发达国家农业地租降低因素的一个方面。从本质上来说，地租是农业经营者扣除劳动的机会成本和其他项目的支出后的剩余收益，随着市场工资率的提高，劳动投入的机会成本提高，农业经营者的剩余收益下降甚至消失，从而使得农业地租即便是在没有政府限制的情况下也会处于很低的水平。这一点可以从今日中国的农村现状看出来，在很多地方，农业土地的出租经营主要是为了使土地能够发挥其农业价值，不至于抛荒，而主要不是为了获取地租收入。

一般来说，农业土地是一种特殊的商品，一方面是其价格很难准确估

---

[1] [日]速水佑次郎、[美]弗农·拉坦：《农业发展的国际分析》，郭熙保、张进铭等译，北京，中国社会科学出版社，2000年，第470~471页。

[2] Johan. F. M. Swinnen, "Political Reforms, Rural Crises, and Land Tenure in Western Europe", *Food Policy*, Vol. 27, No. 4, pp: 387~390.

算,另一方面是它不仅仅是纯粹的经济物品,它还经常附着或多或少的神秘的社会的心理的政治的价值,因而其所有权的流通性很弱。古今中外的历史均表明,在土地所有权人财政运行状况正常的情况下,一般是没有多少人愿意出卖土地的。在大多数的情况下,土地所有权人是为了摆脱财政上的困境才被迫出卖土地(当然我们也不排除在很多情况下出卖土地是为了牟利),无论是苦苦挣扎占有小块土地的糊口农民,还是大地主,均是如此。

一般而言,在农业兴旺的时代,农业经营者的社会地位和经济实力提高,他们会利用各种积蓄购买土地,从而使得租佃制土地的比例下降。尽管这个时期的地主面对丰厚的地租收入并不愿意出卖土地,但是农业经营者购买土地的需求力量的增长还是会超过地主出卖土地意愿的下降,从而导致租佃制的下降。这也就是"一战"之后西欧国家农业复兴时代的租佃制经营变化状况。尽管1875年以前西欧各国租佃制变化的资料很少,但是可以认为,在19世纪中叶的农业繁荣时代,租佃经营的比例应该是下降的(见表5-110)。

而在农业价格、利润、地租下降的时代,例如19世纪晚期到"一战"之前的时期,尽管地主也同样面临困境,被迫出卖土地以缓解财政压力(这一时期的英国许多土地贵族就是这样),但是农民的损失更大,负债累累,被迫出卖土地以偿还债务,小农出卖土地的意愿超过了地主出卖土地的意愿,因而租佃制经营比例反而上升了,只不过是由于地主地产的流通,地主阶级的成员发生了变化。[1]

可是这种土地经营制度变动的普遍性趋势,在"二战"以后的许多发达国家发生了变化。不可否认,这些国家的农业经营者比以往更为富裕了,这些国家的租佃制经营却发展了,尤其是在最近一段时间。这除了地租低廉而导致佃户不愿意购买土地的因素外,也是因为土地所有者不愿意出卖土地。土地价格大大高于农业地租的资本化数额,这就表明土地所有者事实上是不愿意出卖土地。在那些人多地少的国家,土地的农用价值相对于它的潜在价值严重偏低。对于农业经营者而言,他们当然不愿以土地潜在价值的价格去购买土地用于农业生产,他们只愿意以农业用地的价格来购买土地。对于土地所有者而言,他们当然不愿意以农业用地的价格来出卖他们的土地,因为这意味着他们会失去实现土

---

[1] Johan. F. M. Swinnen, "Political Reforms, Rural Crises, and Land Tenure in Western Europe", *Food Policy*, Vol. 27, No. 4, pp: 375~378.

地潜在价值的未来机会。另外,许多已经不在农业中就业的人口,出于对未来不确定因素的防范等原因,并不愿意出卖土地。当然,也有许多国家出于对土地所有权集中有可能带来的难以预料的危害,反对或限制土地买卖,限制土地所有权的集中。所有这些因素都会导致土地所有权的流转相当缓慢,这也就意味着难以通过土地所有权的流转来实现农业经营规模的扩大。

在许多西欧大陆国家,例如法国、比利时、荷兰以及德国西部地区,由于法国大革命对贵族地主的打击,以及《拿破仑法典》对分割继承制原则的强调,加上以后这些国家政府对所有权自耕农的扶持,"二战"以前一直是小农占主导的农业结构,土地所有权分散。因而在工业发达的时代,农业发展所面临的主要问题是如何合并过小的农场,提高劳均耕地面积,提高劳均产出。在土地所有者不愿意出卖土地和农业经营者不愿意购买土地的情况下,租佃制的发展有利于农业生产规模的扩大。这种情况在19世纪中后期西欧大陆工业发展较早的比利时就已经出现了。

比利时在法国大革命的时期被并入到法国,封建土地所有制遭到打击,并且由于《拿破仑法典》分割继承制的实施,在19世纪初的时候,很大一部分土地是由耕种者所有的。但是随着工业就业机会的增加,(1880年的比利时农业劳动力比率为29%,同期的荷兰为35%,法国为47%)许多小农离开了农业,作为一种对未来就业机会不确定性的保险措施,他们并不愿意出卖土地,他们往往就把根据分割继承原则而得到的土地出租给他们仍然从事农业的兄弟姐妹,造成了19世纪晚期比利时租佃制比例很高的局面,与其他西欧大陆国家大不相同。[①]

到了"二战"以后,尤其是最近一些年,不少以前盛行小农制的西欧工业发达国家租佃制得到了较大发展,其目的是为了在土地所有权流通受阻的情况下使土地的经营权集中到少数专业的农民之手,以提高土地的利用率,提高农业的劳均产出。旧的租佃制则是在大量人口依靠农业为生的时代土地所有权分配高度不平等的结果。占有大片土地的地主,把土地分割给小佃农耕种(即便是英国的大规模租地农场,相对于地主的大地产还是很小,因而大多数大地产仍然是分割出租),靠收取地租而过上高人一等的生活。新时代的租佃制却是在走向大规模农业经

---

① Johan. F. M. Swinnen, "Political Reforms, Rural Crises, and Land Tenure in Western Europe", *Food Policy*, Vol. 27, No. 4, p. 375.

营时代土地所有权分散的结果,小土地所有者把土地出租给大规模的农业经营者。土地所有人的出租行为,在很多情况下主要是为了使土地能够发挥其农业价值,不至于抛荒,而主要不是为了获取地租收入。在拥有丰富的非农就业机会的情况下,地租剥削的危害已经很低了。新时代租佃制的发展,也主要是租赁部分土地农场数量比例的增加,通过承租一部分土地来扩大农业生产规模,这既可以从农业发达但劳均面积狭小的荷兰农业结构看出来,也可以从土地资源丰富的美国租佃制发展看出来。而在以往土地所有权集中、小农场问题不那么严重(在欧盟范围内而言)的英国[①],通过租佃制来扩大农业经营单位的紧迫性不强,因而即便在最近一些年,租佃制仍然是处于衰落之中,但是处于部分土地租佃经营之下的农地面积比例仍然很高。

总的来说,对于工业发达国家而言,租佃制是在土地所有权流通受阻、地租剥削比重很低的情况下,扩大农业经营规模的一种制度安排,有利于农业生产的进步和土地资源的有效利用。但是在广大的低度发展国家,由于大量的人口还是依靠农业为生,租佃制仍然是农村贫困的重要原因,许多小农渴望得到土地。这里的租佃制模式主要仍然是大地主把土地租给小农,不劳而获,收取高额地租,过着高人一等的生活。即便这些国家租佃经营土地面积比例不高,但是仍然不能掩盖土地所有权分配的贫富悬殊,许多大地主使用无地和少地的廉价雇工经营着巨大的庄园农业,要求土地所有权重新分配的社会压力很大。在这些国家,租佃制的社会经济后果与工业发达国家就会有根本的区别。

那些通过小农制(尤其是所有权自耕农小农制)走向现代化的国家,在工业化走向成熟的时代,由于土地所有权分散,农业经营规模扩大受阻,面临着严重的小农场问题,为提高农村居民人均收入带来很多困难。农业资源也没有得到有效利用,农业逐渐变为副业或老年人的职业。但这毕竟是社会经济成功发展后的新问题,政府和社会为解决这些问题而具有的财政能力已经大为增强。那些低度发展国家因为土地所有权高度不平等而带来的严重政治、经济、社会问题,严重地妨碍了这些国家的健康发展,相对于此,前述小农场问题的严重性就要轻微得多。所有权自耕农小农制曾经为这些国家和地区现代化的健康发展作出了不可磨灭的贡献。因此,根据工业发达时代小农制国家和地区面临的小农

---

① Roger Gibbard, *The Relationship Between European Community Agricultural Structural Policies and Their Implementation and Agricultural Succession and Inheritance within Member States*, p. 24.

场问题来质疑当初耕者有其田土地改革政策必要性的看法，并不符合历史实际。

附表6-3 部分土地租佃制农场在英格兰和威尔士的发展

| 时间 | 所占农场数量的百分比（%） | | | 所占农地面积的百分比（%） | | |
|---|---|---|---|---|---|---|
| | 全部土地租佃制农场 | 部分土地租佃制农场 | 完全自有土地农场 | 全部土地租佃制农场 | 部分土地租佃制农场 | 完全自有土地农场 |
| 1891 | 81.8 | 4.3 | 13.9 | | | |
| 1950 | 48.7 | 14.8 | 36.5 | | | |
| 1960 | 37.1 | 15.6 | 47.3 | 41.6 | 21.7 | 36.7 |
| 1970 | 30.7 | 23.1 | 46.2 | 32.6 | 32.8 | 34.6 |
| 1975 | 25.5 | 30.5 | 44.0 | 27.2 | 40.8 | 32.0 |
| 1980 | 23.3 | 22.7 | 53.9 | 26.8 | 33.9 | 39.4 |
| 1983 | 20.4 | 22.3 | 57.4 | 24.4 | 34.4 | 41.3 |

资料来源：David Grigg, *English Agriculture: A Historical Perspective*, p. 107.

附表6-4 部分西欧国家1880~1997年租佃经营土地面积占所有农业经营面积百分比的变化

| 年度 | 英格兰和威尔士 | 苏格兰 | 爱尔兰 | 法国 | 比利时 | 荷兰 |
|---|---|---|---|---|---|---|
| 1880 | 85（1885） | 92 | 96（1870） | 40 | 64 | 40 |
| 1895 | - | 92 | | 47 | 69 | - |
| 1910 | 89 | 90 | 42 | - | 72 | 53 |
| 1920 | 85 | 87 | 25 | - | - | 48 |
| 1930 | 63 | 70 | 6 | 40 | 62 | 49 |
| 1940 | 66 | 69 | - | - | - | 54 |
| 1950 | 62 | 60 | 5 | 44 | 67 | 56 |
| 1960 | 51 | 49 | 7 | 50 | 68 | 52 |
| 1970 | 46 | 49 | 6 | 48 | 71 | 48 |
| 1980 | 47 | 40 | 8 | 51 | 71 | 41 |
| 1990 | 36 | 40 | 9 | 57 | 67 | 33 |
| 1997 | 33 | 36 | 13 | 58 | 68 | 34 |
| 1880~1997的变化 | -52 | -56 | -83 | +18 | +4 | -6 |

资料来源：Johan. F. M. Swinnen., "Political Reforms, Rural Crises, and Land Tenure in Western Europe", *Food Policy*, Vol. 27, No. 4, p. 373.

附表6-5 20世纪30年代以来欧盟国家佃耕地面积百分比的变化（%）

| | 1930年 | 1975 | 1986 | 1993 | 1995 | 1997 |
|---|---|---|---|---|---|---|
| 欧盟12国 | | | | 40.7 | 41.3 | 41.8 |
| 欧盟15国 | | | | | 40.6 | 41.0 |
| 芬兰 | 2 | | | | 22.1 | 19.8 |
| 瑞典 | 27 | | | | 45.2 | 45.6 |
| 丹麦 | 6 | 14.1 | 18.3 | 21.1 | 22.5 | 24.7 |
| 荷兰 | 51 | 43.7 | 35.3 | 35.4 | 30.3 | 28.3 |
| 比利时 | 59 | 72.9 | 68.3 | 68.2 | 67.7 | 68.1 |
| 卢森堡 | 19 | 41.5 | 48.3 | 52.4 | 52.9 | 53.5 |
| 法国 | 40 | 46.7 | 53.3 | 60.7 | 63.2 | 65.1 |
| 德国 | 14 | 29.0 | 36.4 | 60.1 | 61.9 | 63.0 |
| 奥地利 | 7 | | | 22.0 | 22.8 | |
| 英国 | 62 | 43.6 | 37.4 | 38.1 | 36.3 | 34.8 |
| 爱尔兰 | 2 | 3.6 | 4.0 | 11.9 | 12.4 | 13.3 |
| 西班牙 | 36 | | 30.2 | 27.3 | 27.7 | 27.7 |
| 意大利 | 33 | 17.3 | 20.0 | 22.2 | 21.9 | 21.9 |
| 葡萄牙 | 37 | | 33.7 | 30.4 | 30.4 | 30.4 |
| 希腊 | 8 | | 22.9 | 24.8 | 26.3 | 26.2 |

说明：1930、1975、1986年数据来源于：Roger Gibbard, *The Relationship Between European Community Agricultural Structural Policies and Their Implementation and Agricultural Succession and Inheritance within Member States*, p. 34。1993、1995、1997年的数据来源于：European Commission, Directorate-General for Agriculture, *European Agriculture Entering the 21st Century*, p. 15。此表和上表数据有差距，主要是不同作者所依据的统计资料有所差异，但是大体趋势还是一样的，只有比较细微的差别。

附表6-6 荷兰农场所有制及其变化，占全部农场总数的百分比（%）

| 农场类型 \ 年份 | 1970年 | 1977年 | 1987年 | 1997年 | 1999年 |
|---|---|---|---|---|---|
| 完全自有 | 38.1 | 43.2 | 47.4 | 53.8 | 49.9 |
| 自有80%~100% | 8.8 | 9.4 | 11.2 | 13.8 | 15.0 |
| 自有50%~79% | 14.1 | 14.7 | 15.0 | 12.9 | 14.4 |
| 自有20%~49% | 10.4 | 10.5 | 9.9 | 8.0 | 8.9 |
| 自有少于20% | 6.0 | 5.8 | 5.3 | 4.0 | 4.7 |
| 完全租赁 | 22.6 | 16.4 | 11.2 | 7.5 | 7.1 |

资料来源：转引自厉为民：《荷兰的农业奇迹——一个中国经济学家眼中的荷兰农业》，第13页。

附表 6-7 1910~2009 年美国农业租佃制的发展变化（一）

| | 各种类型所有制的农场数量百分比（%） | | | |
|---|---|---|---|---|
| | 完全自有土地农场 | 部分土地租佃农场 | 经理人所有制农场 | 完全租佃农场 |
| 1910 | 52.7 | 9.3 | 0.9 | 37.0 |
| 1920 | 52.2 | 8.7 | 1.1 | 38.1 |
| 1925 | 52.2 | 8.7 | 0.6 | 38.6 |
| 1930 | 46.3 | 10.4 | 0.9 | 42.4 |
| 1935 | 47.1 | 10.1 | 0.7 | 42.1 |
| 1940 | 50.6 | 10.1 | 0.6 | 38.8 |
| 1945 | 56.4 | 11.3 | 0.7 | 31.7 |
| 1950 | 57.4 | 15.3 | 0.4 | 26.9 |
| 1954 | 57.4 | 18.2 | 0.4 | 24.0 |
| 1959 | 57.1 | 21.9 | 0.6 | 20.5 |
| 1964 | 57.6 | 24.8 | 0.6 | 17.1 |
| 1969 | 62.5 | 24.6 | | 12.9 |
| 1974 | 61.5 | 27.2 | | 11.3 |
| 1978 | 57.8 | 30.2 | | 12.3 |
| 1982 | 59.2 | 29.3 | | 11.6 |
| 1987 | 59.3 | 29.2 | | 11.5 |
| 1992 | 57.7 | 31.0 | | 11.3 |
| 1997 | 55.3 | 35.4 | | 9.3 |
| 1998 | 56.5 | 33.9 | | 9.6 |
| 1999 | 58.3 | 33.9 | | 7.8 |
| 2000 | 57.1 | 34.1 | | 8.2 |
| 2001 | 57.2 | 34.9 | | 8.0 |
| 2002 | 65.9 | 26.7 | | 7.3 |
| 2003 | 62.1 | 31.7 | | 6.1 |
| 2004 | 61.8 | 32.1 | | 6.1 |
| 2005 | 62.3 | 31.1 | | 6.6 |
| 2006 | 62.7 | 31.0 | | 6.3 |
| 2007 | 64.9 | 28.6 | | 6.5 |
| 2008 | 65.7 | 28.3 | | 6.0 |
| 2009 | 65.8 | 28.2 | | 6.0 |

资料来源：U. S. Department of Agriculture National Agricultural Statistics Service, Agricultural Statistics, 2004~2011, *Farm Resources, Income, and Expenses*, p. IX-4.

附表6-8 1910~2009年美国农业租佃制的发展变化（二）

| | 各种类型所有制的农场所占土地面积百分比（%） | | | | 各种租佃土地占所农业总面积百分比（%） |
|---|---|---|---|---|---|
| | 完全自有土地农场所占土地面积 | 部分土地租佃农场所占土地面积 | 经理人所有制农场所占土地面积 | 完全租佃制农场所占土地面积 | |
| 1900 | | | | | 31.6 |
| 1910 | 52.9 | 15.2 | 6.1 | 26.8 | 31.6 |
| 1920 | 48.3 | 18.4 | 5.7 | 27.7 | 33.3 |
| 1925 | 45.4 | 21.3 | 4.7 | 28.7 | 39.0 |
| 1930 | 37.6 | 24.9 | 6.4 | 31.0 | 43.6 |
| 1935 | 37.1 | 25.2 | 5.8 | 31.9 | 44.6 |
| 1940 | 35.9 | 28.2 | 6.5 | 29.4 | 44.0 |
| 1945 | 36.1 | 32.5 | 9.3 | 22.0 | 37.7 |
| 1950 | 36.1 | 36.4 | 9.2 | 18.3 | 35.2 |
| 1954 | 34.2 | 40.7 | 8.6 | 16.5 | 34.9 |
| 1959 | 31.0 | 44.0 | 9.8 | 14.8 | 35.7 |
| 1964 | 28.7 | 48.0 | 10.2 | 13.1 | 35.4 |
| 1969 | 35.3 | 51.8 | | 13.0 | 35.7 |
| 1974 | 35.3 | 52.6 | | 12.0 | 37.4 |
| 1978 | 32.7 | 55.3 | | 12.0 | 39.4 |
| 1982 | 34.7 | 53.8 | | 11.5 | 38.9 |
| 1987 | 32.9 | 53.9 | | 13.2 | 41.7 |
| 1992 | 31.3 | 55.7 | | 13.0 | 42.8 |
| 1997 | 26.7 | 62.2 | | 11.2 | 40.6 |
| 1998 | 28.6 | 60.2 | | 11.2 | |
| 1999 | 25.6 | 60.6 | | 12.8 | |
| 2000 | 26.4 | 62.3 | | 11.4 | |
| 2001 | 24.7 | 61.2 | | 14.2 | |
| 2002 | 29.4 | 56.6 | | 14.0 | 37.7 |
| 2003 | 28.9 | 59.7 | | 11.4 | |
| 2004 | 30.3 | 56.0 | | 13.7 | |
| 2005 | 27.6 | 60.2 | | 12.3 | |
| 2006 | 28.8 | 59.8 | | 11.5 | |
| 2007 | 29.0 | 57.9 | | 13.1 | 38.0 |
| 2008 | 34.0 | 55.3 | | 10.7 | |
| 2009 | 32.0 | 58.2 | | 9.7 | |

资料来源：U. S. Department of Agriculture National Agricultural Statistics Service，Agricultural Statistics，2004~2011，*Farm Resources*，*Income*，*and Expenses*，p. IX-3, 4.

## 二、对新土地占有制经济学挑战的回应

根据本书前面的叙述，除了已经实现工业化的现代经济体，一般而言，按照历史发展的一般规律，随着农民社会地位和经济实力的提高，农民与土地的关系应该是逐步向经营者所有人转化，由分成制佃农过渡到固定地租佃农，最终成为他所经营土地的所有者。以马歇尔、希克斯、舒尔茨为代表的经济学家，在工资劳动、分成租佃制、定额地租、所有权自耕农农业经营方式问题上认为，在对劳动者的激励问题上，自耕农经营最优，定额地租次之，分成租佃制又次之，工资劳动最差，他们尤其反对分成租佃制，认为这是一种效率很低的产权安排，表面上加强了对农民的剥削，实际上由于分成租佃制土地上的农业劳动投入低于定额租佃土地，农业产出减少，最终导致地主收取的地租反而还不如定额地租，事实上地主受到了蒙骗。

"二战"以后，以张五常为代表的新土地占有制经济学对以往的农业租佃理论提出了挑战，这自然也就对"二战"以后一些国家实施的土地改革提出了挑战。张五常等人对传统土地占有制经济学提出了异议。张五常指出，人们经常可以观察到，分成制佃户土地上的农业产出甚至比自耕农和定额租佃土地上的产出更高。张五常认为，如果市场是充分信息、充分竞争的，那么无论是自耕农制，还是定额租佃制、分成制租佃或工资劳动制度，它们所产生的经济效率都是一样的。对租佃市场的任何政府干预都是无效率的。这种经验的观察，消除了用定额租佃制或自耕农经营制度取代分成制是农业生产率迅速增长的前提条件这样一个理论基础，也就对"二战"以后一些国家实行的土地改革政策的必要性提出了挑战。[①] 新土地占有制经济学，尤其是对战后一些国家实施的地租控制的土地改革政策的有效性，提出了强烈质疑。

但是，我们从西方发达国家"二战"以前农业发展所走过的道路来看，农业经营者从分成制佃农、固定地租佃农最终成为他所经营土地的所有者，仍然是普遍发展的规律。[②] 新土地占有制经济学带有浓厚

---

① ［日］速水佑次郎、［美］弗农·拉坦：《农业发展的国际分析》，郭熙保、张进铭等译，北京，中国社会科学出版社，2000年，第263~264页。

② Avner Offer.，"Farm Tenure and Lafnd Values in England，c. 1750~1950"，*The Economic History Review*，New Series，Vol. 44，No. 1，pp: 1~20.

的亚洲味道。① 在亚洲，由于人多地少，农业实施精耕细作，很难对工资劳动者的劳动质量进行监督，因而实施雇佣经营的效率很低，不如实行租佃制经营。② 在租佃制经营中，主要有定额租佃制和分成租佃制。在亚洲的农村，农业劳动者往往非常贫困，在种子、肥料、畜力等方面临较大的困难，很难有发挥佃户企业家才能的机会，也难以独立承担定额租佃制下农业歉收所带来的风险，因而谷物分成租佃制度很盛行。在分成租佃契约上往往规定地主提供种子、肥料、牲畜等重要的生产资料，佃户提供劳动。在这种特殊的社会条件下，分成租佃的土地经营确实有可能比自耕土地或定额租佃土地的经营更好，产量更高，分成租佃这种类似于地主与佃户合伙经营的租佃制度非常有效。

随着经济地位的上升，佃户在购买生产资料、抵御风险等方面的能力大为增加。这为佃户发挥他的企业家经营才干提供了条件。在这个时候，他将不会再愿意地主根据分成租佃制按固定分成分走他生产改进成果的一部分，而是喜欢采用定额地租。在这种情况下，佃户从分成租佃制换取的风险规避价值降低，而开发佃户的生产积极性和企业家经营才能则变得更为重要了。张五常等人阐述分成租佃制的效率来源时，一再强调地主利用佃户之间的市场竞争，来迫使或诱使佃户的劳动投入达到自耕农的劳动投入水平，带有很强的地主强权色彩。因而随着佃户经济地位的改善、抵抗风险能力的增强，分成租佃制会逐步向定额租佃制发展。另外，在农业技术和市场状况变化迅速的时代，分成租佃制会变得越来越缺少效率，一方面较为严格的土地耕作契约束缚了新技术和新方法的及时采用，另一方面农业改良成果被分成会挫伤佃户改善经营的积

---

① ［日］速水佑次郎、［美］弗农·拉坦：《农业发展的国际分析》，郭熙保、张进铭等译，北京，中国社会科学出版社，2000年，第469页。如下文所述，亚洲的大地主并不采用大规模雇佣经营，而是采取分成租佃或定额租佃，也就是说仍然是家庭式经营，土地改革前后的生产经营方式并没有变化，生产要素的投入仍然是一样的，因此农业产出并没有什么变化。只是土地所有权改变了，收入的分配改变了，农民所获得劳动成果更多了。速水佑次郎对于"二战"后日本土地改革所造成的社会政治后果——有利于财富平等和民主制度的稳定——完全同意，但是对于土地改革增进了农业生产力的看法则表示怀疑。由于日本政府在建立社会公共机构支持的农业科研和推广体系方面的得力，以及开展农业合作化运动和建立支持农业的公共信贷体系，"二战"之前的日本农业增长也是很快的（参见［日］速水佑次郎：《发展经济学——从贫困到富裕》，李周译，北京，社会科学文献出版社，2003年，第156~159页）。不过在拉美，大土地所有者往往实行大庄园的经营体制，是粗放经营，而一般农民的经营则是精耕细作，大农场与小农场的单位面积土地产出相差悬殊。实行耕者有其田的土地改革将会导致较大的家庭农场的建立，不仅会增进社会公平和社会稳定，还能够更有效地利用土地，从而提高了农业生产力。

② ［日］速水佑次郎、［美］弗农·拉坦：《农业发展的国际分析》，郭熙保、张进铭等译，北京，中国社会科学出版社，2000年，第471页。

极性。这导致分成租佃制为定额地租所取代。① 这也就是 19 世纪法国的历史发展状况。

但是，新土地占有制经济学对于控制地租的租佃改革的效率的质疑，则值得我们认真对待。我们往往认为，政府可以通过强制性地降低或控制地主对佃户收取的地租，来提高佃户的经济收入，并因此而改善佃户对土地的经营状况。但是这种类型的租佃制改革的有效性令人怀疑。降低地租的租佃改革往往会导致地主收回出租的土地，进行粗放经营，这样尽管会降低土地的农业产出，但是它仍然比减租后的地租收入为高。其结果是，一方面，佃户并没有从中得到好处，他们的劳动力被闲置了，没有得到开发利用以带来收入；② 另一方面，由于地主所采取的上述相应对策，该国的农业生产很可能反而因此还降低了，社会财富减少了。这也就是人们经常在许多第三世界国家所看到的景象。由于地主的势力强大，无法进行土地所有权的再分配，土地所有权高度集中于大地主之手。由于害怕佃户夺取土地的革命危机，地主不愿意进行土地租佃经营。③ 租佃制在许多国家和地区受到限制，这就导致了粗放经营的大农场制度的不合时宜的发展。④

如前所述，在社会上存在大量无地、少地农民的情况下，大农场制度是一种低效率的制度：一方面是大农场土地的粗放经营；一方面是大量闲置的社会劳动力得不到开发利用，被迫在自己的小块土地上进行低效率的耕作。政府为缓和革命危机而被迫实行的降低或控制地租的租佃政策，实际上，又使上述情况进一步恶化，更加导致了大农场制度不合时宜地发展。但这只能是说，降低或控制地租的土地改革很可能是无效的，而不能说耕者有其田的土地改革是没有必要的。事实上，它恰恰表明了实行耕者有其田的土地改革政策的重要性，唯有如此才能够最有效地开发农民的廉价劳动力，以提高农业产出和农民收入，才能促进社会平等和安定。

另外，新土地占有制经济学所讨论的是纯粹的短期经济效率问题，而不涉及社会公正、社会安定等诸问题，也没有充分考虑长期的经济发展问题。而"二战"后的土地改革并不仅仅是一个短期的经济效率问题，还考

---

① ［日］速水佑次郎、［美］弗农·拉坦：《农业发展的国际分析》，郭熙保、张进铭等译，北京，中国社会科学出版社，2000 年，第 471 页。
② 当然并不否认有许多佃农确实从减租改革中得到了好处。
③ 人们通常认为租佃制的不劳而获比雇工经营更加令人憎恨。
④ ［日］速水佑次郎、［美］弗农·拉坦：《农业发展的国际分析》，郭熙保、张进铭等译，北京，中国社会科学出版社，2000 年，第 470~471 页。

虑到了社会公正与平等，以及由此带来的社会安定，并且还要考虑长期的社会经济发展问题。减租改革和耕者有其田的改革，促进了社会平等和价值观念的改变，也促进了社会安定。一个财富分配平等的社会更有利于长期的社会稳定，有利于工业化初期国内市场的开发，以及社会经济的长期健康发展。"二战"以后，实行了比较彻底的耕者有其田的土地改革的国家和地区，取得了很好的社会经济发展，而在土地改革很不彻底的拉美国家，经济发展缺少后劲，社会动荡不安，部分地造成了20世纪80年代以来拉美国家的发展停滞和社会危机。① 这种不同土地占有制度所产生的复杂的社会政治经济后果，并不是纯粹的短期均衡经济理论所能够考虑的。不同土地占有制度的纯粹经济学上的相同的短期经济效率，产生的却是非常不一样的长期社会政治经济后果。

按照张五常和布伦纳等人的看法，尽管租佃制下的佃农为防止地租的上涨不愿意尽可能地改善生产，但是地主可以通过土地资源的稀缺性和佃户之间的竞争来迫使佃户改善生产。不过张五常等人的理论是建立在充分信息竞争市场假设之上的，在农业社会中往往并不存在，人们看到的更多的是佃农农业改良积极性的降低。如果说在非农业就业机会稀缺的时代，地主可以利用自己的优势地位迫使佃户改善生产，迫使佃农的经营水平达到甚至超过自耕农的经营水平，克服了租佃制带来的低效率，那么，到了工业革命的成熟阶段，也就是在近代英国的那种情况下，地主就丧失了这种市场权力，租佃制的低效率就显露无遗了。

至于近些年来中国台湾等曾经禁止租佃制地区重新允许租佃制，这主要是因为许多小土地所有者一方面把农业当作副业，未能充分利用宝贵的土地资源，同时又不愿意出卖土地。允许租佃经营，使土地的经营权集中到少数专业的农业经营者之手，是为了提高耕地的利用率。与此同时，由于非农业就业机会的大为增加，地主利用土地所有权的垄断地位残酷剥削佃户的社会经济条件，已经不复存在，农业地租已经变得微不足道，也就是说当年进行反对租佃制的土地改革的社会经济原因已经不复存在。② 在许多西欧大陆国家，"二战"以前一直是小农占主导的农业结构，土地所有权分散，在"二战"后工业化高度发展的新时代，农业发展所面临的主要问题是如何合并过小的农场，提高劳均耕地面

---

① 董正华等：《透视东亚"奇迹"》，上海，学林出版社，第105～106页。
② 参见李国鼎：《台湾的现代农业》，南京，东南大学出版社，1996年，第77～78页。

积，提高劳均产出。在人们不愿意出卖土地，或土地价格大大高于农业地租资本化数额导致农业经营者无力购买土地所有权的情况下，租佃制的发展有利于农业生产规模的扩大。

但是，人们不能够根据工业化成功后的新情况来否定中国台湾等地当年实施耕者有其田土地改革的必要性。耕者有其田的土地改革曾经极大地提高了农业生产力，提高了农民的收入和社会地位，为台湾等地的经济发展和社会平等作出了重要贡献。① 在不考虑工业化高度发展之后中国台湾地区及西欧大陆国家的上述特殊的社会经济条件下，就纯粹经济效率而言，耕者有其田仍然是最有效率的产权安排。因而除了最近时代的发展之外，西欧国家土地所有权结构的总的发展趋势一直是向耕者有其田发展，在小农场问题不那么严重的英国尤其如此。

## 附录7  欧美发达国家家庭农场制度的最新变化

### 一、欧美国家家庭农场面临的新挑战

尽管我们不能够说发达国家农业的最近发展就是其他国家未来农业发展的方向，我们还是可以从中看出一些未来农业组织形式发展的端倪，为发展中国家未来农业的发展提供一些参考。

1986年，美国技术评估办公室（Office of Technology Assessment 简称OTA）的一份报告指出，随着生物技术的进步，到2000年的时候，美国以中等农场为基础的大中小农场分布的农业结构将会改变，大农场将会在农业生产中占绝对优势。约5万个巨型农场将会创造出3/4左右的农业产出，这些农场由受过良好教育的全职的农业经理人员经营，土地是租佃经营的。② 这份报告被很多人解读为占美国农业主导地位的美国家庭农场即将衰落。19世纪晚期以来，西北欧国家通过合作社组织起来的家庭农场一度打败了雇佣型大农场，但是到了20世纪80年代以后，合作社陷入危机，而公司农

---

① 参见李国鼎：《台湾的现代农业》，南京，东南大学出版社，1996年，第65~70页。

② Office of Technology Assessment (OTA), *Technology, Public Policy, and the Changing Structure of American Agriculture*, pp: 9, 20, 285.

场却兴盛起来。① 就20世纪90年代以来的欧盟国家农业劳动力的构成变化而言，雇佣劳动力的比例确实有所增长，尤其是在一些农业出口大国，如法国与荷兰两国农业雇佣劳动力比例有较大增长，这就更让人感觉到雇佣农场的相对优势，从而对家庭农场经营的效率提出怀疑。尤其是在水产养殖、集约型畜牧业和温室园艺业部门，雇佣经营在最近一些年有较大发展，有演化成工业化农场的倾向。② 一时间，人们似乎又在谈论家庭农场在未来的衰落了。

**附表7-1  1986年美国技术评估办公室对美国2000年农场结构的预测**

| 农场类型（以年销售额划分） | 1982年 | | | 2000年 | | |
|---|---|---|---|---|---|---|
| | 农场数量（万个） | 农场数量百分比 | 销售总额百分比 | 农场数量（万个） | 农场数量百分比 | 销售总额百分比 |
| 小农场和兼业农场<br>小农场（少于2万美元）<br>兼业农场（2万~9.9万美元） | 约193.69<br>约135.53<br>约58.14 | 86.5%<br>60.6%<br>25.9% | 37.3%<br>5.5%<br>21.8% | 约100.02 | 80.0% | |
| 中型农场（10万~19.9万美元） | 约10.7 | 8.1% | 19.1% | 约7.5 | 6.0% | |
| 大农场和巨型农场<br>大农场（20万~49.9万美元）<br>巨型农场（超过50万美元） | 约12.17<br>约9.39<br>约2.78 | 5.4%<br>4.2%<br>1.2% | 53.5%<br>21.0%<br>32.5% | 约17.5<br>约5.0 | 14.0% | 约75% |
| 总计 | 约223.93 | 100.0% | 100.0% | 约128.02 | 100.0% | 100.0% |

资料来源：Office of Technology Assessment (OTA), *Technology, Public Policy, and the Changing Structure of American Agriculture*, pp. 8~9。根据两页中的表格部分内容合并而成，也考虑了文中所提到的数据。

**附表7-2  老欧盟15国1989~2007年农业雇佣劳动力百分比变化（%）**

| 国别 | 雇佣劳动力百分比变化 | | | | | | | |
|---|---|---|---|---|---|---|---|---|
| | 1989 | 1993 | 1995 | 1997 | 2000 | 2003 | 2005 | 2007 |
| EU-15 | | | 18.9 | 20.9 | 26.6 | 26.6 | 27.8 | 28.3 |
| 芬兰 | | | 3.8 | 5.1 | 15.6 | 16.1 | 15.8 | 17.2 |
| 瑞典 | | | 25.8 | 24.7 | 24.3 | | | |

---

① 对于这个问题，笔者要感谢秦晖教授的提醒。秦晖教授还谈到苏联和东欧社会主义国家在解散集体农庄后，家庭农场的发展并没有呈现出预期的那样好，真正促使这些国家摆脱农业困境的是公司型的大农场，尽管农业公司的形式多种多样。在谈到东欧国家家庭农场发展不尽如人意的时候，秦晖教授指出，这些国家缺少适合于家庭农场发展的技术条件，那里的农业机械大都是按照过去的大型集体农场设计的，无法在家庭农场的范围内发挥效益。

② [荷兰] L. 道欧、J. 鲍雅朴主编：《荷兰农业的勃兴》，厉为民等译，北京，中国农业科学技术出版社，2003年，第112页。

续表

| 国别 | 雇佣劳动力百分比变化 | | | | | | | |
|---|---|---|---|---|---|---|---|---|
| | 1989 | 1993 | 1995 | 1997 | 2000 | 2003 | 2005 | 2007 |
| 丹麦 | 25.0 | 26.5 | 36.5 | 39.6 | 29.6 | 34.5 | 36.8 | 38.8 |
| 荷兰 | 22.9 | 25.4 | 27.6 | 26.4 | 33.3 | 37.0 | 37.0 | 39.2 |
| 比利时 | 7.3 | 9.1 | 11.0 | 13.0 | 15.0 | 18.1 | 19.6 | 20.5 |
| 卢森堡 | 9.7 | 11.9 | 12.9 | 13.5 | 15.6 | 15.2 | 16.5 | 15.2 |
| 德国 | 36.8 | 25.7 | 24.8 | 28.0 | 30.4 | 27.6 | 30.0 | 31.3 |
| 奥地利 | | | 8.7 | 11.0 | 8.1 | 9.5 | 10.6 | 12.2 |
| 爱尔兰 | 6.2 | 6.7 | 7.7 | 6.9 | 7.4 | 7.1 | 7.0 | 7.3 |
| 英国 | 39.0 | 38.3 | 35.0 | 38.7 | 34.6 | 31.3 | 31.4 | 32.9 |
| 法国 | 17.4 | 19.5 | 21.1 | 23.3 | 49.1 | 47.7 | 50.6 | 53.2 |
| 葡萄牙 | 14.9 | 15.8 | 16.2 | 17.8 | 18.2 | 17.8 | 17.2 | 18.0 |
| 西班牙 | 25.3 | 24.3 | 26.4 | 30.6 | 34.2 | 34.6 | 34.5 | 35.3 |
| 意大利 | 16.9 | 14.4 | 14.2 | 14.6 | 15.1 | 16.3 | 18.1 | 16.2 |
| 希腊 | 8.0 | 11.3 | 12.8 | 12.4 | 14.2 | 19.1 | 18.0 | 17.8 |

说明：以年劳动投入量为单位，包括季节性雇工。

1989～2000 年的数据来源于 European Commission, *Employment in Agriculture: Breakdown by Type of Labour*. http://europa.eu.int/comm/agriculture/agrista/2003/table_en/en351.htm; 2003～2005 年数据来源于 European Commission Directorate-General for Agriculture and Rural Development, *Agriculture in European Union: Statistic and Information* 2010, http://ec.europa.eu/agriculture/agrista/2010/table_en/2010enfinal.pdf.

我们已经知道，直到现在为止，家庭农场制度在农业部门的主导地位，主要是由于农业生产的特殊性使得农业部门的劳动监督成本很高，规模效益很低，不足以支付雇佣经营所必须付出的制度成本。造成这种结果的一个原因是，农业生产是在一个广阔的空间进行，从而难以对雇佣劳动进行监督。但是，随着农业的"产业升级"，种植业和粗放型的畜牧业在农业产值和劳动力就业的比重中日益减少，而水产养殖、集约型畜牧业和温室园艺业的比重日益增加。这些部门的农业生产可以集中在一个较为紧凑的空间进行，从而降低了劳动监督的成本。另外，由于农业生产的季节性，农业部门的劳动者不得不在不同季节从事不同的劳动，分工合作特性不强，也造成了雇佣型大规模经营的规模效益低下。但是在现代生物技术条件下，在上述水产养殖、集约型畜牧业和温室园艺业部门，生产的季节性已经大为减弱，使得较长时期的专业分工成为可能，这就提高了分工合作的范围，也就提高了规模经营效益。使得农业生产中劳动监督成本高昂的另一个原因是农业生产的非标准化，农业生产受制于无数随时改变的情况，要求劳动者悉心照料，随时根据变化了的情况迅速作出决策，要求劳动者要有高度的责任心，在这种情况下，雇佣劳动人员显然不如自我雇佣的家庭劳动者。但是随着现代生物技术的进步，对于环境和生物生长及活动的控制程度增加，劳动变得"简单化"了。这就降低了对劳动者责任心的要求，也就降低了雇佣劳动相对于家庭自我雇佣劳动的劣势，也就提高了规模经营效益。20世纪90年代美国大规模养猪业的发展就是一个很好的例子。由于采用抗生素注射和温度控制等手段，猪的饲养突然之间不再需要农场主拥有高超的技能和精心的照料了，养猪变成了一种简单的低工资工作。这就给小经营者造成了极大的压力。[1]

总的来说，生物技术的发展，确实使得许多以往导致农业生产不便于采用雇佣劳动的特性削弱了，提高了雇佣劳动的效率，使得西方发达国家最近一些年的农业雇佣经营有一定的发展，在一些部门中对家庭农场的主导地位构成了冲击。生物技术的发展对未来农业生产的组织形式到底会产生多大的影响，我们现在还不可能作出准确的估计。不过我们也应当注意到，尽管美国技术评估办公室认为，到2000年的时候，美国农业产值的3/4将会由5万个由专业管理人员经营的大型农场创造，但是从美国农业部门年劳动力投入单位的构成变化来看，并不能看出雇佣经营明显增长的趋势。就传统的农业生产部门——大田作物和放牧型畜牧业——而言，劳动监督成本高昂的特性，恐怕还是难以得到较大改观。因而在可以预见的将来，仍将会是家庭经营占主导地位的状况。特别是由于环保主义运动的发展，人们追求绿色食品，反对人造食品和密集型牲畜与家禽饲养，也就使得试图通过工厂式方法生产人造食品的技术发展受阻，使得大规模的密集型牲畜与家禽饲养的发展因为卫生问题而受到谴责和阻挠。另外，我们也必须注意到，新近发展起来许多由管理人员经营的大型农业公司（包括大型饲养企业），所采用的手段是公司加农户的长期契约承包生产方式。[2] 尽管各个农户失去了独立性，不再直接面向市场，但是在最基础的农业经营活动中，仍然是保存了家庭农场的生产方式，仍然是商业资本主义的生产组织形式，而不是真正意义上的雇佣型大生产。另外，对于20世纪90年代以来欧盟国家农业雇佣劳动比例的上升，应当注意到欧盟扩展的影响。欧盟的扩展，使得为数不少的南欧

---

[1] Jedediah Purdy：《美国农业新文化》，载《交流》2002年第4期，第12~13页。
[2] Jedediah Purdy：《美国农业新文化》，载《交流》2002年第4期，第13页。

和东欧国家的低工资劳动力进入西北欧国家，外来移民所带来的廉价农业劳动力使得西北欧国家的农业雇佣经营有利可图。其实，无论是在欧洲还是北美，外来廉价劳动力都占农业雇佣劳动力的相当比重。这就使得最近一些年来西方发达国家农业雇佣经营的发展与历史上的"廉价劳动力模式"（当社会上存在大量廉价劳动力的时候，雇佣农场制度兴盛，反之则衰落）非常近似。

就1986年美国技术评估办公室对未来农场结构的预测而言，一方面它确实认为未来的美国中型农场将会衰落，另一方面它并没有说这些大农场是依靠雇佣经营组织起来的。正如以往19世纪末以来西方发达国家的农业发展一样，农场规模的扩大并不意味着雇佣经营的扩展，很有可能这是家庭农场经营基础上的规模扩大，随着农场经营规模的扩大，雇佣劳动力的比例反而下降了。以20世纪80年代的美国公司型大农场而言，它实际上是由家庭农场联合起来的，而不是我们通常所认为的工厂式组织的大规模生产。20世纪90年代的许多大型农业公司，在最基本的农业生产活动中，仍然是家庭农场基础上的。

总的来说，只要农业部门劳动监督成本高，而规模效益低，并且在家庭农场组织的形势下能够采用大部分的农业新技术，家庭农场在农业部门的主导地位就难以撼动。

近些年来，西欧和北美国家农业发展的一个突出现象就是兼业农民比例的增长，以及农业劳动力中老年人比例的增长，在农场规模偏小的国家尤其如此。随着社会劳动力价格的提高，迫切要求农业生产者扩大规模，提高劳动生产率，以便提高农业经营者的人均收入，争取跟上其他部门的人均收入。由于农业生产资料——土地的不可再生性，农业经营规模的扩大只能采取兼并的手段，但是在纯粹市场机制下，农场规模的扩大往往是滞后的，这就会造成农业部门的劳均收入增长较慢，迫使农业劳动者实施兼业经营，或者主要是由家庭的老年人来经营。兼业经营的好处是提高了农业经营者的收入水平，减轻了政府的农业补贴负担。但另一方面却是阻碍了农业部门劳动生产率的提高，并且由于兼业经营，很多人把农业当作副业，导致了本国农业资源利用效率的下降。

在家庭农场的经营体制下，"解雇"过多的农业劳动力确实会面临更多的困难，一个家庭农场经营者退出农业生产确实比一个雇佣劳动者退出农业生产更为痛苦。对此，我们一方面必须尊重农业劳动者的自由选择，也就是说主要依靠市场的方式来逐步解决这些问题，另一方面也应当认识到纯粹市场机制的滞后性，这就要求制度创新，政府采取积极的措施促进农场经营规模的扩大，建立有效的小农场退出机制，以便使土地尽可能地由专职的农业者经营，以提高农业经营者的人均收入，提高农业资源的利用效率。

为了促进农场的合并，许多国家为农场兼并提供长期贷款，并且对出卖土地退出农业经营的行为采取实质性的鼓励政策，如建立农场主的退休机制，提供职业培训，以帮助退出农业部门的人们就业。另一个重大政策就是鼓励"新型租佃制"的发展，以便在土地所有权流通受阻（很多人不愿意出卖土地）或不改变土地所有权结构的情况下，把分散的农业用地通过出租集中到少数专业的农业经营者手中，以提高农业劳动生产率和土地利用效率。

附表 7-3  1995~2001 年美国农业劳动力构成变化

|  | 自我雇佣和不带薪酬的劳动力 | 雇佣劳动力 |
|---|---|---|
| 1995 | 1 967 100 | 868 500 |
| 1996 | 2 010 000 | 832 000 |
| 1997 | 1 989 900 | 876 500 |
| 1998 | 1 946 600 | 879 500 |
| 1999 | 2 048 400 | 929 000 |
| 2000 | 2 062 300 | 890 300 |
| 2001 | 2 049 800 | 873 300 |

资料来源：U. S. Department of Agriculture National Agricultural Statistics Service, *Agricultural Statistics 2004/ Chapter IX: Farm resources, Income, and Expenses*, p. IX-13.

说明：1995 年以前，以及 2002 年以后的统计方式有所改变，不好对比，故没有录入。

附表 7-4  20 世纪晚期欧盟各国农场平均规模的变化，以及 1992 年年龄超过 55 岁的农场主百分比

|  | 平均农场面积变化（公顷） | | | 平均农场产出（以 ESU 为单位）（1ESU = 1200 欧元） | | | 年龄超过 55 岁的农场主百分比（％） |
|---|---|---|---|---|---|---|---|
|  | 1987 | 1997 | 2000 | 1989~1990 | 1993 | 1997 | 1992 年 |
| 欧盟 12 国 |  | 18.4 | 18.7 | 11.4 | 14.3 | 16.7 |  |
| 欧盟 15 国 | 13.3 | 18.4 | 18.7 |  |  | 16.7 |  |
| 芬兰 |  | 23.7 | 27.3 |  |  | 23.5 | 37.0 |
| 瑞典 |  | 34.7 | 37.8 |  |  | 22.8 | 37.0 |
| 丹麦 | 32.2 | 42.8 | 45.7 | 37.3 | 51.7 | 57.2 | 26.8 |
| 荷兰 | 15.3 | 18.6 | 12.0 | 51.6 | 69.1 | 84.1 | 17.4 |

续表

| | 平均农场面积变化（公顷） | | | 平均农场产出（以 ESU 为单位）（1ESU = 1200 欧元） | | | 年龄超过 55 岁的农场主百分比（%） |
|---|---|---|---|---|---|---|---|
| | 1987 | 1997 | 2000 | 1989~1990 | 1993 | 1997 | 1992 年 |
| 比利时 | 14.8 | 20.6 | 22.6 | 28.2 | 39.1 | 46.9 | 25.0 |
| 卢森堡 | 30.2 | 42.5 | 45.3 | 22.8 | 29.1 | 35.0 | 21.7 |
| 德国 | 16.8 | 32.1 | 36.3 | 18.3 | 28.0 | 32.4 | 30.8 |
| 奥地利 | | 16.3 | 17.0 | | | 11.6 | |
| 爱尔兰 | 22.7 | 29.4 | 31.4 | 11.6 | 15.0 | 18.7 | 32.4 |
| 联合王国 | 64.4 | 69.3 | 67.7 | 35.4 | 38.0 | 47.7 | 23.6 |
| 法国 | 28.6 | 41.7 | 42.0 | 23.7 | 29.2 | 35.3 | 27.3 |
| 葡萄牙 | 5.2 | 9.2 | 9.3 | 3.9 | 5.0 | 6.6 | 37.0 |
| 西班牙 | 13.8 | 21.2 | 20.3 | 5.6 | 8.3 | 10.6 | 32.5 |
| 意大利 | 5.6 | 6.4 | 6.1 | 7.5 | 7.6 | 8.0 | 30.5 |
| 希腊 | 4.0 | 4.3 | 4.4 | 4.4 | 6.2 | 5.8 | 36.4 |

资料来源：平均农场面积变化数据来源于：European Commission, *Farm structures: Number and Area of Holdings*。平均农场产出数据来源于：European Commission, Directorate-General for Agriculture, *European Agriculture Entering the 21st Century*, p. 13。年龄超过 55 岁的农场主百分比数据来源于：Roger Gibbard, *The Relationship Between European Community Agricultural Structural Policies and Their Implementation and Agricultural Succession and Inheritance within Member States*, p. 31.

说明：从中可以看出，农场经营规模小（按平均每个农场的产出划分）的国家，农业从业人员中的老年人比例偏大。

## 二、欧美国家农业合作社面临的新挑战

19 世纪末到 20 世纪初，北欧国家通过合作社组织起来的家庭农场打败了雇佣型大农场的经营方式，甚至部分地取代了公司加农户的生产组织形式，使得农民免受中间商的残酷剥削。农业合作社无论是在生产还是在加工销售方面，均占有相当的市场份额，有时甚至是绝大部分的市场份额。在爱尔兰和北欧、西欧大陆那些家庭农场占重要地位有着很强的合作传统的国家，农业合作社占有十分重要的地位。在美国和英国这样的农场规模相对较大的国家，以及缺少合作传统的南欧国家，农业合作社在农业生产中的地位则相对较低。当然，农业合作社在英国的相对不发达，除了其农场规模相对较大之外，也与英国政府的政策更多的偏向于单个的农场主而不是组织起来的农场主，英国农场主具有强烈的个人主义、缺少合作传统有关。英国农业合作社相对不发达也与英国农

业的出口特性较差有关。① 就以产值计算的农场规模而言，在最近一些年，丹麦与荷兰的农场规模并不亚于英国，但是由于丹麦与荷兰两国均是农业出口大国，为了能够参与国际竞争，农场主之间必须通力合作。农业生产的地区专业化，以及农场规模的均衡分布（由于一人一票制的运营方式，大农场和小农场并存的结构不利于合作社的运行），也是合作社发达的重要原因。

附表7-5　欧盟国家农业合作社的市场份额百分比（%）

| 国家 | 奶制品 | 果类和蔬菜 | 肉类 | 生产资料 | 信贷 | 谷物 |
|---|---|---|---|---|---|---|
| 芬兰 | 94 | - | 68 | 40~60 | 34 | - |
| 瑞典 | 99 | 60 | 79~81 | 75 | | 75 |
| 丹麦 | 93 | 20~25 | 66~93 | 64~59 | | 87 |
| 荷兰 | 82 | 70~96 | 35 | 40~50 | 84 | - |
| 比利时 | 50 | 70~90 | 20~30 | | | |
| 卢森堡 | 80 | - | 25~30 | 75~95 | | 70 |
| 德国 | 55~60 | 60 | 30 | 50~60 | | - |
| 奥地利 | 90 | | 50 | - | | 60 |
| 法国 | 49 | 35~50 | 27~88 | 50~60 | | 75 |
| 爱尔兰 | 100 | - | 30~70 | 70 | | 69 |
| 英国 | 98 | 35~45 | 约20 | 20~25 | | 20 |
| 葡萄牙 | 83~90 | 35 | - | - | | - |
| 西班牙 | 35 | 15~40 | 20 | - | | 20 |
| 意大利 | 38 | 41 | 10~15 | 15 | | 15 |
| 希腊 | 20 | 12~51 | 5~30 | | | 49 |

资料来源：Onno-Frank van Bekkum and Gert van Dijk, eds, *Agricultural Co-operatives in the European Union*, p. 29.

附表7-6　美国农业合作社在销售和购买中的市场百分比（%）

| 项目 | 1973年 | 1985年 | 项目 | 1973年 | 1985年 |
|---|---|---|---|---|---|
| 出口比例（全部农产品） | | 11.7 | 销售比例（全部农产品） | 23 | 28 |
| 干果及其加工品 | | 40.8 | 奶制品 | 76 | 78 |
| 水果及其加工品 | | 31.8 | 谷物和大豆 | 29 | 33 |
| 棉花 | | 25.0 | 棉花 | 21 | 33 |
| 谷物及其加工品 | | 14.9 | 果类和蔬菜 | 23 | 17 |

---

① Onno-Frank van Bekkum and Gert van Dijk, eds, *Agricultural Co-operatives in the European Union*, pp: 156~157.

续表

| 项目＼年份 | 1973 年 | 1985 年 | 项目＼年份 | 1973 年 | 1985 年 |
|---|---|---|---|---|---|
| 油料及其加工品 | | 8.7 | 畜产和羊毛 | 9 | 8 |
| 购买比例（全部农资投入） | 23 | 26 | 家禽 | 7 | 8 |
| 石油 | 38 | 44 | | | |
| 肥料 | 36 | 44 | | | |
| 农业化学用品 | 19 | 29 | | | |
| 饲料 | 18 | 16 | | | |
| 种子 | 17 | 15 | | | |

资料来源：David W. Cobia, *Cooperatives in Agriculture*, pp: 51~52, 58.

我们必须承认，合作社并非万能，究竟是采取工厂式生产的组织形式，还是采取公司加农户的商业资本主义形式，还是农民的合作社，还必须根据农场经营的规模、所经营的产品性质等情况作出选择。究竟采取哪一种生产、加工和销售的组织形式，主要还是一个交易成本的问题。对于极少数监督成本低而规模效益高的农业经营（主要指最基层的农业生产），采用工厂式的大生产可能比较有利。对于那些在最基础的生产中监督成本高，却几乎每天都要进行生产、迅速加工和迅速销售产品的行业，如荷兰的花卉种植行业，各国的乳品业，集生产和销售为一体的合作社生产、加工、销售组织形式可能比较有利。而对于那些不需要生产者和加工者、销售者经常打交道的行业，例如粮食种植业，棉花种植业，甚至包括肉类生产行业，公司加农户的商业资本主义经营模式或松散的合作社组织或许更为灵活。

20 世纪 80 年代以来，随着西方国家新自由主义改革的推进，西方国家的农业合作社面临着很大的挑战，许多大型农业公司（如前所述，这些农业公司大多是按照公司加农户的方式组织起来的）展现出了很大的优势，农业合作社在适应日益变化的市场营销方面，以及为合作社成员提供技术咨询等服务方面，显得力不从心，无法与大型农业公司和大型零售企业相竞争。与此同时，西方国家农民的合作精神也出现了危机。①

在新自由主义经济学看来，合作社的组织具有很大的缺陷，导致它的

---

① 关于丹麦和荷兰的农业合作社所面临的挑战，可以参见［丹麦］J. 克里斯滕森：《丹麦农业现代化历程》，田晓光译，天津，天津大学出版社，1992 年，第 171~183 页；［荷兰］L. 道欧、J. 鲍雅朴主编：《荷兰农业的勃兴》，厉为民等译，北京，中国农业科学技术出版社，2003 年，第 130~131 页。

效率偏低。按照各国的合作社法律,合作社实行一人一票制的大民主管理方式,从而有利于中小社员利益的保护。合作社的管理人员只能严格按照合作社的集体决议开展各项活动,以使合作社真正做到为社员所拥有、为社员利益服务、由社员管理。合作社必须是开放的,任何符合条件的人都可以申请加入,不得拒绝,社员也有自由退出权,只要提前一段时间通知合作社。因而合作社的运行与普通资本主义企业有相当大的区别,同时也就会面临一系列的问题。①

由于社员可以在任何时候自由加入和退出,这就会使合作社的运行面临经济学上的"搭便车问题"(机会主义者),大家都只想享用合作社所提供的服务,却不想为合作社的运营改善付出努力,尤其是在合作社的文化精神衰退的时代更是如此。既然可以自由加入和退出,当合作社运营良好的时候,外部的成员就有权加入,这就意味着它可以免费得到其他人努力经营合作社所带来的好处,而对于那些原来的成员来说,他们努力经营合作社的经济成果无法为自己所占有,这也就会打击合作社成员的积极性。一些社员的过分自私自利的机会主义行径,往往会导致合作社的瓦解。以销售为例,凭单个农户的力量难以打开国际市场,这时候合作社的形式就非常有效,依靠合作的力量能够打开异国的销路。经过一段时间的努力后,合作社取得了成功,取得了很好的销路,这时候就会有许多外面的农户要求加入进来,他们也可以按照同样的价格出售他们的农产品,这意味着他们免费得到了以前社员努力经营的收益,意味着以前的社员无法充分享用他们努力经营所带的收益,这当然会影响社员的积极性。另一方面,由于自由退出机制,也会导致少数人为了谋求更高的短时利润而绕过合作社组织,最终导致合作社的瓦解。譬如说,一个荷兰的园艺作物合作社,通过合作社的组织形式向英国出口装饰花木,经过几年的努力,这些装饰花木在英国获得了极好的口碑,英国的消费者愿意付出比合作社产品更高的价格进行购买,由于合作社早已经与购买方签订了合同,不能够提高价格,要求社员以原来的价格向购买方供货,因而有少数社员就不愿意以原来的价格向合作社供货,最后导致合作社营销组织在英国市场消失,

---

① 下文的内容多取自:布达佩斯农业合作社讨论会: *Promotion of Rural Development Through Agricultural Co-operatives*, 2001; United States Department of Agriculture, *Cooperative Information Report 60: Agricultural Cooperatives in the 21$^{st}$ Century*, 2002, www. rurdev. usda. gov/rbs/pub/cir-60. pdf. Olle Hkellius, "How Will European Farmer Cooperatives Cope with the Challenges of Today and Tomorrow?", LTA 4/99, pp: 471 ~ 489. http: //lta. hse. fi/1999/4/lta_ 1999 _ 04 _ a9. pdf. Svein Ole Borgen, "Rethinking Incentive Problems in Cooperative Organizations", Journal of *Socio-Economics*, Vol. 33, No. 4, pp: 383 ~ 393.

再也没有恢复过来。① 即便是没有临时加入和退出的情况，合作社仍然具有"搭便车问题"。合作社以同样的条件为每一个社员提供平等的服务，这就意味着那些没有为合作社尽力的人也可以获得同样的服务，这也就会打击现有合作社成员的积极性。

简单说来，合作社的组织运行方式，具有一定程度的"产权不清晰"（这里的"产权"是从最广泛的意义上来说的，也就是获取收益的权利）和"吃大锅饭"的问题，因而在那些缺少合作文化传统（用现在流行的说法就是缺少社会资本）的国家，合作社运动就难以展开。20世纪初的丹麦农民就把他们合作化的巨大成就归功于丹麦民族的合作传统。②

面对日益激烈的国际市场，合作社必须扩大规模以提高竞争力。但是合作社的组织形式，并不利于它的扩张，并且随着合作社组织的扩大，合作社很可能会日益脱离自己的成员，变成具有垄断地位的普通资本主义企业，合作社成员会逐渐失去对合作社企业的影响力，从而部分地改变了合作社的性质，合作社的成员便不再感到自己是合作社的主人，而是感到自己只不过是为一个未知的买主从事生产的劳动者。③ 也就会类似于公司加农户的组织形式，合作社内部的凝聚力下降。

合作社的组织原则也不利于他们从外部进行融资。在一人一票制的原则下，显然是很难获得外部融资的。而一旦按照股份制企业的模式来获取外部的融资，这就会意味着合作社成员丧失对合作社的控制，事实上也就会逐步丧失以往农业合作社的组织特征，这是合作社成员所不愿意看到的。但是在当代农产品销售日益国际化的时代，合作社的组织原则显然难以通过快速融资以适应市场的快速扩张形势。另一方面，由于合作社的大民主管理方式，使得合作社的经理人员近乎于纯粹的社员会议决议的执行者，不具有一般商业企业的 CEO 那种强有力的决策权，从而使得合作社在面临瞬息万变的市场变化面前相对缺乏灵活性。因而合作社在市场营销和农产品加工方面，面临着大型销售企业（如沃尔玛这样的国际零售巨头）、大型农产品加工企业的严重挑战。这些企业按照普通资本主义企业经营原则进行运作，更具灵活性，在融资方面显然更有优势，因而可以在有利的市场条件下得到迅速扩展，挤压农业合作社的市场份额。农业合作

---

① 布达佩斯农业合作社讨论会：*Promotion of Rural Development Through Agricultural Co-operatives*, p. 31.

② Jens Warming, "Danish Agriculture with Special Reference to Cooperation", The Quarterly Journal of *Economics*, Vol. 37, No. 3, 1 p. 505.

③ [丹麦] J. 克里斯滕森：《丹麦农业现代化历程》，田晓文译，天津，天津大学出版社，1992年，第176页。

社的相对衰落，使得农户丧失了以往的许多独立性，难以直接面向市场，成为了大型农产品加工、销售企业、国际零售巨头的附属品，农户的市场地位大为降低。①

尽管农业合作社确实面临不少问题，但是只要农业生产仍然只能是一种分散的小生产（相对于工业中的寡头竞争模式而言），合作社就仍将会是农民适应现代市场经济、提高自身市场交易地位、减少中间商剥削的一种重要生产组织形式。不管是规模日益扩大的家庭农场，还是更大规模的雇佣农场，相对于生物技术公司、农产品加工销售企业、国际零售巨头，都是非常弱小的，为了提高农场主们在市场交易中的地位，通过合作社组织起来，仍然是非常有效的手段。

---

① United States Department of Agriculture, *Cooperative Information Report* 60: *Agricultural Cooperatives in the 21$^{st}$ Century*, www. rurdev. usda. gov/rbs/pub/cir-60. pdf.

# 参考文献

**基本统计资料:**

Cook, Chris. ed., 1999: *The Longman Companion to Britain in the Nineteenth Century*, 1815~1914, London, Longman.

Deane, Phyllis. and Cole, W. A., 1962: *British Economic Growth*, 1688~1959: *Trends and Structure*, Cambridge, Cambridge University Press.

European Commission, 2003: *Employment in Agriculture*: *Breakdown by Type of Labour*, http://europa.eu.int/comm/agriculture/agrista/2003/table_en/en351.htm.

European Commission, 2003: *Farm structures*: *Number and Area of Holdings*, http://europa.eu.int/comm/agriculture/agrista/2003/table_en/en354.htm.

European Commission, Directorate-General for Agriculture, *European Agriculture Entering the 21st Century*, http://europa.eu.int/comm/agriculture/publi/reports/21century/text.pdf.

Great Britain. Ministry of Agriculture, Fisheries and Food., 1968: *A Century of Agricultural Statistics*, *Great Britain*, 1866~1966, London, H. M. S. O.

Mitchell, B. R. and Dean, Ph. eds., 1962: *Abstract of British Historical Statistics*, Cambridge, Cambridge University Press.

Mitchell, B. R. ed., 1975: *European Historical Statistics*, 1750~1970, London, Macmillan.

Mitchell, B. R. ed., 1988: *British Historical Statistics*, Cambridge, Cambridge University Press.

UK. Department for Environment Food and Rural Affairs, *Costs and Volume of Paid Labour Engaged in Agriculture*, http://www.statistics.gov.uk/STAT-

BASE/Expodata/Spreadsheets/D3776. xls.

U. S. Department of Agriculture National Agricultural Statistics Service, Agricultural Statistics 2004~2011, *Farm Resources, Income, and Expenses*, http://www.usda.gov/nass/pubs/agr04/acro04.htm.

**参考著作：**

［德］马克思、恩格斯:《马克思恩格斯全集》, 第 1 版, 中共中央马克思恩格斯列宁斯大林著作编译局编译, 北京, 人民出版社, 1956~1983 年。

［德］马克思、恩格斯:《马克思恩格斯选集》, 第 2 版, 中共中央马克思恩格斯列宁斯大林著作编译局编译, 北京, 人民出版社, 1995 年。

［俄］列宁:《列宁全集》, 第 2 版, 中共中央马克思恩格斯列宁斯大林著作编译局编译, 北京, 人民出版社, 1984~1990 年。

［俄］恰亚诺夫:《农民经济组织》, 萧正洪译, 北京, 中央编译出版社, 1996 年。

［德］考茨基:《土地问题》（上卷）, 岑纪译, 北京, 商务印书馆, 1936 年。

［美］西奥多·舒尔茨:《改造传统农业》, 梁小明译, 北京, 商务印书馆, 1987 年。

［日］速水佑次郎、［美］弗农·拉坦:《农业发展的国际分析》, 郭熙保、张进铭等译, 北京, 中国社会科学出版社, 2000 年。

［日］速水佑次郎:《发展经济学——从贫困到富裕》, 李周译, 北京, 社会科学文献出版社, 2003 年。

［英］弗兰克·艾利思:《农民经济学（第二版）》, 胡景北译, 上海, 上海人民出版社, 2006 年。

［意］齐波拉主编:《欧洲经济史》（第 1~5 卷）, 徐璇等译, 北京, 商务印书馆, 1988~1991 年。

［英］克拉潘:《简明不列颠经济史：从最早时期到一七五０年》, 范定九译, 上海, 上海译文出版社, 1980 年。

［英］克拉潘:《现代英国经济史》（上中下）, 姚曾廙译, 北京, 商务印书馆, 1997 年。

［英］克拉潘:《1815~1914 年法国和德国的经济发展》, 傅梦弼译, 北京, 商务印书馆, 1965 年。

［美］詹姆斯·C·斯科特:《农民的道义经济学——东南亚的反抗与

生存》,程立显、刘建等译,上海,译林出版社,2001年。

[法]马克·布洛赫:《法国农村史》,余中先等译,北京,商务印书馆,1991年。

[法]保尔·芒图:《十八世纪产业革命:英国近代大工业初期的概况》,杨人楩等译,北京,商务印书馆,1983年。

[英]爱德华·汤普森:《共有的习惯》,沈汉、王加丰译,上海,上海人民出版社,2002年。

[法]雷吉娜·佩尔努等:《法国资产阶级史》(上下册),康新义等译,上海,上海译文出版社,1991年。

[英]哈巴库克、波斯坦主编:《剑桥欧洲经济史》(第1~6卷),王春法等译,北京,经济科学出版社,2002年。

[美]道格拉斯·诺斯、罗伯斯·托马斯:《西方世界的兴起》,厉以平、蔡磊译,北京,华夏出版社,1999年。

[美]道格拉斯·诺斯:《经济史的结构与变迁》,陈郁等译,上海,三联书店,1992年。

[法]弗朗索瓦·卡龙:《现代法国经济史》,吴良健、方廷钰译,北京,商务印书馆,1991年。

[美]施莱贝克尔:《美国农业史》,高田译,北京,农业出版社,1981年。

[美]福克纳:《美国经济史》(上),王昆译,北,商务印书馆,1964年。

[日]中村哲:《近代东亚经济的发展和世界市场》,吕永和、陈成译,北京,商务印书馆,1994年。

[丹麦]J.克里斯滕森:《丹麦农业现代化历程》,田晓文译,天津,天津大学出版社,1992年。

[荷兰]L.道欧、J.鲍雅朴主编:《荷兰农业的勃兴》,厉为民等译,北京,中国农业科学技术出版社,2003年。

[美]范里安:《微观经济学:现代观点》,费方域译,上海,上海人民出版社,1994年。

[美]罗纳德·伊兰伯格、罗伯特·史密斯:《现代劳动经济学:理论与公共政策(第六版)》,潘功胜、刘昕译,北京,中国人民大学出版社,2000年。

马克垚:《英国封建社会研究》,北京,北京大学出版社,1993年。

马克垚:《西欧封建经济形态研究》,北京,人民出版社,2002年。

马克垚主编：《中西封建社会比较研究》，上海，学林出版社，1997 年。

阎照祥：《英国贵族史》，北京，人民出版社，2000 年。

金雁、卞悟：《农村公社、改革与革命》，北京，中央编译出版社，1996 年。

秦晖：《问题与主义》，长春，长春出版社，1999 年。

秦晖：《农民中国——历史反思与现实选择》，郑州，河南人民出版社，2003 年。

秦晖、苏文：《田园诗与狂想曲——关中模式与前近代社会的再认识》，北京，中央编译出版社，1996 年。

黄宗智：《华北的小农经济与社会变迁》，北京，中华书局，2000 年。

黄宗智：《中国农村的过密化与现代化——规范认识危机及出路》，上海，上海社会科学院出版社，1992 年。

郭熙保：《农业发展论》，武汉，武汉大学出版社，1995 年。

樊亢、戎殿新主编：《美国农业社会化服务体系——兼论农业合作社》，北京，经济日报出版社，1994 年。

张培刚：《农业与工业化》，武汉，华中科技大学出版社，2002 年。

张培刚主编：《新发展经济学》，郑州，河南人民出版社，1999 年。

林毅夫：《制度、技术与中国农业发展》，上海，上海人民出版社，1994 年。

林毅夫：《再论制度、技术与中国农业发展》，北京，北京大学出版社，2000 年。

蒋孟引：《蒋孟引文集—— 英国历史：从远古到 20 世纪》，南京，南京大学出版社 1995 年。

黄春高：《14～16 世纪英国农民经济——分化与突破》，北京，北京大学 1997 届博士论文。

王觉非主编：《英国政治经济和社会现代化》，南京，南京大学出版社，1989 年。

王养冲编：《阿·索布尔法国大革命史论》，上海，华东师范大学出版社，1984 年。

董正华等：《透视东亚"奇迹"》，上海，学林出版社，1999 年。

许平：《法国农村社会转型研究（19 世纪至 20 世纪初）》，北京，北京大学出版社，2001 年。

杜吟棠主编：《合作社：农业中的现代企业制度》，南昌，江西人民出版社，2002年。

厉为民：《荷兰的农业奇迹——一个中国经济学家眼中的荷兰农业》，北京中国农业科学技术出版社，2003年。

李国鼎：《台湾的现代农业》，南京，东南大学出版社，1996年。

Alavi, Hamza. and Shanin, Teodor. eds., 1982: *Introduction to the Sociology of "Developing Societies"*, London, Macmillan.

Allen, Robert C., 1992: *Enclosure and the Yeoman, The Agricultural Development of the South Midland*, Oxford, Oxford University Press.

Aston, T. H. and Philpin, C. H. E. eds., 1985: *The Brenner Debate: Agrarian Class Structure and Economic Development in Pre-industrial Europe*, Cambridge, Cambridge University Press.

Bolton, J. L., 1980: *The Medieval English Economy, 1150~1500*, London, Rowman & Littlefield.

Campbell, Mildred., 1968: *The English Yeoman under Elizabeth and the Early Stuarts*, New York, A. M. Kelley.

Campbell, M. S. and Overton, Mark. eds., 1991: *Land, Labour and Livestock: Historical Studies in European Agricultural Productivity*, Manchester, Manchester University Press.

Campbell, M. S., 2000: *English Seigniorial Agriculture, 1250~1450*, Cambridge, Cambridge University Press.

Chayanov, A. V., 1966: *A. V. Chayanov on The Theory of Peasant Economy*, ed. By D. Thoner, B. Kerblay, and R. E. F. Smith, Richard D. Irwin, Inc., Homewood, Illinois.

Cobia, David W., 1989: *Cooperatives in Agriculture*, New Jersey, Prentice Hall.

Cramer, Gail L. and Jensen, Clarence W., 1994: *Agricultural Economics and Agribusiness*, New York, Wiley.

Crouzet, Francois., 1990: *Britain Ascendant: Comparative Studies in Franco-British Economic History*, translated by Martin Thom, Cambridge, Cambridge University Press.

Crouzet, Francois. ed., 1993: *The Economic Development of France Since 1870*, Volume 1, Cheltenham, Edward Elgar Publishing Company.

Deane, Phyllis. and Cole, W. A., 1962: *British Economic Growth, 1688~1959: Trends and Structure*, Cambridge, Cambridge University Press.

Duby, Georges. , *Rural Economy and Country Life in the Medieval West*, translated by Cynthia Postan, London, Edward Arnold.

DuPlessis, Robert S. , 1997: *Transitions to Capitalism in Early Modern Europe*, Cambridge, Cambridge University Press.

Dyer, Christopher. , 1980: *Lords and Peasants in a Changing Society: The Estates of the Bishopric of Worcester*, 680 – 1540, Cambridge, Cambridge University Press.

Dyer, Christopher. , 1994: *Standards of Living in the Later Middle Ages: Social Change in English c.* 1200 ~ 1520, Cambridge, Cambridge University Press.

Ellis, Frank. , 1988: *Peasant Economics: Farm Households and Agrarian Development*, Cambridge, Cambridge University Press.

Ernle, Lord. , 1936: *English Farming: Past and Present*, edited by A. D. Hall, London, Longmans, Green and Co.

Fisher, Wolfram. ed. , 1997: *The Economic Development of Germany Since 1870*, Volume 1, Cheltenham, Edward Elgar Publishing Company.

Gonner, E. C. K. , 1912: *Common Land and Enclosure*, London, Macmillan and Co. Limited.

Goodman, David & Redclift, Michael. , 1981: *From Peasant to Proletarian*, Oxford, Basil Blackwell.

Goody, Jack. , Thirsk, Joan. , Thompson, E. p. eds. , 1976: *Family and Inheritance: Rural Society in Western Europe*, 1200 ~ 1800, Cambridge, Cambridge University Press.

Goubert, Pierre. , 1986: *The French Peasantry in the Seventeenth Century*, translated by Ian Patterson, Cambridge, Cambridge University Press.

Gray, Howard Levi. , 1915: *English Field Systems*, Cambridge Mass. , Harvard University Press.

Grigg, David. , 1989: *English Agriculture: A Historical Perspective*, Oxford, Blackwell.

Habakkuk, John. , 1994: *Marriage, Debt, and the Estates System: English Landownership*, 1650 ~ 1950, Oxford, Clarendon Press.

Hammond J. L. and Hammond, Barbara. , 1919: *The Village Labourer*, 1760 ~ 1832, London, Langmans, Green, and Co.

Harriss, John. ed. , 1982: *Rural Development: Theories of Peasant Economy and Agrarian Change, London, Hutchinson.

Harvey, p. D. A. ed., 1984: *The Peasant Land Market in Medieval England*, London, Clarendon Press.

Hatcher, John. and Bailey, Mark., 2001: *Modeling the Middle Ages: The History and Theory of England's Economic Development*, Oxford, Oxford University Press.

Hobsbawm, E. J. ed., 1980: *Peasants in History: Essays in Honour of Daniel Thorner*, Oxford, Oxford University Press.

Hoffman, Philip T., 1996: *Growth in a Traditional Society: The French Countryside*, 1450 ~ 1815, Princeton, N. J., Princeton University Press.

Holderness, B. A. and Turner, Michael. eds., 1991: *Land, Labour, and Agriculture*, 1700 ~ 1920: *Essays for Gordon Mingay*, London, Hambledon Press.

Homans, George Caspar., 1941: *English Villagers of the Thirteenth Century*, Cambridge, Mass., Harvard University Press.

Hussain, Athar & Tribe, Keith., 1983: *Marxism and the Agrarian Question*, London, Macmillan Pr. Ltd. Humanities Press.

Ingersent, Ken A. & Rayner, A. J., 1999: *Agriculture Policy in Western Europe and the United States*, London, Edward Elgar.

Janvry, Alain de. 1981, *The Agrarian question and Reformism in Latin America*, Baltimore, The Johns Hopkins University Press.

Jespersen, Kund J. V., 2004: *A History of Denmark*, Translated by Ivan Hill, London, Palgrave Macmillan.

Johnson, Arthur H., 1979: *The Disappearance of the Small Landowner*, With an Intruduction by Joan Thirsk, New York, Augustus M. Kelley Publishers.

Jones, E. L. ed., 1967: *Agriculture and Economic Growth in England 1650 ~ 1815*, London, Methuen.

Kerridge, Eric., 1968: *The Agricultural Revolution*, New York, Augustus M. Kelley Publishers.

Koning, Niek., 1994: *The Failure of Agrarian Capitalism: Agrarian Politics in the UK, Germany, the Netherlands, and the USA, 1846 ~ 1919*, London, Routledge.

Kosminsky, E. A., 1956: *Studies in the Agrarian History of England in the Thirteenth Century*, edited by R. H. Hilton; translated from the Russian by

Ruth Kisch, Oxford, Basil Blackwell.

Kula, Witold. , 2001: *The Problems and Methods of Economic History*, Aldershot, Hampshire, Ashgate.

Kula, Witold. , 1976, *An Economic Theory of the Feudal System: Towards a Model of the Polish Economy*, 1500 ~ 1800, London, NLB.

Lars Jonung and Rolf Ohlsson, eds. , 1993: *The Economic Development of Sweden since 1870*, London, Edward Elgar Publishing Company.

Le Roy Ladurie, 1976: *The Peasants of Languedoc*, translated with an introduction by John Day, Carbondale, University of Illinois Press.

Mcbridge, Glynn. , 1986: *Agricultural Cooperatives: Their Why and Their How*, Westport, CT, Avi Publishing Company.

Mingay, G. E. , 1986: *The Transformation of Britain*, 1830 ~ 1939, London, Routledge & Kegan Paul.

Mingay, G. E. , 1998: *Parliamentary Enclosure in England: An Introduction to Its Causes, Incidence, and Impact*, 1750 ~ 1850, London, Longman.

Mingay, G. E. , 1963: *English Landed Society in the Eighteenth Century*, London, Routledge & Kegan Paul.

Mitrany, David. , 1951: *Marx Against the Peasantry: A Study in Social Dogmatism*, Chapel Hill, University of North Carolina Press.

Moore, Barrington. , 1993, *Social Origins of Dictatorship and Democracy: Lord and Peasant in the Making of the Modern world*, Boston, Beacon Press.

Offer, Avner. , 1981: *Property and Politics*, 1870 ~ 1914: *Landownership, Law, Ideology, and Urban Development in England*, Cambridge, Cambridge University Press.

Offer, Avner. , 1989: *The First World War: An Agrarian Interpretation*, Oxford, Clarenon Press.

Office of Technology Assessment (OTA), 1986: *Technology, Public Policy, and the Changing Structure of American Agriculture*, Washington, DC. www. wws. princeton. edu/cgi-bin/ byteserv. prl/ ~ota/disk2/1986/8633/863315.

Onno-Frank van Bekkum and Gert van Dijk. eds. , 1997, *Agricultural Cooperatives in the European Union: Trends and Issues on the Eve of the 21st Centry*, Assen, Van Gorcum.

Overton, Mark. , 1996: *Agricultural Revolution in England: The Transfor-*

mation of the Agrarian Economy, 1500~1850, Cambridge, Cambridge University Press.

Persson, Karl Gunnar. ed., 1993: *The Economic Development of Denmark and Norway Since 1870*, Cheltenham, Edward Elgar Publishing Company.

Polanyi, Karl., 1957: *The Great Transformation*, Boston, Beacon Press.

Popkin, Samuel., 1979: *The Rational Peasant: The Political Economy of Rural Society in Vietnam*, Berkeley and Los Angels, University of California Press.

Postan, M. M., 1975: *The Medieval Economy and Society: An Economic History of Britain in the Middle Age*, London, Penguin.

Postan, M. M., 1973: *Essays on Medieval Agriculture and General Problems of the Medieval Economy*, Cambridge, Cambridge University Press.

Price, Roger., 1981: *An Economic History of Modern France, 1730~1914*, London, Macmillan.

Rigby, S. H. 1995: *English Society in the Later Middle Ages: Class, Status, and Gender*, London, Macmillan.

Senghaas, Dieter., 1985: *The European Experience: A Historical Critique of Development Theory*, Oxford, Berg Publishers.

Shanin, Teodor. ed., 1990: *Defining Peasants: Essays Concerning Rural Societies, Expolary Economies, and Learning from Them in the Contemporary World*, Oxford, Basil Blackwell.

Shanin, Teodor. ed., 1987: *Peasants and Peasant Societies: Selected Readings*, London, Penguin Books.

Simpson, A. W. B., 1986: *A History of the Land Law*, Oxford, Oxford University Press.

Slater, Gilbert., 1968: *The English Peasantry and the Enclosure of Common Fields*, New York, A. M. Kelley.

Tawney, R. H., 1967: *The Agrarian Problem in the Sixteenth Century*, introduction by Lawrence Stone, New York, Harper & Row.

Thirsk, Joan. ed., 1984: *The Rural Economy of England: Collected Essays*, London, Hambledon Press.

Thirsk, Joan. et al, ed., 1967~2000: *The Agrarian History of England and Wales*, Vol. 1~8, Cambridge, Cambridge University Press.

Tracy, Michael., 1989: *Government and Agriculture in Western Europe*,

1880 ~ 1988, London, Harvester Wheatsheaf.

Trebilcock, Clive., 1981: *The Industrialization of the Continental Powers*, London, Longman Higher Education.

Turner, Michael Edward., 1997: *Agricultural Rent in England*, 1690 ~ 1914, Cambridge, Cambridge University Press.

Turner, Michael Edward., 1984: *Enclosures in Britain*, 1750 ~ 1830, London: Macmillan.

Turner, Michael Edward., 2001: *Farm Production in England*, 1700 ~ 1914, Oxford, Oxford University Press.

United States Department of Agriculture, 2002: *Cooperative Information Report 60: Agricultural Cooperatives in the 21st Century*, www. rurdev. usda. gov/rbs/pub/cir-60. pdf.

Whittle, Jane., 2000: *The Development of Agrarian Capitalism: Land and Labour in Norfolk*, 1440 ~ 1580, Oxford, Oxford University Press.

Wright, Gordon., 1964: *Rural Revolution in France: the Peasantry in the Twentieth Century*, Stanford, Stanford University Press.

Wright, Gordon., 1987, *France in Modern Times: From the Enlightenment to the Present*, New York, W. W. Norton.

Wrigley, E. A. and Schofield, R. S., 1981: *The Population History of England*, 1541 ~ 1871: *A Reconstruction*, Cambridge, Mass., Harvard University Press.

**参考论文：**

马克垚：《从小农经济说到封建社会发展的规律》，载《中国史研究》1983年第1期。

向荣：《"茶杯里的风暴"？——再论十六世纪英国的土地问题》，载《江汉论坛》1999年第6期。

郭小凌：《古代世界的奴隶制和近现代人的诠释》，载《世界历史》1999年第6期。

黄春高：《14~16世纪英国租地农场的历史考察》，载《历史研究》1998年第3期。

唐昊：《1760~1830年英国议会圈地运动对小农的影响》，载《安庆师范学院学报》（社会科学版）1999年第2期。

沈汉：《晚近英国农业史研究综述》，载《杭州师范学院学报》2002

年第3期。

沈汉:《16世纪英国农业资本主义发展典型性问题及其他》,见《现代化研究》第三辑,北京,商务印书馆,2004年。

徐正林和郭豫庆:《近代英国"大农业体制"新论》,载《历史研究》1995年第3期。

王章辉:《大农业不是英国农业和经济衰落的原因——与徐正林和郭豫庆同志商榷》,载《史学月刊》2000年第1期。

Jedediah Purdy:《美国农业新文化》,载《交流》2002年第4期。

Allen, Robert C., 1982: "The Efficiency and Distributional Consequences of Eighteenth Century Enclosure", *Economic Journal*, Vol. 92, No. 4, pp: 937~953.

Allen, Robert C., 1988: "Inferring Yields from Probate Inventories", The Journal of *Economic History*, Vol. 48, No. 1, pp: 117~125.

Allen, Robert C., 1988: "The Price of Freehold Land and the Interest Rate in the Seventeenth and Eighteenth Centuries", *The Economic History Review*, New Series, Vol. 41, No. 1, pp: 33~50.

Allen, Robert C., 1999: "Tracking the Agricultural Revolution in England", *The Economic History Review*, New Series, Vol. 52, No. 2, pp: 209~235.

Allen, Robert C. and Cormac O'Grada., 1988: "On the Road Again with Arthur Young: English, Irish, and French Agriculture during the Industrial Revolution", The Journal of *Economic History*, Vol. 48, No. 1, pp: 93~116.

Appleby, Andrew B., 1975: "Agrarian Capitalism or Seigneurial Reaction? The Northwest of England, 1500~1700", *The American Historical Review*, Vol. 80, No. 3, pp: 574~594.

Archer, John E., 1997: "The Nineteenth-Century Allotment: Half an Acre and a Row", *The Economic History Review*, New Series, Vol. 50, No. 1, pp: 21~36.

Beckett, J. V., 1977: "English Landownership in the Later Seventeenth and Eighteenth Centuries: The Debate and the Problems", *The Economic History Review*, New Series, Vol. 30, No. 4, pp: 567~581.

Beckett, J. V., 1984: "The Pattern of Landownership in England and Wales, 1660~1880", *The Economic History Review*, New Series, Vol. 37, No. 1, pp: 1~22.

Bekar, Cliff T. , and Reed, Clyde G. , 2003: "Open Fields, Risk, and Land Divisibility", *Explorations in Economic History*, Vol. 40, No. 3, pp: 308~325.

Bonfield, Lloyd. , 1979: "Marriage Settlements and the 'Rise of Great Estates': The Demographic Aspect", *The Economic History Review*, New Series, Vol. 32, No. 4, pp: 483~493.

Bonfield, Lloyd. , 1980: "Marriage Settlements and the 'Rise of Great Estates': A Rejoinder, " *The Economic History Review*, New Series, Vol. 33, No. 4, pp: 559~563.

Bonfield, Lloyd. , 1986: "Affective Families, Open Elites and Strict Family Settlements in Early Modern England", *The Economic History Review*, New Series, Vol. 39, No. 3, pp: 341~354.

Bonfield, Lloyd. , 1988: "Strict Settlement and the Family: A Differing View", *The Economic History Review*, New Series, Vol. 41, No. 3, pp: 461~466.

Boyer, George R. , 1986: "The Old Poor Law and the Agricultural Labor Market in Southern England: An Empirical Analysis", The Journal of *Economic History*, Vol. 46, No. 1, pp: 113~135.

Brewster, John. M. , 1950: "The Machine Process in Agriculture and Industry", Journal of *Farm Economics*, Vol. 32, No. 1, pp: 69~81.

Campbell, Bruce M. S. , 1983: "Agricultural Progress in Medieval England: Some Evidence from Eastern Norfolk", *The Economic History Review*, New Series, Vol. 36, No. 1, pp: 26~46.

Campbell, Bruce M. S. , 1983: "Arable Productivity in Medieval England: Some Evidence from Norfolk", The Journal of *Economic History*, Vol. 43, No. 2, pp: 379~404.

Campbell, Bruce M. S. , 1988: "The Diffusion of Vetches in Medieval England", *The Economic History Review*, New Series, Vol. 41, No. 2, pp: 193~208.

Campbell, Bruce M. S. , 1997: "Matching Supply to Demand: Crop Production and Disposal by English Demesnes in the Century of the Black Death", The Journal of *Economic History*, Vol. 57, No. 4, pp: 827~858.

Campbell, Bruce M. S. ; Overton, Mark. , 1993: "A New Perspective on Medieval and Early Modern Agriculture: Six Centuries of Norfolk Farming

c. 1250 ~ c. 1850", *Past and Present*, No. 141, pp: 38 ~ 105.

Chambers, J. D., 1940: "Enclosure and the Small Landowner", *The Economic History Review*, Vol. 10, No. 2, pp: 118 ~ 127.

Chambers, J. D., 1953: "Enclosure and Labour Supply in the Industrial Revolution", *The Economic History Review*, New Series, Vol. 5, No. 3, pp: 319 ~ 343.

Chambers, J. D., 1971: "The Tawney Tradition", *The Economic History Review*, New Series, Vol. 24, No. 3, pp: 355 ~ 369.

Clark, Gregory., 1988: "The Cost of Capital and Medieval Agricultural Technique", *Explorations in Economic History*, Vol. 25, No. 2, p. 265 ~ 294.

Clark, Gregory., 1991: "Yields Per Acre in English Agriculture, 1250 ~ 1860: Evidence from Labour Inputs", *The Economic History Review*, New Series, Vol. 44, No. 3, pp: 445 ~ 460.

Clark, Gregory., 1992: "The Economics of Exhaustion, the Postan Thesis, and the Agricultural Revolution", The Journal of *Economic History*, Vol. 52, No. 1, pp: 61 ~ 84.

Clark, Gregory., 1998: "Commons Sense: Common Property Rights, Efficiency, and Institutional Change", The Journal of *Economic History*, Vol. 58, No. 1, pp: 73 ~ 102.

Clay, Christopher., 1968: "Marriage, Inheritance, and the Rise of Large Estates in England, 1660 ~ 1815", *The Economic History Review*, New Series, Vol. 21, No. 3, pp: 503 ~ 518.

Clay, Christopher., 1974: "The Price of Freehold Land in the Later Seventeenth and Eighteenth Centuries", *The Economic History Review*, New Series, Vol. 27, No. 2, pp: 173 ~ 189.

Clay, Christopher., 1981: "Property Settlements, Financial Provision for the Family, and Sale of Land by the Greater Landowners, 1660 ~ 1790", The Journal of *British Studies*, Vol. 21, No. 1, pp: 18 ~ 38.

Collins, Kins., 1967: "Marx on the English Agricultural Revolution: Theory and Evidence", *History and Theory*, Vol. 6, No. 3, pp: 351 ~ 381.

Cooper, J. p., 1967: "The Social Distribution of Land and Men in England, 1436 ~ 1700", *The Economic History Review*, New Series, Vol. 20, No. 3, pp: 419 ~ 440.

Cooper, J. p., 1978: "In Search of Agrarian Capitalism", *Past and Pres-*

*ent*, No. 80, pp: 20 ~ 65.

Davies, E. , 1927: "The Small Landowner, 1780 ~ 1832, in the Light of the Land Tax Assessments", *The Economic History Review*, Vol. 1, No. 1, pp: 87 ~ 113.

Dodgshon, Robert A. , 1975: "The Landholding Foundations of the Open-Field System", *Past and Present*, No. 67, pp: 3 ~ 29.

Dyer, Christopher. , 1994: "The English Medieval Village Community and Its Decline", The Journal of *British Studies*, Vol. 33, No. 4, pp: 407 ~ 429.

Dyer, Christopher. , 1982: "Deserted Medieval Villages in the West Midlands", *The Economic History Review*, New Series, Vol. 35, No. 1, pp: 19 ~ 34.

English, Barbara and John Saville, 1980: "Family Settlement and the 'Rise of Great Estates'", *The Economic History Review*, New Series, Vol. 33, No. 4, pp: 556 ~ 558.

Feder, Gershon. , 1980: "Farm Size, Risk Aversion and the Adoption of New Technology under Uncertainty", *Oxford Economic Papers*, Vol. 32, No. 2, pp: 263 ~ 283.

Fenoaltea, StefaNo. , 1976: "Risk, Transaction Costs, and the Organization of Medieval Agriculture", *Explorations in Economic History*, Vo. 13, No. 2, pp: 129 ~ 151.

Fogel, Robert W. and Stanley L. Engerman, 1977: "Explaining the Relative Efficiency of Slave Agriculture in the Antebellum South", *The American Economic Review*, Vol. 67, No. 3, pp: 275 ~ 296.

Fogel Robert W. and Stanley L. Engerman, 1980: "Explaining the Relative Efficiency of Slave Agriculture in the Antebellum South: Reply", *The American Economic Review*, Vol. 70, No. 4, pp: 672 ~ 690.

Forster, Robert. , 1970: "Obstacles to Agricultural Growth in Eighteenth-Century France", *The American Historical Review*, Vol. 75, No. 6, pp: 1600 ~ 1615.

Fox, H. S. A. , 1986: "The Alleged Transformation from Two-Field to Three-Field Systems in Medieval England", *The Economic History Review*, New Series, Vol. 39, No. 4, pp: 526 ~ 548.

Friedmann, Harriet. , 1978: "World Market, State, and Family Farm: Social Bases of Household Production in the Era of Wage Labor", *Comparative*

Studies in Society and History, Vol. 20, No. 4, pp: 545~586.

Gay, Leslie N. Jr. , 1950: "Problems of Landownership in Latin America", Journal of Farm Economics, Vol. 32, No. 1, pp: 258~270.

Gibbard, Roger. , 1997: The Relationship Between European Community Agricultural Structural Policies and Their Implementation and Agricultural Succession and Inheritance within Member States, www. rdg. ac. uk/LM/LM/fulltxt/0697. pdf.

Givskov, Erik. , 1903: "Peasant-Farming in Denmark", The Economic Journal, Vol. 13, No. 52, pp: 645~653.

Grantham, George W. , 1978: "The Diffusion of the New Husbandry in Northern France, 1815~1840", The Journal of Economic History, Vol. 38, No. 2, pp: 311~337.

Grantham, George W. , 1980: "The Persistence of Open-Field Farming in Nineteenth-Century France", The Journal of Economic History, Vol. 40, No. 3, pp: 515~531.

Grantham, George W. , 1989: "Agricultural Supply During the Industrial Revolution: French Evidence and European Implications", The Journal of Economic History, Vol. 49, No. 1, pp: 43~72.

Grantham, George W. , 1993: "Divisions of Labour: Agricultural Productivity and Occupational Specialization in Pre-Industrial France", The Economic History Review, New Series, Vol. 46, No. 3, pp: 478~502.

Gregson, Nicky. , 1989: "Tawney Revisited: Custom and the Emergence of Capitalist Class Relations in North-East Cumbria, 1600~1830", The Economic History Review, New Series, Vol. 42, No. 1, pp: 18~42.

Grigg, David. , 1966: "The Geography of Farm Size: a Preliminary Survey", Economic Geography, Vol. 42, No. 3, pp: 205~235.

Habakkuk, H. J. , 1940: "English Landownership, 1680~1740", The Economic History Review, Vol. 10, No. 1, pp: 2~17.

Hatcher, John. , 1981: "English Serfdom and Villeinage: Towards a Reassessment", Past and Present, No. 90, pp: 3~39.

Hatcher, John. , 1998: "Labour, Leisure and Economic Thought Before the Nineteenth Century", Past and Present, No. 160, pp: 64~115.

Heywood, Colin. , 1981: "The Role of the Peasantry in French Industrialization, 1815~80", The Economic History Review, New Series, Vol. 34, No.

3, pp: 359~376.

Hohenberg, Paul., 1972: "Change in Rural France in the Period of Industrialization, 1830~1914", The Journal of *Economic History*, New Series, Vol. 32, No. 1, pp: 219~240.

Homans, George C., 1937: "Partible Inheritance of Villagers' Holdings", *The Economic History Review*, Vol. 8, No. 1, pp: 48~56.

Homans, George C., 1953: "The Rural Sociology of Medieval England", *Past and Present*, No. 4, pp: 32~43.

Homans, George C., 1969: "The Explanation of English Regional Differences", *Past and Present*, No. 42, pp: 18~34.

Hoyle, R. W., 1987: "An Ancient and Laudable Custom: The Definition and Development of Tenant Right in North-Western England in the Sixteenth Century", *Past and Present*, No. 116, pp: 24~55.

Hoyle, R. W., 1990: "Tenure and the Land Market in Early Modern England: Or a Late Contribution to the Brenner Debate", *The Economic History Review*, New Series, Vol. 43, No. 1, pp: 1~20.

Hoyle, R. W., 1995: "The Land-Family Bond in England", *Past and Present*, No. 146, pp: 151~173.

Humphries, Jane., 1990: "Enclosures, Common Rights, and Women: The Proletarianization of Families in the Late Eighteenth and Early Nineteenth Centuries", The Journal of *Economic History*, Vol. 50, No. 1, pp: 17~42.

Hunt, H. G., 1959: "Landownership and Enclosure, 1750~1830", The *Economic History Review*, New Series, Vol. 11, No. 3, pp: 497~505.

Hunt, E. H.; Pam, S. J., 1997: "Prices and Structural Response in English Agriculture, 1873~1896", *The Economic History Review*, New Series, Vol. 50, No. 3, pp: 477~505.

Jackson, R. V., 1985: "Growth and Deceleration in English Agriculture, 1660~1790", *The Economic History Review*, New Series, Vol. 38, No. 3, pp: 333~351.

John, A. H., 1965: "Agricultural Productivity and Economic Growth in England, 1700~1760", The Journal of *Economic History*, New Series, Vol. 25, No. 1, pp: 19~34.

Jones, E. L., 1962: "English Farming before and during the Nineteenth Century", *The Economic History Review, New Series*, Vol. 15, No. 1, pp:

145~152.

Jones, E. L., 1965: "Agriculture and Economic Growth in England, 1660~1750: Agricultural Change", The Journal of Economic History, Vol. 25, No. 1, pp: 1~18.

Jones, E. L., 1968: "Agricultural Origins of Industry", Past and Present, No. 40, pp: 58~71.

Kerridge, Eric., 1951: "Ridge and Furrow and Agrarian History", The Economic History Review, New Series, Vol. 4, No. 1, pp: 14~36.

Kerridge, Eric., 1953: "The Movement of Rent, 1540~1640", The Economic History Review, Vol. 6, No. 1, pp: 16~34.

Kosminsky, E. A., 1955: "The Evolution of Feudal Rent in England from the XIth to the XVth Centuries", Past and Present, No. 7, pp: 12~36.

Lehmann, David., 1986: "Two Paths of Agrarian Capitalism, or a Critique of Chayanovian Marxism", Comparative Studies in Society and History, Vol. 28, No. 4, pp: 601~627.

Leslie N. Gay, Jr., 1950: "Problems of Landownership in Latin America", Journal of Farm Economics, Vol. 32, No. 2, pp: 258~270.

Martin, J. M., 1979: "The Small Landowner and Parliamentary Enclosure in Warwickshire", The Economic History Review, New Series, Vol. 32, No. 3, pp: 328~343.

Mate, Mavis., 1987: "Pastoral Farming in South-East England in the Fifteenth Century", The Economic History Review, New Series, Vol. 40, No. 4, pp: 523~536.

McCloskey, Donald N., 1991: "The Prudent Peasant: New Findings on Open Fields", The Journal of Economic History, Vol. 51, No. 2, pp: 343~355.

McCloskey, Donald N., 1972: "The Enclosure of Open Fields: Preface to a Study of Its Impact on the Efficiency of English Agriculture in the Eighteenth Century", The Journal of Economic History, Vol. 32, No. 1, pp: 15~35.

Mingay, G. E., 1956: "The Agricultural Depression, 1730~1750", The Economic History Review, New Series, Vol. 8, No. 3, pp: 323~338.

Mingay, G. E., 1962: "The Size of Farms in the Eighteenth Century", The Economic History Review, New Series, Vol. 14, No. 3, pp: 469~488.

Mingay, G. E., 1964: "The Land Tax Assessments and the Small Landowner", *The Economic History Review*, New Series, Vol. 17, No. 2, pp: 381~388.

Moselle, Boaz., 1995: "Allotments, Enclosure, and Proletarianization in Early Nineteenth-Century Southern England", *The Economic History Review*, New Series, Vol. 48, No. 3, pp: 482~500.

Neeson, J. M., 1984: "The Opponents of Enclosure in Eighteenth-Century Northamptonshire", *Past and Present*, No. 105, pp: 114~139.

Newell, William H., 1973: "The Agricultural Revolution in Nineteenth-Century France", The Journal of *Economic History*, Vol. 33, No. 4, pp: 697~731.

O'Brien, Patrick., 1985: "Agriculture and the Home Market for English Industry, 1660~1820", *The English Historical Review*, Vol. 100, No. 397, 1985, pp: 773~800.

O'Brien, Patrick., 1996: "Path Dependency, or Why Britain Became an Industrialized and Urbanized Economy Long before France", *The Economic History Review*, New Series, Vol. 49, No. 2, pp: 213~249.

Offer, Avner., 1991: "Farm Tenure and Land Values in England, c. 1750~1950", *The Economic History Review*, New Series, Vol. 44, No. 1, 1991, pp: 1~20.

Orwin, C. S., 1938: "Observations on the Open Fields", *The Economic History Review*, Vol. 8, No. 2, pp: 125~135.

Outhwaite, R. B., 1981: "Dearth and Government Intervention in English Grain Markets, 1590~1700", *The Economic History Review*, New Series, Vol. 34, No. 3, pp: 389~406.

Outhwaite, R. B., 1986: "Progress and Backwardness in English Agriculture, 1500~1650", *The Economic History Review*, New Series, Vol. 39, No. 1, pp: 1~18.

Overton, Mark., 1979: "Estimating Crop Yields from Probate Inventories: An Example from East Anglia, 1585~1735", The Journal of *Economic History*, Vol. 39, No. 2, pp: 363~378.

Overton, Mark., 1984: "Agricultural Productivity in Eighteenth-Century England: Some Further Speculations", *The Economic History Review*, New Series, Vol. 37, No. 2, pp: 244~251.

Palliser, D. M., 1982: "Tawney's Century: Brave New World or Malthusian Trap?", *The Economic History Review*, New Series, Vol. 35, No. 3, pp: 339~353.

Pollak, R. A., 1985: "A Transaction Cost Approach to Families and Households", Journal of *Economic Literature*, Vol. 23, No. 2, pp: 581~668.

Popkin, Samuel., 1980: "The Rational Peasant: The Political Economy of Peasant Society", *Theory and Society*, Vol. 9, No. 3, pp: 411~471.

Ruttan, Vernon W., 1978: "Structural Retardation and the Modernization of French Agriculture: A Skeptical View", The Journal of *Economic History*, Vol. 38, No. 3, pp: 714~728.

Schmitt, G., 1991: "Why is Agriculture of Advanced Western Economies Still Organized by Family Farms? Will this Continue to Be So in the Future?", *European Review of Agricultural Economics*, Vol. 18, No. 4, pp: 443~458.

Searle, C. E., 1986: "Custom, Class Conflict and Agrarian Capitalism: The Cumbrian Customary Economy in the Eighteenth Century", *Past and Present*, No. 110, pp: 106~133.

Sullivan, Richard J., 1985: "The Timing and Pattern of Technological Development in English Agriculture, 1611~1850", The Journal of *Economic History*, Vol. 45, No. 2, pp: 305~314.

Swinnen, Johan. F. M., 2002: "Political Reforms, Rural Crises, and Land Tenure in Western Europe", *Food Policy*, Vol. 27, No. 4, pp: 371~394.

Tan, Elaine S., 2002: " 'The Bull is Half The Herd': Property Right and Enclosures in England, 1750~1850", *Explorations in European Economic History*, Vol. 39, No. 4, pp: 470~489.

Thomas, Brinley., 1985: "Escaping from Constraints: The Industrial Revolution in a Malthusian Context", Journal of *Interdisciplinary History*, Vol. 15, No. 4, pp: 729~753.

Thompson, F. M. L., 1966: "The Social Distribution of Landed Property in England Since the Sixteenth Century", *The Economic History Review*, New Series, Vol. 19, No. 3, pp: 505~517.

Thompson, F. M. L., 1968: "The Second Agricultural Revolution, 1815~80", *The Economic History Review*, New Series, Vol. 21, No. 1, pp: 62~77.

Timmer, C. Peter., 1969: "The Turnip, The New Husbandry, and The

English Agricultural Revolution", The Quarterly Journal of *Economics*, Vol. 83, No. 3, pp: 375~395.

Titow, J. Z., 1965: "Medieval England and the Open-Field System", *Past and Present*, No. 32, pp: 86~102.

Turner, Michael., 1981: "Cost, Finance, and Parliamentary Enclosure", *The Economic History Review*, New Series, Vol. 34, No. 2, pp: 236~248.

Turner, Michael., 1982: "Agricultural Productivity in England in the Eighteenth Century: Evidence from Crop Yields", *The Economic History Review*, New Series, Vol. 35, No. 4, pp: 489~510.

Turner, Michael., 1984: "Agricultural Productivity in England in the Eighteenth Century: Further Strains of Speculation", *The Economic History Review*, New Series, Vol. 37, No. 2, pp: 252~257.

Turner, Michael., 1986: "English Open Fields and Enclosures: Retardation or Productivity Improvements", The Journal of *Economic History*, Vol. 46, No. 3, pp: 669~692.

Warming, Jens., 1923: "Danish Agriculture with Special Reference to Co-operation", The Quarterly Journal of *Economics*, Vol. 37, No. 3, pp: 491~509.

Winstanley, Michael., 1996: "Industrialization and the Small Farm: Family and Household Economy in Nineteenth-Century Lancashire", *Past and Present*, No. 152, pp: 157~195.

Wordie, J. R., 1983: "The Chronogy of English Enclosure, 1500~1914", *The Economic History Review*, New Series, Vol. 36, No. 4, pp: 483~505.

Yelling, J. A., 1982: "Rationality in the Common Fields ", *The Economic History Review, New Series*, Vol. 35, No. 3, pp: 409~415.

Zanden, J. L. van., 1991: "The First Green Revolution: The Growth of Production and Productivity in European Agriculture, 1810~1914." *The Economic History Review*, New Series, Vol. 44, Vol. 2, pp: 215~239.

# 后　　记

　　直至我硕士毕业到湖南师范大学历史学系任教，我和绝大多数深受传统教育的人们一样，认为农民是保守的，家庭式农业经营无法适应现代社会化的大生产；认为农业资本主义雇佣经营的大发展是近代英国农业走在世界前列的重要原因，近代法国的小农制是导致近代法国农业落后、工业化乏力的重要原因；认为中国的家庭联产承包制只是我国处于社会主义初级阶段农业生产力落后、农村人口过剩条件下的被迫选择，随着未来我国经济的发展，这种家庭式农业经营必将为更高级的农业生产组织形式所取代。

　　大约从 2000 年初开始，我先后读到了秦晖先生、金雁女士、恰亚诺夫、马克垚老师和董正华老师的相关著作。他们的著作对我产生了极大的冲击，让我深感自己以往所接受的有关农业与农民现代化的一整套知识体系存在严重的缺陷。从此我对农民学、小农经济和农业现代化的相关问题产生了浓厚的兴趣，觉得还有许多重大的问题尚待研究和澄清。于是，我报考了北京大学历史学系世界现代化进程研究中心的 2002 级博士，师从小农经济和农业现代化研究专家董正华教授。

　　应该说，无论在国内还是在国外，在经济史学界，恰亚诺夫有关家庭农业生产方式依靠"劳动自我剥削"排挤资本主义雇佣农场的解释占绝对优势。但是，在我看来，恰亚诺夫有关小农"劳动自我剥削"无法适用古典经济学"利润"概念的相关论述，与马克思有关小农忍受贫困顽强生存的相关论述实质上是一致的，恰亚诺夫的解释并没有解除小农生产方式劳动生产率低下的魔咒，并没有帮助小农生产者摆脱落后性与保守性的标签。更为重要的是，恰亚诺夫所述的家庭农场的"劳动自我剥削"现象，在任何部门都是存在的，并非农业部门所独有，而在其他部门，家庭企业的"劳动自我剥削"现象并没有使他们免遭被排挤的命运。在我看来，恰亚诺夫的解释无法克服经典作家对家庭农业经营方式未来发展的悲观预期。当我得出这个结论的时候，我既兴奋又苦恼。发现恰亚诺夫解释理论的这一重大缺陷，确实让我和董老师都非常兴奋，苦恼的是无法找到替代的解释理论。

在这个上下求索的过程中，我的向来胡乱读书的阅读习惯帮了我的大忙。在阅读现代欧美农业经济学著作的过程中，我逐渐认识到，由于农业生产的特殊性，农业部门分工合作的规模经济很低，而监督成本很高，雇佣劳动缺乏优势，这才是现代西方国家家庭农场占据优势的根本原因。这种解释摆脱了家庭农场组织形式保守性、落后性、效率低下的魔咒，从而可以真正抗拒以往人们对家庭农场未来发展的悲观论断。

既然如此，那么又该如何解释近代欧美国家一度出现过的雇佣经营大农场的大发展呢？对此问题，欧美农业经济学家一直回避。由于董老师所在的是亚非拉近现代史教研室，我不得不装模作样地学习亚非拉近现代史。在我偶然阅读日本马克思主义历史学家中村哲的著作《近代东亚经济的发展和世界市场》的时候，我意外地看到了中村哲有关近代欧美国家资本主义雇佣农场兴衰原因的探讨。中村哲认为资本主义雇佣经营在农业部门没有优势，雇佣农场在第一次工业革命时期的大发展，是因为当时各国普遍存在的大量廉价剩余劳动力使得本来不具有优势的雇佣农场可以获得利润。一旦这种情形在第二次工业革命时期消失的时候，农业资本主义雇佣经营便面临危机，逐渐衰落。至此，主要的理论问题事实上都已经豁然开朗，令人兴奋不已。在这个不断求索的过程中，董老师一直不厌其烦地倾听我的诉说，为我所取得的每一微小的进展深感欣慰，为我在入学第一个学期就理清整个思路感到非常高兴。

利用英国的历史经验来反驳以往根据英国历史建立的农业资本主义与农业现代化一整套理论体系和历史叙述模式，无论如何是以一项极富刺激性的事业，而它又能够与我的南京大学的英国近现代史学术背景相衔接，确实让人十分兴奋。在我最终确定博士学位论文题目的过程中，历史系的黄春高老师给了我很大帮助，他给我推荐了很多相关书籍，包括罗伯特·阿伦的《圈地与自耕农》、尼克·科林的《农业资本主义的失败》等著作，这些书籍的阅读让我产生了从理论和实证上彻底重写近现代欧美国家农业资本主义发展史的决心。毫无疑问，这是一项极富挑战性的颠覆性的事业，必然会面临各种责难。当我把我的计划告知我敬仰已久的马克垚教授的时候，马老师非常高兴。马老师的首肯一方面表明我的计划切实可行，并非异想天开，另一方面，能够得到在历史学界具有崇高威望的马老师的支持，也能够减少未来论文开题、评审与答辩等环节中必然会面临的各种责难。董老师、马老师和黄老师的鼎力支持坚定了我的信念，他们也对我提出了严格要求，希望我尽可能全面地收集和阅读相关文献资料，密切追踪国外学术界的相关学术成果，从学术史的角度厘清各种观点提出的特殊时代背景，仔细分辨各种相关学术观点的得失。北京大学图书馆丰富的藏书，以及网络时代检索和阅读学术期刊的便利，大大减少了相关资料收集和阅读的成本。

本书95%以上的内容在2005年初就已经写成。论述的时间和空间的范围过大，理论性很强，并且颠覆性色彩浓厚，出于顺利地通过论文评审与答辩的考虑，在最终提交论文的时候，大约缩减了1/3左右的内容，导致秦晖先生在答辩会上说答辩稿还不如论文初稿。令人意想不到的是，当时迫于无奈的这种删减竟然方便了往后国家社科基金后期资助项目的申请。按照规定，博士学位论文申请后期资助必须修改40%以上，而我只要把初稿中删除的部分恢复，再稍作修改就达到了申请的条件。

博士毕业以后，我离开了历史学院，到武汉大学经济与管理学院经济发展研究中心从事发展经济学的博士后研究工作，2008年9月博士后出站以后又到桂林电子科技大学商学院任教。由于专业转换的原因，直到2010年暑假才抽出时间来整理出版我的博士论文，并且无法对一些相关的历史学问题进行更深入细致的探讨。当然，我的经济学院工作的经历也使得自己可以对相关经济学理论问题作出更为恰当的论述。本书曾经于2010年底申请并获得东方历史学术文库出版基金的资助。但由于自己连续几年申请国家级项目均告失败，面临很大压力，急需一项国家基金来给自己正名，我就又把同一份书稿去申请2011年的国家社科基金后期资助。我知道自己的这种行为违背了诚信原则，因而在获得后期资助的当天就给负责东方历史学术文库的沈志华老师和徐思彦老师去信表达歉意，沈老师和徐老师都对我的行为表示谅解，并对我表示祝贺。在此，我再次对东方历史学术文库的评审专家和编辑深表歉意。

本书的写作凝聚了很多人的心血。要感谢的当然是我的导师董正华教授，多亏了董老师的艰苦努力，我以外语一分之差被破格录取进入北京大学学习，在此特表谢意。我也一直告诫自己一定要加倍努力，以回报董老师的知遇之恩。我也要特别感谢董老师对我的书呆子脾气的大度与包涵。著名历史学家马克垚教授对我的关怀与厚爱实在难以言表，马老师对我的论文的写作和修改提出了许多高屋建瓴的意见，让人常有"听君一席言，胜读十年书"的感慨。马老师的深厚学问、诲人不倦和宽广胸怀，常令我深感自己的无知、狭隘和浮躁。而马老师对年轻后学的殷切希望，常令我深感惭愧，惴惴不安。即便在毕业以后，马老师也一直对我十分关怀，给了我很多帮助，在百忙之中为我撰写各种推荐信，为我的书稿撰写序言等，让我十分感激。黄春高老师的《欧洲封建社会研究》课程让我受益匪浅，黄老师本人在农民学研究方面的深厚积淀给了我极大帮助，在论文的选题、理论推演、资料查找、具体论述、最后修改等方面，黄老师都提出了宝贵意见。牛可老师尽管对我研究的问题并不专长，但是一直很关注我的书稿的写作，并在美国为我收集了不少资料。两位青年老师对我兄长般的关怀，令人难以忘怀。北京大学历史系的高毅教授、高岱教授、王红生教授、中国社科院的俞金尧研究员都对我的书稿的修改提出了很好的建议，在此深表感谢。

我在南京大学攻读硕士学位时的导师陈晓律教授和钱乘旦教授、沈汉教授、杨豫教授，他们一直关注我的书稿的写作，并提出了很多宝贵意见。他们对英国经济史、农业史的丰富知识给了我很大帮助，而他们对我的论文写作的支持，增强了我挑战传统观点的勇气。陈晓律老师多年来对我的父亲般的关怀，我实在无法用言语表达自己的感激之情。陈老师对我的自由放任式管理，让我有时间去学习现代西方经济学相关理论，为我在往后深入研究农业经济问题、出走到经济学院系埋下了伏笔。钱乘旦教授的《英国历史文献讲读》曾让我吃尽了苦头，但是它让我深刻地理解了"认真"二字的含义，让我在往后的日子里受用无穷。沈汉教授长期研究农业问题，毫无保留地把他从英国复印的资料送给我，让人十分感激和钦佩。

我要特别感谢清华大学的秦晖教授，从某种程度上来说，我从2000年开始关注农民学、小农经济、家庭农场的生命力等问题，并在后来形成新的思想体系，在很大程度上就是受了秦晖教授相关论述的影响。秦晖教授的渊博学识与开阔视野让人十分钦佩。秦晖教授在论文写作过程和答辩会上对我的鼎力支持让人十分感激。当然，我也非常遗憾自己没有能力按照秦晖教授的批评意见对相关问题进行更深入的研究。

感谢国家社科基金后期资助项目的设立，使得我这个不善于撰写课题申请书、喜好争论的书呆子也能够获得国家级科研项目，使得自己在这个极端重视科研项目与经费的年代可以在高校安身立命。感谢项目评审专家的宽容，使得我这份论战性很强的书稿可以获得立项资助。感谢他们提出的宝贵修改意见，让我对很多问题进行了更深入的思考，对书稿作出进一步的修改。我也要感谢广西师范大学经济管理学院的朱全涛教授，是他告知我国家社科基金后期资助项目的存在。

作为一个农家子弟，加上母亲早逝，家境贫寒，多亏了父兄姐妹的巨大牺牲，以及我各个学习阶段的众多老师的关怀与帮助，我才有机会从小学到中学、大学，进而到北大攻读博士学位。在此，我对我的父亲、兄长、大姐、二姐和妹妹以及关心和帮助过我的众多老师深表感激之情。我要特别感谢我的妻子朱晓雁女士，她对我的坚定支持，使我在博士学习期间免除了各种后顾之忧，心无旁骛，潜心于学术，在一个不太长的时间里完成本书的写作，能够在三年的时间里从北京大学历史学系顺利毕业并拿到博士学位。

北京大学的三年学习生活是艰苦而快乐的，北京大学良好的学术氛围让人十分留恋。毕业以后经常在夜深人静的时候回忆起在北大学习期间的点点滴滴，怀念各位老师对自己的谆谆教导与无限关怀，怀念与同学李国芳博士、夏洞奇博士、黄艳红博士、周东华博士等经常在宿舍、食堂高谈阔论的场景。毕业之后每次回到北大校园、未名湖边，都难免心潮澎湃，试问自己是否还有当年的激情与勇气，试问自己在为人与为学方面能否坚持一个北大毕业生所应有的底线，梦想自己将来是否有机会站在北大的讲台上做一名教师，哪怕就是短短的几十分钟，也是人生的极大荣耀。我心中永远的北大……

文礼朋 2013 年 1 月写于桂林